1905 besiegte in der Seeschlacht von Tsushima eine kleine japanische Flotte einen großen Teil der russischen. Zum ersten Mal seit langem hatte ein außereuropäisches Land eine europäische Macht in einem größeren Krieg geschlagen. Es war der Beginn eines neuen Selbstbewusstseins, mit dem sich die Länder Asiens und Afrikas den westlichen Mächten entgegenstellten. Fesselnd und lebendig erzählt Pankaj Mishra, wie die Menschen in der asiatischen Welt diese Geschichte erlebten. Drei große Intellektuelle stehen im Mittelpunkt: der charismatische muslimische Gelehrte al-Afghani, der chinesische Gelehrte Liang Qichao und der in Indien lebende, große bengalische Dichter Rabindranath Tagore. Anhand ihrer Geschichten schildert Pankaj Mishra die Geburt des antikolonialen Denkens und den Beginn der nationalen Bewegungen Asiens. Heute ist der Kontinent zu neuer Stärke gelangt – Pankaj Mishra führt vor Augen, auf welcher Basis dies gelungen ist.

»Selten kam fundamentale Kritik an der Ideologie des Westens so sanft, elegant und lehrreich daher wie bei Pankaj Mishra.«

Süddeutsche Zeitung

Pankaj Mishra, geboren 1969 in Nordindien, gehört zu den großen Intellektuellen des modernen Asien. Er schreibt regelmäßig für die »New York Review of Books«, den »New Yorker« und den »Guardian« sowie für »Lettre International« und »Cicero«. Bei S. Fischer erschien von ihm zuletzt ›Zeitalter des Zorns‹ (2017). ›Aus den Ruinen des Empires‹ wurde mit dem Leipziger Buchpreis zur Europäischen Verständigung 2014 ausgezeichnet.

Weitere Informationen finden Sie auf www.fischerverlage.de

Pankaj Mishra

Aus den Ruinen des Empires

Die Revolte gegen den Westen und der Wiederaufstieg Asiens

Aus dem Englischen
von Michael Bischoff

Mit einem Nachwort
von Detlev Claussen

FISCHER Taschenbuch

MIX
Papier | Fördert gute Waldnutzung
FSC® C083411

2. Auflage: März 2023

Erschienen bei FISCHER Taschenbuch
Frankfurt am Main, Dezember 2018

Die englische Originalausgabe erschien 2011 unter dem Titel
›From the Ruins of Empire. The Revolt Against the West and
the Remaking of Asia‹ im Verlag Allen Lane, Penguin Group, London.

Satz: Druckerei C.H.Beck, Nördlingen
Druck und Bindung: CPI books GmbH, Leck
Printed in Germany
ISBN 978-3-596-19755-2

China und Indien liegen gleichsam noch außer der Weltgeschichte …
Wir können uns freilich in die Einzelheiten dieser Geschichte weiter nicht einlassen, die, da sie selbst nichts entwickelt, uns in unserer Entwicklung hemmen würde.

G. W. F. Hegel, 1820

Die Europäer möchten ihrer Geschichte, einer »großen«, mit Blut geschriebenen Geschichte, entkommen. Aber andere – viele hundert Millionen – nehmen sie erstmals auf oder kommen gerade darauf zurück.

Raymond Aron, 1969

Inhalt

Vorwort

Die heutige Welt nahm erstmals Gestalt an während zweier Tage im Mai 1905, und zwar in den engen Gewässern der Koreastraße. In dieser Meerenge, die heute zu den meistbefahrenen Seewegen der Welt gehört, besiegte eine kleine japanische Flotte unter dem Kommando des Admirals Tōgō Heihachirō einen großen Teil der russischen Flotte, die fast um die halbe Welt gesegelt war, um den Fernen Osten zu erreichen. Die Seeschlacht bei Tsushima – der deutsche Kaiser bezeichnete sie als die wichtigste Seeschlacht seit der ein Jahrhundert zurückliegenden Schlacht bei Trafalgar, und Präsident Theodore Roosevelt nannte sie »das größte Phänomen, das die Welt jemals gesehen hat« – bedeutete das faktische Ende eines Krieges, der im Februar 1904 begonnen hatte und in dem es vor allem darum ging, ob Korea und die Mandschurei künftig von Russland oder von Japan kontrolliert würden. Zum ersten Mal seit dem Mittelalter hatte ein außereuropäisches Land eine europäische Macht in einem größeren Krieg besiegt, und die Nachricht eilte um eine Welt, die von westlichen Imperialisten – und mit Hilfe der Erfindung des Telegraphen – zu einem engen Netz verbunden worden war.

In Kalkutta meinte Lord Curzon, Vizekönig von Indien, dem der Schutz der kostbarsten britischen Besitzung oblag: »Der Widerhall dieses Sieges rast wie ein Donnerschlag durch die flüsternden Galerien des Ostens.«[1] Hier hatte der auf Distanz bedachte und taktlose Curzon einmal den Finger am Puls der einheimischen öffentlichen Meinung. Die wurde am besten von einem damals noch unbekannten Rechtsanwalt in Südafrika namens Mohandas Ghandhi (1869–1948) zum Ausdruck gebracht, als er schrieb: »Die Wurzeln des japanischen Sieges haben sich so weit ausgebreitet, dass wir die Früchte, die er einmal tragen wird, noch gar nicht zu erkennen vermögen.«[2]

In Damaskus jubelte ein junger osmanischer Soldat namens Mustafa

Kemal, der später unter dem Namen Atatürk (1881–1938) bekannt werden sollte. Kemal sehnte sich nach einer Reform und einer Stärkung des Osmanischen Reiches gegenüber der Bedrohung durch den Westen, und wie viele Türken erblickte er in Japan ein Vorbild, worin er sich nun bestätigt sah. Der 16-jährige Jawaharlal Nehru (1889–1964), später der erste Premierminister Indiens, hatte die Anfangsphasen des Kriegs zwischen Japan und Russland in seiner Provinzstadt voller Begeisterung in der Zeitung verfolgt und dabei von seiner eigenen Rolle bei der »Befreiung Indiens und Asiens aus europäischer Knechtschaft« geträumt.[3] Vom japanischen Sieg bei Tsushima erfuhr er während einer Zugfahrt von Dover zu seiner englischen Schule Harrow, und sie versetzte ihn sogleich in eine »ausgezeichnete Stimmung«.[4] Der chinesische Nationalist Sun Yat-sen (1866–1925) war gleichfalls in London, als er von dem Sieg erfuhr, und jubelte ebenfalls. Als er 1905 mit dem Schiff nach Hause zurückkehrte, gratulierten ihm arabische Hafenarbeiter am Suezkanal, weil sie ihn für einen Japaner hielten.[5]

Begeisterte Spekulationen über die Folgen des japanischen Sieges füllten türkische, ägyptische, vietnamesische, persische und chinesische Zeitungen. In Indien benannte man Neugeborene nach japanischen Admirälen. In den Vereinigten Staaten sprach der afroamerikanische Führer W. E. B. Du Bois von einem weltweiten Ausbruch »farbigen Stolzes«. Ein ganz ähnliches Gefühl erfasste den pazifistischen Dichter (und späteren Nobelpreisträger) Rabindranath Tagore (1861–1941), der seine Schüler auf einem improvisierten Siegesmarsch um einen kleinen Schulkomplex im ländlichen Bengalen anführte, als die Nachricht aus Tsushima eintraf.

Es spielte kaum eine Rolle, welcher Klasse oder Rasse sie angehörten. Die subalternen Völker der Erde erkannten sogleich die – moralischen und psychologischen – Implikationen des japanischen Triumphs. Und die Vielfalt war erstaunlich. Nehru gehörte einer Familie wohlhabender englischsprachiger Brahmanen an. Über seinen Vater, einen Nutznießer der britischen Herrschaft über Indien, ging das Gerücht, er schicke sogar seine Hemden zur chemischen Reinigung nach Europa. Sun Yat-sen war der Sohn eines armen Bauern; einer seiner Brüder starb während des Goldrauschs in Kalifornien, bei dem chinesische Kulis Hilfsdienste leisteten. Abdurreshid Ibrahim (1857–1944), der führende panislamische

Intellektuelle seiner Zeit, der 1909 nach Japan reiste, um Kontakte zu japanischen Politikern und Aktivisten herzustellen, war in Westsibirien geboren. Mustafa Kemal stammte aus Selanik (dem heute in Griechenland gelegenen Thessaloniki), und seine Eltern waren albanischer und makedonischer Herkunft. Seine spätere Mitstreiterin, die türkische Schriftstellerin Halide Edip (1884–1964), die ihren Sohn nach dem japanischen Admiral Tōgō benannte, war eine weltlich gesinnte Feministin. Birmas nationalistische Ikone U Ottama (1879–1939), der sich vom japanischen Sieg über Russland dazu anregen ließ, sich 1907 in Tokio niederzulassen, war ein buddhistischer Mönch.

Die zahlreichen arabischen, türkischen, persischen, vietnamesischen und indonesischen Nationalisten, die sich über die Niederlage Russlands freuten, stammten aus noch unterschiedlicheren Verhältnissen. Aber sie alle teilten eine Erfahrung: die Unterjochung durch die Menschen aus dem Westen, die für sie lange nichts weiter als Emporkömmlinge oder gar Barbaren gewesen waren. Und sie alle zogen dieselbe Lehre aus dem japanischen Sieg: Die Weißen, Eroberer der Welt, waren nicht länger unbesiegbar. Zahlreiche Phantasien – von nationaler Freiheit, rassischer Würde oder einfach von Rache – erblühten in Herzen und Köpfen, die bis dahin missmutig die europäische Herrschaft über ihre Länder ertragen hatten.

Japan, das im 19. Jahrhundert von den westlichen Mächten tyrannisiert wurde und mit Sorge auf die grobe Behandlung Chinas durch diese Mächte schaute, hatte sich 1868 an die ehrgeizige Aufgabe einer inneren Modernisierung gemacht. Dazu gehörten auch der Ersatz eines halbfeudalen Schogunats durch eine konstitutionelle Monarchie und einen einheitlichen Nationalstaat sowie der Aufbau einer am westlichen Vorbild orientierten Wirtschaft mit intensiver Produktion und hohem Konsum. In einem 1886 erschienenen Bestseller mit dem Titel *Die Zukunft Japans* hatte der führende Journalist des Landes, Tokutomi Sohō (1863–1957), die Kosten einer japanischen Gleichgültigkeit gegenüber den vom Westen vorgegebenen »weltweiten« Entwicklungstrends dargelegt: »Diese blauäugigen, rotbärtigen Rassen werden unser Land wie eine gewaltige Welle überschwemmen und unser Volk auf die Inseln im Meer vertreiben.«[6]

Schon in den 1890er Jahren löste Japans wachsende industrielle und militärische Stärke europäische und amerikanische Ängste vor einer »Gelben Gefahr« aus – ein furchterregendes Bild von asiatischen Horden, die den weißen Westen überrannten. Die Niederlage Russlands bewies, dass Japans Pläne, mit dem Westen gleichzuziehen, erstaunlich erfolgreich gewesen waren. »Wir zerstreuen den Mythos der Unterlegenheit der nichtweißen Rassen«, erklärte Tokutomi Sohō nun. »Durch unsere Stärke zwingen wir alle dazu, uns als eine der größten Mächte der Welt anzuerkennen.«[7]

Auch in den Augen vieler anderer nichtweißer Völker widerlegte die Demütigung Russlands die rassischen Rangordnungen des Westens, indem sie den europäischen Anspruch, die angeblich »rückständigen« Länder Asiens zu »zivilisieren«, *ad absurdum* führte. »Das Gerede von der ›Bürde des weißen Mannes‹«, erklärte Benoy Kumar Sarkar (1887–1949), ein Pionier der indischen Soziologie, »ist zu einem Anachronismus geworden – außer für die blindesten Fanatiker.«[8] Japan habe gezeigt, dass die asiatischen Länder einen eigenen Pfad in die moderne Zivilisation mit ihrer besonderen Stärke finden könnten. Der jungtürkische Aktivist und spätere Minister Ahmed Riza (1859–1930) fasste diese noch lange nachhallende Bewunderung folgendermaßen zusammen:

> »Die Ereignisse im Fernen Osten haben gezeigt, wie nutzlos die häufigen, aber schädlichen Eingriffe Europas zur Reformierung eines Volkes sind. Im Gegenteil, je isolierter ein Volk lebt und je besser es vor dem Kontakt mit europäischen Eindringlingen und Plünderern geschützt ist, desto besser entwickelt es sich in Richtung einer vernünftigen Erneuerung.«[9]

Gandhi, der in Südafrika gegen den institutionalisierten Rassismus kämpfte, zog eine ähnliche moralische Lehre aus dem japanischen Sieg: »Als alle in Japan, ob reich oder arm, zur Selbstachtung fanden, war das Land frei. Es konnte Russland einen Schlag ins Gesicht versetzen (…) Ebenso müssen auch wir das Bedürfnis haben, Achtung vor uns selbst zu haben.«[10] Der chinesische Philosoph Yan Fu (1854–1921) erinnerte an ein Jahrhundert voller Demütigungen Chinas durch westliche »Barbaren«, von den Opiumkriegen bis hin zur Zerstörung des Sommerpalasts in Beijing, und schloss: »Der einzige Grund, weshalb wir nicht ihr Fleisch verschlangen und auf ihrer Haut schliefen, war unsere mangelnde Stärke.«

Japan hatte gezeigt, wie man diese Stärke erlangte. Nach Ansicht vieler

Asiaten, die von unfähigen Despoten und räuberischen europäischen Geschäftsleuten gepeinigt wurden, lag das Geheimnis dieser Stärke in der japanischen Verfassung. Mit diesem Vorbild bewaffnet, halfen politische Aktivisten in ganz Asien, eine Reihe vom Volk getragener, auf eine Verfassung zielender Revolutionen einzuleiten, die sich gegen verknöcherte Autokratien wandten (das besiegte Russland taumelte 1905 selbst in solch eine Revolution). Der osmanische Herrscher Sultan Abdulhamid II. (1842–1918) hatte ähnliche Modernisierungsbemühungen unternommen wie Japan, zumal die ständig wachsenden Ansprüche europäischer Mächte die Souveränität Istanbuls auf eine klägliche Fiktion reduzierten. Aber viele Bewunderer Japans in der muslimischen Welt waren weltlich ausgerichtete oder sogar antireligiöse Nationalisten – wie der im Exil lebende Jungtürke und Schriftsteller Abdullah Cevdet, der einmal schrieb, Japan sei der Träger »des Schwertes gegen die Unterdrücker, gegen die dreisten Invasoren; die Fackel für die Unterdrückten, für jene, die sich selbst leuchten«. Durch Japans Sieg ermutigt, zwangen die nationalistischen Jungtürken Sultan Abdulhamid, die seit 1876 ausgesetzte Verfassung wieder in Kraft zu setzen. Unter dem Eindruck des Sieges des verfassungsstaatlich organisierten Japan über das autokratische Russland schufen die Perser 1906 eine Nationalversammlung.

Im selben Jahr erlebte Ägypten die ersten größeren Massendemonstrationen gegen die britische Besatzung. Für nationalistische Muslime in Ägypten war Japan »Die aufgehende Sonne« – so der Titel eines Buchs, das der wichtigste nationalistische Führer Ägyptens, Mustafa Kamil (1874–1908), unmittelbar vor dem Russisch-Japanischen Krieg geschrieben hatte. Studenten aus zahlreichen muslimischen Ländern zogen nach Japan, um die Geheimnisse des dortigen Fortschritts kennenzulernen. Der Dominoeffekt des japanischen Sieges war selbst noch auf dem indonesischen Archipel zu spüren, das gerade erst von den holländischen Kolonialisten geeint worden war. Vertreter der Oberschicht Javas gründeten dort 1908 die erste nationalistische Partei.

Zu den folgenreichsten Veränderungen kam es in China; sie gipfelten 1911 im Sturz einer der ältesten kaiserlichen Dynastien der Welt. Tausende von Chinesen strömten im Gefolge der Ereignisse von 1905 nach Japan und schufen die bis dahin größte Bewegung im Ausland studierender Studenten. Viele der zur ersten Generation im nachkaiserlichen China gehörenden Führer kamen aus dieser Gruppe. 1910 lernte ein Schuljunge namens Mao Zedong (1893–1976) in einer Kleinstadt in der chinesischen Provinz Hunan ein japanisches Lied auswendig, das ihm ein Musiklehrer beibrachte, der einst in Japan studiert hatte:

»Der Sperling singt, die Nachtigall tanzt,
Und im Frühling die grünen Felder sind schön.
Der Granatapfel blüht rot, die Blätter der Weiden sind grün,
Und da zeigt sich ein neues Bild.«[11]

Noch Jahrzehnte später, als Japan China bedrohte, konnte Mao sich genau an den Text erinnern, und er sagte: »Damals kannte und spürte ich die Schönheit Japans, und in diesem Lied über Japans Sieg über Russland spürte ich etwas vom Stolz und von der Größe des Landes.«[12]

Auch anderswo weckte Japans Sieg patriotische Gefühle und trieb sie sogar ins Extrem. Zu den Opfern dieser neuen Stimmung gehörte der liberale Nationalismus, den verwestlichte einheimische Eliten erfolglos übernommen hatten. Die Stimmung in Bengalen, das Lord Curzon aufzuteilen gedachte, war bereits militant antibritisch. Aufruhr und Terroranschläge zeugten von einer Verhärtung der antikolonialistischen Gefühle von 1905, die der Indische Nationalkongress bis dahin nur in milder Form zum Ausdruck gebracht hatte. Radikale in Kalkutta und Dhaka begannen, Reisen bengalischer Studenten nach Tokio zu fördern, und in Europa und Amerika lebende antikolonialistische Aktivisten stellten Verbindungen zu irischen und russischen Revolutionären wie auch zu japanischen und chinesischen Führern her, um Waffen nach Bengalen zu schmuggeln.

Auch gebildete Kreise in Französisch-Indochina begannen an revolutionäre Gewalt zu denken. Der wegweisende vietnamesische Nationalist Phan Boi Chau (1867–1940) lebte von 1905 bis 1909 in Japan und unterrichtete zahlreiche Studenten aus Französisch-Indochina unter dem Dach seiner Dong-Du-Gesellschaft (»Blick nach Osten«). Sozialdarwinistische Vorstellungen eines Krieges der Rassen und des Kampfes ums Überleben infizierten den politischen Diskurs im buddhistischen Ceylon wie auch im konfuzianischen China und im islamischen Ägypten. In Kairo schrieb Rashid Rida (1865–1935), dessen Werk später der ägyptischen Muslimbruderschaft als Inspirationsquelle diente, voller Begeisterung über die Möglichkeit, Japan zum Islam zu bekehren und die »Gelbe Gefahr« der europäischen Phantasie in eine panasiatische Bewegung zur Befreiung von den Ungläubigen zu verwandeln.[13]

Durch das Gemetzel des Ersten Weltkriegs, ein Jahrzehnt nach der Schlacht bei Tsushima, verlor Europa aus asiatischer Sicht viel von seinem verbliebenen moralischen Ansehen. Japans Eroberung Asiens während des Zweiten Weltkriegs wurde zwar rückgängig gemacht, trug aber dennoch dazu bei, dass der Kontinent sich aus dem schwächer werdenden Griff der erschöpften europäischen Reiche löste. Langfristig betrachtet, dürfte es jedoch die Schlacht bei Tsushima gewesen sein, die den Auszug des Westens einläutete.

Was Tsushima allerdings nicht sogleich zu ändern vermochte, war die Überlegenheit der westlichen Waffen sowie der westlichen Wirtschaft, die Asien und Afrika in weiten Teilen des 19. Jahrhunderts aufgezwungen worden war. Das 20. Jahrhundert begann mit Strafexpeditionen deutscher Soldaten gegen antiwestlich eingestellte chinesische »Boxer« (die Bewegung der Yihequan, »Fäuste der Gerechtigkeit und Harmonie«); die Vereinigten Staaten schlugen eine Rebellion auf den Philippinen nieder; die Briten kämpften mit Hilfe indischer Soldaten gegen holländische Siedler in Südafrika. 1905 waren diese Kriege beendet, China war unterworfen, ebenso die Philippinen, und Südafrika war unter britischer Herrschaft vereint. Der Westen sollte noch viele Jahre nicht von der unmittelbaren Herrschaft über seine Territorien im Osten lassen. Aber Japans Sieg über Russland beschleunigte einen irreversiblen Prozess der intellektuellen und teilweise bereits der politischen Entkolonisierung.

Sun Yat-sen erinnerte 1924 an das schläfrige letzte Jahrzehnt des 19. Jahrhunderts, als »die farbigen Rassen in Asien, die unter der Unterdrückung durch die westlichen Völker litten, eine Emanzipation für unmöglich hielten«:

> »Die Menschen dachten und glaubten, die europäische Zivilisation sei – in Wissenschaft, Industrie, Manufaktur und Bewaffnung – progressiv, und Asien könne nichts Vergleichbares vorweisen. Folglich nahmen sie an, Asien könne Europa niemals widerstehen, und die europäische Unterdrückung lasse sich niemals abschütteln. Das war das Denken, das vor dreißig Jahren herrschte.«[14]

Japans Sieg über Russland 1905, so schreibt Sun Yat-sen, habe die Völker Asiens mit »neuer Hoffnung« erfüllt, mit der Hoffnung, »das Joch der europäischen Einschnürung und Herrschaft abzuschütteln und die ihnen zustehende Stellung in Asien zurückzugewinnen«. Und innerhalb von zwei Jahrzehnten, fügt er hinzu, seien Unabhängigkeitsbewegungen in Ägypten, der Türkei, Persien, Indien, Afghanistan und China beträchtlich gewachsen. Gandhi sagte 1905 voraus, »die Völker des Ostens« würden endlich »aus ihrer Lethargie erwachen«.[15] Das Geflüster des Ostens, vor dem Lord Curzon sich fürchtete, sollte schon bald zu lauten Erklärungen und Forderungen anschwellen. Verstreute und isolierte Einzelne fanden zusammen, um Massenbewegungen zu bilden und Aufstände anzuzetteln. Gemeinsam führten sie einen revolutionären Wandel von erstaunlicher Geschwindigkeit herbei.

Die europäische Herrschaft über Asien, die zu Beginn des 20. Jahrhunderts ihren Höhepunkt erreichte, erfuhr eine dramatische Schwächung. Um 1950 – Indien und China waren bereits unabhängige Staaten – besaß Europa in Asien nur noch eine periphere Präsenz, gestützt allein auf die neueste westliche Macht, die Vereinigten Staaten, und zunehmend abhängig von einem informellen Imperium, das sich auf Militärbasen, ökonomischen Druck und politische Handstreiche stützte. Die Europäer und nach ihnen auch die Amerikaner mussten am Ende erkennen, dass sie die Fähigkeit Asiens unterschätzt hatten, moderne Ideen, Techniken und Institutionen – die »Geheimnisse« der westlichen Macht – zu absorbieren und gegen die westliche Welt zu wenden. Sie hatten nicht erkannt, wie stark der Drang nach Freiheit und Würde bei jenen Völkern war, die von Europas einflussreichsten Denkern, von Hegel über Marx bis John Stuart Mill, für unfähig gehalten wurden, sich selbst zu regieren – Denker, deren Ideen sich in einer ironischen Wendung der Geschichte bei diesen »Untertanenvölkern« in Wirklichkeit als äußerst mächtig erweisen sollten.

Heute erscheinen asiatische Gesellschaften von der Türkei bis hin nach China als sehr vital und selbstbewusst. Das hatten jene, die im 19. Jahrhundert das Osmanische Reich und die Qing-Dynastie für »krank« und »todgeweiht« hielten, noch ganz anders gesehen. Die vielbeschworene Verlagerung der wirtschaftlichen Macht vom Westen in den Osten mag eintreten oder nicht, in jedem Fall haben sich jedoch neue Perspektiven für die Weltgeschichte eröffnet. Für die meisten Menschen in Europa und Amerika ist das 20. Jahrhundert immer noch weitgehend definiert durch die beiden Weltkriege und das langjährige atomare Patt mit dem sowjetischen Kommunismus. Inzwischen ist jedoch deutlicher zu erkennen, dass für die Mehrheit der Weltbevölkerung das zentrale Ereignis des letzten Jahrhunderts das Erwachen Asiens und dessen Auferstehung aus den Ruinen asiatischer wie auch europäischer Reiche war. Das zu erkennen heißt, die Welt nicht nur zu erfassen, wie sie heute existiert, sondern wie sie sich auch weiterhin umgestalten wird – nicht so sehr nach dem Bild des Westens, sondern gemäß den Vorstellungen und Zielen der einstmals subalternen Völker.

Wer waren die wichtigsten Denker und Akteure in diesem langjährigen Erneuerungsprozess Asiens? Wie stellten sie sich die Welt vor, in der wir heute leben, und wie jene Welt, in der zukünftige Generationen leben werden? In diesem Buch sollen diese Fragen beantwortet werden, indem die Geschichte der modernen Welt aus mehreren Perspektiven innerhalb Asiens betrachtet wird (wobei der Kontinent hier in der Weise abgegrenzt wird, wie die Griechen dies einst taten, mit dem Ägäischen Meer als Grenze zwischen Asien und Europa, dem Nil als Trennungslinie zwischen Asien und Afrika – eine geographische Vorstellung, die durchaus auch den heutigen geopolitischen Unterteilungen ähnelt).

Der Westen betrachtet Asien von jeher aus der engen Sicht seiner eigenen strategischen und wirtschaftlichen Interessen, ohne dabei die kollektiven Erfahrungen und subjektiven Sichtweisen der asiatischen Völker zu untersuchen oder sie sich überhaupt nur vorzustellen. Es mag verwirrend sein, diese andere Perspektive einzunehmen, und in diesem Buch werden sich zweifellos viele Namen und Ereignisse finden, die westlichen Lesern nicht vertraut sind. Aber es wird hier nicht versucht, eine um Europa oder den Westen zentrierte Perspektive durch eine um Asien zentrierte Sicht zu ersetzen. Vielmehr sollen vielfältige Perspektiven auf Vergangenheit und Gegenwart eröffnet werden, in der Überzeugung, dass die – zunehmend unhaltbaren – Voraussetzungen westlicher Macht keinen zuverlässigen Blickwinkel mehr darstellen und vielleicht sogar auf gefährliche Weise in die Irre führen.

Aus westlicher Sicht mag der Einfluss des Westens sowohl unvermeidlich als auch notwendig erscheinen und keiner sorgfältigen historischen

Überprüfung bedürfen. Europäer und Amerikaner halten ihre Länder und Kulturen gewöhnlich für die Quelle der Moderne und finden sich in dieser Auffassung bestätigt durch das außergewöhnliche Schauspiel der weltweiten Verbreitung ihrer Kultur. Heute scheinen alle Gesellschaften, mit Ausnahme einiger isolierter Stammesgemeinschaften auf Borneo oder am Amazonas, zumindest teilweise verwestlicht zu sein oder nach Formen einer westlichen Moderne zu streben. Aber es gab eine Zeit, als der Ausdruck »Westen« nur eine geographische Region bezeichnete und andere Völker unbefangen eine universelle Ordnung unterstellten, in deren Zentrum ihre eigenen Werte standen. Bis ins späte 19. Jahrhundert hinein glaubten Menschen in Gesellschaften, die im Kern von Glaubenssystemen wie dem Islam oder dem Konfuzianismus geprägt waren – und damit weite Teile der bekannten Welt –, dass die menschliche Ordnung noch untrennbar mit der umfassenden, von ihren Vorfahren oder Göttern bestimmten göttlichen oder kosmischen Ordnung verschmolzen war.

In diesem Buch soll in einer weiten Perspektive gezeigt werden, wie einige der intelligentesten und sensibelsten Völker des Ostens mit den (sowohl physischen als auch geistigen) Übergriffen des Westens auf ihre Gesellschaften umgingen. Es wird beschrieben, wie diese Asiaten ihre Geschichte und ihr gesellschaftliches Dasein verstanden und wie sie auf die außergewöhnliche Abfolge von Ereignissen und Bewegungen reagierten, die zusammen über die heutige Gestalt Asiens entschieden – den Indischen Aufstand, die anglo-afghanischen Kriege, den Russisch-Japanischen Krieg, den Ersten Weltkrieg, die Pariser Friedenskonferenz, den japanischen Militarismus, die Entkolonisierung, den postkolonialen Nationalismus und den Aufstieg des islamischen Fundamentalismus.

Die Hauptprotagonisten des Buches sind zwei wandernde Denker und Aktivisten: Jamal al-Din al-Afghani (1838–1897), ein Muslim, der in der zweiten Hälfte des 19. Jahrhunderts im Mittleren Osten und in Südasien eine lange Karriere als scharfzüngiger Journalist und politischer Mahner verfolgte; und Liang Qichao (1873–1929), Chinas vielleicht wichtigster moderner Intellektueller, der an zahlreichen Ereignissen beteiligt war, die zur Zerstörung der alten kaiserlichen Gewissheiten seines Landes und – nach zahlreichen Schrecken – zu dessen Wiedererstehen als wichtiger Weltmacht führten. Viele von al-Afghani und Liang vorgetragene Ideen wurden schließlich zu bedeutsamen Triebkräften des Wandels. Diese frühmodernen Asiaten stehen am Beginn jenes Prozesses, durch den die gewöhnlichen Ressentiments gegen den Westen und die westliche Herrschaft samt den Ängsten hinsichtlich der eigenen Schwäche und des eigenen Niedergangs in ganz Asien in nationalistische und auf Befreiung zielende Massenbewegungen und in ehrgeizige Programme zum Aufbau von Staaten umgewandelt wurden.

Auch viele andere asiatische Denker werden zu Wort kommen – manche nur kurz, wie der vietnamesische Arbeiter, der sich später Ho Chi Minh nannte und 1919 in Paris in seinem geliehenen Anzug Präsident Wilson eine Petition zu überreichen versuchte, die ein Ende des französischen Kolonialismus in Indochina forderte. Andere, wie etwa Sun Yat-sen, der indische Dichter Rabindranath Tagore, der iranische Denker Ali Shariati und der ägyptische Ideologe Sayyid Qutb, tauchen kurz vor wechselndem Hintergrund auf. Wieder andere wie Gandhi übernehmen tragende Rollen in diesem Stück. Seiner Kennzeichnung der westlichen Zivilisation als »satanisch« gingen andere, einflussreichere Kritiken dieser Art in der muslimischen Welt und in China voraus.

Ganz bewusst liegt das Schwergewicht auf weniger bekannten Persönlichkeiten. Ich denke, dadurch treten die wichtigen politischen und geistigen Bestrebungen deutlicher zutage, die vor jenen bekannteren Figuren und auch über sie hinaus Bestand hatten, welche unsere Sicht Indiens, Chinas und der muslimischen Welt prägen und letztlich auch beschränken. Liang Qichao gab seine obsessive Konzentration auf den Aufbau des Staates an Mao Zedong und dessen Erben im kommunistischen China weiter; al-Afghanis Furcht vor dem Westen und sein obsessives Streben nach einer muslimischen Selbstermächtigung bereiteten den Weg für Atatürk und Nasser wie auch für Ayatollah Khomeini und prägen heute noch die Politik islamischer Gesellschaften.

In ihren langen und ereignisreichen Leben durchlebten die in diesem Buch diskutierten Asiaten die drei wesentlichen Reaktionen auf die westliche Macht: die reaktionäre Überzeugung, wenn die Menschen in Asien nur treu an ihren religiösen Traditionen festhielten, die angeblich den Traditionen aller anderen Zivilisationen überlegen waren, würden sie wiedererstarken; die gemäßigte Auffassung, wonach nur wenige westliche Techniken von Asiaten benötigt würden, da deren Traditionen bereits eine gesunde Grundlage für Kultur und Gesellschaft böten; und die entschiedene, von radikalen Säkularisten wie Mao und Atatürk vertretene Überzeugung, wonach die gesamte alte Lebensweise umgestürzt werden musste, um unter den dschungelähnlichen Bedingungen der modernen Welt konkurrieren zu können.

Die Form dieses Buches – teils historischer Essay, teils intellektuelle Biographie – hat ihren Hauptgrund in der Überzeugung, dass die geschichtlichen Linien im Leben einzelner Personen zusammenfließen, auch wenn dieses Leben jeweils seine eigene Gestalt und seinen eigenen Schwung besitzt. Die hier beschriebenen frühmodernen Asiaten reisten und schrieben sehr viel, untersuchten unablässig ihre eigenen und fremde Gesellschaften, dachten über die korrumpierende Wirkung der Macht nach, über den Zerfall der Gemeinschaft, den Verlust an politischer Legitimation und die Verlockungen des Westens. Im Rückblick erscheinen ihre leidenschaftlichen Analysen wie ein einzelner Strang, der scheinbar disparate Ereignisse und Regionen zu einem einzigen Bedeutungsgeflecht verwob. Indem ich die allgemeine intellektuelle und politische Atmosphäre Asiens im frühen 20. Jahrhundert beschreibe, möchte ich vor allem die Streifzüge dieser Männer auf den Nebenwegen der modernen Geschichte und des modernen Denkens nachzeichnen. Denn sie trugen, obschon sie relativ unbekannt sind, zur Schaffung der Welt bei, in der wir leben, ob sie uns nun gefällt oder nicht.

1.

Die Unterjochung Asiens

Sie haben den Thron in ihren Händen. Sie haben das ganze Gebiet in ihren Händen. Das Land und die Zuweisung der Lebensgrundlagen sind in ihren Händen (…) Die Quellen der Hoffnung und der Angst sind in ihren Händen (…) In ihren Händen liegt die Macht, darüber zu entscheiden, wer erniedrigt und wer erhöht wird (…) Unser Volk ist in ihren Händen, Erziehung und Bildung sind in ihren Händen (…) Wenn der Westen bleibt, was er ist, und der Osten bleibt, was er ist, werden wir den Tag erleben, da die ganze Welt in ihren Händen ist.

Akbar Illahabadi, 1870er Jahre

Ägypten: »Der Beginn einer Reihe großer Schicksalsschläge«

Am frühen Morgen des 5. Mai 1798 verließ Napoleon Paris, um sich zu einer 40 000 Mann starken Armee zu begeben und mit ihr nach Ägypten zu segeln. Nach seinen Siegen in Norditalien hatte der populäre General sich bei seinen zivilen Vorgesetzten für eine Invasion Britanniens eingesetzt. Aber die Royal Navy war noch zu stark und die Franzosen noch nicht bereit, sie herauszufordern. In der Zwischenzeit brauchte Frankreich zur Mehrung seines Wohlstands Kolonien, das glaubte jedenfalls der Außenminister des Landes, Charles Maurice de Talleyrand. Und eine Präsenz in Ägypten konnte nicht nur einen Ausgleich für den Verlust der französischen Territorien in Nordamerika bieten, sondern auch eine ernsthafte Herausforderung an die britische East India Company darstellen, die mit landwirtschaftlichen Erzeugnissen aus ihren indischen Besitzungen hohe Gewinne erzielte.

Als die Briten sich in Indien ausbreiteten, hatten sie die Franzosen aus den meisten ihrer Stützpunkte an der Küste vertrieben. 1798 waren die Briten in einen heftigen Kampf mit einem ihrer geschicktesten indischen Gegner verstrickt, Tipu Sultan, einem Verbündeten der Franzosen. Eine französische Herrschaft über Ägypten könnte das Machtverhältnis in Indien zu Ungunsten der Briten verschieben und zugleich die Russen abschrecken, die ein Auge auf das Osmanische Reich geworfen hatten. Sobald er dafür gesorgt habe, dass England um Indien zittere, erklärte Napoleon, werde er nach Paris zurückkehren und dem Feind den Todesstoß versetzen. Abgesehen von den geopolitischen Zielen seines Landes, hegte Napoleon auch eigene Phantasien von einer Eroberung des Orients. »Großen Ruhm kann man nur noch im Orient erwerben«, glaubte er, »Europa ist dafür zu klein.«[1] Von Ägypten aus gedachte er, im Stile Alexanders des Großen nach Asien vorzudringen, und sah sich selbst auf einem Elefanten reiten, in der Hand einen neuen, von ihm persönlich überarbeiteten Koran als Herold einer neuen Religion.

Napoleon fuhr mit einem großen Gefolge aus Wissenschaftlern, Philosophen, Künstlern, Musikern, Astronomen, Architekten, Landvermessern, Zoologen, Druckern und Ingenieuren nach Ägypten, die festhalten sollten, wie die Sonne der französischen Aufklärung im rückständigen Osten aufging. Dabei war er sich der Bedeutung des Geschehens durchaus bewusst – eines ersten umfangreichen Kontakts zwischen dem auf Modernisierung ausgerichteten Europa und Asien. Auf dem Mittelmeer ermahnte er seine Soldaten: »Ihr steht kurz vor einer Eroberung, deren Auswirkungen auf die Zivilisation und den Handel der Welt unermesslich sind.«[2] Er entwarf auch großartige Proklamationen an das ägyptische Volk, in denen er darlegte, dass die neue Französische Republik auf Freiheit und Gleichheit basiere, aber zugleich auch größte Bewunderung für den Propheten Mohammed und den Islam im Allgemeinen bekundete. Tatsächlich seien auch die Franzosen Muslime, da sie die christliche Dreifaltigkeit ablehnten. Er machte auch einigen Lärm um die Befreiung der Ägypter von ihren despotischen Herren – der uns heute nach 200 Jahren imperialistischer, im Gewande humanitärer Interventionen daherkommender Kriege sehr vertraut ist.

Die Franzosen, die im Juli ohne Vorwarnung in Alexandria auftauchten, überwanden jeden militärischen Widerstand, während sie nach Kairo vorstießen. Ägypten gehörte damals nominell zum Osmanischen Reich, wurde aber von einer Kaste ehemaliger Sklavensoldaten, den sogenannten Mamluken, regiert. Deren schwache Armeen waren nicht ausreichend gerüstet, um den kriegserfahrenen französischen Soldaten zu widerstehen, die gegenüber den Ägyptern in der Überzahl und zudem noch mit der neuesten Militärtechnologie ausgestattet waren.

Als Napoleon Kairo erreicht hatte, requirierte er für sich ein am damaligen Azbakiya-See gelegenes Herrenhaus, brachte die Wissenschaftler aus seinem Tross in einem neu gegründeten Institut d'Égypte unter und begann, Ägypten nach republikanischen Grundsätzen politisch neu zu gestalten. Er erfand einen aus weisen Männern bestehenden Diwan, eine ägyptische Version des Direktorats, das in Paris die exekutive Gewalt ausübte. Aber wo ließen sich die weisen Männer in dem von seiner herrschenden Klasse, den osmanischen Mamluken, verlassenen Kairo auftreiben? Zu ihrem Unbehagen sahen führende Theologen und religiöse Rechtsgelehrte Kairos sich plötzlich in politische Stellungen befördert und häufig auch von Napoleon um Rat gefragt – der erste von vielen zweckdienlichen Versuchen einer politischen Ermächtigung des Islam durch angeblich weltlich gesinnte Vertreter des Westens.

Napoleon unterdrückte seine Loyalität gegenüber der Aufklärung und bemühte sich nach Kräften, den muslimischen Klerus zu beschwichtigen, in der Hoffnung, die Geistlichen könnten ein Bollwerk für die französischen Truppen im Lande bilden. Am Geburtstag des Propheten zeigte er sich in ägyptischer Kleidung und sprach zur Beunruhigung seiner weltlich gesinnten Soldaten in Andeutungen von einer massenhaften Bekehrung der Franzosen zum Islam. Einige kriecherische (und wahrscheinlich als lächerlich empfundene) Ägypter priesen ihn als Ali Bonaparte, nach dem verehrten Schwiegersohn des Propheten. Dadurch ermutigt, machte Napoleon den Geistlichen den Vorschlag, das Freitagsgebet in der al-Azhar-Moschee, einem der größten Heiligtümer des Islam, solle in seinem Namen gesprochen werden. Die frommen Muslime waren verblüfft. Das Oberhaupt des Diwan, Sheikh al-Sharqawi, erholte sich immerhin so weit, dass er sagen konnte: »Ihr wollt den Schutz des Propheten ... Ihr wollt, dass die arabischen Muslime unter Eurem Banner marschieren. Ihr wollt den Ruhm Arabiens wiederherstellen ... Werdet Muslim!«[3] Napoleon erwiderte ausweichend: »Es gibt zwei große Hindernisse, die meine Armee und mich davon abhalten, Muslime zu werden. Das erste ist die Beschneidung, das zweite der Wein. Meine Soldaten sind seit ihrer Kindheit daran gewöhnt, und ich werde sie niemals dazu bringen können, darauf zu verzichten.«[4]

Napoleons Bemühungen, die ägyptischen Muslime von den Vorzügen der säkularen und republikanischen Prinzipien der Franzosen zu überzeugen, waren ebenfalls zum Scheitern verurteilt. Die Bewohner von Kairo beklagten die dramatischen Veränderungen im Stadtbild und generell den korrumpierenden Einfluss der Franzosen. Ein Beobachter schrieb: »Kairo ist ein zweites Paris geworden, Frauen spazieren schamlos mit Franzosen umher, berauschende Getränke werden öffentlich verkauft, und es geschehen Dinge, die der Herr des Himmels nicht billigen würde.«[5] Im Sommer 1798 verpflichtete Napoleon alle Ägypter, die blau-weiß-rote Kokarde, das Abzeichen der Republikaner, zu tragen. Als er einmal Mitglieder des Diwan in sein Haus einlud, versuchte er, Sheikh al-Sharqawi ein blau-weiß-rotes Tuch um die Schultern zu legen. Das Gesicht des Scheichs färbte sich rot vor Angst angesichts der Blasphemie, und er schleuderte das Tuch auf den Boden. Ein verärgerter Napoleon bestand darauf, dass die Geistlichen zumindest die Kokarde zu tragen hatten. Am Ende fand man zu einem unausgesprochenen Kompromiss. Napoleon steckte ihnen die Kokarde an die Brust, und sie nahmen sie wieder ab, sobald sie seine Gesellschaft verließen.

Die islamischen Würdenträger mögen versucht haben, sich über ihren sonderbaren Eroberer lustig zu machen, während sie ansonsten ihren Geschäften nachgingen. Viele andere Muslime empfanden dagegen die Unterjochung Ägyptens durch einen Christen aus dem Westen eindeutig als Katastrophe, und in dieser Einschätzung wurden sie bestätigt, als französische Soldaten bei der Unterdrückung der ersten ägyptischen Aufstände gegen die Besetzung des Landes die al-Azhar-Moschee erstürmten, ihre Pferde in den Gebetsnischen unterstellten, mit ihren Stiefeln auf dem Koran herumtrampelten und Wein tranken, bis sie die Kontrolle über sich selbst verloren und auf den Boden urinierten.

Napoleon war zwar bereit, widerspenstige Dörfer niederzubrennen, Gefangene hinzurichten und Moscheen einzureißen, um Straßen zu verbreitern, aber insgesamt beging er in Ägypten weniger Grausamkeiten, als er es andernorts tat. Er war stets darauf bedacht, seiner Bewunderung für den Islam Ausdruck zu verleihen. Dennoch fasste der ägyptische Geistliche und Gelehrte 'Abd al-Rahman al-Jabarti, der die Eroberung Ägyptens durch Napoleon aufzeichnete, das Geschehen in den Worten zusammen: »große Schlachten, schreckliche Ereignisse, verheerende Tatsachen, Katastrophen, Unglück, Leid, Verfolgung, Störungen in der Ordnung der Dinge, Schrecken, Revolutionen, Unordnung, Zerstörung – mit einem Wort, der Beginn einer Reihe großer Schicksalsschläge«.[6] Und das war nur die Reaktion eines relativ wohlwollenden Zeitzeugen. Als die Nachricht von Napoleons Taten in Arabien eintraf, zogen die Bewohner von Mekka das große Tuch herunter, mit dem die heilige Kaaba verhängt war und das traditionell in Ägypten gefertigt wurde.

Die dramatische Geste zeigt deutlich, wie viele Muslime die Besetzung Ägyptens durch Napoleon wahrnahmen. Er hatte nicht weniger als die seit langem bestehende kosmische Ordnung des Islam gestört – etwas, das mehr als nur eine weitverbreitete Illusion darstellte, wie die menschliche Geschichte gezeigt hatte.

Der Ausdruck »Islam«, der ein breites Spektrum muslimischer Glaubensvorstellungen und -praktiken in aller Welt beschreibt, war vor dem 19. Jahrhundert nicht gebräuchlich. Dennoch hätten über die Jahrhunderte nur wenige Muslime bezweifelt, dass sie einer gleichermaßen kollektiven und individuellen Lebensweise, einer starken Solidargemeinschaft angehörten, die auf gemeinsamen Werten, Glaubensüberzeugungen und Traditionen basierte. Ein guter Muslim zu sein hieß Mitglied einer Gemeinschaft gleichgesinnter Verteidiger der moralischen und sozialen Ordnung zu sein. Es hieß auch, sich an der Schaffung und Ausbreitung der Gemeinschaft der Rechtgläubigen zu beteiligen und damit teilzuhaben an der Geschichte des Islam, wie er sich entwickelt hatte, seit Gott dem Propheten befohlen hatte, nach seinen Regeln zu leben. Diese Geschichte begann mit erstaunlichen Erfolgen, und jahrhundertelang schien es, dass Gottes Pläne für die Welt in der Realität umgesetzt werden könnten.

Im Jahr 622, dem ersten Jahr des islamischen Kalenders, gründeten Mohammed und seine Anhänger in einer kleinen Stadt in Arabien die erste Gemeinschaft von Gläubigen. Weniger als ein Jahrhundert später befanden sich arabische Muslime in Spanien. Große Reiche – Persien und Byzanz – fielen der kraftvollen Expansion der muslimischen Gemeinschaft zum Opfer. Von den Pyrenäen bis hin zum Himalaya wurde der Islam rasch zu einem neuen Symbol von Macht, und die von ihm geschaffene Ordnung war nicht nur politischer und militärischer Art. Die Eroberer Jerusalems, Nordafrikas und Indiens schufen eine neue Zivilisation mit eigenen sprachlichen, rechtlichen und administrativen Standards, eigener Kunst und Architektur und einem eigenen Verständnis von Schönheit.

Im 13. Jahrhundert brachen die Mongolen in diese sich selbst genügende Welt ein und bereiteten dem klassischen Zeitalter des Islam ein rasches Ende. Aber innerhalb von 50 Jahren konvertierten sie selbst zum Islam und wurden dessen kraftvollste Verteidiger. Sufi-Orden breiteten sich über die gesamte islamische Welt aus und sorgten für eine Renaissance des Islam in nichtarabischen Ländern. Von Kufa bis Kalimantan verliehen reisende Gelehrte, Händler und die Freitagsversammlung dem Islam eine neue Beweglichkeit.

Tatsächlich war der Islam eine ebenso universalistische Ideologie wie die westliche Moderne heute, und er prägte erfolgreich ganz verschiedene politische Systeme, Volkswirtschaften und kulturelle Einstellungen in einem großen geographischen Raum. Der marokkanische Reisende Ibn Battuta hatte im 14. Jahrhundert ebenso wenig Probleme, eine Stellung an kaiserlichen Höfen in Indien oder Westafrika zu finden, wie ein Harvard-Absolvent heute in Hongkong und Kapstadt. Der Gedanke einer Weltgemeinschaft der Muslime, der *umma,* die unter der symbolischen Herrschaft eines *khalifa* (Kalifen) in einem *Dar al-Islam* (Land der Muslime) lebte, das sich von dem fernen und abgelegenen *Dar al-Harb* (dem Land des Krieges) unterschied, half den Muslimen von Marokko bis nach Java bei ihrer Vorstellung, dass sie selbst und ihre gemeinsamen Werte eine zentrale Stellung in der Welt einnahmen.

Noch im 17. Jahrhundert verdrängten reisende Kaufleute aus Indien den Hinduismus und Buddhismus in Indonesien und sogar in Indochina. Umfangreiche Handelsnetze und Pilgerwege, die aus aller Welt nach Mekka führten, festigten die Einheit des *Dar al-Islam.* Tatsächlich hing der Welthandel von muslimischen Kaufleuten, Seefahrern und Bankiers ab. Für einen Muslim in Nordafrika, Indien oder Südostasien behielt die Geschichte ihre moralische, geistige und auch zeitliche Kohärenz; sie konnte als schrittweise Verwirklichung des göttlichen Plans verstanden werden.

Obwohl die muslimischen Reiche im 18. Jahrhundert von internen Problemen bedrängt wurden, hielt man dort die Europäer für nur geringfügig weniger barbarisch als ihre Vorfahren, die besiegten Kreuzfahrer. So legte denn Napoleons Erfolg einen unvorstellbaren Gedanken nahe: dass man von den immer noch primitiven Menschen des Westens überholt wurde.

Im weiteren Verlauf des 19. Jahrhunderts sollte Europa ein Selbstverständnis zum Ausdruck bringen, das auf vielfältigen Errungenschaften im Bereich der Technologie, des konstitutionellen und säkularisierten Staates und einer modernen Verwaltung basierte. Und dieses Selbstverständnis, das aus der Amerikanischen und der Französischen Revolution hervorging und den Westen zur Vorhut des Fortschritts zu machen schien, ließ sich immer weniger von der Hand weisen. Schon 1789 kennzeichnete ein bemerkenswert hohes Maß an Organisation den nachrevolutionären französischen Staat wie auch das französische Volk, das sich offenbar über eine gemeinsame Sprache, ein gemeinsames Territorium und eine gemeinsame Geschichte definierte und so einen gesonderten und eigentümlichen »Nationalstaat« bildete.

Angesichts der unabweisbaren Überlegenheit Europas waren viele Muslime anfangs ratlos und unfähig, die Situation richtig einzuschätzen. »Die neugeschaffene Republik in Frankreich«, bemerkte der osmanische Historiker Asim 1801, »unterscheidet sich von den übrigen fränkischen Verfassungen.« Aber dann heißt es weiter: »Sie basiert letztlich auf einer sündhaften Lehre, die sich von der Religion abwendet und die Gleichheit von Armen und Reichen behauptet.« Und die Beratungen im Parlament glichen dem »Rumpeln und Grollen eines gereizten Magens«.[7] Etwas von dieser kulturellen Arroganz findet sich auch in 'Abd al-Rahman al-Jabartis Augenzeugenberichten über Napoleons Eroberung. Der Geistliche empfand die französischen Bräuche generell als abstoßend und sogar barbarisch: »Bei ihnen ist es Brauch«, so schrieb er, »die Toten nicht zu begraben, sondern wie die Kadaver von Hunden oder wilden Tieren auf Abfallhaufen zu werfen oder im Meer zu versenken.«[8] »Ihre Frauen verschleiern sich nicht und kennen keine Bescheidenheit (…) (Die Franzosen) haben Verkehr mit jeder Frau, die ihnen gefällt, und umgekehrt.«[9] Al-Jabarti machte sich auch über die französischen Hüte lustig, über den europäischen Brauch, in der Öffentlichkeit zu urinieren, und über die Verwendung von Toilettenpapier. Verächtlich tat er Napoleons Behauptung ab, ein Beschützer des Islam zu sein; er lachte über die schlechte arabische Grammatik der Proklamationen des Franzosen und kicherte, als den Franzosen bei einer ihrer Demonstrationen der wissenschaftlichen Errungenschaften der Europäer der Start eines Heißluftballons misslang.

Al-Jabartis beschränkte Kenntnis der politischen Institutionen ließ ihn die Ideale der französischen Revolutionäre missverstehen: »Mit ›Freiheit‹ meinen sie, dass sie keine Sklaven sind wie die Mamluken«, schloss er allzu übereilt.[10] Er spürte die Feindseligkeit gegenüber seiner Religion, die in Napoleons Behauptung lag, alle Menschen seien »vor Gott gleich«. »Das ist Lüge, Unverstand und Dummheit«, polterte er. »Wie könnte das sein, da Gott doch manche über andere gestellt hat?«[11]

Al-Jabarti, der seine Ausbildung in der al-Azhar-Moschee erhalten hatte, war dennoch beeindruckt, als er das Institut d'Égypte besuchte, wo die Intellektuellen aus Napoleons Gefolge eine gut ausgestattete Bibliothek eingerichtet hatten.

> »Wer etwas in einem Buch nachschauen will, fragt nach den Bänden, die er sehen möchte, und der Bibliothekar bringt sie ihm (...) Alle verhalten sich still, und niemand stört seinen Nachbarn (...) Unter den Dingen, die ich sah, befand sich auch die Lebensbeschreibung des Propheten (...) Der glorreiche Koran ist in ihre Sprache übersetzt worden! (...) Ich bin einigen von ihnen begegnet, die ganze Kapitel des Koran auswendig kennen. Sie interessieren sich sehr für die Wissenschaften, vor allem für Mathematik und die Kenntnis der Sprachen, und bemühen sich sehr, die arabische Sprache und die Umgangssprache zu lernen.«[12]

Al-Jabarti war auch erstaunt über die Effizienz und Disziplin der französischen Armee, und mit großer Neugier verfolgte er die Abstimmungsprozesse in dem von Napoleon geschaffenen Diwan. Er berichtete seinen arabischen Lesern, dass die Mitglieder ihre Wahlentscheidung auf Papierstreifen schrieben und die Mehrheitsmeinung den Sieg davontrug.

Al-Jabarti war nicht gänzlich taub für die Lehren aus der Eroberung durch Napoleon: dass die Regierung im ersten modernen Nationalstaat der Welt nicht nur Steuern und Tributzahlungen eintrieb sowie Gesetz und Ordnung aufrechterhielt, sondern auch in der Lage war, eine Armee aus Wehrpflichtigen aufzustellen, gut ausgebildete Soldaten mit modernen Waffen auszurüsten und die politische Führung durch demokratische Prozesse bestimmen zu lassen. Zwei Jahrhunderte später scheint es, als habe al-Jabarti am Anfang einer langen Reihe konsternierter Asiaten gestanden – Männer, die an göttliche Fügung, das geheimnisvolle Wirken des Schicksals und den wiederkehrenden Auf- und Niedergang des politischen Geschicks glaubten, denen aber die bemerkenswerte Stärke kleiner europäischer Nationalstaaten vor Augen führte, dass aus der Organisation menschlicher Energie und Tatkraft, gepaart mit Technologie, eine Macht hervorgehen konnte, die das soziale und politische Umfeld radikal zu verändern vermochte. Obwohl zunächst voll gekränkter Verachtung für Europa, wandten diese Männer sich am Ende gegen ihre eigenen trägen und einfallslosen Herrscher samt ihren schwachen Regierungen. Und sie alle gelangten zu einer ähnlichen Überzeugung: dass ihre Gesellschaften ausreichende Stärke erlangen mussten, um den Herausforderungen des Westens gewachsen zu sein.

Der langsame Zerfall Indiens und Chinas

Napoleons Besetzung eines großen Landes wie Ägypten blieb stets gefährdet. Trotz seines Lobes für den Islam verharrte die Bevölkerung in ihrer Feindseligkeit. In den größeren Städten kam es zu Aufständen, welche die Franzosen zu hässlichen Vergeltungsmaßnahmen provozierten, zu denen auch der Vandalismus und die Trinkgelage in der al-Azhar-Moschee gehörten. Die britische Kriegsflotte machte Napoleons Stellung schließlich durch eine Blockade unhaltbar, die ihn von Frankreich und seinen Nachschublinien abschnitt. Als Napoleon Ägypten im August 1799 ebenso heimlich verließ, wie er einst Paris verlassen hatte, um in Frankreich seinen Aufstieg zur politischen Vorherrschaft anzutreten, hatten die Briten auch seinen indischen Verbündeten Tipu Sultan bereits besiegt. Es gab für ihn in Asien nichts zu erobern. So konzentrierte er sich auf Europa und bemühte sich, wie der türkische Botschafter in Paris besorgt vermerkte, »wie ein bissiger Hund Unglück jeglicher Art über seine Nachbarn zu bringen und alle Staaten in ähnliche Unordnung zu stürzen wie sein eigenes verfluchtes Land«.[1]

Im Rückblick kann man sagen, dass Napoleon zu früh gestartet war. 1798 hatten Holländer, Spanier, Portugiesen und Briten sich allesamt wichtige Brückenköpfe in Asien gesichert. Aber die europäische Eroberung Asiens sollte erst voll in Gang kommen, als Napoleon 1815 endgültig besiegt war. Erschöpft vom Krieg, einigten sich die fünf großen europäischen Mächte – Großbritannien, Frankreich, Preußen, Russland und Österreich – auf ein Machtgleichgewicht in Europa. Da ihre Kampfeslust zu Hause durch Verträge eingeschränkt wurde, wuchs ihre Aggressivität im Osten, und sie begnügten sich nicht länger mit ein paar Brückenköpfen am Rande des riesigen asiatischen Kontinents. Die Briten, die sich in Ostindien festgesetzt hatten, begannen 1824 mit ihrer langwierigen Unterwerfung Burmas. Im selben Jahr bestätigte ein britisch-holländischer Vertrag die britische Herrschaft über Singapur und die malaiischen Staaten auf der Halbinsel, während Java zum niederländischen Einflussbereich erklärt wurde. Andererseits standen weder Briten noch Holländer der französischen Herrschaft in Vietnam im Wege.

Zur Zeit von Napoleons Niederlage 1815 hatten die Briten bereits ein Drittel Indiens erobert. Sie sollten schon bald auch die Oberhoheit über den Rest des Subkontinents und damit eine machtvolle Präsenz in Asien erlangen, die ihnen half, die Öffnung Chinas für europäische Kaufleute zu erzwingen und das übrige Asien in Abhängigkeit von ihnen zu bringen. Die Geschwindigkeit und die Verwegenheit der britischen Eroberungen in Indien erscheinen umso erstaunlicher, wenn man bedenkt, wie bescheiden ihre jahrhundertelange Präsenz auf dem Subkontinent bis dahin gewesen war. Sir Thomas Roe, der erste akkreditierte englische Gesandte in Indien, der 1616 am glanzvollen Mogulhof in Agra eintraf, hatte hart darum ringen müssen, die Flagge seines Landes hochzuhalten. Roes König in England, Jakob I., der einen förmlichen Handelsvertrag mit dem Mogulkaiser Jahangir abschließen wollte, hatte ihm aufgetragen, »sorgsam auf Ehre und Würde bedacht zu sein«[2], und Roe gelang es auch, die von Gesandten am Mogulhof erwarteten Verbeugungen und Kratzfüße zu vermeiden. Aber ihm war nur allzu bewusst, wie schäbig die Geschenke waren, die er dem Ästheten Jahangir aus England mitgebracht hatte, und er vermochte auch die Skepsis des Mogulkaisers hinsichtlich eines angeblich großen englischen Königs nicht vollständig zu überwinden, der sich mit so gemeinen Dingen wie dem Handel abgab.

Noch 1708 hielt es der Präsident der East India Company für unerlässlich, vor dem Mogulkaiser zu katzbuckeln, wenn er sich an ihn wandte, und er bezeichnete sich selbst »als das kleinste Sandkorn (…), nur wert, am Boden zerrieben zu werden«.[3] Als das Mogulreich, durch endlose Kriege und Invasionen geschwächt, 1750 implodierte und in eine Reihe unabhängiger Staaten zerfiel, war der einzige Ort, an dem die Briten die territoriale Souveränität besaßen, das damals vollkommen unbedeutende Fischerdorf Bombay (Mumbai). Wenige Jahre später wendete sich ihr Glück. 1757, nach einer Schlacht mit dem muslimischen Vizekönig von Bengalen, sah sich die East India Company im Besitz eines Territoriums, das dreimal so groß war wie England. Kaum ein Jahrzehnt später hatte die Company dieselbe Mischung aus politischem Betrug und militärischer Gewalt erfolgreich eingesetzt, um den Herrscher von Awadh, der größten Provinz des Mogulreichs, zu schwächen.

In der Folgezeit kontrollierten die Briten einen großen Teil des östlichen Indien und beuteten das Land rücksichtlos aus. »Niemals sah die Welt so tyrannische und mächtige Männer wie die Leute, die das Britische Empire in Indien gründeten«, schrieb der wegweisende bengalische Romancier Chandra Chatterjee (1838–1894). »Die Engländer, die damals nach Indien kamen, waren von einer Seuche befallen – dem Wunsch, den Reichtum anderer Völker zu stehlen. Das Wort ›Moral‹ war aus ihrem Wortschatz verschwunden.«[4] Chatterjee arbeitete für die britische Verwaltung in Bengalen und musste sich deshalb mit seiner Kritik zurückhalten. Keine derartigen Beschränkungen kannte dagegen der berechtigte Zorn Edmund Burkes, damals Mitglied des britischen Parlaments. 1788 schrieb er über Bengalen:

> »Junge Männer (fast noch Knaben) regieren dort, ohne Kontakt zu den Einheimischen und ohne jede Sympathie für sie (...) Getrieben von all der Gier des Alters und der Unbesonnenheit der Jugend, rollt eine Welle nach der anderen heran, und die Einheimischen haben nichts vor Augen als die endlose hoffnungslose Aussicht auf neue Wellen von Raub- und Zugvögeln.«[5]

Der muslimische Historiker Ghulam Hussain Tabatabai (1727–1806), der gleichfalls für die Briten in Bengalen arbeitete, war derselben Ansicht hinsichtlich der Verderbtheit und Isolation seiner Herren. »Keine Liebe und keine Verbindung kann zwischen den Eroberern und den Eroberten entstehen«, schrieb er 1781.[6] Den Briten war das ziemlich gleichgültig. Haji Mustapha, ein zum Islam übergetretener Kreole, der Tabatabais Buch 1786 ins Englische übersetzte, schrieb in seiner Einleitung: »Die allgemeine Einstellung der Engländer in Indien scheint von einer tiefen Verachtung für die Inder (als nationale Gemeinschaft) geprägt zu sein. Sie behandeln sie wie totes Kapital, das man ohne große Rücksicht und nach Belieben einsetzt.«[7] Aufgrund ihres wachsenden Erfolgs in Indien konnten die Briten es sich leisten, in China aggressiver aufzutreten. Seit langem träumten europäische Kaufleute, die dort bislang auf den Hafen von Kanton beschränkt waren, von dem potentiell gewaltigen Binnenmarkt des Landes. Da die Briten im Osten Indiens über fruchtbare landwirtschaftliche Flächen verfügten, waren sie sehr erpicht darauf, Abnehmer für ihre Erzeugnisse, vor allem Opium, zu finden, und sie ärgerten sich über den willkürlichen und undurchsichtigen Charakter der kaiserlichen Herrschaft in China. Ermutigt durch ihre Erfolge in Indien, wechselten die Briten nun bei der Auseinandersetzung mit den chinesischen Herrschern sehr viel häufiger zwischen Bewunderung und Verachtung als zuvor.

Obwohl nicht so groß wie das Land des Islam, war das seit zwei Jahrtausenden bestehende chinesische Reich in hohem Maße auf sich selbst bezogen. Tributzahlende Ausländer aus so weit entfernten Weltgegenden wie Burma erlaubten es den Chinesen, sich als Bewohner des »Reichs der Mitte« zu fühlen. Tatsächlich erreichte nicht einmal der Islam die außergewöhnliche Langlebigkeit und Vitalität des chinesischen Konfuzianismus, der alle Lebensbereiche, von der Familie bis hin zu politischen und ethischen Fragen, regelte und eifrige Nachahmer in Korea, Japan und Vietnam fand.

1793 führte der britische Gesandte Lord Macartney eine diplomatische Mission nach Beijing (Peking) an und überbrachte dabei ein Schreiben, in dem König Georg III. Kaiser Qianlong um einen Handelsvertrag, mehr Häfen für britische Kaufleute und eine ständige diplomatische Vertretung an seinem Hof bat. Wie Sir Thomas Roe vor ihm sah Macartney sich zahlreichen Bedrohungen seiner Würde ausgesetzt. Sein Gefolge musste unter einem Spruchband reisen, auf dem in Chinesisch stand: »Gesandter mit Tribut aus England«. Macartney hatte auch einen langen und delikaten diplomatischen Tanz aufzuführen, um zu vermeiden, dass er sich beim zeremoniellen Kotau vor dem Kaiser der Länge nach auf dem Boden ausstrecken musste. Stattdessen beugte er in Anwesenheit des Kaisers ein Knie und übergab diverse Geschenke, welche die fortgeschrittenen technischen und handwerklichen Fähigkeiten der Briten beweisen sollten, darunter eine Haubitze aus Messing und astronomische Instrumente. Der chinesische Kaiser, damals ein rüstiger Achtzigjähriger, erkundigte sich gnädig nach König Georgs gesundheitlichem Befinden und bot Macartney etwas Reiswein an – das alles im Rahmen eines »luxuriösen« Banketts, das in den erstaunten Augen des Engländers eine »stille Würde« besaß, »jenen nüchternen Pomp asiatischer Größe, den europäische Raffinesse noch nicht erreicht hat«.[8]

Die britische Delegation wurde noch ein paar Tage lang mit ausgesuchter Höflichkeit behandelt, bevor man sie unvermittelt aus dem Lande hinauskomplimentierte, versehen mit einem Antwortschreiben des Himmlischen Kaisers, in dem dieser eindeutig erklärte, er habe »erfinderische Gegenstände niemals geschätzt« und er habe auch »nicht den geringsten Bedarf an den Erzeugnissen Englands«. Es sei richtig, dass die »Menschen des westlichen Meeres« die Kultur seines Reiches bewunderten und studieren wollten. Aber er könne keinen englischen Gesandten tolerieren, der so anders spreche und sich so anders kleide, als es das »Zeremonialsystem des Reiches« verlange. Außerdem wäre es gut, fügte der Kaiser hinzu, wenn der englische König »einfach nach unseren Wünschen handelt, indem er seine Loyalität festigt und ewigen Gehorsam schwört«.[9]

Der Brief war schon vor Lord Macartneys Ankunft in Beijing entworfen worden. Der herablassende Ton war Ausdruck der übertriebenen Vorstellungen der chinesischen Elite von der Vorrangstellung ihres Landes wie auch ihrer Entschlossenheit, das alte politische System zu schützen, in dessen Rahmen reiche Familien und Grundherren gut ausgebildete Beamte für die Staatsverwaltung stellten und der Land- und Seehandel mit den Nachbarn abgewickelt wurde. Die Chinesen wussten auch von der wachsenden Macht der »Barbaren« in Asien, wo die Europäer eine führende Rolle im Seehandel übernommen hatten und Militärstützpunkte wie auch Handelsstationen entlang der Küsten Indiens und Südostasiens errichteten. »Es heißt«, schrieb Qianlong an seinen Ersten Minister, »die Engländer rauben die Schiffe der anderen Länder des westlichen Meeres aus, sodass die Ausländer am westlichen Meer in Angst und Schrecken vor deren Brutalität leben.«[10] Der Kaiser hielt es für das Beste, derart aggressive Abenteurer möglichst fernzuhalten.

Die Briten ließen nicht locker und schickten 1816 eine weitere, weniger kostspielige Delegation an den kaiserlichen Hof. Diesmal bestanden die Chinesen uneingeschränkt auf dem Kotau und ließen den Gesandten gar nicht erst in die Stadt, als er die rituelle Selbsterniedrigung vor dem chinesischen Kaiser verweigerte.

Aber Chinas Bluff wurde schon bald durchschaut. Lord Macartney, der Gouverneur von Madras (Chennai) in Britisch-Indien gewesen war, hatte auf seinen Reisen in China scharfsinnig bemerkt, das Land, »ein erstklassiges, aber altes, morschen Kriegsschiff«, sei zwar in der Lage, »seine Nachbarn allein durch seine Masse und Erscheinung über Gebühr zu beeindrucken«, aber es sei dazu verdammt, vom Kurs abzudriften und »am Ufer zu zerschellen«.[11] Die nautische Metapher war durchaus treffend. Als Hegel erklärte, warum China aus der Weltgeschichte herausgefallen war, verwies er auf die Gleichgültigkeit gegenüber der Erforschung der Meere. Und von See her sollten europäische Mächte denn auch bald Chinas Schwäche erkunden und in seinen Wunden bohren. Wie die Moguln und die Osmanen sollten auch die Mandschus die bitteren Folgen ihrer Entschlossenheit kennenlernen, die westlichen Innovationen einer staatlichen Förderung von Industrie und Handel zu ignorieren.

Damals – wie auch in jüngster Zeit wieder – exportierten die Chinesen weit mehr nach Europa und Amerika (hauptsächlich Tee, Seide und Porzellan), als sie von dort importierten, und das daraus resultierende Handelsbilanzdefizit führte dazu, dass die kostbaren Silberbestände des Westens in chinesischen Händen verschwanden. Die britische East India Company stieß auf eine alternative Zahlungsmöglichkeit, als sie ihren Würgegriff auf das fruchtbare Ackerland im Osten Indiens gefestigt hatte, nämlich Opium, das sich dort in großen Mengen anbauen, kostengünstig zu einer konsumierbaren Paste verarbeiten, rasch nach Südchina verschiffen und über Mittelsmänner in Kanton an die chinesischen Massen verkaufen ließ.

Die Einnahmen aus dem Opiumexport stiegen exponentiell und verringerten rasch das britische Handelsbilanzdefizit mit China. Die massenhafte Vergiftung von Chinesen wurde zu einem zentralen Element der britischen Außenpolitik. Aber die leichte Verfügbarkeit des Rauschgifts führte in China schon bald zu einem Drogenproblem. 1800 verboten die Chinesen den Import und die Produktion von Opium, und 1813 verboten sie auch den Konsum des Rauschgifts.

Die Briten hielten dennoch daran fest. 1820 strömte genügend Opium nach China, um eine Million Süchtige zu versorgen, und der Strom des Silbers hatte sich umgekehrt.[12] In den 1830er Jahren erwog Kaiser Daoguang angesichts einer massiven Silberknappheit eine Legalisierung des Opiums. Aber er hatte es mit einer lautstarken Anti-Opium-Lobby zu tun. In einer Petition an den Kaiser hieß es, das Opium sei das Mittel einer gefährlichen Konspiration rothaariger Leute aus dem Westen, die bereits »das geschickte, kämpferische Volk von Java zu dessen Genuss verführt haben, woraufhin es unterdrückt und unterjocht und das Land in Besitz genommen wurde«. Ein anderer Gegner des Opiums behauptete: »Mit der Einfuhr von Opium in dieses Land verfolgen die Engländer das Ziel, das Reich der Mitte zu schwächen. Wenn wir die Gefahr nicht rasch erkennen, werden wir bald den letzten Schritt zu unserem Untergang tun.«[13]

Die Opiumgegner schlugen vor, Opiumraucher mit der Todesstrafe abzuschrecken, aber die gewaltige Zahl der Raucher beschwor das Schreckgespenst von Massenhinrichtungen herauf. 1838 beschloss Daoguang, Handel und Konsum von Opium gänzlich zu unterbinden. Anfangs führten die Chinesen den Kampf gegen das Opium mit friedlichen Mitteln. Staatsbeamte verwiesen auf die konfuzianischen Tugenden der Nüchternheit und des Gehorsams, um Süchtige zum Verzicht auf das Rauschgift zu bewegen und chinesische Mittelsmänner zu veranlassen, den Handel mit Opium aufzugeben. Denselben moralischen Appell richtete man auch an den Westen, etwa in einem Schreiben, das Lin Zexu, der kaiserliche Sonderbeauftrage in Kanton, an Königin Viktoria schickte.

Lin, ein beispielhafter, ganz in der konfuzianischen Tradition stehender Staatsbeamter, hatte sich in seinen Stellungen als Gouverneur mehrerer Provinzen in Zentralchina den Ruf eines rechtschaffenen und kompetenten Staatsdieners erworben. Er wandte sich an die britische Königin und brachte seine Verwunderung zum Ausdruck, dass Kaufleute aus so fernen Regionen wie Britannien nach China kamen, »um großen Profit zu machen«.[14] Er unterstellte naiv, die britische Regierung wisse nichts von den gewissenlosen Schmugglern in Kanton und wolle an den moralischen Grundsätzen des Konfuzius ebenso entschieden festhalten wie der chinesische Kaiser. »Möchtet ihr doch, o König«, schrieb er, »eure niederträchtigen Leute prüfen und die lasterhaften aussondern, bevor sie nach China kommen.«[15] Er drängte die britische Monarchin, den Opiumanbau in Madras, Bombay, Patna und Benares auszumerzen und durch den Anbau von Hirse, Gerste und Weizen zu ersetzen.

Gegenüber den westlichen Kaufleuten verfolgte Lin eine harte Linie.

Wenn sie Widerstand leisteten, wurden ihre Faktoreien in Kanton mit einer Blockade belegt, bis sie ihre Opiumvorräte herausgaben, die dann unverzüglich ins Meer geworfen wurden. Wer sich weigerte, schriftlich zu versprechen, sich in Zukunft nicht am Opiumhandel zu beteiligen, wurde des Landes verwiesen. Damals ließ sich eine Gruppe britischer Kaufleute erstmals auf einer felsigen Insel namens Hongkong nieder.

Die Chinesen unterschätzten indessen die Bedeutung, die der Opiumhandel inzwischen für die britische Wirtschaft erlangt hatte. Auch wussten sie nicht, welchen Schub das britische Selbstbewusstsein erfahren hatte, als die Briten Napoleon besiegten und zur wichtigsten Macht in Indien aufstiegen – Lins Brief an Königin Viktoria zum Beispiel wurde nicht einmal mit einer Empfangsbestätigung bedacht.

Ganz allgemein veränderten die wachsende technologische Macht und der wirtschaftliche Erfolg im Westen die Meinung über China. Statt als Gipfel der Aufklärung wie einst bei Voltaire und Leibniz galt das Land nun als Hort der Rückständigkeit. Schon wenn man es als gleich behandelte, wäre das so, schrieb ein amerikanischer Diplomat, »als wollte man ein Kind so wie einen alten Mann behandeln«.[16] Außerdem erschien der »Freihandel« in der wachsenden britischen Wirtschaft des frühen 19. Jahrhunderts ebenso als ein universeller Wert, den man notfalls auch mit militärischer Gewalt durchsetzen musste, wie dies in modernen Zeiten für die »Demokratie« gilt.

Ein Schwarm aggressiver privater Kaufleute in Kanton agitierte für mehr Märkte in China, nachdem die vergleichsweise konservative East India Company 1838 ihr Monopol auf den Asienhandel verloren hatte. Diese Geschäftsleute und ihre Lobbyisten sorgten für solch eine Empörung über die chinesischen Aktivitäten, dass die britische Regierung sich gedrängt fühlte, eine Strafexpedition nach China zu schicken. Als diese Flotte im Juni 1840 dort eintraf, verhängte sie eine Blockade über Kanton, segelte an der chinesischen Küste nordwärts und bedrohte schließlich Tianjin (Tientsin) und darüber hinaus auch den Sitz des Kaisers in Beijing. Im Wissen um ihre militärische Schwäche baten die Qing um Frieden, überließen den Briten Hongkong und erklärten sich bereit, eine Entschädigung von sechs Millionen Pfund zu zahlen und Kanton wieder für britische Kaufleute zu öffnen.

Doch der britischen Regierung war das nicht genug. Die Träume von einem großen chinesischen Markt für britische Erzeugnisse waren in England unkontrolliert gewachsen. Premierminister Lord Palmerston, ein aggressiver Imperialist, schäumte vor Wut, dass seine Vertreter den Chinesen nach deren Einlenken keine strengeren Bedingungen abgerungen hatten. Er schickte 1841 eine weitere Flotte nach China, die Schanghai einnahm, den Verkehr auf dem unteren Jangtsekiang blockierte und mit einem Angriff auf die ehemalige Hauptstadt Nanjing (Nanking) drohte.

Nach weiteren militärischen Niederlagen kapitulierten die Chinesen erneut und unterzeichneten 1842 den demütigenden Vertrag von Nanjing, der den Ausländern fünf Häfen öffnete, darunter Schanghai, und den Briten auf ewig Hongkong überließ. Der indische Kaufmann Jamsetjee Jejeebhoy schrieb warnend an seine Geschäftspartner bei der britischen Firma Jardine, Matheson & Co.: »Die Chinesen haben in dieser Sache genug von uns (...); jetzt auf Distanz zu bleiben ist weitaus besser als zu drohen.«[17] Die Chinesen selbst waren fassungslos angesichts der scheinbar unersättlichen Gier der Briten. Ein Repräsentant des Kaisers schrieb in einem Brief an die Briten:

> »Wir schauen mit Verehrung auf die zartfühlende Großzügigkeit des Großen Kaisers gegenüber Ausländern und auf die höchste Gerechtigkeit in all seinem Tun. Dadurch lädt er die ganze Welt ein, an seiner Gunst teilzuhaben und seinen Schutz zu genießen, zur Förderung der Zivilisation – und zum vollen Genuss dauerhafter Vorteile. Aber die englischen Ausländer haben nun (...) wegen der Nachforschungen im Opiumhandel seit zwei Jahren den Gehorsam verweigert und kämpfen unablässig (...) Was mag ihr Ziel sein, und wohin mag ihr Handeln führen?«[18]

Der Kaiser erhielt einen stark geschönten Bericht über den harten Verhandlungsstil der Briten: »Obwohl die Forderungen der Ausländer in der Tat räuberisch sind«, schrieb sein Repräsentant, »wollen sie doch kaum mehr als Häfen und das Handelsprivileg. Dahinter stecken keine finsteren Absichten.«

Das erwies sich als allzu optimistisch. Zum Ausgleich für das vernichtete Opium forderten die Briten weitere Entschädigungszahlungen und dazu noch Lösegeld für Städte wie Hangzhou, die sie nicht besetzt hatten. Weitere westliche Staaten schlossen sich ihnen an, insbesondere die Vereinigten Staaten, die seit ihrer eigenen Befreiung von der britischen

Herrschaft in Kanton präsent gewesen waren. Die Amerikaner bestanden darauf, dass die Chinesen protestantischen Missionaren erlaubten, in den Vertragshäfen ihrer Missionsarbeit nachzugehen. Die Franzosen verlangten noch weitergehende Rechte für Katholiken, womit sie die Gleichsetzung des Westens mit dem missionswütigen Christentum, wie es die Chinesen sahen, nur vervollständigten.

Die Verträge gaben den westlichen Mächten das Recht, den Chinesen im nächsten Jahrhundert lebenswichtige Aspekte der Handels-, Sozial- und Außenpolitik vorzuschreiben. Wie sich zeigte, vermochte selbst diese Aufgabe chinesischer Souveränität die Verfechter des Freihandels nicht zufriedenzustellen. Die Vorstellung vom angeblich grenzenlosen chinesischen Markt bewahrheitete sich nicht, und der Opiumhandel, der in den Verträgen nicht erwähnt, aber stillschweigend von allen Seiten akzeptiert wurde, blieb der wichtigste Geschäftsbereich der Handelsbeziehungen zum Westen. Um 1900 rauchten zehn Prozent der chinesischen Bevölkerung Opium, und ein Drittel davon war abhängig.[19]

Je größer die Enttäuschung hinsichtlich des chinesischen Marktes wurde, desto lauter forderten britische Geschäftsleute eine Lockerung der verbliebenen Handelsbeschränkungen. Als die Qing sich 1854 mit der Ausbreitung des Taiping-Aufstands konfrontiert sahen, forderten britische, französische und amerikanische Repräsentanten Änderungen am Nanjing-Vertrag: freien Zugang zu allen Teilen Chinas, ungehinderte Schifffahrt auf dem Jangtsekiang, diplomatische Präsenz in Beijing, eine Legalisierung des Opiums und eine Regulierung der chinesischen Arbeitsemigration (in der Zeit der Gesetzlosigkeit, die gegen Ende des Opiumkriegs herrschte, wurden chinesische Männer entführt oder durch Täuschung veranlasst, in entfernte Weltregionen wie Kalifornien oder Kuba zu migrieren und die dortige Nachfrage nach billigen Arbeitskräften zu decken).

Die Chinesen lehnten diese Forderungen natürlich ab. Doch die angeblich rechtswidrige Durchsuchung eines in Hongkong registrierten Schiffs namens *Arrow* diente den Briten als Vorwand, um erneut in den Krieg zu ziehen, diesmal mit Unterstützung der Franzosen, die unter Napoleon III. darauf brannten, ihre Muskeln spielen zu lassen. 1859 traf Lord Elgin, Sohn jenes Earl of Elgin, der die vom Parthenon-Tempel stammenden Marmorfiguren und Friese nach London gebracht hatte, an der Spitze einer Flotte ein, die rasch Kanton eroberte und nordwärts Richtung Tianjin segelte.

Die glücklosen Chinesen boten erneut Verhandlungen über den Vizekönig von Tianjin an. Aber Elgin war entschlossen, nicht mit Provinzgouverneuren, sondern nur direkt mit dem kaiserlichen Hof zu verhandeln. Der Kaiser gab nach und schickte Vertreter zur Unterzeichnung eines Vertrags, in dem der volle Zugang zum Jangtsekiang, Reisefreiheit innerhalb Chinas für Inhaber eines Passes, sechs weitere Vertragshäfen, Freiheit für Missionare, diplomatische Präsenz in Beijing und Immunität gegenüber der chinesischen Gerichtsbarkeit für Ausländer zugestanden wurden. Elgin, mit den Franzosen im Schlepptau, wollte jedoch mehr. Und er fand einen Vorwand, um Richtung Beijing vorzustoßen, als seine Unterhändler inmitten des Chaos von den Chinesen verhaftet und hingerichtet wurden.

Die Franzosen, die als Erste in den nordöstlichen Außenbezirken der Stadt eintrafen, während noch Verhandlungen mit den Chinesen geführt wurden, stießen auf den Yuan Ming Yuan, den eleganten Sommerpalast, den einst Jesuiten für Kaiser Qianlong entworfen hatten, und begannen sogleich mit der Plünderung des Palastes. Drei Tage lang wüteten französische Soldaten auf dem 15 Hektar großen Gelände voller Pavillons, Gärten und Tempel und konnten ihr Glück kaum fassen: »Um die ganze Pracht darzustellen, die sich unseren erstaunten Augen darbot, müsste ich Edelsteine aller bekannten Arten in flüssigem Gold auflösen und eine diamantene, mit den Träumen eines orientalischen Dichters versehene Feder in die so entstandene Tinte tauchen«, schrieb ein berauschter Plünderer.[20]

Als Elgin eintraf, boten die Franzosen an, die Beute mit ihm zu teilen, und der Earl erhielt den grünen Jadestab des Kaisers. Elgin, der sich an der Niederschlagung des Indischen Aufstands beteiligt hatte, bevor er nach China kam, war nach den Maßstäben der Zeit ein widerwilliger Imperialist. Er hielt den massiven Druck der britischen Politik auf China für »dumm«. »Das alles ist mir so zuwider, dass ich gar nicht wage, darüber zu schreiben«, notierte er in sein Tagebuch, als britische Schiffe unter seinem Kommando Kanton beschossen und 200 Zivilisten töteten.[21] Doch als er erfuhr, dass europäische Gefangene in chinesischen Gefängnissen starben, schwanden seine restlichen Skrupel.

Es galt, den Chinesen eine Lektion zu erteilen. Die Franzosen beteiligten sich nicht an der Vergeltungsaktion, bei der britische Truppen den Sommerpalast in Brand setzten, bevor Elgin den Vertrag unterzeichnete, der den Briten zusätzliche Entschädigungszahlungen, einen weiteren Vertragshafen (Tianjin) und Vertretungen aller westlichen Mächte in Beijing einbrachte. Drei Tage lang brannte der Sommerpalast und hüllte Beijing in dichten schwarzen Rauch. »Das Knacken und Rauschen des Feuers war beängstigend«, schrieb ein englischer Beobachter. »Die Sonne, die durch die dichten Rauschschwaden schien, verlieh allen Pflanzen und Bäumen eine kränkliche Farbe, und der Widerschein der roten Flammen auf den Gesichtern der Soldaten ließ sie wie Dämonen erscheinen, die über die Vernichtung unersetzlicher Schätze jubelten.«[22]

Die Chinesen brauchten recht lange, um sich über ihre bedrohliche Lage in der Welt klarzuwerden. Die neuartigen Dampfschiffe waren den Jangtsekiang weit hinaufgefahren und bedrohten chinesische Städte im Binnenland, und die Briten setzten schon bald indische Soldaten gegen die Chinesen ein. Dieser Beweis einer auf weltweite Ressourcen zurückgreifenden Seemacht veranlasste indessen den offenbar tief im Mittleren Reich befangenen konfuzianischen Gelehrten-Beamten Wei Yuan angesichts der jüngsten Ereignisse zu der Bemerkung: »Indien ist nah und darf nicht als öder Landstrich am Rande [der Welt] betrachtet werden.«[23] Noch 1897, zwei Jahre nachdem Japan die militärische Schwäche Qing-Chinas auf brutale Weise offengelegt hatte, meinte Liang Qichao: »China kann nicht mit Indien oder der Türkei verglichen werden.«[24] Es bedurfte der kumulativen Wirkung interner und externer politischer Schocks – des Taiping-Aufstands, der Niederlage gegen Japan in Korea und des nachfolgenden Gerangels europäischer Mächte um chinesische Territorien –, um in der chinesischen Elite ein neues Gefühl für die veränderte globale Topographie zu wecken.

Ende 1898, als klar wurde, dass die »Hundert-Tage-Reformen« des Qing-Hofes gescheitert waren, hatte China nach Ansicht Liangs endlich zu erkennen begonnen, dass es gegenüber dem Westen ebenso verwundbar war wie Indien oder die Türkei und seine missliche Situation Teil einer globalen Zwangslage war, die der Kapitalismus und Imperialismus westlicher Prägung heraufbeschworen hatte. Schon bald suchte Liang, der nach Japan ins Exil gehen musste, auf den Philippinen, wo die Amerikaner einen Volksaufstand niederzuschlagen versuchten, nach Parallelen zu China. Der Philosoph Yan Fu beschrieb Ende der 1890er Jahre eine chinesische Sicht des Opiumkriegs, die zunehmend an Verbreitung gewann:

> »Als die ersten Leute aus dem Westen ankamen, unmoralische Dinge [Opium] mitbrachten, die den Menschen Schaden zufügten, und die Waffen gegen uns erhoben, war das nicht nur eine Quelle des Schmerzes für jene, die informiert waren; es war und ist bis heute auch eine Quelle der Scham für die Bewohner der wichtigsten Städte. Damals erfreute sich China, das den Schutz einer Reihe weiser Herrscher genossen hatte, auch dank der gewaltigen Ausdehnung des Landes einer Zeit unvergleichlichen politischen und kulturellen Reichtums. Und wenn wir auf die Welt schauten, dachten wir, es gäbe unter allen menschlichen Rassen keine edlere als uns.«[25]

Seit den 1890er Jahren gelten der Opiumkrieg und die Zerstörung des Sommerpalastes in der Erinnerung Chinas als die ungeheuerlichsten Demütigungen, die dem Land im 19. Jahrhundert vom Westen zugefügt wurden. In einem 1881 verfassten Aufsatz mit dem Titel »The Death Traffic« (»Der Todeshandel«) wunderte sich ein noch junger Rabindranath Tagore, wie es möglich war, dass »ein ganzes Land, China, von Großbritannien gezwungen wurde, das Rauschgift anzunehmen – und das allein aus wirtschaftlicher Gier«. Tagore wusste durchaus, dass sein Großvater Dwarkanath Tagore zu jenen indischen Geschäftsleuten gehörte, die durch den Export von Opium nach China reich geworden waren. »In seiner Hilflosigkeit«, schrieb Tagore, »erklärte China pathetisch: ›Ich brauche kein Opium.‹ Aber die britischen Händler antworteten: ›Das ist Unsinn. Du musst es nehmen.‹«[26]

Bei dem Versuch, die wachsende Herrschaft Europas über die Welt zu erklären, klagte der konservative bengalische Schriftsteller Bhudev Mukhopadhyay: »Dieser Chinesische Krieg bleibt ein gutes Beispiel für die Tatsache, dass die Tugend nicht immer siegt. In Wirklichkeit gehört der Sieg oft den Unredlichen.«[27] In den Augen vieler Inder gilt das auch für den Aufstand von 1857, der das Ende der jahrhundertelangen muslimischen Herrschaft über Indien bedeutete.

Die Muslime waren die größten Verlierer, als die britische East India Company zur stärksten Militärmacht auf dem Subkontinent aufstieg. Es waren zwei Siege über muslimische Herrscher in Zentral- und Südindien, die der Company den Weg zu ihrer unangefochtenen Vormachtstellung in Indien ebneten. Danach kamen die Briten rasch voran, sie annektierten entweder in offener Schlacht oder durch Verträge schrittweise das Hinterland und unterwarfen 1848 schließlich den mehrheitlich von Muslimen bewohnten Punjab.

Während der gesamten ersten Hälfte des 19. Jahrhunderts wurden die muslimischen herrschenden Klassen in Nordindien entweder voller Verachtung von den Briten abgesetzt oder durch Einschränkungen in der Ausübung ihrer Herrschaft geschwächt. Die ungeheuerlichste Annexion dieser Art erfolgte 1856 in der Provinz Awadh, die seit dem späten 18. Jahrhundert den kommerziellen und politischen Interessen der Briten unterworfen war und ihnen als eine »Kirsche« galt, »die uns nach langer Reife eines Tages in den Mund fallen wird«, wie es der britische Generalgouverneur ausdrückte.[28] Mehrere schiitische Könige hatten Lucknow zur Hauptstadt von Awadh gemacht. Es war berühmt für seine einzigartige Architektur, die persische und europäische Formen miteinander verband, wie auch für den kulturellen Reichtum seiner Höfe, die einige der besten Dichter, Künstler, Musiker und Gelehrten Nordindiens anzogen. Wajid Ali Shah, der letzte König von Lucknow, war ein guter Sänger, Tänzer und Dichter, aber für die Briten waren solche Leistungen nur ein weiterer Beweis seiner mangelnden Eignung als Herrscher. Die aristokratischen Grundherren, die in der überwiegenden Mehrzahl Wajid Ali Shah unterstützten, erkannten die britischen Absichten, lange bevor die Europäer beschlossen, die Kirsche zu pflücken statt darauf zu warten, dass sie ihnen in den Mund fiel. Die Briten schickten den populären König nach Kalkutta ins Exil und machten sich sogleich daran, den Grundherren und den Bauern die größtmöglichen Abgaben abzupressen.

Auch der Bereich der Kultur blieb keineswegs von den sozialen und wirtschaftlichen Veränderungen verschont, die von den Briten ausgelöst wurden. In den Jahrzehnten vor dem Aufstand hatte Lucknow Delhi als wichtigste Stadt Nordindiens verdrängt. Delhi war jedoch für die nordindischen Muslime ein geistiges und kulturelles Zentrum geblieben, dessen Madrasas (Bildungsstätten) die talentiertesten Männer aus den Provinzen anzogen. Der Verlust an Territorien und Einfluss hatte die Mogulkaiser schon Mitte des 18. Jahrhunderts zu bloßen Aushängeschildern gemacht, doch die Briten überließen ihnen weiterhin großzügige Pensionen und erlaubten ihnen, sich regelmäßig mit großem zeremoniellem Pomp zur Schau zu stellen. Trotz ihrer Schwäche besaßen die Kaiser in den Augen der Briten weiterhin den symbolischen Wert, dass sie zur ältesten und angesehensten Herrscherdynastie Indiens gehörten. *Mushairas*, öffentliche Dichterlesungen, zogen ein riesiges Publikum an, und die Rivalität zwischen den beiden größten Dichtern am Mogulhof, Zauq und Ghalib, bildete das Stadtgespräch. Ein junger Dichter namens Altaf Hussein Hali marschierte meilenweit aus seiner Provinz nach Delhi, um die vielgerühmten Bildungseinrichtungen zu besuchen und mit den Dichtern und Intellektuellen zusammen zu sein, deren »Treffen und Versammlungen«, wie er später schrieb, »an die Zeiten von Akbar und Shah Jahan erinnerten«, zwei auf kulturellem Gebiet besonders selbstbewusste Mogulkaiser.[29]

Das erwies sich indessen, wie Hali weiter schrieb, als »das letzte glanzvolle Aufleuchten der Kultur in Delhi«. Als die englische Tagebuchschreiberin Emily Eden Delhi 1838 besuchte, beklagte sie die zunehmende Vereinnahmung der Stadt durch ein profitgieriges Empire. »So eindrucksvolle Überreste vergangener und im Vergehen begriffener Macht und schwindenden Reichtums – und irgendwie habe ich das Gefühl, wir grässlichen Engländer haben ›das alles geschafft‹, haben es zur Ware gemacht, haben es kommerzialisiert und verdorben.«[30] Aufgrund der Säkularisierung des Bildungswesens und der Justiz hatten die Angehörigen der *ulema*, die muslimischen Geistlichen, Probleme, ihren Lebensunterhalt zu verdienen. Die Ersetzung des Persischen durch das Englische als Amtssprache untergrub gleichfalls die traditionelle kulturelle Welt der indischen Muslime. Hali erinnerte sich:

> »Ich bin in einer Gesellschaft aufgewachsen, in deren Augen Bildung allein auf dem Arabischen und dem Persischen basierte (…) Niemandem wäre der Gedanke an eine englische Erziehung gekommen, und wenn die Menschen überhaupt eine Meinung dazu hatten, sahen sie darin ein Mittel, um an eine Stellung im Staatsdienst zu gelangen und nicht um irgendeine Art von Bildung zu erwerben.«[31]

Aber auch auf diesem Gebiet schienen die einstigen Untertanen der Muslime – die Hindus – von den neuen Herrschern begünstigt zu werden. Sie bemühten sich rasch um eine Ausbildung in Einrichtungen westlichen Stils und erlangten damit die niederen Verwaltungspositionen, die man ihnen zuwies. Die Briten begannen, ihr ursprünglich auf reine Ausplünderung ausgerichtetes wirtschaftliches und politisches Regime in Bengalen auf eine Monopolisierung der Schifffahrt, des Bank- und Versicherungswesens, des Handels und der Verwaltungsstrukturen umzustellen. Sie bedienten sich einheimischer Kollaborateure wie etwa der Mittelsmänner, die den lukrativen Opiumexport von Indien nach China abwickelten, aber die waren in der Regel keine Muslime, sondern Hindus, Sikhs oder Parsen.

Die britische Gleichgültigkeit gegenüber der indischen Gesellschaft und Kultur, die Edmund Burke und der indische Historiker Ghulam Hussain Khan Tabatabai im vorausgegangenen Jahrhundert beobachtet hatten, wurde zunehmend durch kulturelle und rassische Aggressivität ersetzt. Lord Macaulay tat die indische Gelehrsamkeit als lächerlich wertlos ab und forderte die Briten in Indien auf, eine »Klasse von Menschen« zu schaffen, die »dem Blut und der Farbe nach indisch, in ihrem Geschmack, ihren Ansichten, ihren Moralvorstellungen und ihrem Denken englisch« seien. Wo immer dies möglich war, versuchten die Briten ihre als unabweisbar empfundene Überlegenheit in Indien durch tiefgreifende soziale und kulturelle Reformen zu festigen. Nach britischem Vorbild gestaltete und oft von christlichen Missionaren geführte Schulen, Colleges und Universitäten produzierten schon bald einen Strom falscher Engländer jener Art, von der Macaulay geträumt hatte.

Viele Muslime lehnten solche modernen Bildungseinrichtungen ab, weil sie eine Entwurzelung befürchteten. Sie sahen meist hilflos zu, als die Briten Plantagen anlegten, Kanäle gruben, Straßen bauten und Indien in einen Rohstofflieferanten und einen exklusiven Markt für die britische Industrie verwandelten. Handwerkszünfte in nordindischen Städten, deren Mitglieder meist Muslime waren, verarmten, als britische Industrieprodukte die Basare überschwemmten. Gandhi, einer der prominentesten Verteidiger des einheimischen Handwerks, fasste den vielfältigen Schaden, den die britische Herrschaft Indien zufügte, in seiner Indischen Unabhängigkeitserklärung von 1930 zusammen:

»Dörfliche Wirtschaftszweige wie das Handspinnen sind zerstört worden (...), und anders als in anderen Ländern ist nichts an die Stelle dieser vernichteten Handwerkszweige getreten. Zölle und Währung werden in der Weise manipuliert, dass sie den Bauern nur noch größere Lasten aufbürden. Britische Industrieerzeugnisse bilden den größten Teil unserer Importe. Die Zollbestimmungen sind auf den Nutzen britischer Erzeuger ausgerichtet, und die Einnahmen daraus werden nicht dazu verwendet, die Last der Massen zu erleichtern, sondern eine äußerst verschwendungssüchtige Verwaltung zu finanzieren. Noch ungerechter ist die Manipulation des Wechselkurses, die dazu führt, dass viele Millionen aus dem Land abfließen (...) Jegliches administrative Talent wird erstickt, und die Massen müssen sich mit niederen Stellungen als Dorfbeamte und Schreiber begnügen (...) Das Bildungssystem hat uns aus unserer Verankerung gerissen.«

Andernorts erwiesen sich diese einschneidenden privaten und gesellschaftlichen Veränderungen als allzu traumatisch für Menschen, die es gewohnt waren, nach Brauch und Tradition zu leben. Ohne den Schutz von Zöllen, auf deren Senkung die Briten drängten, vermochten die aufkeimenden Industriezweige in Ägypten, der osmanischen Türkei und dem Iran nicht mit den aus Europa importieren Industrieprodukten zu konkurrieren. So kann es nicht überraschen, dass Kaufleute, Weber und Handwerker in den Basaren von Kairo und Najaf in den antiwestlichen Bewegungen des 19. Jahrhunderts in vorderster Front standen.

Der berühmteste indische Denker des Jahrhunderts, Swami Vivekananda (1863–1902), brachte den unter Asiaten weitverbreiteten moralischen Abscheu gegenüber ihren europäischen Herren zum Ausdruck:

»Vergiftet vom berauschenden Wein neugewonnener Macht, furchterregend wie wilde Tiere, die den Unterschied zwischen Gut und Böse nicht kennen, Sklaven der Frauen, von ihren Begierden übermannt, von Kopf bis Fuß von Alkohol getränkt, ohne jede Norm rituellen Verhaltens, unrein, materialistisch, von materiellen Dingen abhängig, mit allen Mitteln nach Grund und Reichtum anderer Menschen greifend (...), der Körper ihr alleiniges Ich, nur auf die Erfüllung ihrer Begierden bedacht – das ist das Bild des westlichen Dämons in indischen Augen.«[32]

In Asien entstand zunehmend der Eindruck, dass der Westen bewusst einen Angriff auf die Lebensweise der Einheimischen unternahm. Deren

Frustration und Leid fanden ihren Ausdruck unvermeidlich in der Religion, die weit mehr als ein bloßes Glaubenssystem darstellte, wie Marx scharfsinnig erkannte. Sie war vielmehr »die allgemeine Theorie dieser Welt, ihr enzyklopädisches Kompendium, ihre Logik in populärer Form, ihr spiritualistischer Point-d'honneur, ihr Enthusiasmus, ihre moralische Sanktion, ihre feierliche Ergänzung, ihr allgemeiner Trost- und Rechtfertigungsgrund«.[33] Der im Stillen schwelende Zorn der Einheimischen entlud sich häufig in Gewalt. Der Boxeraufstand in China, die Stammesunruhen im östlichen Zentralindien ganz am Ende des 19. Jahrhunderts, der Mahdi-Aufstand im Sudan, der Urabi-Aufstand 1882 in Ägypten und die Tabakrebellion 1891 im Iran demonstrierten die Stärke der unorganisierten Feindseligkeit gegenüber dem Westen, die oft von dem verzweifelten Wunsch begleitet war, eine im Verschwinden begriffene oder bereits verlorene soziale und kulturelle Ordnung wiederherzustellen.

Der Indische Aufstand von 1857 war solch eine Eruption. Anfang des 19. Jahrhunderts wurden marginalisierte und verbitterte Muslime zunehmend empfänglich für die – als »Wahhabiten« bezeichneten – puritanischen und schriftgläubigen islamischen Reformer, die damals in Arabien die Oberhand gewannen. Muslimische Theologen und Aktivisten, die Indien als *Dar al-Harb* verstanden, erklärten 1803 und nochmals 1826 den Heiligen Krieg gegen die Briten und deren indische Kollaborateure. Nachdem die Dschihadisten Teile Nordwestindiens überrannt hatten, wurden sie 1831 schließlich in der Schlacht von Balakot besiegt, die in der islamischen Überlieferung Südasiens eine ähnlich tragische Aura erhalten sollte wie Imam Husseins Märtyrertod im Jahr 680 bei Kerbela.

Der Aufstand war eine größere Explosion als all die anderen verstreuten Rebellionen indischer Muslime gegen die Briten. Ausgelöst wurde er durch Gerüchte, wonach die neuen, von der britisch-indischen Armee eingesetzten Patronen mit Schweine- und Rinderschmalz gefettet seien. Nach Ansicht vieler Mitglieder der alten indischen Elite schwelte der Aufstand jedoch seit Jahren, seit nämlich die Briten sich entschlossen darangemacht hatten, die soziale, politische und kulturelle Landkarte Indiens neu zu zeichnen. Ein gutes Beispiel dafür ist die damals in Delhi erscheinende Tageszeitung *Delhi Urdu Akhbar*, deren Herausgeber Maulvi Baqar, ein Mitglied der alten Elite der Stadt, sich 1857 aus einem uninteressanten Hofberichterstatter in einen feurigen antiimperialistischen

Pamphletisten verwandelte. »In Wahrheit haben die Engländer den Zorn Gottes auf sich gezogen (...), und ihr Hochmut bringt ihnen nun die Strafe Gottes«, schrieb er.[34] Baqar erinnerte an die zahlreichen Verbrechen der Briten – den Bruch von Verträgen mit einheimischen Herrschern, das Abziehen der Profite nach Großbritannien. Und er meinte, nun würde der Spieß von Hindus und Muslimen umgedreht. »Unter dem Vorwurf schlechter Verwaltung und mit der Behauptung, den Untertanen helfen zu wollen, haben sie Länder und Regierungen ihren eigentlichen Besitzern weggenommen. Heute kehrt sich dieselbe Logik gegen sie und man sagt ihnen, sie könnten das Land nicht verwalten.«[35] Einer der enteigneten Grundherren in Awadh hielt einem britischen Beamten, den er vor einem wütenden Mob gerettet hatte, diese Argumentation vor:

»Sahib, Ihre Landsleute sind in unser Land gekommen und haben unseren König vertrieben. Sie haben Ihre Beamten durch den ganzen Distrikt geschickt, damit sie die Rechtstitel der Güter prüften. Mit einem Federstrich haben Sie mir Land weggenommen, das sich seit unvordenklichen Zeiten im Besitz meiner Familie befand. Ich habe mich dem gebeugt. Aber plötzlich kam das Unglück über Sie. Die Menschen auf dem Land erhoben sich gegen Sie. Sie kamen zu mir, dem Sie solchen Schaden zugefügt haben. Ich habe Sie gerettet. Aber jetzt – jetzt marschiere ich an der Spitze meiner Leute durch Lucknow, um Sie aus dem Land zu jagen.«[36]

Die Aufständischen verschonten auch britische Frauen und Kinder nicht. Einer der zahlreichen feurigen Aufrufe zur allgemeinen Revolte sprach von einer Arbeitsteilung unter den Indern, deren »Pflicht und Schuldigkeit« es sei,

»aufzustehen und die Engländer zu töten (...) Einige sollten sie mit ihren Gewehren töten (...) und mit Degen, Pfeilen, Dolchen (...); einige sollten sie mit Speeren aufspießen (...); einige sollten mit dem Feind ringen und ihn in Stücke reißen; einige sollten sie mit Knüppeln, einige mit bloßen Händen erschlagen; einige sollten ihnen Sand in die Augen werfen, einige sollten sie mit Schuhen schlagen (...) Kurz gesagt, alle sollten keine Mühe scheuen, um den Feind zu vernichten und soweit es irgend geht zu dezimieren.«[37]

Die Aufstände wurden zwar oft von Hindus angeführt, aber auch Muslime, vor allem solche, die durch die britische Herrschaft Schaden erlitten hatten, beteiligten sich in großer Zahl daran, und die unorganisierte Revolution fand für kurze Zeit eine zentrale Gestalt im Mogulkaiser in Delhi, bevor sie brutal niedergeschlagen wurde. Angestachelt von der öffentlichen Meinung im Mutterland und von verehrten Gestalten wie Charles Dickens, übten die Briten fürchterliche Vergeltung, als sie die Aufständischen auseinandertrieben. Rachedurstige Soldaten banden Zehntausende von Aufständischen vor die Mündung ihrer Kanonen und schossen sie in Stücke. In ganz Nordasien hinterließen sie eine Spur der Zerstörung, als sie sich schießend, stechend und brandschatzend durch Dörfer und Städte kämpften.

Britische Soldaten, die in ihren Camps außerhalb von Delhi auf den Fall der Stadt warteten, träumten davon, den »reichen alten Niggern (…) ein oder zwei kleine Diamanten« abnehmen zu können.[38] Sie setzten ihre Orgie des Mordens und Plünderns mit unvorstellbarer Grausamkeit fort. »Kann ich irgendetwas tun«, fragte sich Lord Elgin, als er in China von der blutigen Niederschlagung des Indischen Aufstands las, »um England daran zu hindern, wegen der an einer weiteren schwachen orientalischen Rasse begangenen Grausamkeiten den Fluch Gottes auf sich zu laden? Oder führen all meine Mahnungen letztlich nur zur weiteren Ausdehnung des Gebiets, in dem die Engländer beweisen, wie hohl und oberflächlich ihre Zivilisation und ihr Christentum sind?«[39] Elgin beantwortete seine Frage, indem er den Sommerpalast des chinesischen Kaiser niederbrennen ließ. Das Qing-Reich sollte noch ein weiteres halbes Jahrhundert dahinsiechen. Doch die Raserei und der Vandalismus der Briten nach dem Indischen Aufstand ließen selbst die Symbole des Mogulreichs unerträglich erscheinen. Das förmliche Ende der muslimischen Herrschaft in Indien kam, als ein britischer Soldat die Söhne des rebellischen und – wie sich zeigte – letzten Mogulkaisers hinrichtete und deren Leichen auf die Straßen Delhis warf, damit sie dort verrotteten.

Die neue globale Hierarchie

Ein Mangel an Einheit und an wirkungsvoller Führung verdammte den Aufstand zum Scheitern, obwohl er über eine große Massenbasis verfügte und die Aufständischen den Briten zahlenmäßig weit überlegen waren. Abdul Halim Sharar, einer der ersten Schriftsteller, die Romane in Urdu schrieben, und Chronist des schwindenden Glanzes von Lucknow, klagte 1921:

> »Es gab keinen einzigen heldenmütigen Mann unter ihnen, der etwas von Kriegführung verstand oder die zersplitterten Kräfte zusammenführen und zu einer schlagkräftigen Armee vereinigen konnte. Die Briten dagegen, die um ihr Leben kämpften, hielten stand. In größter Gefahr warfen sie die Angreifer zurück und bewiesen, dass sie sich mit der neuesten Kriegskunst auskannten.«[1]

Aber nicht nur in militärischer Hinsicht bestand eine deutliche Kluft zwischen den Briten und ihren Gegnern. Sharar schreibt voll Bitterkeit:

> »Es konnte gar nicht ausbleiben, dass die Intelligenz dieser Ausländer und ihr planvolles, methodisches Vorgehen den Sieg über die Unwissenheit und Selbstzerstörung Indiens davontrugen. Zu dieser Zeit hatte die Welt ein neues Muster industrialisierter Zivilisation angenommen, und diese rief jede Nation laut dazu auf, sie zu übernehmen. Aber in Indien hörte niemand diesen Ruf, und alles wurde zerstört.«[2]

So melodramatisch diese Einschätzung der europäischen Macht auch klingen mag, war sie doch nicht unrealistisch. Gestützt auf neue Technologien, überlegene Formen der Informationssammlung und attraktive Handelsbedingungen, forderten die Europäer Mitte des 19. Jahrhunderts die Chinesen heraus, vertrieben Persien aus seinem Einflussbereich im Kaukasus, drangen in Nordafrika ein, zwangen die Osmanen zur Öffnung ihrer Märkte, trugen das Christentum nach Indochina und warfen ein

Auge auf das lange verschlossene Japan. Acht Jahre nach Napoleons Invasion in Ägypten sollten die Briten das Land erfolgreich besetzen.

Diese raschen Erfolge lassen sich nicht durch veraltete, vom Westen auf Asien projizierte Begriffe wie »Niedergang«, »Stagnation«, »Asiatischer Despotismus« erklären, die auch viele selbstmitleidige Asiaten übernahmen. Schon 1918 entlarvte der indische Soziologe Benoy Kumar Sarkar, den – wie er sich ausdrückte – gelehrten »westlichen« Aberglauben hinsichtlich eines kraftstrotzenden Europa, das ein schläfriges Asien hinter sich lässt. Sarkar warnte vor dem geschichtlichen »Dogma, dem dominierende und siegreiche Völker naturgemäß verfallen«.[3] Die heutige Wissenschaft bestätigt seine Auffassung und zeigt, dass Asien auch im 17. Jahrhundert noch in wirtschaftlicher und kultureller Hinsicht dynamisch war. Der Wettbewerbsvorteil Europas war die Folge seiner eigenen, eindeutig überlegenen Fähigkeiten im Bereich der »industrialisierten Kultur« oder einfacher gesagt: in der Organisation – die Asiaten schon bald bewunderten und nachzuahmen versuchten – wie auch diverser weiterer Vorteile, die Europa während des 17. Jahrhunderts akkumuliert hatte.

»Der Geist der militärischen Organisation endet nicht beim Militär«, meinte Tokutomi Sohō 1887 mit Blick auf Europa. Ihr Einfluss erstrecke sich vielmehr »auf alle Winkel der Gesellschaft«.[4] Die europäischen Formen politischer und militärischer Mobilisierung (Wehrpflichtigenarmeen, effiziente Besteuerung, kodifiziertes Recht), Innovationen im Finanzsektor (Kapitalgesellschaften) und an Informationen reiche öffentliche Kulturen der Forschung und der Debatte verstärkten sich wechselseitig und schufen, wie mehr als ein asiatischer Beobachter bemerkte, einen gewaltigen und entscheidenden Vorteil, als Europa nach Asien eindrang. Als Einzelne mochten die Europäer nicht mutiger, innovativer, sensibler oder loyaler sein als Asiaten, aber als Mitglieder von Unternehmen, Kirchen oder staatlichen Einrichtungen und im effizienten Einsatz wissenschaftlichen Wissens entfalteten sie mehr Macht als die wohlhabendsten asiatischen Reiche.

Wie Sharar bemerkte, bestand ein großer Teil der europäischen Macht in der Fähigkeit zu töten, die im 17. Jahrhundert durch zahlreiche grausame Kriege zwischen den kleineren Ländern der Region verbessert wurde, während die Länder Asiens zur selben Zeit in relativem Frieden lebten. »Unser einziges Problem liegt darin«, klagte Fukuzawa Yukichi,

Autor, Erzieher und produktiver Kommentator der Modernisierung Japans in den 1870er Jahren, »dass wir zu lange Frieden und keinen Verkehr mit der Außenwelt hatten. In der Zwischenzeit erfanden andere Länder, von gelegentlichen Kriegen stimuliert, viele neue Dinge wie Dampflokomotiven, Dampfschiffe, Kanonen, Handfeuerwaffen usw.«[5] Unter dem Druck, zu Lande und zur See kämpfen und ihre Sklavenplantagen in der Karibik schützen zu müssen, entwickelten etwa die Briten die fortschrittlichsten Schiffstechnologien. Der indisch-muslimische Reisende Mirza Abu Talib, der 1800 Europa besuchte, gehörte zu den ersten Asiaten, die darauf hinwiesen, in welchem Maße die Royal Navy den Schlüssel für den britischen Wohlstand bildete. Während eines großen Teils des 19. Jahrhunderts behielten britische Schiffe und Handelsunternehmen im Welthandel ihre früh erlangte Überlegenheit gegenüber ihren europäischen Rivalen wie auch gegenüber asiatischen Produzenten und Kaufleuten.

Noch etwas anderes steckte hinter der europäischen Vormachtstellung. Alexis de Tocqueville fragte sich 1855 in einem Brief an Arthur Gobineau (der als Erster die Theorie einer »arischen« Herrenrasse entwickelte), wie es möglich war, dass »wenige Millionen Menschen, die ein paar Jahrhunderte zuvor noch nahezu schutzlos in den Wäldern und Sümpfen Europas gelebt hatten, innerhalb von hundert Jahren die Welt verändert haben und die übrigen Rassen beherrschen«.[6] Bei seinen Überlegungen zu demselben Phänomen gelangte der bengalische Schriftsteller Bhudev Mukhopadhyay ein Jahr später zu einigen beunruhigenden Schlussfolgerungen:

> »Das Bestreben, die Länder anderer Völker zu erobern, ist auf dem Vormarsch und wird bei den Europäern mit der Zeit immer intensiver. Ihr Hunger nach materiellen Genüssen ist stark und wird nur immer stärker. Das ist kein Anzeichen einer Stärkung der moralischen Standards oder einer Aussicht darauf (…) Es wäre logisch, daraus zu schließen, dass auch ihre Nachfahren diesen Hang zum Plündern erben werden (…) Wenn Europa keiner äußeren Kontrolle bedarf, wer dann?«[7]

Aber es sollte keine äußere Kontrolle geben, zumindest nicht bis zur Katastrophe des Ersten Weltkriegs. Es war, als ließen sich die von der Amerikanischen und der Französischen Revolution entfesselten Energien nicht auf den Westen begrenzen. Sie mussten sich auf der ganzen Erde ausbreiten und die kleinen Nationalstaaten Europas in die entferntesten Regionen Asiens treiben – ein ständiger Vorwurf und eine einzigartige Bedrohung für Völker, die weder modern waren noch die Mittel besaßen, durch die sie mit Europa auf wirtschaftlicher oder diplomatischer Ebene hätten gleichziehen können.

Auch in der Vergangenheit hatte es schon Imperialismus gegeben. Tatsächlich gehörten viele Opfer der europäischen Eroberungen selbst zu mächtigen Reichen – das Osmanische Reich, Qing-China. Aber der moderne europäische Imperialismus war insofern gänzlich neu, als er durch direkte Eroberung oder durch »informelle«, auf ungleichen Verträgen basierende Freihandelsimperien eine globale Hierarchie der wirtschaftlichen, physischen und kulturellen Macht schuf. Fukuzawa Yukichi schrieb dazu in den 1870er Jahren:

> »Im Geschäftsleben sind die Ausländer reich und geschickt, die Japaner dagegen arm und unerfahren. Deshalb kommt es oft vor, dass Japaner bei Gericht unterliegen, während die Ausländer das Gesetz umgehen. Auf dem Gebiet der Bildung müssen wir von ihnen lernen. Es wäre besser für uns, wenn wir unsere Gesellschaft den Ausländern nur schrittweise öffneten und uns der Zivilisation in unserer eigenen Geschwindigkeit näherten, aber sie bestehen auf dem Prinzip des Freihandels und drängen uns, sie unverzüglich auf unsere Insel zu lassen. In allen Dingen, in allen Projekten übernehmen sie die Führung, und wir geraten in die Defensive. Es gibt kaum jemals ein gleichberechtigtes Geben und Nehmen.«[8]

Bis 1900 hatte eine kleine, aus Europa ausschwärmende Minderheit die Herrschaft über den größten Teil der Erde erlangt und zwang den hauptsächlich agrarisch geprägten asiatischen Gesellschaften die Imperative einer kommerziellen, auf Welthandel ausgerichteten Wirtschaft auf. Gestützt auf Garnisonen und Kanonenboote, konnten Europäer in jedem beliebigen asiatischen Land intervenieren und sich ganz nach ihren Vorstellungen in dessen Angelegenheiten einmischen. Sie konnten Millionen asiatischer Arbeitskräfte in ferne Kolonien verfrachten (Inder auf die Malaiische Halbinsel, Chinesen nach Trinidad); sie konnten den asiatischen Volkswirtschaften Rohstoffe und Erzeugnisse entziehen, die sie für ihre Industrien benötigten; und sie konnten die einheimischen Märkte mit ihren Erzeugnissen überschwemmen. Der Bauer in seinem Dorf und der Händler in seiner Stadt wurden gezwungen, ein von Religion, Familie und Tradition geprägtes Leben aufzugeben, inmitten von Gerüchten über mächtige weiße Männer mit einem sonderbaren, am Kreuz hängenden Gott, die der Welt eine neue Gestalt verliehen – Männer, die moralische Aggressivität mit kompakten, kohärenten Nationalstaaten, Profitstreben und überlegenen Waffen verbanden und den Eindruck entstehen ließen, die asiatischen Gesellschaften wären in ihrer Schwerfälligkeit gänzlich unfähig, der europäischen Macht etwas entgegenzusetzen oder ihr eigenes Potential zu entfalten.

Während europäische Staaten von einer leichten Eroberung zur nächsten eilten und eine Vielzahl sozialer, ökonomischer und kultureller Brüche in ihrem Kielwasser zurückließen, betrachteten viele asiatische Intellektuelle das Schicksal ihrer Gesellschaften mit wachsender Sorge. Viele Muslime deuteten den Verlust ihrer Territorien in Indien, Afrika und Zentralasien an christliche Europäer als eine Strafe Gottes für ihre religiöse Laschheit. Das Gefühl einer großen, permanenten Krise war selbst in Ländern wie Japan oder der Türkei stark ausgeprägt, die nicht von europäischen Mächten erobert worden waren oder direkt ihrer Herrschaft unterstanden. Der große japanische Romancier Natsume Sōseki (1867–1916) schrieb dazu:

> »Die Zivilisation des Westens hat ihre Ursprünge in sich selbst, während das moderne Japan seine Ursprünge außerhalb des Landes hat. Aus dem Westen kommt eine Welle nach der anderen (...) Es ist, als würde, noch bevor wir das eine Gericht auf dem Tisch gekostet hätten oder bevor wir überhaupt wüssten, was es ist, bereits das nächste neue Gericht aufgetragen (...) Und wir können nichts daran ändern.«[9]

Die große Geschwindigkeit des Wandels und die Hilflosigkeit angesichts der Veränderungen waren eine gemeinsame Erfahrung. Schon der geringste Kontakt des Westens mit asiatischen Ländern führte dort unvermeidlich zu drastischen Veränderungen – in der Regel zum Schlechteren. Die Industrielle Revolution und die europäische Nachfrage nach Rohstoffen für die dortige Industrie verhinderten nicht nur die Industrialisierung Asiens, sondern zwangen auch traditionell auf Selbstversorgung ausgerichtete Bauern in ganz Asien, sich als Arbeiter in den Kautschuk-,

Kaffee- oder Teeplantagen oder als Bergleute in den Zinnminen zu verdingen. In islamischen Gesellschaften führte der Zwang, mit der westlichen Macht gleichzuziehen und einen zentralisierten Staat nach westlichem Vorbild aufzubauen, zur Entstehung neuer Klassen von Bürokraten, Technokraten, Bankiers, Arbeitern und Intellektuellen, die die alte islamische Welt der Zünfte, Basare und Karawansereien, der *ulema* und der Sufi-Gemeinschaften zu unterminieren drohten. Selbst der im Westen ungetrübte Segen der modernen Medizin erhielt in Asien ein düsteres Doppelgesicht, als sie zum Wachstum der Bevölkerung beitrug, ohne dass damit auch ein entsprechendes Wirtschaftswachstum verbunden gewesen wäre, so dass die Armut sich ausweitete.

Die kulturellen Auswirkungen der europäischen Vorherrschaft waren nicht weniger dramatisch. Als Zivilisation galten nun die europäischen Formen des wissenschaftlichen und geschichtlichen Wissens, der Moralvorstellungen, der staatlichen Ordnung, des Verbrechens und der Strafe und selbst der Kleidung. Allenthalben wandten Asiaten sich gegen das neue Selbstverständnis Europas, wonach der Kontinent all das nicht war, was Asien war: nichtdespotisch, zunehmend städtisch und kommerziell, innovativ und dynamisch. Rabindranath Tagore schrieb voller Verzweiflung:

> »Als ständiger Angeklagter vor dem Gerichtshof Europa nimmt Asien seine Verurteilung stets als das letzte Wort hin und erkennt an, dass einzig Gute sei es, drei Viertel unserer Gesellschaft zu entwurzeln und deren gesamte Grundlage zu zerstören, um sie nach den Plänen englischer Ingenieure durch englische Ziegel zu ersetzen.«[10]

Und Liang Qichao war nicht allein mit seiner Sorge, dass ein so dramatischer Wandel in den äußeren Bedingungen seiner Gesellschaft dem inneren Leben und alten Moralvorstellungen einen verhängnisvollen Schaden zufügen konnte. »Ich befürchte«, schrieb er 1901 in seiner prowestlichsten Phase, »intellektuelle Bildung wird immer wichtiger werden, während die moralische Bildung zerfällt; die materialistische Zivilisation des Westens wird nach China eindringen, die 400 000 000 Menschen werden in die Irre geführt und schließlich wie die Vögel und die wilden Tiere sein.«[11]

Nach Ansicht von Denkern wie Liang, Sōseki und Tagore waren die

Herausforderungen des Westens gleichermaßen existentieller wie geopolitischer Natur. Was war gut und was schlecht an den alten Lebens- und Denkweisen und an den neuen, vom Westen vorgeschlagenen? Und war die moderne Zivilisation Europas tatsächlich »universell« und »freiheitlich«, wie ihre Anhänger behaupteten, oder diskriminierte sie die nichtweißen Rassen? Konnte man der eigenen Nation treu bleiben, während man Ideen aus ebenjenen westlichen Ländern importierte, welche die Existenz und das Überleben dieser Nation bedrohten?

Unterschiedliche geopolitische Bedingungen sowie religiöse und politische Traditionen sollten die Reaktionen Asiens und deren zeitlichen Ablauf bestimmen. Die seit langem isolierten Japaner waren in der Lage, den Werkzeugkasten der Moderne früher und umfassender zu übernehmen als andere asiatische Länder. Die osmanischen Türken ahmten Russland und ihre muslimischen Brüder in Ägypten nach, als sie versuchten, sich die militärischen und administrativen Technologien Europas zu eigen zu machen, um sich vor der europäischen Macht zu schützen. Die Chinesen beklagten bis ins späte 20. Jahrhundert hinein ihre »Rückständigkeit« gegenüber Europa.

Eine Reihe hochintelligenter Menschen wandte sich einem traditionalistischen Weltbild zu, das in der Treue gegenüber den Moralvorschriften des Islam, des Konfuzianismus oder des Hinduismus gründete. Einige der innovativsten Asiaten bemühten sich um eine aufgeklärte Synthese zwischen ihren religiösen Traditionen und der europäischen Aufklärung. So riefen islamische Modernisten nach einer selektiven Übernahme europäischer Wissenschaft, Politik und Kultur und behaupteten, der Koran sei vollkommen vereinbar mit der Moderne.

Doch was immer diese Asiaten taten, sie alle bestätigten die außergewöhnliche Überlegenheit des Westens in fast allen Bereichen menschlichen Tuns in der Moderne. Es war, als vermöchten die riesigen Reiche Asiens, ihre ehrwürdigen Traditionen und uralten Sitten nichts gegen die zielsicher vorgehenden Kaufleute, Missionare, Diplomaten und Soldaten aus Europa auszurichten. Nacheinander erwiesen Ägypter, Chinesen und Inder sich als verwundbar und als schlecht gerüstet für eine moderne Welt, die der Westen schuf und der sie sich nur auf Gedeih oder Verderb anschließen konnten. Deshalb war die europäische Unterjochung Asiens nicht nur ökonomischer, politischer und militärischer, sondern auch geistiger und moralischer Natur: eine völlig andere Art von Eroberung, als man sie bislang gekannt hatte, eine Eroberung, deren Opfer nicht nur zornig, sondern auch neidisch auf ihre Eroberer waren und letztlich auch begierig, in die Geheimnisse ihrer nahezu magischen Kräfte eingeweiht zu werden.

2.

Die seltsame Odyssee des Jamal al-Din al-Afghani

Was hat dieses Zeitalter heraufgeführt? Wie kam es, dass andere Völker, die absolut nichts über uns wussten, während sie ihre Technik veränderten und entwickelten, bei uns ein- und ausgingen, bauten und Pläne verwirklichten, bis wir aufwachten und all die Bohrtürme bemerkten, die unsere Landschaft verschandeln?
Warum wurden wir schließlich vom Westen vergiftet?
Lasst uns zurück in die Geschichte gehen.

Jalal Al-e Ahmad, Gharbzadegi (»Vom Westen vergiftet«), 1962

Ein unbedeutender Mann in bäurischer Kleidung

Anfang der 1960er Jahre kam eine Gruppe iranischer Exilanten häufig in einem Café namens *Au Départ* in Saint-Germain zusammen. Die meisten waren politische Flüchtlinge aus dem Iran, wo die amerikanische CIA und der britische MI6 1953 dabei geholfen hatten, die gewählte Regierung Mohammed Mossadeghs zu stürzen, nachdem der die iranische Ölindustrie verstaatlicht hatte. Unter diesen zornigen Gestalten war auch Ali Shariati (1933–1977), der später zum wichtigsten intellektuellen Führer der Islamischen Revolution im Iran werden sollte. »Wegen des Verbrechens, den ersten Schlag gegen die Ausplünderung durch den Westen geführt zu haben, bleibt ein Volk in Ketten«, klagte er anlässlich des achten Jahrestags des angloamerikanischen Staatsstreichs.[1] Wie seine Mitexilanten hatte Shariati in Paris kaum etwas anderes im Sinn, als seine politische und intellektuelle Bildung zu erweitern, um sie dann an seine Landsleute weiterzugeben. Er übersetzte Sartres »Was ist Literatur?« und Frantz Fanons »Die Verdammten dieser Erde« ins Persische. In Zeitschriften, die von iranischen Exilanten herausgegeben (und oft in den Iran geschmuggelt) wurden, schrieb er über Sun Yat-sen, den Aufstand gegen die Franzosen in Algerien, über Gandhi und Nehru (die er als die Mossadeghs Indiens sah). Er nahm an Demonstrationen gegen die brutale Ermordung Patrice Lumumbas im Kongo teil. Er beobachtete auch sehr genau den blutigen Aufstand gegen das prowestliche Regime im Iran, zu dem es im Juni 1963 kam und in dem ein Geistlicher namens Ruhollah Khomeini erstmals politische Prominenz erlangte. Und immer häufiger diskutierten er und seine politischen Freunde in Saint-Germain über einen reisenden Aktivisten und Denker des 19. Jahrhunderts mit Namen Jamal al-Din al-Afghani.

Anfang 1892 hatte al-Afghani in einem Brief an den osmanischen Sultan Abdulhamid II. die Befürchtung geäußert, die sein ganzes Leben beherrscht hatte und die nun auch Shariatis Leben beherrschte, dass nämlich die westlichen Mächte

> »nur danach streben, unser Land spurlos verschwinden zu lassen. Und darin gibt es keinen Unterschied zwischen Russland, England, Deutschland oder Frankreich, vor allem wenn sie unsere Schwäche und Ohnmacht erkennen, ihren Plänen Widerstand zu leisten. Wenn wir dagegen einig sind, wenn die Muslime wie ein Mann zusammenstehen, können wir sowohl schaden als auch nützen, und man wird unsere Stimme hören.«[2]

Schon 1955, als junger Student in Mashhad, hatte Shariati einen seiner allerersten Aufsätze über diese relativ unbekannte Gestalt geschrieben. Nach einem langen Umweg über die säkularen Emanzipationsideologien des Westens wandte er sich in den 1960er Jahren in Paris erneut al-Afghani zu, über den er 1970 schrieb, wer »den Islam und die Muslime wie auch unsere Gegenwart und Zukunft verstehen« wolle, der müsse al-Afghani verstehen.[3]

Im Iran wird al-Afghani als geistiger Vater der Islamischen Revolution verehrt, die Michel Foucault nach seinem zweiten Besuch in Teheran 1978 als »die erste große Erhebung gegen die weltumspannenden Systeme« des Westens bezeichnete.[4] Noch bemerkenswerter ist die Tatsache, dass Islamisten, Panarabisten und Panislamisten in so unterschiedlichen Ländern wie Ägypten, der Türkei, Indien, Pakistan, Afghanistan und Malaysia in al-Afghani einen bahnbrechenden antiimperialistischen Führer und Denker erblicken. Verglichen mit zwei anderen großen politischen und philosophischen Exilanten des 19. Jahrhunderts, Karl Marx und Alexander Herzen, ist al-Afghani im Westen heute kaum bekannt, obwohl sein Einfluss den von Herzen übersteigt und zumindest in seiner Langlebigkeit an den von Marx heranreicht.

Das hängt teilweise mit der Tatsache zusammen, dass in seiner Biographie beträchtliche Lücken klaffen. Viel von dem, was er auf seinen Reisen durch die gesamte muslimische Welt sagte, ist nicht überliefert. Wer seinen intellektuellen Werdegang nachzeichnen möchte, wie ich es auf den nächsten Seiten versuche, muss den sozialen und politischen Aufruhr in den von ihm bereisten Ländern untersuchen – und damit die Erfahrungen, die sein Weltbild bestimmten. Jedenfalls kann sich eine

Geschichte seines Denkens nicht wie bei vielen westlichen Denkern auf veröffentlichte Texte mit klar entwickelten Vorstellungen und auf Biographien mit reichhaltigen bibliographischen Nachweisen stützen. Intellektuelle Geschichte bedeutet in diesem Fall eine Geschichte seiner Argumente, die nicht in bruchlosem Einklang mit seiner Welt standen und auch nicht stehen konnten.

Gewiss gab es kaum eine soziale oder politische Bewegung in der muslimischen Welt – Modernisierung, Nationalismus, Panislamismus –, die nicht von al-Afghanis umfassender und vitaler Sensibilität entfacht oder geschürt wurde. Und es gab keinen Bereich politischer Aktivität – antiimperialistische Verschwörung, Bildung und Erziehung, Journalismus, Verfassungsreform –, in dem er nicht den Abdruck seiner Ideen hinterließ. Ali Shariati übertrieb nur geringfügig, als er behauptete, al-Afghani sei der Erste gewesen, der »die Stimme wachen Bewusstseins im schlafenden Osten erhoben« habe.[5]

Al-Afghani war nach eigenem Bekunden »ein unbedeutender Mann, der keine bedeutende Stellung und kein hohes Amt erreicht hat«. Aber, wie er warnend hinzufügte, »große Taten« würden von Männern wie ihm vollbracht, die »in bäurischer Kleidung umherwandern, die Kälte und Hitze, angenehme und bittere Zeiten erlebt, Gebirge und Wüsten durchwandert und das Leben der Menschen kennengelernt haben«.[6] Seine Taten wirken im Rückblick größer, vor allem wenn man sie mit denen der muslimischen Denker vergleicht, die ihm vorangingen.

Napoleons Invasion in Ägypten hatte vielen Muslimen erstmals vor Augen geführt, dass manche Völker des Westens neue Quellen wirtschaftlicher und militärischer Macht erschlossen hatten und diese Macht Tausende Meilen entfernt von ihrer Heimat zu entfalten vermochten. Aber noch lange danach setzten sich viele Mitglieder der herrschenden Klassen und der Intelligenz islamischer Länder nachdrücklich dafür ein, westliche Lebensweisen zu übernehmen und sich an die europäische Macht anzupassen, statt Widerstand dagegen zu leisten. Sie fürchteten Europa noch nicht als eine zutiefst zerstörerische Kraft, die alle tief verwurzelten Vorstellungen der Muslime hinsichtlich ihrer Stellung in der Welt in Frage stellen sollte. Der ägyptische Chronist al-Jabarti fühlte sich zwar durch Napoleons Vorstoß verunsichert, hatte aber keine Mühe, sich über die Franzosen wegen ihrer Toilettengewohnheiten lustig zu machen. Er fragte nicht weiter nach den Gründen, weshalb die Franzosen nach Ägypten gekommen waren, und begegnete den Ideen der Französischen Revolution, die Europa in Aufruhr versetzten (Republik, soziale Gleichheit und Mobilität, gerechter und unparteiischer Staat), mit nahezu vollkommenem Unverständnis. Spätere Beobachter der westlichen Neuerungen waren eher neugierig als ängstlich, vor allem als Ägypten und das Osmanische Reich darangingen, moderne Staaten und Armeen nach westlichem Vorbild aufzubauen.

Dem großen ägyptischen Gelehrten Rifa'a Badawi Rafi al-Tahtawi (1801–1873), der fünf Jahre, von 1826 bis 1831, in Paris verbrachte, erschien Europa als ein segensreiches Vorbild. Er erklärte dem arabisch sprechenden Publikum die Französische Revolution und die französische Verfassung und gab ihm erstmals vollen Einblick in das politische System eines westlichen Landes. »Das französische Volk«, schrieb er voller Bewunderung, »genießt trotz aller Unterschiede des Ansehens, der Stellung, der Ehre und des Reichtums Gleichheit vor dem Gesetz.«[7] Und der Tunesier Khayr al-Din al-Tunisi wurde auf seinen zahlreichen Reisen durch Europa zwischen 1850 und 1865 zu einem glühenden Bewunderer Voltaires, Condillacs, Rousseaus und Montesquieus und bedauerte lediglich die erbitterten Angriffe dieser Philosophen auf die Religion. Er beobachtete die freien Vereinigungen und das Organisationstalent der Europäer: »Wenn Menschen sich zusammentun, um ein gemeinsames Ziel zu verwirklichen, können sie selbst die schwierigsten Dinge erreichen.« Eines der »unglaublichen Beispiele« dafür sei die britische Herrschaft über Indien. »Über eine als India Company bekannte Vereinigung britischer Kaufleute erlangte der britische Staat die Herrschaft über etwa 150 000 Quadratkilometer Land mit einer Bevölkerung von mehr als 180 Millionen Menschen.«[8]

Al-Tahtawi, Khayr al-Din und der syrische Pädagoge Butrus al-Bustani (1819–1883) – der mit seinem Wörterbuch, seiner großen Enzyklopädie und seinen Zeitschriften zur Schaffung der modernen arabischen Sprache und Literatur beitrug – gehörten zu den ersten Würdenträgern, Lehrern und Soldaten in der muslimischen Welt, die von der Notwendigkeit einer Reform überzeugt waren, um den inneren Niedergang und Verfall abzuwenden. Im späten 18. und frühen 19. Jahrhundert gelangten viele

Intellektuelle im Umkreis des Osmanenhofs in Istanbul zu demselben Schluss: dass ihre soziale und politische Ordnung alt und hinfällig geworden war und dringend der Erneuerung durch Wissen und Bildung von außen bedurfte. Diese Intellektuellen stellten keinen Zusammenhang zwischen ihren heimischen Verhältnissen und den alarmierenden Veränderungen in den internationalen Beziehungen her, wie al-Afghani es später tun sollte. In ihren Augen bedeutete Reform im Wesentlichen eine Übernahme europäischer Kenntnisse und praktischer Fertigkeiten in ihre Gesellschaften und eine Modernisierung ihrer Armeen. Viele europäische Eliten hatten bereits begonnen, das Christentum und die weiße Rasse für überlegen und einzigartig zu halten. Doch die türkischen und ägyptischen Bewunderer Montesquieus und Guizots, die in den 1830er Jahren eine Modernisierung nach westlichem Vorbild einleiteten, mussten sich der neuen Rassenhierarchien Europas erst noch vollständig bewusst werden. Sie hofften, ihre muslimischen Gesellschaften würden schließlich fortschrittlich genug sein, um mit Europa gleichzuziehen. Der osmanische Schriftsteller Namik Kemal äußerte in den 1860er Jahren die Überzeugung:

> »Europa brauchte zwei Jahrhunderte, um diesen Zustand zu erreichen, und während sie den Weg zum Fortschritt durch Erfindungen suchen mussten, steht uns bereits alles fertig zu Verfügung (...) Kann es einen Zweifel geben, dass auch wir, und wäre es erst in zwei Jahrhunderten, einen Zustand erreichen können, in dem wir als eines der zivilisiertesten Länder gelten?«[9]

Es ist bemerkenswert, dass al-Afghani schon in den 1860er Jahren, als die europäische Präsenz in Asien sich weitgehend noch auf Indien beschränkte, deutlich die Gefahren spürte, die den muslimischen Ländern drohten. Er erkannte, dass die Geschichte sich nicht um den Gott des Koran kümmerte und die ruhelosen, kraftvollen, aus langer kultureller und politischer Rückständigkeit erwachten Völker des Westens die Initiative ergriffen, neue Welten entdeckten und erforschten und nun mit noch nie zuvor bei der Ausdehnung von Reichen eingesetzten Mitteln muslimische und andere außerwestliche Völker unterjochten.

Das Erwachen in Indien und Afghanistan

Über al-Afghanis frühe Lebensjahre ist wenig bekannt, und was wir wissen, wird durch seine in mehreren Ländern wiederholte Behauptung vernebelt, dass er ein sunnitischer Muslim aus Afghanistan sei. Heute wissen wir jedoch, dass er 1838 in dem Dorf Asadabad bei Hamadan in Nordwestpersien geboren wurde und seine Ausbildung in Teheran, auf theologischen Schulen in großen schiitischen Zentren, hauptsächlich Najaf, und in Indien erhielt. Seine frühen Jahre in Persien fielen mit dem Aufstieg des Babismus zusammen, einer radikalen und messianischen Deutung islamischer Überlieferungen. Da die Anhänger des Babismus in Persien verfolgt wurden, flohen viele von ihnen in schiitische Städte des unter osmanischer Herrschaft stehenden Mesopotamien. Sie hatten möglicherweise einen gewissen Einfluss auf al-Afghanis kühnes und zuweilen fast häretisches Verständnis des Islam und auf seinen revolutionären Messianismus. Aber er erhielt auch eine frühe Ausbildung in den Traditionen der persisch-islamischen Philosophie, die offener für Neuerungen war als ihr sunnitisches Gegenstück und al-Afghani eindeutig zu seinem revisionistischen Islam ermunterte.

Der schiitische Islam besaß in Persien eine weniger orthodoxe Tradition, die selbst noch im 19. Jahrhundert einen größeren islamischen Philosophen hervorbrachte: Mullah Hadi. Das schiitische Persien hatte philosophische Traditionen bewahrt, die in arabischsprachigen Ländern bereits im Sterben lagen, etwa den Gedanken einer Versöhnung rationalistischer Vorstellungen mit der Offenbarungsreligion. In einer heterodoxen Tradition aufgewachsen, war al-Afghani früher als seine sunnitischen Kollegen fähig, von Reform und Wandel zu sprechen. Aber als Schiit konnte er unter Sunniten nur begrenzt Gehör finden, und offenbar hielt er es für klug, sich eine afghanische Herkunft zuzulegen, um in den Ländern, die er reformieren wollte, als sunnitischer Muslim zu gelten. In Ägypten war er zumindest für kurze Zeit auch Freimaurer. Al-Afghani war weder ein blinder Vorkämpfer der Verwestlichung noch ein frommer Traditionalist; sein Interesse galt offenbar in erster Linie den Erfordernissen einer antiimperialistischen Strategie. Ende der 1850er Jahre ging er nach Indien, um seine Ausbildung fortzusetzen, und verbrachte einen beträchtlichen Teil des folgenden Jahrzehnts unter anderem in Bombay (wo es eine große persische Gemeinde gab) und in Kalkutta. In dieser Zeit wütender indischer Angriffe auf die Briten und brutaler britischer Vergeltungsaktionen begann sich sein intellektuelles, rebellisch-babistisches Erbe in eine Ideologie globalen Widerstands umzuwandeln.

Wenig später betrat al-Afghani die Bühne der dokumentierten Geschichte, in einer kleinen, aber hochinteressanten Rolle, und zwar durchaus passend in Afghanistan, das damals wie auch in jüngster Zeit den trügerischen Kreuzungspunkt vieler verschiedener geopolitischer Ambitionen bildete. Britische Geheimdienstberichte aus Kandahar und Kabul beschrieben 1868 den zwei Jahre zuvor aus Indien nach Afghanistan gekommenen al-Afghani als einen bösartigen antibritischen Agitator, der wahrscheinlich ein russischer Agent sei – ein schlanker Mann mit blassem Teint, hoher Stirn, stechenden blauen Augen und Kinnbart, der ständig Tee trinke, sich in Geographie und Geschichte gut auskenne, Arabisch, Türkisch und Persisch spreche (Letzteres wie ein Perser), nicht erkennbar religiös sei und eher eine europäische als eine muslimische Lebensweise pflege.[1]

Kurz nach seiner Ankunft in Kabul wurde al-Afghani Berater des Emirs von Afghanistan, der damals in einen komplizierten Bürgerkrieg mit seinem Halbbruder verstrickt war und von seinen mächtigen Nachbarn, den Briten in Indien, verdächtigt wurde, heimlich mit den Russen gemeinsame Sache zu machen. Die Afghanen hatten sich als scharfsinnige Gegner der Briten erwiesen. 1839 versuchten die Briten von Indien aus, in Kabul einen ihnen freundlich gesinnten Herrscher auf den Thron zu bringen. Afghanische Guerillakämpfer warteten auf den rechten Augenblick, griffen schließlich ein großes, nach Kabul entsandtes Expeditionskorps an und vernichteten es in mehreren Angriffswellen bis auf einen einzigen Mann: einen britischen Feldscher, dessen zusammengesunkene, auf einem Pferd sitzende Gestalt, wie sie auf einem berühmten viktorianischen Gemälde mit dem Titel *Remnants of an Army* dargestellt ist, zum Sinnbild für die schlimmste militärische Niederlage der Briten im 19. Jahrhundert wurde.

Doch in den 1860er Jahren erhöhten die Briten erneut ihren Druck auf Afghanistan, und al-Afghani witterte offenbar seine Chance. In einer Geschichte Afghanistans, die al-Afghani 1878 schrieb, bekräftigte er sein Vertrauen in den Hass der Afghanen auf ausländische Usurpatoren: »Ihr Seelenadel veranlasst sie, einen ehrenhaften Tod über ein Leben in Erniedrigung unter fremder Herrschaft zu stellen.«[2] Al-Afghani sah eine Gelegenheit, die äußerst stolzen Afghanen zum Kampf gegen die Briten anzustacheln. Er riet dem Emir, eine Zusammenarbeit mit den Russen ins Auge zu fassen, die inzwischen zu den fest etablierten Rivalen der Briten in der gesamten Region vom Osmanischen Reich bis nach Tibet geworden waren. Zu den Gründen für eine Bevorzugung der Russen gegenüber den Briten, die al-Afghani im Gespräch mit einem afghanischen Informanten der Briten äußerte, gehörte auch folgender: »Die Engländer sind Diebe unbekannter Herkunft, die erst kürzlich hochgekommen sind und alles, was sie sich angeeignet haben, ihren Intrigen verdanken. Den russischen Staat gibt es dagegen seit den Zeiten Alexanders des Großen.«[3]

Jedenfalls überreizte al-Afghani seine Karten. 1868 wurde der Emir von seinem Halbbruder Sher Ali besiegt und verlor den Thron. Sher Ali schloss einen Handel mit den Briten, verbannte al-Afghani aus Kabul und zwang ihn so, sich nach einem anderen muslimischen Herrscher umzusehen, den er vor den Gefahren des britischen Imperialismus warnen konnte. Al-Afghani verließ Afghanistan mit einem äußerst schlechten Eindruck von den afghanischen Führern, die in seinen Augen unzuverlässig und bereit zur Kollaboration mit den europäischen Mächten waren (er revidierte diesen Eindruck später, als Sher Ali sich 1878 gegen seine britischen Schutzherren wandte und den Zweiten Anglo-afghanischen Krieg auslöste). Während seiner Haft in der Kabuler Festung Bala Hisar, wo er auf seine Ausweisung wartete, verfasste er in Form eines Prosagedichts einen ironischen Kommentar zu den Missverständnissen und Fehleinschätzungen, die er in Afghanistan (wie später dann auch in anderen Ländern) ausgelöst hatte:

»Die Engländer halten mich für einen Russen,
Die Muslime sehen einen Zoroastriker in mir,
Die Sunniten meinen, ich bin Schiit,
Und die Schiiten halten mich für einen Feind Alis.
Einige Freunde der vier Gefährten meinen, ich wäre Wahhabit,
Manche tugendhafte Imamiten sehen in mir einen Babi.
Die Deisten halten mich für einen Materialisten,
Die Frommen für einen Sünder bar jeder Frömmigkeit.
Die Gebildeten sehen in mir einen ahnungslosen Ignoranten,
Und für die Gläubigen bin ich ein ungläubiger Sünder.
Aber der Ungläubige ruft mich nicht zu sich,
Und der Muslim erkennt mich nicht als seinesgleichen an.
Aus der Moschee gewiesen und aus dem Tempel verbannt,
Frage ich mich, auf wen ich mich verlassen und wen ich bekämpfen soll.
Die Ablehnung des einen bestärkt die Freunde nur in ihrer Ablehnung des Gegenteils.
Unmöglich kann ich dem Zugriff einer Gruppe entfliehen,
Nirgends finde ich festen Halt, um die andere Partei zu bekämpfen.
In Bala Hisar in Kabul gefangen, die Hände gefesselt, die Beine gebrochen,
Will ich sehn, was der Vorhang des Unbekannten mir enthüllen
Und welches Schicksal die Drehung dieses böswilligen Firmaments für mich bereithalten wird.«[4]

In den folgenden Jahrzehnten sollte al-Afghani sich noch oft auf der Seite der Verlierer finden. Dennoch sollte er beredter und dringlicher als jeder andere Muslim seiner Zeit auf die vielfältigen Bedrohungen hinweisen, die der Westen für die vom Islam geschaffene Zivilisation darstellte. Und immer wieder sollte er auf seine frühen Erfahrungen in Indien verweisen, dem einzigen Land mit einer größeren muslimischen Bevölkerung, das von den Briten besetzt und teilweise verwaltet wurde. Maulvi Baqar, Herausgeber des *Delhi Urdu Akhbar*, hatte schon 1857 einem zukünftigen religiösen Antikolonialismus Ausdruck verliehen, wobei er auf Epen und Mythologie der Hindus, Geschichten aus dem Koran und die türkische Geschichte zurückgriff, um ein Indien zu beschreiben, das ganz anders war als die Briten und sich gegen sie stellte. Auch al-Afghani äußerte, als er über den Indischen Aufstand von 1878 schrieb, sein Erstaunen über die antibritischen Gefühle, die über alle sozialen und religiösen Spaltungen hinweg anzutreffen seien: »Ihr Groll und ihre Feindseligkeit [gegenüber den Briten] hat solche Ausmaße erreicht, dass es keinen Inder gibt, der nicht dafür betete, dass die Russen bis an die indische Grenze vorrücken.«

Die politischen Lehren, die al-Afghani aus dem Indischen Aufstand und dessen äußerst bitteren Nachwirkungen zog, leisteten ihm sein ganzes weiteres Leben lang gute Dienste. Im Gespräch mit einem Afghanen klagte er Jahre später noch über die Schwäche der Aufständischen und die Leichtigkeit, mit der die Briten Awadh annektiert hatten. Er verglich die Briten mit einem »Drachen, der 20 Millionen Menschen verschlungen und die Wasser des Ganges wie auch des Indus getrunken hat, aber immer noch nicht satt ist und auch den Rest der Welt verschlingen und die Wasser des Nil und des Oxus trinken will«.[5]

Die Ursache für die Gewalthaftigkeit von al-Afghanis Sprache liegt zumindest teilweise in der Zerstörung einer ganzen muslimischen Gesellschaft und Kultur, die er nach dem Aufstand in Indien selbst erlebt hatte. In Delhi hatten die Briten weite Teile der Stadt dem Erdboden gleichgemacht und die meisten muslimischen Einwohner getötet oder vertrieben. »Als der zornige Löwe die Stadt betrat«, schrieb Ghalib, der größte Dichter am letzten Mogulhof an einen Freund, »tötete er hilflose Menschen und brannte Häuser nieder. In Massen verließen Männer und Frauen, Gemeine und Adlige Delhi durch die drei Stadttore und suchten Zuflucht in den kleinen Dörfern und Grabmälern außerhalb der Stadt.«[6] Und er klagte: »Die Stadt ist zu einer Wüste geworden.«[7] Die Briten erlaubten Muslimen erst 1859, nach Delhi zurückzukehren. »Die Häuser der Muslime blieben so lange leer stehen (...), dass die Wände schließlich wie aus Gras gemacht schienen«, schrieb Ghalib.[8]

Jawaharlal Nehrus Vorfahren, die als Beamte am Mogulhof tätig waren, gehörten zu denen, die 1857 vor der Vergeltungswut der Briten aus Delhi flüchteten. Aber den Nehrus – Hindus aus Kaschmir, die einer hohen Kaste angehörten – erging es nicht so schlimm wie Mitgliedern der muslimischen Elite, etwa ihrem *munshi* (Sekretär), der, wie Nehru in seiner Autobiographie berichtet, miterleben musste, dass seine Familie finanziell vollkommen ruiniert und dann von britischen Soldaten zum Teil physisch ausgelöscht wurde. Und das waren nicht die einzigen Verluste. Für indische Muslime, die es gewohnt waren, über Indien zu herrschen, war die brutale Niederschlagung des Aufstands nicht weniger als eine radikale und umfassende spirituelle Niederlage.

Am beredtesten beschrieben die Dichter die Demütigung und Entwurzelung ihrer Gemeinschaft. Akbar Illahabadi, der Zeuge des Aufstands wurde, fasste die weitverbreitete Verbitterung in die Verse: »Wenn du dort vorbeikommst, wirst du mein verwüstetes Dorf sehen/Und neben der zerstörten Moschee eine Kaserne der Tommies.«[9] In einem anderen Gedicht schildert Illahabadi das schmerzliche Gefühl, sich an eine vollkommen neue Welt anpassen zu müssen:

> »Der Spielmann und die Musik und die Melodie, sie alle haben sich verändert. Selbst unser Schlaf hat sich verändert; die Geschichten, die wir einst hörten, werden nicht mehr erzählt. Der Frühling kommt mit neuen Zierden; die Nachtigallen im Garten singen ein anderes Lied. Die gesamte Natur hat eine Umwälzung erfahren. Vom Himmel fällt ein anderer Regen, auf den Feldern wächst ein anderes Korn.«[10]

Auch Altaf Hussein Hali, ein Dichter aus der Provinz, besingt den Niedergang der Muslime in seinem populären Gedicht »Musaddas: Flut und Ebbe des Islam« (1879):

> »Wenn jemand sieht, wie unser Niedergang alle Grenzen übersteigt
> Und der Islam nach seinem Sturz nicht wiederkehrt,
> Wird er nicht glauben, dass nach jeder Ebbe die Flut zurückkehrt,
> Wenn er sieht, wie unsere Wasser sich zurückgezogen haben.«[11]

Im frühen 20. Jahrhundert wurden Halis Elegien regelmäßig bei politischen Versammlungen muslimischer Antikolonialisten vorgetragen, von denen viele später einen eigenen Staat für die indischen Muslime fordern sollten: Pakistan.

> »Wenn es Herbst geworden ist über dem Garten,
> Warum noch von Frühlingsblumen sprechen?
> Wenn Schatten des Unglücks über der Gegenwart hängen,
> Warum immer wieder den Glanz vergangener Zeiten besingen?
> Ja, das alles müssen wir vergessen; aber wie kannst du
> Mit der Dämmerung das Bild der vergangenen Nacht vergessen?
> Die Versammlung hat sich gerade erst zerstreut,
> Von der niedergebrannten Kerze steigt noch Rauch auf,
> Die Fußspuren auf den Sanden Indiens sagen immer noch,
> Dass eine anmutige Karawane dort durchgezogen ist.«[12]

Die Briten machten eher die Muslime als die Hindus für den Aufstand verantwortlich, und danach bemühten sie sich noch entschiedener, die Rolle der Muslime im öffentlichen Leben zu beschneiden. Bei einer persönlichen Begegnung mit Randolph Churchill, der 1885 das Amt des britischen Staatssekretärs für Indien bekleidete, zählte al-Afghani die Gründe auf, weshalb indische Muslime die Briten hassten: »Sie haben das Reich von Delhi vernichtet. Zweitens zahlen Sie den Imamen und Muezzinen und Moscheedienern keine Gehälter. Außerdem haben Sie das Vermögen der frommen Stiftungen eingezogen und reparieren die sakralen Bauten nicht.«[13] Als al-Afghani Ende der 1850er Jahre erstmals ein gedemütigtes Land besuchte, scheint er sich indessen eher dafür interessiert zu haben, bei den Opfern des Imperialismus umfassendere Lehren in Erfahrung zu bringen.

Indische Muslime wie Sir Sayyid Ahmed Khan, der während des Aufstands bei der East India Company beschäftigt war, betonten inzwischen, welche Bedeutung eine Ausbildung westlichen Stils für Muslime hatte, weil sie der Überzeugung waren, dass die Beherrschung der Wissenschaften in der modernen Welt die Grundlage des Erfolgs darstellte. Als Aufständische ihn 1857 aufforderten, die Briten im Stich zu lassen und sich der Rebellion anzuschließen, setzte er auf das richtige Pferd. »Die britische Herrschaft«, erwiderte er, »lässt sich nicht aus Indien vertreiben.«[14] (Er sorgte für den sicheren Abzug eines hohen britischen Distriktbeamten und seiner Familie, die sonst von den Aufständischen wohl getötet worden wären.) In der Folgezeit unterstützten ihn die Briten in seinen Bemühungen zur Schaffung von Bildungseinrichtungen, die bekanntesten in der nordindischen Stadt Aligarh, und er riet seinen muslimischen Landsleuten, »vom Stil und Können der Engländer« zu profitieren.[15] Sein Wahlspruch lautete: »Lehrt! Lehrt! Lehrt!« Und er fand zahlreiche Unterstützer unter den indischen Muslimen. Nazir Ahmed, ein führender, Urdu schreibender Essayist und Romancier, formulierte:

> »Während wir unsere Zeit mit nutzlosen Disputationen verschwendeten,
> Sprangen die Europäer in die Lücken der göttlichen Schöpfung.
> Einst ging es ihnen schlechter als uns,
> Nun aber regnen die Reichtümer der Erde auf sie herab.
> Gott selbst hat beschlossen, seine Geheimnisse mit ihnen zu teilen,
> Weil sie Wege und Wirken der Natur durchschaut haben.«[16]

Ganz ähnliche Ermahnungen sollte al-Afghani in den nächsten Jahrzehnten an seine Glaubensbrüder richten. »Ihr Söhne des Ostens«, schrieb er 1879, »wisst ihr nicht, dass der Westen seine Macht und seine Herrschaft über euch seinen Fortschritten in Bildung und Erziehung und eurem Niedergang auf diesen Gebieten verdankt?«[17] Zugleich hörte er niemals auf, das perfide Albion zu hassen und ihm zu misstrauen – Gefühle, die er während seiner Zeit in Indien entwickelt hatte und die der satirische Dichter Akbar Illahabadi sehr schön zusammenfasste:

> »Der Engländer kann beleidigen, wen er will,
> Und deinen Kopf mit allem füllen, was ihm gefällt.
> Er setzt scharfe Waffen ein, Akbar. Halt' dich von ihm fern!
> Selbst Gott hat er in drei Teile zerschnitten.«[18]

Als man al-Afghanis Darstellung der britischen Unterdrückung Indiens 1878 in Ägypten in Zweifel zog, erklärte er, seine Kritiker stünden unter dem Einfluss von Geschichtsbüchern, die von Engländern stammten und von »englischer Eigenliebe geprägt« seien. Sie seien »mit der Feder des Dünkels und dem Griffel des Betrugs verfasst und sagen niemals die Wahrheit, noch geben sie die Wirklichkeit wieder«.[19] In der festen Überzeugung, die britischen Darstellungen Indiens legten den Lesern »die Schlinge der Vieldeutigkeit und den Fallstrick der Doppelzüngigkeit« aus, erlag al-Afghani nie den Behauptungen von Propagandisten des Empires, die Briten seien nur zum Vorteil der Inder in Indien und hätten Städte, Eisenbahnen und Schulen gebaut und Tyrannen wie den König von Awadh abgesetzt. Das sei lächerlich, erklärte er. Indische Herrscher mochten unterdrückerisch und korrupt gewesen sein, doch sei ihr Einfluss stets begrenzt gewesen, und sie hätten ihre unrechtmäßig erworbenen Reichtümer in Indien ausgegeben. Die Briten dagegen terrorisierten die Inder, beuteten sie aus und exportierten ihr Raubgut nach Britannien. Und was das Telegraphennetz oder die Eisenbahn angehe, werde jeder Inder sagen, die Engländer bauten sie nur,

> »um unsere Reichtümer abziehen zu können und den Handel für die Bewohner der Britischen Inseln zu erleichtern und die Sphäre ihres Reichtums zu erweitern. Denn was sonst hat dazu geführt, dass wir nun arm und bedürftig, unsere Reichtümer erschöpft und viele von uns hungers gestorben sind?«[20]

Wenn al-Afghani den Anspruch erhebt, für die Inder zu sprechen, klingt das anmaßend. Doch als Jawaharlal Nehru Jahrzehnte später seine Autobiographie schrieb, erklärte er nicht weniger entschieden: »Aber selbst diese Boten des industriellen Zeitalters« – Eisenbahn, Telegraph, Rundfunk – »kamen in erster Linie zu uns, um die britische Macht zu stärken.« Und ihm erschien »dieser Lebensspender Eisenbahn fast wie ein eisernes Band, das Indien einengt und zum Gefängnis macht«.[21]

Nachdem al-Afghani seine Ausbildung Anfang der 1860er Jahre im britisch regierten Indien abgeschlossen hatte, scheint er – zuverlässige Informationen zu dieser Phase sind nicht verfügbar – in den Iran und wahrscheinlich auch nach Mekka, Bagdad und Istanbul gegangen zu sein. Sein kurzer Auftritt im großen afghanischen Spiel war nur die erste von vielen internationalen Intrigen, an denen al-Afghani sich beteiligen sollte. Aber bereits darin wird ein Muster erkennbar. Der rote Faden, der sich von nun an durch seine gesamten Aktivitäten ziehen wird, ist sein besorgtes Misstrauen gegenüber der westlichen, vor allem britischen Macht und deren einheimischen Kollaborateuren in den muslimischen Ländern.

Gewiss, Indien war bereits ein unterjochtes Land und Afghanistan ein kleines, rückständiges Fürstentum, dessen Herrscher nur als unbedeutende Vasallen gelten konnten im Vergleich zu den Herrschern und Intellektuellen des Osmanischen Reichs, dem al-Afghani sich 1869 zuwandte. Aber dort konnte er beobachten, dass selbst das mächtigste muslimische Reich seiner Zeit in Abhängigkeit vom Westen geraten war, obwohl es von dort nicht militärisch bedroht wurde; und dass die Osmanen durch ihre Erneuerungsbemühungen – neue Verwaltungsstrukturen, moderne Armee und eine effiziente Besteuerung – heftige innere Unruhen ausgelöst hatten.

Der »Kranke Mann« Europas und seine gefährliche Selbsttherapie

Ende 1869, als al-Afghani dort eintraf, war Istanbul die größte Stadt in der muslimischen Welt und das politische Zentrum der Araber wie auch der Perser. Durch die Viertel im Westen der Stadt ratterten von Pferden gezogene Straßenbahnen, und auf der Galata-Brücke über das Goldene Horn erging sich ein buntes Völkergemisch – Bulgaren, Tscherkessen, Araber, Griechen, Perser und Kasachen. Die meisten Einwohner Istanbuls waren Christen, und manche Teile der Stadt – vor allem die westlichen Viertel Pera und Galata – wirkten zumindest oberflächlich wie eine etwas kosmopolitischere Version von Berlin oder Sankt Petersburg.

Nach 1838, als die Osmanen ein Freihandelsabkommen mit den Briten abschlossen und ihre Kontrolle über die Wirtschaft lockerten, waren zahlreiche Europäer nach Istanbul geströmt, angelockt von der Aussicht auf leichtes Geld. Al-Afghani lebte in der Altstadt, wo noch Muslime mit Turban und wehenden Gewändern Koran und Hadith studierten. Aber andernorts trugen Türken den Fez und einen kurzen, Stambouline genannten Gehrock, und 1856 hatte ein kaiserlicher Erlass gestattet, dass zum ersten Mal seit der osmanischen Eroberung Konstantinopels 1453 Kirchenglocken in der Stadt läuteten (ein »Tag der Tränen und der Trauer«, wie ein türkischer Muslim dies ausdrückte).

Tatsächlich breiteten sich Kirchen, Paläste, Hospitäler, Fabriken, Schulen und öffentliche Parks unablässig in Richtung der Küsten des Goldenen Horns und des Marmarameers aus und verdrängten traditionelle muslimische Viertel. 1867 war Sultan Abdulaziz, der entschlossen war, prachtvollere Paläste als irgendwo sonst in Europa zu bauen, von einer Reise nach Paris, London und Wien mit großen Plänen für eine stärker europäische Gestaltung Istanbuls zurückgekehrt. 1869 kam der Prince of Wales in die Stadt. Der britische Journalist William Howard Russell, der mit ihm und dem Sultan die Oper besuchte, staunte über Glanz und

Reichtum des Publikums. »Nur mit Mühe mochten wir glauben, dass wir in Konstantinopel waren, so glanzvoll und europäisch wirkte das Spektakel.«[1] Die auf Verwestlichung bedachten osmanischen Staatsmänner hätten dies als eine großartige Bestätigung ihrer Bemühungen verstanden. Aber die Angleichung an Europa war ein kostspieliges Unterfangen, das den Osmanen einen hohen politischen wie auch ökonomischen Preis abverlangte.

Europäische Banken schossen aus dem Boden und boten Kredite zu exorbitanten Zinskonditionen an. Während die Osmanen immer tiefer in Schulden versanken, nahm die europäische Macht unaufhaltsam zu. Gesandte Britanniens, Frankreichs, Russlands und anderer europäischer Nationen fuhren auf Kriegsschiffen nach Istanbul; osmanische Soldaten salutierten an jedem Wachtposten, an dem sie vorbeikamen; und die Ausländer mischten sich ungestraft in osmanische Angelegenheiten ein. Das seit langem bestehende osmanische *Millet*-System gewährte den Glaubensgemeinschaften ein hohes Maß an Selbstbestimmung; so besaßen sie eine eigene Gerichtsbarkeit und erhoben eigene Steuern. Aber durch die sogenannten Kapitulationen – ein System rechtlicher Privilegien, die man den Ausländern im Osmanischen Reich gewährte – wurden führende europäische Mächte, insbesondere Franzosen, Russen und Briten, zu förmlichen Schutzmächten ethnischer Minderheiten innerhalb des Osmanischen Reichs. Außerdem sorgten die Kapitulationen dafür, dass Europäer nicht vor muslimischen Gerichten zur Rechenschaft gezogen werden konnten, ganz gleich wie schwer ihr Vergehen war.

Ein Jahr bevor al-Afghani nach Istanbul kam, schrieb Ziya Pascha, einer der unzufriedenen »Jungosmanen«, die in den 1830er Jahren gegen den europäischen Einfluss zu protestieren begannen: »Wir sind nur noch Zuschauer, während unser Handel, unser Gewerbe und selbst noch unsere baufälligen Hütten an die Ausländer gehen (…) Bald werden wir nicht einmal mehr unseren Lebensunterhalt verdienen können.«[2] Viele Osmanen, die es gewohnt waren, sich den »Ungläubigen« überlegen zu fühlen, waren entsetzt über die Schwäche gegenüber Europa, das sie doch so lange bedroht hatten. Beim Anblick der Festung Rumeli Hisari, von der aus die Osmanen im 15. Jahrhundert den Sturm auf Konstantinopel begonnen hatten, vermochte der Schriftsteller und Staatsmann Ahmed Vefik nur zu klagen: »Vielleicht werden wir zu Recht bestraft. In den

Tagen unserer Macht waren wir anmaßend und ungerecht im Umgang mit fremden Ländern. Nun, in unserem Unglück, zertretet Ihr uns.«[3]

Die osmanische Türkei gelangte nicht – wie Indien – durch direkte Eroberung unter die Herrschaft Europas, sondern durch die eilige Übernahme politischer, ökonomischer und kultureller Ideen aus Europa. Trotzdem waren die dadurch ausgelösten Veränderungen für gewöhnliche Muslime, wie al-Afghani herausfinden sollte, nicht weniger desorientierend als zuvor in Indien. Im Vergleich zu den Reichen der Safawiden und der Moguln wirkte das Osmanische Reich zu Beginn des 19. Jahrhunderts noch intakt und politisch unabhängig. Es erstreckte sich über drei Kontinente, von der Donau bis zum Persischen Golf, von Tripolis bis nach Trapezunt am Schwarzen Meer, und war der kosmopolitischste Staat der Welt, der nur geringen Druck auf die an der Peripherie gelegenen, vollkommen oder teilweise autonomen Gebiete ausübte. Über die Jahrhunderte hatte es sich als ein riesiger, hochkomplexer politischer Organismus erwiesen, der in der Lage war, eine große ethnische und religiöse Vielfalt zu beherbergen und Streitigkeiten zwischen den verschiedenen Regionen und Gemeinschaften zu schlichten. Das *Millet*-System, das ein gewisses Maß an kulturellem und religiösem Pluralismus förderte, war in dieser Hinsicht beispielhaft für die vormoderne Zeit. Entgegen den europäischen Bildern eines unumkehrbaren Verfalls, die auf den 1683 gescheiterten Versuch der Osmanen zurückgingen, Wien einzunehmen, hatte das Reich in politischer, wirtschaftlicher und kultureller Hinsicht weiterhin floriert. Als jedoch die europäische Macht sich über die ganze Welt ausbreitete, fragten sich die osmanischen Herrscher des 18. Jahrhunderts zunehmend besorgt, ob sie in der Lage waren, einen Staat aufzubauen, der stark genug war, um im Wettstreit mit den Rivalen auf dem europäischen Kontinent zu bestehen. Sultan Mustafa III. (1757–1774) brachte diese Sorge kurz vor seinem Tod in einem Vierzeiler zum Ausdruck:

> »Die Welt steht auf dem Kopf – und keine Hoffnung auf Besserung in unserer Regierungszeit.
> Ein böswilliges Schicksal hat den Staat in die Hände verachtungswürdiger Leute gespielt,
> Unsere Bürokraten sind Schurken, die durch die Straßen von Istanbul streichen.
> Wir können nicht mehr tun, als Gott um Gnade zu bitten.«[4]

Das war übertrieben melodramatisch. Aber es trifft zu, dass Europa nach der Aufklärung seinen beispiellosen Aufstieg begonnen hatte. Und die Nähe zum europäischen Kontinent sorgte dafür, dass die Osmanen ebenso eifrig und ängstlich darauf bedacht waren, das Richtige zu tun und sich dem von Europa angeführten Marsch des Fortschritts anzuschließen. Selbst Ägypten, nominell eine osmanische Provinz, hatte nach der Begegnung mit Napoleon 1798 ein Programm zur raschen inneren Modernisierung begonnen. Wie sich zeigen sollte, lenkte im 19. Jahrhundert eine Serie von Schlägen die Aufmerksamkeit einiger der klügsten Köpfe des Osmanischen Reichs auf die Notwendigkeit der Reform.

Russland, das nach der Niederlage gegen Napoleon 1812 sogar noch aggressiver wurde, schnitt große Stücke aus dem Osmanischen Reich heraus. Sultan Mahmud II. (1808–1839) musste die nationalistischen Erhebungen seiner christlichen Untertanen auf dem Balkan hinnehmen, zu denen sie die Unterstützung ihrer Schutzherren im Westen ermuntert hatte. Der erfolgreiche, von mehreren europäischen Mächten ermöglichte Griechische Aufstand von 1829 ermutigte weitere Minderheiten im Osmanischen Reich zu einer Internationalisierung ihrer Beschwerden.

Inzwischen nagten europäische Mächte am osmanischen Staatsgebiet. 1830 besetzten die Franzosen Algerien und provozierten damit nicht mehr als einen offiziellen Protest aus Istanbul. Wahhabitische Fundamentalisten, die für die Rückkehr zu einem extrem puritanischen Islam kämpften, überrannten Teile Arabiens, bevor sie zurückgeschlagen wurden. Weite Teile des muslimischen Nordafrika einschließlich Ägypten hatten sich faktisch der osmanischen Kontrolle entzogen. Muhammad Ali, der unbotmäßige Vizekönig von Ägypten, wagte es 1832 und 1839 sogar, das osmanische Kernland zu bedrohen, und musste mit Unterstützung russischer und britischer Truppen davon abgehalten werden. Die Dinge entwickelten sich so schnell, dass nur die erbitterte Rivalität zwischen westlichen Mächten und Russland und die Angst vor einem größeren europäischen Krieg das Osmanische Reich vor der Abdankung zu bewahren schienen. »Das Osmanische Reich entspricht nicht den Interessen der Türken, sondern denen des christlichen Europa.«[5] Das stimmte in mehr als einer Hinsicht: Abgesehen vom Schutz vor einem europäischen Konflikt, bot ein unversehrtes Osmanisches Reich auch einen riesigen zusammenhängenden Markt für europäische Erzeugnisse, und das erst recht, nachdem die Zölle durch die für Europa günstigen Handelsabkommen gesenkt worden waren.

Militärische Niederlagen machten es für die Osmanen unausweichlich, die Armee zu reformieren. Das bedeutete jedoch, dass man die Staatsverwaltung ausbauen und stärker zentralisieren musste, was wiederum Veränderungen in den sozialen und ökonomischen Gewohnheiten der Bevölkerung erforderte. Dennoch gelang es Sultan Mahmud II., oft mit brutalen Mitteln, ein gewisses Maß an Zentralisierung durchzusetzen. Wie schon muslimische Herrscher in Indien, hatten auch die Osmanen Ende des 18. Jahrhunderts versucht, die Ausbildung ihrer Armee an europäischen Vorbildern auszurichten. Sie gründeten Militär- und Marineakademien und reformierten die Finanzverwaltung, um ein stehendes Heer finanzieren zu können. Nun nahm die osmanische Elite weitere Reformen in Angriff, etwa eine Wehrpflichtigenarmee, ein neues Steuersystem, eine ausgebildete Bürokratie (statt der vom Hof berufenen Amtsträger) und ein modernes Bildungssystem.

Sultan Mahmuds Bemühungen um die Schaffung eines modernen Staates wurden von Sultan Abdulmejid (1839–1861) fortgesetzt, dessen Bürokraten mit großem Tamtam ein Reformprogramm namens Tanzimat (»Regulierungen«) auf den Weg brachten. Obwohl man dem Tanzimat-Erlass Zitate aus dem Koran und der Scharia voranstellte (eine versöhnende Geste in Richtung der *ulema* und anderer konservativer Kreise), zielte das Programm ausdrücklich auf die Schaffung eines Rechts- und Verwaltungssystems nach europäischem oder genau: französischem Vorbild. Statt der Zuordnung zum *Millet*-System versprach es den Minderheiten eine rechtliche Gleichstellung, bemühte sich um die Errichtung einer weltlichen Universität und erlaubte es den Bauern sogar, aus ihren Dörfern wegzuziehen. Die auf Modernisierung drängenden Reformer innerhalb der Regierung zentralisierten die Verwaltung, untergruben die Macht der lokalen Würdenträger und förderten neue weltliche Vorstellungen eines osmanischen »Staatsbürgers«. Sie richteten ein Finanzministerium ein und begannen, den Aufbau eines weltlichen Bildungswesens zu unterstützen.

Die Auswirkungen der Tanzimat-Reformen waren schon bald erkennbar. Journalismus und Literatur erlebten einen Aufschwung, und westliche Lebensstile waren bald sehr beliebt. Für Mitglieder der wohlhabenden Schichten entstanden Privatschulen nach westlichem Vorbild, die auch Lord Macaulay gefallen hätten. Unter den ersten dieser Schulen war das Lycée Impérial de Galatasaray in Pera, dem Europäerviertel Istanbuls, das sich den Ruf erwarb, kosmopolitischer zu sein als alle vergleichbaren Schulen in Westeuropa oder Russland. (Diese Zentren weltlicher Bildung sollten die Bildungselite der Türkei hervorbringen.) Am Ufer des Bosporus entstand ein großer, europäisch wirkender Palast, der Dolmabahçe, der den Topkapi, die traditionelle Residenz des Sultans, ersetzte.

Die Paschas (hohe Beamte), die den Tanzimat umsetzten und von denen viele ihre Ausbildung in Paris erhalten hatten, waren nahezu ausnahmslos begeistert vom Gedanken einer Verwestlichung des sozialen, kulturellen und geistigen Lebens in der Türkei. Sie hielten sich nicht lange mit alten Zöpfen auf. So erklärte Fuad Pascha, einer der reformorientierten und autokratischen Minister der Hohen Pforte, der Regierung des Osmanischen Reichs: »Der Islam war jahrhundertelang ein wunderbares Instrument des Fortschritts. Heute gleicht er einer Uhr, die in der Zeit zurückgeblieben ist und deshalb wieder aufholen muss.«[6]

Obwohl persönlich im westlichen Sinne durchaus charmant, konnten die Reformer bei der Erhaltung der Macht und der Vorrechte ihrer auf Modernisierung drängenden Klasse doch auch skrupellos sein und zögerten kaum, rücksichtslos über die traditionellen Eliten hinwegzugehen. Tatsächlich waren die Reformen für sie ein Mittel, ihre eigene Stellung an der Spitze der osmanischen Gesellschaft zu sichern. Zum Teil zielten die Tanzimat-Reformen auch auf die öffentliche Meinung Europas, die man vom Anspruch der Türkei, ein zivilisiertes Land zu sein, überzeugen zu können hoffte (die auf Modernisierung bedachten Türken hatten auch einige europäische Verehrer; der positivistische Philosoph Auguste Comte glaubte, die Türkei könne das rechte Laboratorium für seine Religion der Menschlichkeit sein).

Gewiss gelang es den Osmanen, ihre internationale Stellung zu verbessern. Indem sie im Krimkrieg (1853–1856) gemeinsam mit Franzosen und Briten gegen die Russen kämpften, gelangten sie auf Augenhöhe mit den christlichen Mächten. Der Wunsch der Osmanen, Teil des Konzerts der europäischen Mächte zu werden, der heute noch seinen Widerhall in den türkischen Bemühungen um eine Aufnahme in die Europäische

Union findet, wurde am Ende des Krieges durch den Friedensvertrag von Paris (1856) erfüllt. Die Briten wurden zu einem informellen Verbündeten gegen die stets gegenwärtige Bedrohung durch die Russen, und die Osmanen bedankten sich dafür, indem sie die indischen Muslime während des Aufstands zur Loyalität ihren britischen Herren gegenüber aufriefen.

Aber der multiethnische und multireligiöse Charakter des Osmanischen Reichs blieb im Zeitalter des Nationalismus auch weiterhin ein Anachronismus. Der Sultan herrschte über Armenier, Griechen, Serben, Bulgaren und arabische Christen wie über muslimische Araber und Kurden. Die Christen machten 35 Prozent der Gesamtbevölkerung aus und schienen zu westlichen Einmischungen in osmanische Angelegenheiten geradezu einzuladen, und nach dem Friedensvertrag von Paris mischten sich westliche Mächte tatsächlich noch unverhohlener in innerosmanische Angelegenheiten ein. Mit Duldung türkischer Staatsmänner legten europäische Botschafter in Istanbul ein äußerst anmaßendes Verhalten an den Tag und gerierten sich als Schutzherren christlicher und jüdischer Minderheiten innerhalb des Osmanischen Reichs. Osmanische Minister entschieden über wichtige Fragen erst nach enger Abstimmung mit den Botschaftern, während Ausländer, die eines Verbrechens gegen osmanische Staatsbürger bezichtigt wurden, den rechtlichen Schutz von Konsulargerichten genossen.

1860 griffen französische Truppen zum Schutz der Christen im Libanon ein, und die Osmanen mussten einen christlichen Gouverneur ernennen. Nationalisten auf dem Balkan zwangen Istanbul zu weiteren Konzessionen. Die Korruption blühte weiter und wurde durch das Wachstum der Bürokratie noch gefördert. Die meisten Bauern verhielten sich gleichgültig gegenüber der neuen Freiheit, in die Städte abwandern zu dürfen. Die nun rechtlich gleichgestellten Nichtmuslime gaben der Rechtsprechung ihrer eigenen Gemeinschaften den Vorzug gegenüber der des Zentralstaats. Christliche Minderheiten wie Griechen und Bulgaren profitierten von den neuen Karrierechancen, die ihnen die Modernisierung eröffnete, während die muslimischen Türken sich isoliert fühlten. Es kann kaum überraschen, dass europäische Kleidung bei einfachen Leuten zum Gegenstand von Gespött wurde. Die Verwestlichung hatte ihre stärksten Gegner innerhalb der *ulema*, die im Ausbau der weltlichen Bildungseinrichtungen und deren unislamischem Lehrstoff eine unmittelbare Bedrohung erblickte.

Viele Muslime waren äußerst verärgert über die scheinbar blasphemische rechtliche Gleichstellung von Nichtmuslimen, die nicht nur vom Militärdienst ausgenommen waren, sondern auch ihre christlichen Schirmherren in Europa drängen konnten, ungestraft Druck auf den osmanischen Staat auszuüben (während die Muslime in den von europäischen Kolonialmächten verwalteten Ländern Afrikas und Asiens rechtlos blieben). Im Rückblick auf europäische Einstellungen gegenüber der Türkei erklärte Hüseyin Cahid, im frühen 20. Jahrhundert der prominenteste Journalist der Türkei, warum er und andere Jungtürken so glühende Nationalisten und Antiimperialisten wurden:

> »Der Türke war ein Tyrann, ein Unterdrücker, Recht und Gerechtigkeit waren ihm vollkommen fremd. Der Türke hatte kein Gewissen, er war ein Feind der Zivilisation, er verstand gar nichts, menschliche Regungen waren seinem Herzen fremd. Die Türkei war das rechtmäßige und natürliche Eigentum des zivilisierten Westens, das man nach Belieben ausbeuten durfte. Die Einwohner der Türkei waren in den Augen der Europäer nur dazu da, ausgebeutet zu werden und so hart wie möglich zu arbeiten. Ja, Mitbürger, wir Türken mussten all das über uns ergehen lassen, obwohl unser einziger Fehler darin bestand, dass unsere Vorfahren sich gastfreundlich gegenüber unseren Gästen verhielten. Wenn wir unter der Last dieser Nöte stöhnten und gelegentlich um Gnade baten, lösten unsere Bitten, die zeigten, dass wir unsere Ehre und Würde zu erkennen begannen, nur weitere Unterdrückung aus. Sobald wir den Kopf erhoben, erhielten wir einen Schlag; sobald wir aufrecht zu stehen versuchten, erhielten wir einen Tritt. Das war das Schicksal der Türken. Während in ihren eigenen Ländern die Bürger ihre Brüder um das Brot beneideten und die Armen Revolutionen begannen, um sich einen großen Teil des Reichtums der Reichen anzueignen, dürfen wir selbst keinerlei Anspruch auf einen Teil der unserem Land gestohlenen Reichtümer erheben. Während in ihren eigenen Ländern König und Kutscher vor dem Gesetz gleich sind, stand hier bei uns ein osmanischer Wesir noch unter dem Diener eines Ausländers. Wir taten alles, um jedem zu helfen, der aus dem Westen zu uns kam. Das gesamte Steueraufkommen dieses armen Landes floss in die Sicherung seines Wohlbefindens. Sie aber nahmen keine Rücksicht auf dieses Land, zahlten keine Steuern und

bemäkelten unser Gerichtswesen. Manchmal kam es zu Angriffen auf unsere Mitbürger und unsere Beamten, die unser Blut zum Kochen brachten. Aber wir konnten nichts dagegen tun.«[7]

Ende des 19. Jahrhunderts traten Jungtürken wie Cahid hervor und protestierten gegen den unerträglichen Zustand ihres Landes. Aber schon in den 1860er Jahren hatten junge osmanische Intellektuelle begonnen, die scheinbar unablässige Kapitulation Istanbuls vor den immer aggressiveren Ansprüchen der Europäer (oder Franken, wie man damals sagte) zu beklagen, und setzten sich für ein demokratisches und konstitutionelles Regime ein. Damals handelte es sich oft um Bürokraten innerhalb des osmanischen Staatsapparats, die den Verdacht hatten, die Tanzimat-Modernisierer seien antiislamisch und blindwütig europafreundlich gesinnt. Die wortgewandteste Gestalt innerhalb der geheimen Gruppe, die unter der Bezeichnung »Jungosmanen« bekannt wurde, war Namik Kemal. Er spürte sehr deutlich die Verunsicherung einfacher Leute, die von der Verwestlichung »materiell und geistig gestrandet« zurückgelassen wurden.[8] Kemal beklagte auch die oberflächliche und oft geschmacklose, von Anhängern der Tanzimat-Reformen bevorzugte Verwestlichung, die in seinen Augen lediglich in der »Schaffung von Theatern, dem Besuch von Bällen, dem freisinnigen Umgang mit den Seitensprüngen der eigenen Ehefrau und der Benutzung europäischer Toiletten« bestand.[9] Ein anderer Jungosmane, Ziya Pascha, klagte:

»Der Islam, behaupten sie, sei ein Hemmschuh für den Fortschritt des Staates;
Diese Geschichte kannte man vorher nicht, jetzt ist sie Mode.
Auf allen Gebieten vergessen wir unsere Glaubenspflichten,
Französischen Ideen zu folgen ist jetzt in Mode.«[10]

Insgesamt hinterließ die von oben aufgezwungene Modernisierung während der Tanzimat-Jahre ein zwiespältiges Erbe. Sie vertiefte die Kluft zwischen den Eliten und der Masse der Bevölkerung. Entgegen den Erwartungen verschwand die alte Türkei nicht hinter der neuen, und auch die Religion verlor nicht ihre Anziehungskraft. Die Gleichheitsrhetorik weckte nationalistische Bestrebungen, und die von oben dekretierte Zentralisierung bewirkte, dass man noch trotziger auf der eigenen Identität bestand. Nicht weniger bedeutsam war die Tatsache, dass die wirtschaftlichen Verbindungen zu Europa traumatische soziale Veränderungen mit sich brachten. Die Jungosmanen wiesen immer wieder darauf hin, dass die industriellen Erzeugnisse aus Europa, die den türkischen Markt überschwemmten und die einheimischen Gewerbe, Handelsvereinigungen und Handwerkerzünfte zerstörten, eine wesentliche Säule des städtischen Lebens wegbrechen ließen.[11]

In der Türkei entwickelte sich ein Muster, das sich schon bald auch in Ägypten und dem Iran – den Ländern, die al-Afghani anschließend besuchte – und auch in anderen asiatischen Ländern zeigen sollte: Die Modernisierung verschob in all diesen Gesellschaften drastisch den Schwerpunkt der Macht und beschwor den Widerstand alter Eliten herauf, die sich ignoriert und gekränkt fühlten. So erregten die osmanischen Reformer, die bestimmten, dass alle Staatsbeamten unabhängig von ihrer Religionszugehörigkeit eine einheitliche Kopfbedeckung, den aus Filz gefertigten Fez, tragen sollten, großen Unwillen bei den traditionsbewussten Eliten, vor allem der *ulema*. Denn der Fez, für den man sich wegen seiner Ähnlichkeit mit westlichen Hüten entschieden hatte, eignete sich nicht sonderlich gut für das beim Gebet erforderliche Niederwerfen. (Außerhalb der Türkei wurde er dennoch zum Symbol muslimischer Identität.)

Tatsächlich bestand eine der beiden dauerhaftesten Folgen der Modernisierung überall in der asiatischen Welt darin, dass neue weltliche und westlich orientierte Gruppen an die Macht gelangten, ob nun Militärs, Staatsbeamte oder Angehörige neuer freier Berufe. Die andere Folge waren die Reaktionen jener gewöhnlichen Bürger, die Steuern zu zahlen hatten, der religiös-gesellschaftlichen Eliten, die ihren Einfluss durch die Anhänger der Verwestlichung bedroht sahen, und der Minderheiten, die sich angesichts der Zentralisierung des Staates ihrer gesonderten ethnischen und religiösen Identität bewusst wurden.

Die Modernisierung konnte zu Chaos und Zwistigkeiten führen, sofern die Bedingungen nicht günstig dafür waren – wie in Japan mit seiner ethnisch gleichförmigen Bevölkerung und seinem säkularen Staat oder in Russland unter Peter dem Großen. Wie sich zeigte, waren die Osmanen mit ihrem weitläufigen Staatsgebiet, ihrem riesigen christlichen Bevölkerungsanteil und einer institutionalisierten *ulema* äußerst schlecht gerüstet für eine rasche soziale und politische Neuordnung nach westlichem Vorbild. Insgesamt waren die Auswirkungen so zerstörerisch, dass Sultan Abdulhamid sich 1876 dem im Volk wachsenden Widerstand gegen die Verwestlichung anschloss und sich dem Panislamismus als Bollwerk gegen das Eindringen des Westens in die muslimische Welt verschrieb.

Weshalb ging al-Afghani Ende der 1860er Jahre nach Istanbul? Von den Briten schikanierte indische Muslime und von den Russen malträtierte muslimische Tataren begannen damals, an den osmanischen Herrscher zu appellieren, die Führung der muslimischen Welt zu übernehmen und den Heiligen Krieg (Dschihad) gegen die Ungläubigen auszurufen. Aber der Panislamismus, dessen magnetisches Zentrum Istanbul im letzten Viertel des 19. Jahrhunderts für Muslime wurde, war 1869 nur ein in Exilkreisen zirkulierendes Gerücht – Namik Kemal gilt als der erste Autor, der den Ausdruck »Muslimische Einheit« benutzte, und zwar 1872.[12]

Istanbul war jedoch bekannt als Zentrum jener dem Schutz dienenden Modernisierung, die al-Afghani später seinen muslimischen Brüdern empfehlen sollte – ein Thema, das er in seiner ersten aufgezeichneten Ansprache 1870 in Istanbul hervorhob. Im selben Jahr, in dem er in Istanbul eintraf, hatte ein ehemaliger Großwesir, Fuad Pascha, an den Sultan geschrieben und gewarnt, dass sein Reich »in Gefahr« sei. »Wir müssen all unsere politischen und militärischen Institutionen verändern und das neue Recht und die neuen technischen Vorrichtungen übernehmen, die von den Europäern erfunden worden sind.«[13] Aber al-Afghani mochte nicht uneingeschränkt für jene Art der Verwestlichung eintreten, für die Istanbul, eine Stadt mit einer christlichen Mehrheit, zum Vorbild geworden war. In vielerlei Hinsicht hatte er mehr mit den Jungosmanen gemeinsam, die für eine Stärkung des eigenen Landes ohne eine blinde Nachahmung des Westens eintraten. Sie waren der Ansicht, dass der Koran viele der Werte guthieß, die von hohen türkischen Amtsinhabern als »westlich« gelobt wurden.

Die Leute, die al-Afghani später in Ägypten um sich versammelte, waren Muslime, die von Modernisierungsreformen an den Rand gedrängt und verunsichert worden waren. Wahrscheinlich hätte sich auch ein typischer Jungosmane wie Ali Suavi, ein *alim* oder Gelehrter und Repräsentant der traditionsverhafteten unteren Mittelschicht in Istanbul, die sich durch die Modernisierung im Stile des Tanzimat abgehängt fühlte, von al-Afghani anziehen lassen. Doch da die jungosmanische Gruppe 1867, zwei Jahre bevor al-Afghani in die Stadt kam, verboten und ins Exil getrieben worden war, fand er in der Türkei ganz andere Mitstreiter.

So traf er auch mit Ali Pascha zusammen, einem der mächtigsten auf Verwestlichung drängenden Staatsmänner. Al-Afghanis Gastgeber war ein Bildungsreformer, ein Anhänger der Tanzimat-Reformen. Wie in Afghanistan scheint es al-Afghani nicht sonderlich schwergefallen zu sein, Zugang zu den höchsten Kreisen der herrschenden Klasse zu finden. Schon wenige Monate nach seiner Ankunft wurde er in den Bildungsrat berufen und eingeladen, bei der Eröffnung der neuen modernen Universität Darülfünun-i Osmani zu sprechen, bei der auch der Bildungsminister und andere hohe Würdenträger der Staatsverwaltung anwesend waren.

Al-Afghani kannte den Rektor der Universität, einen Freidenker, der häufigen Angriffen seitens der *ulema* ausgesetzt war. Die Anhänger der Tanzimat-Modernisierung sahen in al-Afghani wahrscheinlich einen nützlichen Verbündeten, einen Vorzeige-*alim*, mit dessen Hilfe sie die Kritik ihrer eigenen religiösen Vertreter an der weltlichen Bildung entkräften konnten. Dank seiner Kenntnis der heterodoxen Philosophie Persiens dürfte al-Afghani auch eher als die sunnitische osmanische *ulema* in der Lage gewesen sein, die Bedeutung von Vernunft und Wissenschaft zu erkennen. In seiner ersten aufgezeichneten Rede, die er 1870 an der weltlichen Darülfünun-i-Osmani-Universität hielt, beklagte er die von Madrasas und »Derwischklöstern« geförderte Unwissenheit beim islamischen Volk *(milla)*, die zu dessen Unterjochung durch den wissenschaftlich denkenden Westen geführt habe:

> »Meine Brüder, erwacht aus dem Schlaf der Vernachlässigung! Wisset, dass das islamische Volk [*milla*] einst das stärkste und wertvollste war (...) Später verfiel dieses Volk in Bequemlichkeit und Faulheit (...) Einige islamische Länder gerieten unter die Herrschaft anderer Länder. Das Kleid der Demütigung wurde ihnen übergeworfen. Die glorreiche *milla* wurde erniedrigt. All das geschah aus Mangel an Wachsamkeit, aus Faulheit, weil zu wenig gearbeitet wurde, aus Dummheit (...) Werden wir

> uns nun an den zivilisierten Nationen ein Beispiel nehmen? Lasst uns einen Blick auf die Leistung anderer werfen. Durch Anstrengung haben sie den Gipfel des Wissens und höchste Höhen erreicht. Auch uns stehen all diese Mittel offen, und es gibt kein Hindernis für unseren Fortschritt. Nur Faulheit, Dummheit und Unwissenheit hindern uns an unserem Fortkommen.«[14]

Al-Afghanis Wortwahl war aufschlussreich. »Zivilisierte Nationen« war ein Begriff aus der Politik des 19. Jahrhunderts, den westeuropäische Staatsmänner benutzten, um ihre Länder über alle anderen zu stellen. Die zur Definition von »Zivilisation« verwendeten Ausdrücke waren ausschließlich europäischer und christlicher Art, und die Tanzimat-Modernisierer hatten sie in ihrem Bemühen, die Türkei auf eine höhere Entwicklungsstufe zu heben, als Herausforderung angenommen. Dass al-Afghani den Ausdruck benutzte, zeigt, wie weit er in seiner Ablehnung muslimischer Eitelkeit und des zugehörigen Gefühls einer Ausnahmestellung ging. Auf gefährliche Weise war damit impliziert, dass die Muslime nicht mehr das auserwählte Volk waren und ihre Geschichte nicht mehr dem göttlichen Plan entsprach. Und dass die Madrasas nicht ihrem Auftrag nachkamen, den Muslimen Bildung zu vermitteln.

Zweifellos zog al-Afghani hier die Lehren aus den Geschehnissen in Afghanistan und Indien – vor allem dass die Muslime nicht in ihre glorreiche imperiale Vergangenheit zurückzukehren vermochten. Sie mussten den Blick nach vorn richten und den Westen einholen. Und es reichte nicht aus, die Modernisierung auf die Armee zu beschränken, wie Osmanen und Ägypter dies damals taten. Der große muslimische Gegner der Briten in Südindien, Tipu Sultan, hatte Taktiken eingesetzt, die er bei französischen Soldaten gelernt hatte, und unterlag dennoch den Briten. Die am Indischen Aufstand beteiligten Rebellensoldaten gehörten einer modernen Armee europäischen Zuschnitts an. Aber da es ihnen an zentraler Organisation fehlte, konnten sie sich kein höheres Ziel vorstellen, als den glücklosen Mogulkaiser wieder auf seinen Thron in Delhi zu bringen. In al-Afghanis Augen bedurfte es einer weitaus größeren Veränderung – vor allem in den Köpfen.

Doch al-Afghani war in der letzten Phase der Tanzimat-Reformen eingetroffen, inmitten eines wachsenden Widerstands der *ulema* gegen die Modernisierer. Ob er wollte oder nicht, er wurde mit den Modernisierern identifiziert und zog sich den Unwillen der Konservativen zu. Schon bald sollte er die ganze Macht ihrer Missbilligung zu spüren bekommen. Während eines weiteren öffentlichen Vortrags an derselben Universität, des ersten einer geplanten Reihe von 14 solcher Vorträge, wagte al-Afghani es, Propheten mit Philosophen zu vergleichen, wobei dieser Vergleich leicht zugunsten der Philosophen ausfiel: »Die Lehren der Philosophen sind universell und berücksichtigen nicht die Besonderheiten einer bestimmten Zeit, während die der Propheten davon bestimmt sind. Deshalb fallen die Vorschriften der Propheten verschieden aus.«[15]

Für moderne Ohren klingt das harmlos. Aber al-Afghani behauptete hier nicht weniger, als dass die Scharia des Propheten Mohammed nicht unveränderbar, sondern offen für eine Revision durch Philosophen sei. In Persien und Indien hatten viele muslimische Denker der vorangegangenen Jahrhunderte diesen Grundsatz akzeptiert – und davor sogar in der arabischen Welt. Sie glaubten, Männer des Geistes bräuchten sich nicht buchstäblich an die Lehren des Propheten zu halten, die im wörtlichen Sinne nur für die ungebildeten Massen bestimmt seien. Doch die paranoiden Gegner der Modernisierung in der Türkei meinten, al-Afghani komme mit seinen Aussagen in die Nähe der Apostasie, und er müsse unverzüglich hingerichtet werden.

Fünfzehn Jahre später sollte al-Afghani in seiner Erwiderung auf den französischen Historiker Ernest Renan, der die Ansicht äußerte, die Muslime seien wegen ihres Glaubens unfähig zu wissenschaftlichem Denken, noch viel weiter gehen. Doch die Tanzimat-Reformer waren sehr vorsichtig mit der alten *ulema* umgegangen; al-Afghani hatte gegen diese delikaten Umgangsregeln verstoßen, indem er weltliche Ideen mit alten dogmatischen Kontroversen verknüpfte, und schien damit die Autorität des Propheten in Frage zu stellen. Mit ihrer Förderung weltlicher Wissensgebiete wie Geschichte, Recht, Ökonomie und Philosophie war die neue Universität bereits eine gefährliche Rivalin für die traditionellen Madrasas, und nun sah es so aus, als würde al-Afghani gar die islamische Theologie selbst in Zweifel ziehen. In dem Proteststurm, der nun folgte, wurde der Rektor entlassen, und die Universität selbst wurde nach nur einem Jahr wieder geschlossen. Al-Afghani wurde aus dem Bildungsrat abberufen, seine Vortragsreihe abgesetzt. Anfang 1871 verwies man ihn der Stadt. Er hatte nicht einmal zwei Jahre dort verbracht.

Einer der wenigen Gegenstände aus al-Afghanis Besitz, die bis heute erhalten geblieben sind, ist ein vom iranischen Konsulat in Kairo ausgestellter Pass für eine Reise nach Istanbul, den er offenbar kurz nach seiner Ankunft in Kairo 1871 erhalten hatte. Die geplante Reise nach Istanbul fand jedoch nie statt. Allerdings sollte er in anderen, schwierigeren Zeiten dorthin zurückkehren, als sein Ruf als ein weithin gefürchteter und geachteter Mann gesichert war und das Osmanische Reich selbst vor vielfältigen Herausforderungen stand.

Für seine persönliche Entwicklung jedenfalls war al-Afghanis erster Aufenthalt in Istanbul von entscheidender Bedeutung. Trotz der Rückschläge lernte er, wie er dafür sorgen konnte, dass seine Anschauungen nicht nur für die herrschenden Klassen, sondern auch für die breitere Bevölkerung der muslimischen Länder annehmbar wurden. Viele muslimische Reformer seiner Zeit forderten zur Nachahmung des Westens auf, aber den meisten einfachen Muslimen fiel es schwer, Lebens- und Denkweise von Ungläubigen nachzueifern, die sie fürchteten oder hassten oder über die sie nichts wussten. Wie die Jungosmanen verstand es al-Afghani, neue Ideen und Möglichkeiten in der Sprache des Islam auszudrücken und Reformen als Schritte zu politischer Unabhängigkeit und Einheit verständlich oder gar attraktiv zu machen. (Sein Deckmantel eines sunnitischen Muslims verlieh ihm dabei einen heimlichen Vorteil.) In Ägypten halfen ihm von Anfang an seine intellektuelle Flexibilität und seine Fähigkeit, den Koran an die Moderne anzupassen, auch wenn er damit erneut den Unwillen der traditionsverhafteten *ulema* erregte.

Al-Afghani traf in Ägypten ein, als das Land wie die osmanische Türkei gerade die Grenzen der selbstauferlegten Europäisierung erreichte. Im ganzen Land war das politische Bewusstsein rasch angewachsen, zum Teil aufgrund der Nachrichten über den Indischen Aufstand, die reisende indische Kaufleute und Pilger in ganz Ägypten verbreitet hatten. 1858 berichtete der britische Konsul über eine große lokale »Sympathie« für die Aufständischen. »Es gibt Grund zu der Annahme«, fügte er hinzu, »dass indische und persische Parteigänger ihr Bestes getan haben, um die Sympathie zu stärken oder gar zu schüren.«[16] 1865 kam es im Gebiet um die Stadt Asyut zu einem größeren Aufstand ägyptischer Anhänger eines indischen Sufis, der während des Aufstands von 1857 gegen die

Briten gekämpft hatte und nach Ägypten geflohen war. Der Khedive (Vizekönig) musste persönlich mit einem militärischen Kontingent den Nil hinauffahren, um die Revolte gegen seine unislamische und proimperialistische Politik niederzuschlagen.

Ägypten:
Der Aufstieg des Polemikers

Vom explosiven Fortschritt des Westens abgeschottet und kulturell vergleichsweise rückständig im Vergleich zum Mogulreich oder Persien, war Ägypten durch Napoleons Invasion 1798 in die Geschichte katapultiert worden. Das Land musste sich modernisieren, aber ihm fehlte allzu viel von dem, worauf Europa bei seiner Modernisierung zurückgreifen konnte – der langsame Aufbau wissenschaftlichen Wissens, technischer Fertigkeiten, geistiger und politischer Freiheit. Die Folge waren größere ökonomische und politische Abhängigkeit vom Westen, ein effizienterer Despotismus und zunehmend frustrierte, verbittert nach oben drängende Ägypter.

Muhammad Ali (1769–1849), ein abtrünniger osmanischer Soldat aus Thrakien, der Istanbul zwang, seine Stellung als Vizekönig Ägyptens anzuerkennen, bemühte sich, eine abschreckungsfähige Armee aufzubauen und seine diktatorische Macht zu festigen. Zu diesem Zweck rekrutierte er Soldaten aus der französischen Armee und stattete einige von ihnen mit den Titeln Bey oder Pascha aus. (»Die französische *canaille* im Ausland ist eindrucksvoll«, schrieb Flaubert 1849 aus Ägypten an einen Freund, »und ich möchte hinzufügen – es gibt eine Menge davon.«[1]) Er umwarb auch europäische Potentaten und überschüttete sie mit extravaganten Geschenken wie dem Obelisken Ramses II., der sich heute auf der Place de la Concorde in Paris befindet, und der »Nadel der Kleopatra«, die am Londoner Themseufer steht. Während er sich gegenüber Europäern unterwürfig verhielt, behandelte er seine ägyptischen Untertanen gänzlich rücksichtslos. Er konfiszierte die Besitzungen alter feudaler Granden und nahm islamischen Institutionen ihren äußerst lukrativen Landbesitz. Er griff nachhaltig in traditionelle ländliche Lebensweisen ein und zwang seine Bauern, sich auf ein einziges Erzeugnis zu konzentrieren, auf Baumwolle für europäische Fabriken, womit er die Grundstruktur einer einstmals starken und auf Selbstversorgung angelegten Wirtschaft veränderte.

Um 1840 war Ägypten zu einem der Hauptexporteure von Baumwolle nach Britannien und Frankreich geworden, und die Gewinne aus dieser lukrativen Exportwirtschaft ermöglichten es Muhammad Ali, eine professionelle Wehrpflichtigenarmee und eine auf Verdienst basierende Bürokratie aufzubauen. Seine dynastischen Nachfolger, die sich den Titel »Khedive« zulegten, setzten diese radikalen Reformen fort. Schon bald führte die vom Westen begrüßte und geförderte Modernisierung in Ägypten zu gewaltigen und stürmischen Veränderungen.

Ägyptische Bauern, die noch nie aus ihren Dörfern herausgekommen waren, dienten nun in Armeen, die das ägyptische Staatsgebiet in den Sudan hinein erweiterten und wahhabitische Fundamentalisten in Arabien wie auch Sezessionisten in Griechenland besiegten. Moderne Schulen und Fabriken wurden errichtet, die Lehrer, Bürokraten und Ingenieure hervorbrachten; einige Studenten gingen sogar nach Europa. Ägypten besaß Jahrzehnte vor Japan und China Telegraphen- und Eisenbahnnetze. Der Amerikanische Bürgerkrieg, der die Exporte aus dem amerikanischen Süden unterbrach, vervielfachte die ägyptischen Einnahmen aus dem Baumwollexport. Ein immer wohlhabenderes Kairo wurde zum Kultur- und Finanzzentrum der arabischen Welt – eine Stellung, die es bis zur Mitte des 20. Jahrhunderts behielt.

Die ägyptische Hauptstadt konnte mit großstädtischen Annehmlichkeiten europäischen Stils aufwarten, mit breiten Straßen, Wasser- und Gaswerken und selbst mit einem Opernhaus (in dem im Dezember 1871 Verdis *Aida* uraufgeführt wurde). Wie der osmanische Sultan, sein nomineller Oberherr (und verdrießlicher Rivale), war der Khedive (so der Titel der osmanischen Vizekönige in Ägypten) Ismail (1830–1895) von der Pariser Weltausstellung 1867 mit dem festen Entschluss zurückgekehrt, seine Hauptstadt nach dem Vorbild der prachtvollen Metropole des Second Empire umzugestalten. So siedelte denn der zwanghaft polygame Khedive die Reichen – hauptsächlich europäische, syrische und sephardisch-jüdische Geschäftsleute – in Kairos neuer Weststadt an und verbannte so Unansehnliches wie die Armen in andere, eigens dafür ausgewiesene Gebiete. Seine Stadtplanung hatte unter anderem zur Folge, dass allenthalben in der Nähe des Nils »hässliche und schlecht gebaute

Paläste« entstanden, »in denen Extravaganz und Gepränge des Vizekönigs ihren Ausdruck« fanden, wie Stanley Lane-Poole, der Chronist Kairos, schrieb.[2]

Wie Istanbul zog Kairo zahlreiche ausländische Glücksritter an. Eine neue, 1858 fertiggestellte Eisenbahnstrecke nach Alexandria verband die Stadt mit dem Mittelmeer. 1868 erweiterte die britische Reiseagentur Thomas Cook die *Grand Tour* um Kairo und präsentierte die Stadt als eine unwiderstehliche »Verbindung aus altem Orient und Pariser Neuerungen«.[3] In den 1870er Jahren lebten mehr als 200 000 Europäer in Kairo und Alexandria. Der Khedive hofierte intensiv europäische Herrscher und wurde seinerseits von ihnen umworben. Königin Viktoria empfing ihn auf Balmoral Castle zum Tee, und der französische Kaiser begrüßte ihn 1867 mit größerem Pomp, als er ihn dem osmanischen Sultan 1867 zugestanden hatte. (Weniger tolerant verhielt sich der Khedive gegenüber westlichen Kunstformen und entließ den jüdischen Schriftsteller James Sanua aus seiner Stellung als Hofdramatiker, als der die Vielehe angriff und sich über die Briten lustig machte.) Die von europäischen Hoheiten besuchte Eröffnung des Suezkanals 1869 schien den Eintritt Ägyptens in die moderne Welt zu bestätigen. Österreichs Kaiser Franz Joseph berichtete seiner Frau ein wenig pikiert von dem Ball des Khediven, an dem mehrere tausend Menschen teilnahmen, darunter indische Maharadschas, Kaufleute aus der Levante, europäische Diplomaten, Stammesfürsten aus der Wüste und »sehr viele recht ordinäre Leute«.[4] Und Khedive Ismail soll geprahlt haben: »Mein Land liegt nicht mehr in Afrika, es liegt in Europa.«[5]

Die Europäer ließen sich vom ägyptischen Anspruch auf eine hochentwickelte Zivilisation noch weniger überzeugen als von der osmanischen Achtung ihrer Souveränität. Touristen, die das Land in den späten 1870er Jahren besuchten, wurden von ihrem Baedeker-Reiseführer gewarnt, dass die Ägypter »auf einer viel tiefern Bildungsstufe stehen (…) und dass sie den leicht verzeihlichen Wunsch haben, möglichst viel Geld in möglichst kurzer Zeit sich anzueignen, um sich nachher möglichst lange dem süssen Nichtsthun hingeben zu können«.[6] »Ich habe dieses Jahr doch sehr über einige Fälle von englischem Fanatismus staunen müssen«, schrieb die britische Reisende Lady Duff-Gordon 1863 über ihre Landsleute. »Warum kommen Leute mit solch einem erbitterten ›Hass im Bauch‹ in ein muslimisches Land?«[7] Die Antwort war zumindest teilweise der Indische Aufstand von 1857, der in der britischen Kolonialelite tiefes Misstrauen und sogar heftigen Abscheu gegenüber den Muslimen und dem Islam ausgelöst hatte. Im Ausland lebende Geschäftsleute ließen ihre ägyptischen Arbeiter häufig auspeitschen. Die Briten »üben an den Arabern«, schrieb Lady Duff-Gordon, um für Indien »gut trainiert zu sein«.[8]

Rüden Europäern verpflichtet und persönlich von ausschweifender Lebensart, gelang es dem Khediven ganz und gar nicht, Eindruck auf die große Mehrheit seines eigenen Volkes zu machen. Der ägyptische Dichter Salih Magdi brachte einen weitverbreiteten Abscheu zum Ausdruck, als er schrieb:

»Euer Geld wird auf Kuppler und Huren verschwendet.
Normale Männer nehmen eine Frau zum Weib,
Er will Millionen Weiber.
Normale Männer haben ein Haus zum Leben,
Er hat neunzig.
O Ägypter, überall ist Schmach und Schande.
Wacht auf! Wacht auf!«[9]

Wie die Osmanen bewiesen, konnte die Bereitschaft, das eigne Schicksal an Europa zu binden, mit unbekannten und potentiell tödlichen Kosten verbunden sein. Die Einnahmen aus dem Baumwollexport reichten nicht aus, um die Modernisierung zu finanzieren, und das Ende des Amerikanischen Bürgerkriegs, in dessen Gefolge die Baumwollpreise zusammenbrachen, fügte der ägyptischen Wirtschaft beträchtlichen Schaden zu. Damals war Ägypten bereits mit hochverzinslichen Krediten bei europäischen Banken verschuldet, die Ismails Verschwendungssucht nach Kräften förderten. Während die Staatsverschuldung zunahm, wodurch Ägypten in die Abhängigkeit europäischer Finanziers geriet (1878 musste Ismail sogar europäische Minister in sein Kabinett aufnehmen), unterließ es der Khedive, Institutionen zu schaffen, die den wachsenden Ansprüchen der immer größeren Zahl gebildeter und selbstbewusster Ägypter entsprachen. Seine europäischen Schirmherren hatten noch weniger Bedarf an Institutionen, die der breiten Bevölkerung dienten. Arabische Grundbesitzer, Bürokraten und Offiziere, die auf eine weiterreichende Modernisierung drängten, fanden sich in ihren Hoffnungen enttäuscht und empfanden zunehmend Groll über die Abhängigkeit ihres Landes vom Westen.

Die Baumwolle ließ große Privatvermögen entstehen, aber die Anbindung an den Weltmarkt brachte Ägypten in eine prekäre Lage, nämlich in die Abhängigkeit von häufigen Paniken und Konjunkturschwankungen auf fernen Märkten. Industrielle Erzeugnisse aus dem Westen überschwemmten den ägyptischen Markt und zerstörten nicht nur die alte, auf dem Handwerk basierende Ökonomie, sondern auch das soziale und kulturelle Leben der Zünfte. Der ägyptische Journalist und Politiker Ibrahim al-Muwaylihi, der in Kairo zu al-Afghanis Schülern gehörte, schrieb zornig über den einheimischen Kaufmann, der »aufgrund eines stagnierenden Marktes verarmt und gezwungen ist, den Ausländer um ein Obdach anzubetteln, welcher ihn, wenn es ihm beliebt, ruinieren oder ihm erlauben kann, zu bleiben, wo er ist«.[10]

Exorbitante, vom Khediven auferlegte Steuern machten auch vielen Ägyptern außerhalb der Stadt das Leben unerträglich. Lady Duff-Gordon, eine der wenigen Europäer und Europäerinnen, die sich in Ägypten längere Zeit auf dem Land aufhielten, berichtete ein Jahr nach der Eröffnung des Suezkanals von der Ausbeutung der Fellachen, die den Bau des Kanals erst ermöglicht hatte: »Ich vermag die Not und das Elend gar nicht zu beschreiben – Jeden Tag eine neue Steuer. Inzwischen muss man für jedes Tier zahlen, für jedes Kamel, jede Kuh, jedes Schaf, jeden Esel und jedes Pferd. Die Fellachen können sich kein Brot mehr leisten. Sie leben nun von Gerstenmehl, das sie mit Wasser, rohem Grünzeug, Wicken usw. mischen.«[11] Neben der aufkommenden Intelligenz lieferte auch die Landbevölkerung reifes Material für eine Erhebung. Bis zu den Revolten der 1870er Jahre glaubten britische Offizielle, der ägyptische Bauer wäre so sehr am Boden, dass »keine noch so große Not und Unterdrückung ihn zum Widerstand reizen« könne.[12]

1878, während einer ernsten politischen Krise, sah man al-Afghani in Alexandria, wo er eine aus Bauern bestehende Menge aufzuwiegeln versuchte: »O ihr armen Fellachen! Ihr zerbrecht das Herz der Erde, um den Lebensunterhalt für euch und eure Familie zu sichern. Warum zerbrecht ihr nicht das Herz eures Unterdrückers? Warum zerbrecht ihr nicht das Herz derer, die die Früchte eurer Arbeit genießen?«[13]

Dieser politische Aktivismus bedeutete eine außergewöhnliche Veränderung für al-Afghani. Als er in Kairo eintraf, war er kaum mehr als ein eifriger Teilnehmer an der alten Kairoer Kultur der Kaffeehausgespräche. Das einzige unerwartete Ergebnis der obsessiven Bemühungen des Khediven, Paris am Ufer des Nils wiedererstehen zu lassen, war die Tatsache, dass das historische, auf das Zeitalter der Fatimiden zurückgehende Viertel vernachlässigt statt gänzlich zerstört wurde. Dort befanden sich die großen Moscheen und Schreine und Madrasas und die Wohnsitze der reichen Kaufleute, in denen fein geschnitzte hölzerne Schirme die Frauen des Hauses vor den neugierigen Blicken der Passanten schützten. 1849 hatte Flaubert voller Ehrfurcht geschrieben:

> »Bei Gott, es herrscht solch eine chaotische Farbenpracht, dass deine arme Vorstellungskraft ganz geblendet ist wie von einem unablässigen Feuerwerk, während du durch die Stadt gehst und die Minarette mit ihren unzähligen Störchen siehst oder erschöpfte Sklaven, die sich auf den Terrassen der Häuser in der Sonne ausgestreckt haben (…), dazu das Klingeln der Kamelschellen in deinen Ohren und große Herden blökender schwarzer Ziegen inmitten der Pferde und der Esel und der Straßenhändler.«[14]

In diesem bunten Gewirr der Altstadt hielt al-Afghani sich auf – die europäischen Viertel der Stadt hätten ihn und seine Anhänger an alles erinnert, was schieflief in diesem Land. Doch auch hier versicherte er sich der Patronage eines einheimischen Würdenträgers, des mächtigen Politikers Riyad Pascha, den er in Istanbul getroffen hatte. Das Angebot einer Stellung an der al-Azhar-Moschee lehnte er ab, weil er lieber zu Hause oder im Café lehrte (auch wenn er ein Stipendium Riyad Paschas annahm). Er konzentrierte sich auf die Vermittlung rationaler Wissenschaften und unternahm eine Neuinterpretation alter islamischer Schriften, statt auf bloßem Auswendiglernen zu bestehen.

Er knüpfte dort an, wo er in Istanbul aufgehört hatte, und vermittelte seinen Studenten ein Wissen, das von konservativen Muslimen als »häretisch« empfunden worden wäre. Ganz bestimmt nahm er keine besondere Rücksicht auf islamische Glaubensüberzeugungen. »Zu seinen herausragenden Eigenschaften gehörte es«, so erinnerte sich später der syrisch-christliche Schriftsteller und Zeitungsverleger Adib Ishaq (1856–1885), »die Entwicklung der europäischen Wissenschaft und die wissenschaftlichen Entdeckungen zu verfolgen und sich mit dem vertraut zu machen, was Wissenschaftler herausgefunden und was sie kürzlich entdeckt hatten.«[15] Er lehrte auch islamische Klassiker, die damals in Kairo nicht zum Standard gehörten, etwa Ibn Chalduns Geschichtsphilosophie, die *Muquaddima* (»Einleitung«). Al-Afghanis Vorlesungen über Mathematik, Philosophie und Theologie erregten schon bald den Zorn des konservativen Klerus – vor allem der Scheichs der al-Azhar-Moschee, des damals wie heute führenden theologischen Zentrums Ägyptens. Sie beschimpften al-Afghani als Befürworter des Atheismus. Die Kampagne gegen ihn wurde schließlich so heftig, dass einige seiner Studenten, darunter Saad Zaghlul (in vielerlei Hinsicht der Vater der modernen ägyptischen Nation), ihre Verbindung zu ihm geheim halten mussten.

Al-Afghani ließ sich davon nicht beirren. Er wohnte im alten Judenviertel der Stadt, ganz in der Nähe des alten türkischen Basars, der heute unter dem Namen Khan-ei-Khalili bekannt ist, und wurde oft im Café Matatiya am 'Attaba-Platz gesehen, wo er Tee trinkend und Zigaretten rauchend seine Ansichten zu Ibn Sina und Nasir al-din Tusi, dem persischen Philosophen des 14. Jahrhunderts, darlegte.

Dieser Teil Kairos, eine Brutstätte der Unzufriedenheit, sollte die zukünftigen Nationalisten, Revolutionäre und Intellektuellen Ägyptens hervorbringen. Dort traf auch im Sommer 1879 der Korrespondent der Londoner *Times* mit al-Afghani zusammen, einem »geheimnisvollen Mann«, wie er später berichtete, dessen Name »kürzlich im Zusammenhang mit einer beachtlichen, aber unbekannten Kraft in Ägypten bekannt geworden ist« und der

> »in den niederen und weniger gebildeten Schichten großen Einfluss besaß (...) Seine Anschauungen waren gewiss nicht sonderlich originell, und er verstieg sich auch nicht zu jenem Fanatismus, den man ihm zuschreibt. Aber er hatte gewisse wohldefinierte Vorstellungen und verstand sie kraftvoll zum Ausdruck zu bringen.«[16]

Der Korrespondent der *Times* äußerte weiter die Ansicht, dass es eine »einheimische öffentliche Meinung gibt (...), die man nicht gänzlich ignorieren darf«. Das war eine erstaunlich milde Beurteilung, wenn man bedenkt, dass die Berichterstattung der Zeitung aus Ägypten, die zur Besetzung des Landes durch die Briten führte, sonst nahezu hysterisch ausfiel und geradezu wahnhaft vor den Gefahren warnte, die dem Leben und Eigentum von Europäern durch angeblich fanatische muslimische Mobs drohten. Aber die Londoner Zeitung hatte durchaus recht hinsichtlich al-Afghanis Einfluss auf die »niederen und weniger gebildeten Schichten«, deren Unzufriedenheit nach Jahrzehnten der Anpassung der ägyptischen Oberschichten an den Westen tatsächlich zunahm.

Doch abgesehen von Erhebungen auf dem Lande, die leicht niedergeschlagen werden konnten, gab es keine organisierte Opposition gegen den Khediven und seine europäischen Drahtzieher. Es gab nur wenig Informationen über die Außenwelt, und kaum eine Zeitung äußerte Widerspruch oder artikulierte alternative Vorstellungen zum politischen und wirtschaftlichen Leben. Die im westlichen Stil geführten Schulen hatten Zustimmung gefunden, doch wurden die Schüler dort nach dem alten System des Auswendiglernens unterrichtet und konnten mit Chemie oder Ingenieurtechnik nichts anfangen. Dennoch vermochten die Schulen den Schülern eine neue Orientierung zu vermitteln und erfüllten damit ihr ursprüngliches Ziel. Allerdings waren die alten Bildungszentren wie die al-Azhar-Moschee inzwischen verarmt. Während es einerseits den verwestlichten Generationen an echtem Wissen über den Islam und Ägypten mangelte, wussten andererseits die Schüler im alten Schulsystem nichts vom modernen Leben.

Adib Ishaq und der Theaterschriftsteller James Sanua (1839–1912), der später der »Molière Ägyptens« genannt wurde, veranstalteten in ihren eigenen Häusern kulturelle Salons und Bildungsvereine. Ahmad Urabi, der 1881/1882 eine Offiziersrevolte gegen die Monarchie anführen sollte, besuchte diese informellen Versammlungen wie viele andere, die über keine moderne Bildung verfügten. Als die Zusammenkünfte vom Khediven verboten wurden, verlegte Sanua seine Aktivitäten in die Räumlichkeiten einer Freimaurerloge. Indem er ihnen Nachrichten aus der Außenwelt brachte, wurde al-Afghani für eine ganze Studentengeneration ähnlich bedeutsam.

Auf jemanden wie den aus einer Bauernfamilie stammenden Mohammed Abduh, der nur eine enge, auf die Lektüre islamischer Schriften beschränkte Bildung besaß, hatte al-Afghani eine befreiende Wirkung. Abduh wurde später zu einem der führenden, auf Modernisierung drängenden Denker der muslimischen Welt und schrieb eine nahezu kriecherische Biographie al-Afghanis, in der es heißt:

> »Vor 1877 unterwarfen sich die Ägypter in ihren öffentlichen und privaten Angelegenheiten vollständig dem Willen des Herrschers und seiner Amtsträger (...) Keiner von ihnen wagte es, eine Meinung über die Art und Weise zu äußern, wie ihr Land regiert wurde. Sie wussten fast nichts über die Verhältnisse in anderen muslimischen oder europäischen Ländern (...) Aber wer hätte es auch wagen können, seine Meinung zu äußern? Niemand, denn man konnte bei der geringsten Äußerung aus dem Land verbannt, seines Besitzes enthoben oder gar seines Lebens beraubt werden. Inmitten dieser Dunkelheit kam Jamal al-din.«[17]

Was die »Dunkelheit« betraf, übertrieb Abduh allenfalls geringfügig. Deutlicher als in der osmanischen Türkei hatten sich in Ägypten die Grenzen und Probleme der Modernisierung innerhalb einer internationalen kapitalistischen Wirtschaft gezeigt, deren Regeln von europäischen Imperialisten gemacht und für Nachzügler beliebig zurechtgestutzt wurden. Der Korrespondent der *Times* traf zu einer Zeit mit al-Afghani zusammen, als dessen Aufenthalt in Ägypten seinem Ende entgegenging. Angesichts der Tatsache, dass in Ägypten inzwischen europäische Geldgeber und Inhaber von Staatsanleihen das Sagen hatten, äußerte al-Afghani sich nicht mehr so zurückhaltend wie früher über die Gefahren westlicher Eingriffe. Während des größten Teils seiner Zeit in Ägypten hatte er sich damit begnügt, schrittweise Reformen zu empfehlen. Die meisten, die ihm begegneten, bezeugen den zutiefst traditionsfremden Charakter seiner Lehren, und manche hielten ihn sogar für areligiös. Ganz sicher sprach er über Religion nur in dem Maße, wie er sie auf praktische und weltliche Fragen anwenden konnte.

Aber gegen Ende seines Aufenthalts in Ägypten wurde er zu einem aktiven Spieler in der politischen Szene des Landes. Und er wurde einer der Schöpfer des aktivistischen Journalismus in der arabischen Welt, der eine Öffentlichkeit schuf, in der die Politisierung der Massen im Nahen und Mittleren Osten schließlich ihren Ausdruck fand. In einer seiner für die Zeitung bestimmten Skizzen zeichnet James Sanua einen am Vorbild al-Afghanis ausgerichteten Kaffeehausredner, der seine Zuhörer als »Retter ihrer Länder« anspricht.[18] Seine Schüler gehörten zu den aktivsten Vorkämpfern, die eine öffentliche Meinung und ein Nationalgefühl formten – zwei von ihnen, Abdallah al-Nadim und Salim al-Naqqsh, prägten den Slogan »Ägypten den Ägyptern«, der heute noch in Gebrauch ist.

Der in Ägypten aufkommende Nationalismus sollte nach und nach zum Bestandteil einer umfassenderen Behauptung arabischer Identität gegenüber den Osmanen werden, die zunehmend die Türken und die türkische Sprache sowie Europa bevorzugten. Der Islam war auf arabischem Gebiet entstanden und hatte dort seine glanzvolle klassische Zeit erlebt. Aber seit Jahrhunderten erlebte er seine wahre Blüte in anderen Regionen, in jüngerer Zeit vor allem in Persien, Indien und der Türkei. Die Araber waren sich ihrer niederen Stellung innerhalb der muslimischen Länder wie auch innerhalb der modernen Welt insgesamt schmerzlich bewusst. Bei den Demonstrationen arabischer Identität, die im späten 19. Jahrhundert dem Minderwertigkeitsgefühl entgegenwirken sollten, übernahmen nichtmuslimische Araber die Führung, etwa jene syrisch-christlichen und jüdischen Verbündeten al-Afghanis, welche die ersten unabhängigen arabischen Zeitungen gründeten. So wurden Beirut, Alexandria und Damaskus, wo viele christliche Araber lebten, zu Zentren der modernen arabischen Journalistik und Literatur. Bald kamen auch Muslime hinzu, aber sie konzentrierten sich darauf, den alten Glanz des Islam wiederherzustellen und das Arabische zu reinigen und wiederzubeleben, um es zu einem Medium moderner Kommunikation zu machen. Dieser intellektuelle und politische Gärungsprozess hatte gerade begonnen, als al-Afghani 1871 nach Ägypten kam, und er wurde rasch zu dessen zentraler Gestalt.

Die bekannteste Tageszeitung Ägyptens, *al-Ahram*, war 1875 ohne al-Afghanis Mitwirkung gegründet worden. Aber 1879 wurden fast alle ägyptischen Zeitungen von Schülern al-Afghanis geleitet. Die Forderungen europäischer Finanziers in Ägypten hatten die biedere Welt der etablierten Zeitungen erschüttert, die »nur bedeutungslose Nachrichten« gebracht hatten, wie Abduh schrieb.[19] »Eine unwiderstehliche Kraft drängte die Menschen mit einer Macht, die stärker war als der Despotismus«, die neuen lebendigen Zeitungen zu abonnieren. »Mit der Zeit befassten die Zeitungen sich mit politischen und sozialen Fragen, die mit dem Ausland zusammenhingen, und begannen dann kühn die Probleme der ägyptischen Staatsfinanzen zu behandeln, mit denen die Regierung zu kämpfen hatte.«[20]

1877 gründete James Sanua mit al-Afghanis Unterstützung ein satirisches Blatt, *Abu-Naddara Zarqa* (»Der Mann mit der blauen Brille«). Es enthielt Gespräche, kurze Theaterstücke und Essays und beschuldigte osmanische Ägypter wie auch europäische »Ungläubige«, das muslimische Ägypten auszuplündern – Sanua war zwar Jude, scheute sich aber nicht, auch islamische Rhetorik gegen europäische Imperialisten einzusetzen. Es dauerte nur zwei Monate, bis die Zeitung, die als erste die arabische Umgangssprache statt der förmlichen Gelehrtensprache verwendete, von den Behörden verboten wurde. Sanua musste 1878 ins Exil nach Paris gehen, wo er die Zeitschrift weiterhin herausgab (Tausende von Exemplaren wurden nach Ägypten geschmuggelt und selbst in abgelegenen Dörfern eifrig gelesen, bis sie 1910 eingestellt wurde). Unbeeindruckt ermunterte al-Afghani seinen levantinisch-christlichen Schüler Adib Ishaq, einen weiteren Versuch zu unternehmen: Die Zeitschrift *Misr* (»Ägypten«) erschien ab 1877 zunächst in Kairo, später dann in Alexandria, und wurde sogleich ein Erfolg.

Ununterbrochen griff Ishaq auf dem Papier die ägyptische Monarchie und deren ausländische Hintermänner an. Er kritisierte den Vorrang, den man Ausländern bei der Vergabe staatlicher Stellen gab. Er geißelte die europäische Praxis, zu Hause Freiheit und Gleichheit zu proklamieren, aber im Ausland Verfassungsreformen zu verhindern. Und am entschiedensten wandte er sich gegen die rechtlichen Privilegien, die man den Europäern in den »Kapitulationen« einräumte:

> »Da sie für offenkundige Missetaten nicht zur Rechenschaft gezogen werden, fühlen sie sich ermutigt, zu rebellieren. Sie führen sich gewalttätig auf und begehen jede Untat, die sie nur wollen, und es vergeht kein Tag, an dem wir nicht hören, dass ein Italiener oder Malteser einen Ägypter niedergestochen hat. Das verwundete Opfer wird ins Krankenhaus gebracht, aber den Angreifer bringt man ins Konsulat, wo er in luxuriösen Räumen untergebracht und mit feinsten Speisen bewirtet wird.«[21]

Lady Duff-Gordon bemerkte dazu bitter: »Es nimmt mir den Atem, wenn ich Engländer sagen höre, der Stock sei das einzige Mittel, ›um mit Arabern umzugehen‹, als könnte irgendjemand bezweifeln, dass er die einfachste Art ist, mit jedem Volk umzugehen, wenn man ihn straflos einsetzen kann.«[22]

Gegen Ende der 1870er Jahre taumelten Ägypten und die Türkei unaufhaltsam in eine politische und finanzielle Krise. Der Berliner Kongress, der auf den Russisch-Türkischen Krieg von 1877/78 folgte, nahm den Osmanen den größten Teil ihrer Balkanprovinzen und zeigte, dass nur Westmächte die Integrität und Sicherheit des Reiches zu garantieren vermochten, das formell immer noch über Ägypten herrschte. Al-Afghani war wie viele Ägypter den Freimaurern beigetreten, um politische Diskussionen führen zu können – wie in Persien boten die Freimaurer, die ein gewisses Maß an Geheimhaltung gewährleisteten, einen Ausgleich für den Mangel an gesellschaftlicher und politischer Organisation in Ägypten. Al-Afghani nutzte die Gelegenheit, um seinen Deckmantel abzulegen und in der Öffentlichkeit als kühner Denker aufzutreten. Er las sehr viel, oft Übersetzungen europäischer Werke, und die Zeitschrift *Misr* wurde zu einer Plattform für einige seiner eigenen, auf Lektüre fußenden Spekulationen, die er teils unter seinem Namen, teils anonym publizierte. Das Studium des französischen Historikers François Guizot, der die Grundlagen der Zivilisation in Solidarität und Vernunft erblickte und die protestantische Reformation für das entscheidende Ereignis in der europäischen Geschichte hielt, bestärkte al-Afghani in seiner Überzeugung, dass die islamische Welt einer Reformation bedurfte, vorzugsweise mit ihm in der Rolle des neuen Luther.

Auch europäische Eingriffe in die ägyptische Politik veranlassten ihn zu deutlichen schriftlichen Stellungnahmen. Er stand in engem Kontakt mit ägyptischen Nationalisten, von denen viele Förderer und Verbündete jener Offiziere waren, die unter Oberst Urabi in den 1880er Jahren für kurze Zeit die Macht in Ägypten übernahmen. Über die Freimaurerloge hatte er auch freundschaftliche Beziehungen zum Sohn des Khediven, Kronprinz Tawfiq, aufgebaut. Er hielt Reden und schrieb Artikel, in denen er die Ägypter ermahnte, an ihre glorreiche klassische Vergangenheit zu denken und sich endlich ihren politischen Pflichten zu stellen. Als im Herbst 1878 der zweite Afghanistankrieg ausbrach, veröffentlichte er einen Artikel, in dem er die Afghanen, die er zuvor als »unzuverlässig« kritisiert hatte, wegen ihres antiimperialistischen Kampfes lobte, und er pries auch die Einheit, die Hindus und Muslime während des Indischen Aufstands von 1857 bewiesen hatten.

In einem Anfang 1879 veröffentlichten Artikel mit dem Titel »Der wahre Grund menschlichen Glücks« brandmarkte al-Afghani den Anspruch der Briten, Indien durch die Einführung von Segnungen der Moderne wie Eisenbahnen, Kanäle und Schulen zivilisiert zu haben. Zur Ehrenrettung Indiens lobte er Hindus und Muslime in ökumenischem Geiste gleichermaßen. Wie einst Edmund Burke erklärt hatte, die Inder seien »ein seit unendlichen Zeiten zivilisiertes und kultiviertes Volk – in allen Künsten eines kultivierten Lebens bewandert, als wir noch in den Wäldern hausten«, so fragte al-Afghani verächtlich, warum die Briten, die »unendliche Zeiten in Not und Elend lebten und in wilden, barbarischen Tälern umherstreiften«, sich anmaßten, die glorreichen »Söhne von Brahma und Mahadev, den Stiftern menschlicher Rechtsordnungen und Schöpfern zivilisierter Gesetze«, für »unzulänglich« zu erklären.[23]

Al-Afghani meinte weiter, die Briten hätten das Transport- und Kommunikationssystem nur verbessert, um den Reichtum Indiens abzuschöpfen und britischen Kaufleuten den Handel zu erleichtern. Schulen nach westlichem Vorbild dienten lediglich dazu, Inder zu englischsprachigen Zahnrädern für das Getriebe der britischen Verwaltung zu machen. Das war für die damalige Zeit ein recht weitreichender Gedanke, den indische Nationalisten gerade erst zu formulieren begonnen hatten. Die Erfahrungen, die al-Afghani in Indien mit dem Imperialismus gemacht hatte, schienen sich während seines langen Aufenthalts in Ägypten noch vertieft zu haben, wo die Anwesenheit einiger Embleme der Moderne – Eisenbahn, kommerziell betriebene Landwirtschaft – nicht zu einer nachhaltigen Ökonomie, dafür aber zur Zerstörung der alten Heimgewerbe geführt hatte. Aber auch gegenüber seinen muslimischen Brüdern sparte er nicht mit Kritik, wie in der oben bereits zitierten Feststellung, dass der Westen seine Macht und seinen Fortschritten in Bildung und Erziehung verdanke, während es hier im Osten einen Niedergang gegeben habe.[24] In einem raschen Durchgang durch ein riesiges intellektuelles Terrain versuchte al-Afghani, die Gründe für die Rückständigkeit der Muslime zu eruieren.

Der wichtigste Grund war in seinen Augen der Despotismus. In einem Artikel mit dem Titel »Despotischer Staat« lobte er republikanische und konstitutionelle Staatsformen und forderte eine Stärkung des parlamentarischen Systems in Ägypten. Er kritisierte die osmanischen Sultane, weil sie ihr eigenes, rückwärtsgewandtes Verständnis des Islam durchzusetzen und den Erwerb moderner Bildung zu verhindern versuchten, was es den Europäern ermögliche, die Muslime zu überholen und sie zu unterjochen. In seinem einzigen aufgezeichneten Vortrag in Alexandria bezeichnete er Ende 1879 seine Zuhörer als Nachfahren der innovationsfreudigen alten Ägypter, Phönizier und Chaldäer, die auf dem Gebiet der Technik und der Mathematik große Fortschritte erzielt und den Griechen die Schrift, die Landwirtschaft und die Philosophie beigebracht hätten.

Dann wandte al-Afghani sich der Frage nach der Rückständigkeit der asiatischen Völker zu, die einst doch große Zivilisationen hervorgebracht hatten. Er erklärte, der Westen habe die Herrschaft über den Osten wegen zweier dort herrschender Grundübel erlangt, wegen des Fanatismus und der politischen Tyrannei. Den Muslimen könne nur eines helfen, nämlich »Eifer«, und den besäßen nur Völker, die »wissen, dass ihre Ehre in ihrer Rasse, ihre Macht in ihrer Gemeinschaft [*umma*] und ihr Ruhm in ihrem Vaterland liegt«.

Das war die Sprache der Jungosmanen. Namik Kemal hatte als einer der ersten Muslime daran gedacht, antiimperialistische Muslime nach dem Prinzip des *watan* (des Vaterlands oder der Nation) zu organisieren, und al-Afghani scheint diesen frühen nationalistischen Diskurs für seine Zwecke aufgegriffen zu haben. Er sagte, er hoffe, seine Zuhörer würden eine nationale politische Partei schaffen und nach einem parlamentarischen Regime in Ägypten streben, das ganz auf die Ausländer verzichte.

Er verwies auch auf mögliche Hürden. »Sie wissen sicher«, sagte er, »dass solch eine nationale Partei weder Macht noch Dauer haben wird, solange die Menschen des Landes keine gemeinsame Hochsprache besitzen.«[25] Auf dieses Thema kam er in einem späteren Artikel zurück, in dem er die Muslime davor warnte, fremde Sprachen zu übernehmen, wobei er mehr und mehr wie die europäischen Kulturnationalisten klang, die zur selben Zeit Nationalsprachen und Nationalliteraturen schufen.

> »Es kann kein Glück geben ohne Nation und keine Nation ohne Sprache (...) Ein Volk ohne Einheit, ein Volk ohne Literatur ist ein Volk ohne Sprache. Ein Volk ohne Geschichte ist ein Volk ohne Glanz und Ruhm, und ein Volk hat keine Geschichte, wenn es dort keine Obrigkeit gibt, die das Gedächtnis seiner geschichtlichen Heroen bewahrt und lebendig erhält, damit es ihnen folgen und nacheifern kann. All das basiert auf einer nationalen *[watani]* Bildung, die beim Vaterland *[watan]* beginnt und das Vaterland zum Ziel hat.«

In derselben Rede in Alexandria betonte al-Afghani auch die Bedeutung der Frauenrechte. Er erklärte, es sei

> »unmöglich, der Dummheit, dem Gefängnis der Erniedrigung und Not und den Tiefen der Dunkelheit und der Schande zu entkommen, solange die Frauen keine Rechte haben und ihre Pflichten nicht kennen, denn sie sind die Mütter, die für elementare Bildung und die Grundzüge der Moral sorgen (...) Ich glaube, wenn die Bildung der Frauen vernachlässigt wird, vermag eine Nation, selbst wenn alle Männer gebildet und hochgesinnt wären, den erreichten Stand allenfalls für diese Generation zu halten. Wenn sie verschwunden sind, werden ihre Kinder, welche die Charakter- und Bildungsmängel ihrer Mütter aufweisen, sie im Stich lassen, und die Nation fällt in den Zustand der Unwissenheit und des Elends zurück.«[26]

Abgesehen von diesen Reden und Artikeln gibt es kaum Hinweise, dass al-Afghani eine direkte Rolle in den komplizierten Intrigen gespielt hätte, von denen die ägyptische Politik in den späten 1870er Jahren geprägt war – etwa der Revolte nationalistischer Offiziere oder der Aufnahme Oberst Urabis in die Regierung des Khediven. Allerdings sprach er gegenüber Mohammed Abduh gelegentlich davon, dass man den Khediven ermorden müsse, und enthüllte damit eine gewisse Präferenz für gewaltsame Lösungen, die mit seiner wachsenden Verbitterung gegenüber den muslimischen Herrschern noch stärker werden sollte. Als Kronprinz Tawfiq im Juni 1879 zum Khediven ernannt wurde, schickte al-Afghani ihm zwar Glückwünsche, drängte den neuen Herrscher Ägyptens jedoch, Ausländer aus der Regierung zu entfernen. In der Öffentlichkeit hielt er an seiner antiimperialistischen Rhetorik auch dann noch fest, als der neue Khedive, unterstützt von europäischen Mächten, Abweichler zu verfolgen begann (und die ägyptische Staatskasse europäischen Fachleuten überließ).

Ein französischer Journalist beschrieb als Augenzeuge einen von al-Afghanis Vorträgen:

> »Eines Abends hielt er in der Hasan-Moschee in Kairo vor 4000 Zuhörern eine Rede, in der er drei Jahre vor den Ereignissen [der Besetzung Ägyptens durch die Briten] mit wahrhaft prophetischer Gabe das eigentliche Ziel der britischen Politik an den Ufern des Nil enthüllte. Außerdem zeigte er, dass Khedive Tawfiq gezwungen war, den britischen Absichten – wissentlich oder nicht – Vorschub zu leisten, und er beendete seine Rede mit einem Kriegsruf gegen die Ausländer und einem Aufruf zur Revolution, die Ägyptens Unabhängigkeit sichern und die Freiheit wiederherstellen sollte.«[27]

Al-Afghani schwebte ständig in der Gefahr, sich durch solche Reden in Schwierigkeiten zu bringen, und europäische Konsuln hatten ihn schon seit einiger Zeit im Visier. So berichtete der britische Konsul in Kairo, Frank Lascelles, seinen Vorgesetzten in London, al-Afghani sei

> »ein Mann mit beträchtlichen Fähigkeiten und großer rednerischer Kraft. Er gewann zunehmend einen Einfluss auf seine Zuhörer, der gefährlich zu werden drohte. Vergangenes Jahr [1878] beteiligte er sich aktiv an der Aufwiegelung der feindseligen Gefühle gegen die Europäer und insbesondere die Briten, gegen die er einen tiefen Hass zu empfinden scheint.«[28]

Gerüchte, wonach al-Afghani das Regime stürzen wolle und sich für einen freiheitlichen Staat einsetze, nahmen den Khediven gegen ihn ein, und der Druck der Briten tat das Übrige. Der Korrespondent der *Times*, der zuvor al-Afghanis Einfluss in Kairo beschrieben hatte, berichtete nun von dessen Ausweisung Ende August 1879, wobei er auf Tawfiqs angebliche (und im Gegensatz zu al-Afghanis Auffassung stehende) Überzeugung verwies, wonach »die ägyptische Erneuerung aus dem Westen kommen muss«. Der Korrespondent räumte ein, dass die Ausweisung »vielleicht nicht im Einklang mit britischen Idealen hinsichtlich der Meinungsfreiheit steht«, fügte aber hinzu, dass man hier »die besonderen Umstände des Landes berücksichtigen« müsse.[29] Al-Afghani wurde in Kairo festgenommen und nach Suez gebracht, wo man ihm zwei Tage lang Nahrung verweigerte und die Polizei ihm seine wenigen Habseligkeiten abnahm, bevor man ihn nach Indien abschob. Eine von Oberst Urabi angeführte Revolte wurde 1882 rasch niedergeschlagen. Und noch im selben Jahr begannen die Briten mit ihrem schweren Beschuss Alexandrias und ihrer langjährigen Besetzung Ägyptens.

So endete al-Afghanis erster – und einziger – Aufenthalt in Ägypten. Seine vorzeitige, aus politischen Gründen erzwungene Abreise bekräftigte seinen Ruf als Agitator, zumindest in den Augen der Briten, tat aber seinem dauerhafteren intellektuellen Einfluss auf ein breites Spektrum ägyptischer Denker und Aktivisten kaum Abbruch. Der arabophile englische Dichter Wilfrid Scawen Blunt, der sich später mit al-Afghani anfreundete, hielt sich Ende 1880 in Ägypten auf und begegnete dort einem sehr liberal gesinnten, modern denkenden Scheich der al-Azhar-Moschee. Als er dieser neuen und willkommenen Entwicklung innerhalb des ägyptischen Islam genauer nachging, erfuhr er, dass der, wie der Scheich sich ausdrückte, »wahre Urheber« der liberalen religiösen Reformbewegung in der Kairoer *ulema* seltsamerweise kein Araber, kein Ägypter und auch kein Osmane gewesen sei, sondern ein »genialer Wilder«, der »die Notwendigkeit predigte, die gesamte islamische Position zu überdenken und statt an der Vergangenheit zu hängen einen intellektuellen Schritt nach vorn zu machen, der im Einklang mit den modernen Erkenntnissen steht«.[30] Der Scheich von der al-Azhar-Moschee berichtete auch, al-Afghani habe »dank seiner genauen Kenntnis des Koran und der Überlieferung zeigen können, dass sich das islamische Recht, wenn man es richtig interpretiert und abwägt, zu den liberalsten Entwicklungen eignet und dass kaum eine segensreiche Veränderung im Widerspruch zu ihm steht«.

Al-Afghani selbst begann nach seinen Erfahrungen in Ägypten eine härtere und weniger liberale Einstellung gegenüber dem westlichen Imperialismus und dessen einheimischen Verbündeten zu entwickeln. Dazu veranlassten ihn Rückschläge in den Ländern, die er am besten kannte. Die Kreditblase der Osmanen war 1875 geplatzt, als die Staatskasse den europäischen Bankiers nicht mehr die fälligen Zinsen zahlen konnte. Im folgenden Jahr ermunterte ein nach ägyptischem Vorbild durch Auslandsschulden ausgelöster Bankrott Reformer zu dem Versuch, eine neue liberale Verfassung einzuführen. Aber der neue Sultan Abdulhamid II. setzte sie außer Kraft und nutzte wie nach ihm auch andere Despoten in muslimischen Ländern die modernisierten Strukturen des osmanischen Staates einschließlich der zentralisierten Polizei und des Spitzelsystems, um unter den Augen seiner westlichen Schirmherren eine repressive Despotie zu schaffen.

Ähnliche Forderungen nach einer Verfassung kamen auch in Ägypten unter unzufriedenen Männern wie Oberst Urabi auf. Unterstützt von kleinen Landbesitzern und jungen Mitgliedern der *ulema* wie Abduh, konnte Urabi für kurze Zeit Erfolge verbuchen und wurde Minister im Kabinett des Khediven. Aber über den Ausgang konnte gar kein Zweifel bestehen, als Urabi ein Ende der europäischen Einmischung in ägyptische Angelegenheiten forderte. Als Gustave Flaubert im Januar 1850 Kairo besuchte, meinte er: »Es scheint mir fast ausgeschlossen, dass England nicht binnen kurzem die Herrschaft in Ägypten übernimmt.«[31] Al-Afghani dürfte es kaum als Befriedigung empfunden haben, dass sich in dem von den britischen Behörden sehr genau beobachteten Indien seine nicht minder scharfsinnigen Voraussagen bewahrheiteten. Im voraufgegangenen Jahr – 1881 – hatten die Franzosen Tunesien in ganz ähnlicher Weise besetzt, wie die Briten nun Ägypten einnahmen, obwohl die tunesische Elite sich verzweifelt um eine Modernisierung des Landes bemüht hatte.

Jenseits der Selbstermächtigung: Die Ursprünge des Panislamismus und des Nationalismus

Ende der 1870er Jahre, noch in Ägypten, schrieb al-Afghani an Sultan Abdulhamid und schilderte ihm den Schmerz und den Zorn, die er angesichts der Demütigung muslimischer Länder durch westliche Staaten empfand:

> »Als ich die Lage des islamischen Volkes [*milla*] bedachte, verlor ich schließlich die Geduld, und von allen Seiten stürmten angstvolle Gedanken und Visionen auf mich ein. Wie ein von Angst besessener Mann denke ich Tag und Nacht, von morgens bis abends darüber nach und habe mir die Wege zu einer Reform und Rettung zum Beruf und zur Berufung gemacht.«[1]

Al-Afghani bat den osmanischen Sultan, seine Macht und sein Ansehen als Kalif für den Aufbau einer panislamischen Front gegen den Westen zu nutzen, und bot sich ihm als sein Repräsentant in Indien, Afghanistan und Zentralasien an. Seine Ausweisung aus Ägypten und die Zerschlagung liberaler Hoffnungen für das Land scheinen al-Afghani von der Notwendigkeit eines neuen Vorgehens überzeugt zu haben. Er sollte weiterhin mit unterschiedlichen Widerstandsformen experimentieren, wobei er vielfach europäische Rivalitäten auszunutzen versuchte, aber er sollte nun für einen religiös statt ethnisch oder weltlich begründeten Nationalismus eintreten und auch zu so mächtigen Begriffen wie dem des Panislamismus und des Heiligen Krieges greifen.

Al-Afghani war nicht der Einzige, der von der Forderung nach schrittweisen Reformen und einem Verfassungsstaat zur Betonung der Notwendigkeit eines starken islamischen Zentrums überging, das sich den Übergriffen des Westens entgegenstellen konnte. In der gesamten muslimischen Welt änderte sich im letzten Viertel des 19. Jahrhunderts der Ton, als man sich der eigenen Hilflosigkeit gegenüber der wachsenden

Aggressivität des Westens bewusst wurde. Die Modernisierung, so war nun klar, hatte die Osmanen nicht vor den Ungläubigen geschützt, sondern ihre Abhängigkeit nur vergrößert. Auch hatte sie Ägypten nicht davor bewahrt, dem britischen Druck zu erliegen – tatsächlich hatte die globalisierte Wirtschaft das Land zu einem untergeordneten Vasallenstaat gemacht.

Das Scheitern dieser ersten, unter europäischen Vorzeichen unternommenen Reformversuche schuf verbitterte Allianzen zwischen Grundbesitzern, Kleinunternehmern und Händlern, aus denen ein neues regionales Identitätsgefühl hervorging. Außerdem führte es viele muslimische Denker zur Idee des Nationalismus, die ihre Entstehung den Rivalitäten zwischen europäischen Staaten im 19. Jahrhundert verdankte.

Das nachrevolutionäre Frankreich hatte sehr plastisch vor Augen geführt, dass die unpersönlichen Institutionen des Staates, die ältere und stärker regional geprägte Identitäten und Loyalitäten verdrängt hatten, die Bürger eines Landes zu einer soliden Einheit zusammenzuschließen vermochten. Ein europäisches Land nach dem anderen war diesem Vorbild gefolgt, zum Teil um sich vor den imperialen Ambitionen Frankreichs zu schützen. Japan war das erste asiatische Land, das sich um eine nationale Konsolidierung bemühte. Auch muslimische Denker fühlten sich zunehmend von der Idee angezogen, wonach eine gut organisierte Gesellschaft ihre gesellschaftlichen Kräfte durch einen Nationalstaat sehr gut zu bündeln vermochte – einen Staat, der durch die Mobilisierung dieser Kräfte auch gegen andere Nationalstaaten bestehen konnte.

Das große Problem der Führer diverser asiatischer Gesellschaften lag in der Frage, wie sich heterogene Bevölkerungen um gemeinsame Ideale und Ziele vereinen ließen. Gab es eine gemeinsame ägyptische oder türkische Identität, die alle sonstigen religiösen und ethnischen Identitäten überstieg? Das war schwer zu erkennen, aber für den Augenblick schien der Geist eines negativen Nationalismus zu genügen – eines Widerstands gegen ausländische Aggressoren unter einem gemeinsamen Banner.

Außerdem konnte der Nationalismus leicht mit dem Panislamismus verbunden werden oder ihn sogar ergänzen, wie es in al-Afghanis Denken geschah. Die Widersprüche zwischen beiden traten erst im 20. Jahrhundert zutage. Die Idee eines starken Kalifen kam in so weit voneinander entfernten Regionen wie Indien und Indonesien auf, wo Muslime sich von Europäern unterdrückt fühlten und sich nach ihrer eigenen universellen Zivilisation sehnten. Sie hatte auch ihre Kritiker, etwa den britenfreundlichen Pädagogen Sir Sayyid Ahmed Khan, der meinte: »Wir stehen nicht unter der Herrschaft des türkischen Kalifats. Wir sind Einwohner Indiens und Untertanen der britischen Regierung.«[2] Doch die Idee besaß einen großen emotionalen Reiz.

In den 1870er Jahren erkannten die herrschenden Klassen Istanbuls schließlich das wachsende internationale Bewusstsein der Muslime. Der Jungosmane Namik Kemal beschrieb ironisch das gerade erwachte Interesse der osmanischen Öffentlichkeit an den Muslimen von Xingjang: »Vor zwanzig Jahren wusste man gar nicht, dass es in Kaschgar Muslime gibt. Heute versucht die Öffentlichkeit, sich mit ihnen zu vereinen. Dieser Hang gleicht einer überwältigenden Flut, die sich von keinem Hindernis aufhalten lässt.«[3]

Die Osmanen achteten auf Rufe ferner Muslime zum Teil auch wegen ihrer eigenen bitteren Erfahrungen mit transnationaler Solidarität. Sie hatten den von Russland inspirierten Panslawismus auf dem Balkan wie auch den Aufstieg ethnischer und religiöser Solidarität in anderen europäischen Gebieten erlebt und erlitten. Namik Kemal schrieb dazu: »Gegen diese Art europäischer Einheit müssen wir die militärische und politische Einheit unseres eigenen Landes stellen.«[4] Sultan Abdulhamid, der sowohl den finanziellen Zusammenbruch als auch militärische Niederlagen erfahren hatte, war nur allzu froh, das sterbenskranke Amt des Kalifen wiederzubeleben. Die Reformen waren Vergangenheit, die Tändelei mit den europäischen Werten war vorüber. Nun war es am Islam, als herrschende Ideologie zu dienen.

Abdulhamid nahm seine weltweite Führung der Muslime sehr ernst – europäischen Augen erschien sie wie eine Abart des Papsttums – und baute zum Beispiel für Pilger eine Eisenbahn nach Medina in Arabien. Er benötigte eine ideologische Rechtfertigung für seine Despotie und ein Druckmittel gegenüber den europäischen Mächten, die in den kolonisierten Ländern über Millionen unruhiger Muslime herrschten. Für beide Zwecke leistete ihm der Panislamismus gute Dienste. Sehr rasch griffen Muslime in aller Welt den Gedanken auf, dass nur ein starker Panislamismus mit Zentrum in Istanbul den Islam zu retten vermochte, mit der einzig verbliebenen muslimischen Großmacht, dem osmanischen Sultan, als Kalif oder *khalifa*.

Inzwischen führte die europäische Expansion zu gewaltsamen Reaktionen bei islamischen Völkern, die bislang noch unberührt vom Westen waren oder wie die Wahhabiten ihre einheimischen, auf Modernisierung drängenden Herrscher entschieden ablehnten. Im Sudan übernahm in den 1870er Jahren ein charismatischer Führer, der sich als der Mahdi bezeichnete, die Führung einer millenaristischen Bewegung, die nicht nur den ägyptischen Khediven, sondern auch dessen Verbündete, die Briten, zurückzuschlagen versuchte. Er errang einen glanzvollen Sieg nach dem anderen und versprach, die ganze Welt zu islamisieren.

Al-Afghani behauptete später, wahrscheinlich fälschlich, er hätte den Mahdi gekannt. Wie viele Muslime in aller Welt war er begeistert von den militärischen Erfolgen, die dieser bis dahin unbekannte Sudanese in den frühen 1880er Jahren gegen britische Truppen erzielte, vor allem von seiner langen Belagerung der angloägyptischen Garnison in Khartum, die 1885 mit einem Massaker endete. Tatsächlich erschien der Mahdi vielen Muslimen als ein besserer Anwärter auf das Amt des Kalifen als der osmanische Sultan.

Es ist nicht klar, was al-Afghani in den 1870er Jahren über diesen grausamen Krieger dachte, der den Muslimen eine sofortige Revolution versprach. Doch als er 1882 seinen zweiten Aufenthalt in Indien beendete, hatte er sich eindeutig gegen jene Art von Anpassung an und Vormundschaft durch den Westen entschieden, für die sich viele muslimische Eliten bis dahin eingesetzt hatten. Obwohl nicht frommer als bisher, gab al-Afghani sich nun als orthodoxer Muslim und kompromissloser Verteidiger des Islam gegen jede westliche Einmischung. 1883, kurz nachdem er Indien verlassen hatte, erklärte er in einer französischen Zeitung:

> »Alle Muslime warten auf den Mahdi und halten sein Kommen für eine absolute Notwendigkeit (...) Vor allem die indischen Muslime, die unter englischer Herrschaft unendliches Leid und grausame Qualen ertragen müssen, erwarten ihn mit größter Ungeduld (...) Hofft England, die Stimme des Mahdi ersticken zu können, die fürchterlichste aller Stimmen, da ihre Macht noch größer ist als die des Heiligen Krieges, die aus den Mündern aller Muslime erschallt? (...) Glaubt England, es könne

> diese Stimme zum Schweigen bringen, bevor sie im ganzen Osten gehört wird, vom Himalaya bis nach Dawlaghir, vom Norden bis in den Süden, für die Muslime von Afghanistan, von Sind, von Indien? (...)[5]

Während seines Aufenthalts in Indien von 1879 bis 1882 besuchte al-Afghani Karatschi und Bombay, doch die meiste Zeit verbrachte er in Haiderabad und Kalkutta. Da er unter ständiger Beobachtung britischer Spitzel stand, hielt er sich von politischen Aktivitäten fern. Aber er verfeinerte seine Ideen in einer Reihe publizierter Artikel. Viele davon richteten sich gegen Sir Sayyid Ahmed Khan, den wichtigsten muslimischen Führer in Indien, der seit der Niederschlagung des Indischen Aufstands durch die Briten eine Kampagne führte, mit der er die indischen Muslime in den Augen der ausländischen Herrscher wieder nützlich und vertrauenswürdig erscheinen lassen wollte. Khan war der Ansicht, die Muslime seien bei der Wahrnehmung der Chancen einer modernen Bildung hinter den Hindus zurückgeblieben. Er gründete das Aligarh College in Nordindien, um diese offenkundige Lücke zwischen beiden Volksgruppen zu schließen.

Al-Afghani war vollkommen einverstanden mit Khans Vorstellungen hinsichtlich der Notwendigkeit von Bildung für die muslimische Gemeinschaft. So schrieb er in einer indischen Zeitung: »Mit allergrößtem Bedauern sage ich, die Muslime in Indien haben ihre Orthodoxie, nein, ihren Fanatismus zu einem so schädlichen Extrem getrieben, dass sie sich mit Widerwillen und Abscheu von Wissenschaft und Kunst und Technik abwenden.«[6] In einem anderen Artikel tadelte er die in Selbstisolation versunkene indische *ulema*:

> »Warum hebt ihr nicht den Blick von diesen mangelhaften Büchern und werft ihn auf die weite Welt (...)? Ihr verwendet keinen Gedanken auf diese äußerst wichtige Frage, die sich jedem intelligenten Menschen aufdrängt, nämlich: Was ist die Ursache der Armut, der Not, der Hilflosigkeit und des Elends der Muslime, und gibt es ein Heilmittel gegen diese bedeutsame Erscheinung und dieses große Unglück oder nicht?«[7]

In al-Afghanis Augen verfügte Khan allerdings eindeutig nicht über dieses Heilmittel. Im Gegenteil, er hielt Khan für einen verblendeten und beschränkten Anhänger einer Verwestlichung, der blind war für das Schicksal seiner Glaubensbrüder anderswo in der Welt und für die böswilligen Absichten der Briten in muslimischen Ländern. Khan sei ein gefährlicher Mann, behauptete al-Afghani in einer in Kalkutta erscheinenden Zeitschrift, dem es darum gehe, »den Glauben der Muslime zu schwächen, den Zielen der Fremden zu dienen und die Muslime in ihren Lebensweisen und Glaubensvorstellungen umzumodeln«.[8]

Das war ungerecht. Khan bemühte sich um eine pragmatische Einstellung, und im frühen 20. Jahrhundert sollte sein Aligarh College einige der einflussreichsten Führer der muslimischen Gemeinschaft Indiens hervorbringen. Und er war nicht britenfreundlicher als viele hinduistische Reformer des 19. Jahrhunderts wie etwa der Großvater von Rabindranath Tagore. Aber zumindest zum Teil hatte al-Afghani auch recht. Khan hielt die muslimische Beteiligung am Indischen Aufstand für eine schreckliche Dummheit und behauptete sogar, die meisten Muslime hätten sich loyal gegenüber den Briten verhalten. Während eines Europabesuchs 1869 schrieb er eine Reihe von Briefen nach Hause, in denen er bemerkte, die Engländer hätten recht, wenn sie die Inder für »einfältige unvernünftige Scheusale« hielten. »Was ich gesehen habe und täglich wieder sehe«, flötete Sir Sayyid, »steht vollkommen außerhalb des Vorstellungsvermögens eines Eingeborenen aus Indien (...) Alles Gute, in geistiger und weltlicher Hinsicht, das man im Menschen finden sollte, ist vom Allmächtigen Europa und besonders England anvertraut worden.«[9] Auf Sizilien wunderte er sich, wie wenige bleibende Monumente die Muslime dort während ihres langen Aufenthalts errichtet hatten. Und 1876 erklärte er: »Die britische Herrschaft in Indien ist die wunderbarste Erscheinung, die die Welt jemals gesehen hat.«[10]

Sir Sayyids Speichelleckerei fand auch indische Kritiker. Der Dichter Akbar Illahabadi (1846–1921) sagte über anglophone Muslime wie ihn:

> »Gebt eure Literatur auf, sage ich; vergesst eure Geschichte,
> Löst alle Verbindungen zu Scheich und Moschee – nichts könnte unwichtiger sein.
> Geht zur Schule. Das Leben ist kurz. Macht euch möglichst wenig Sorgen.
> Esst englisches Brot, schwingt die Feder und platzt vor Glück!«[11]

Illahabadi glaubte, die Muslime, die Sir Sayyids Aligarh College unterstützen, seien zwar durchaus wohlmeinend, aber letztlich Lakaien der Briten:

»Was unser geschätzter Sayyid sagt, ist gut.
Akbar hält es für vernünftig und richtig.
Aber die meisten Leiter seiner modernen Schule
Glauben weder an Gott noch ans Gebet.
Sie behaupten es zwar, aber jeder kann sehen,
Sie glauben nur an die bestehenden Mächte.«[12]

Er hielt die Bildung nach westlichem Vorbild für eine besonders hinterhältige Form von Kolonialismus. »Wir im Osten schlagen unsern Gegnern den Schädel ein./Die aus dem Westen verändern das Wesen ihrer Gegner./Die Kanonen sind abgezogen, nun kommen die Professoren.«[13] Und er beklagte bitter die Entwurzelung der jungen Muslime und ihre Entfremdung von der Tradition:

»Wir lernen nicht die Dinge, die wir lernen sollten –
Und verlieren, was wir bereits hatten;
Unseres Wissens beraubt, in Achtlosigkeit gefangen,
Sind wir nicht nur blind, sondern schlafen.«[14]

Dieser Meinung war auch al-Afghani. In zahlreichen in indischen Zeitschriften veröffentlichten Artikeln attackierte er Khans Bemühungen, durch die Förderung eines Bildungssystems nach westlichem Vorbild und die Aufnahme von Muslimen in den Staatsdienst eine einheimische Schicht von Verwaltungskräften zu schaffen. Mit Worten, wie sie oft gegen westlich ausgerichtete Despoten in muslimischen Ländern verwendet wurden, fragte er: »Warum sollte jemand, der den Lebensgeist eines Volkes zerstört, dessen Wohltäter genannt werden? Warum sollte jemand, der für den Niedergang seines Glaubens arbeitet, als ein Weiser gelten? Welch eine Ignoranz!«[15]

Als Wilfrid Blunt Mitte der 1880er Jahre Indien besuchte, begegnete er vielen indischen Muslimen, die sich von al-Afghanis Angriffen auf Khan angezogen fühlten. Nichts jedoch erzürnte sie und ihren Heros mehr als Khans Eintreten für einen neuen, materialistischen Islam, dem der Mensch als das Maß aller Dinge galt. Al-Afghani, der nicht als religiöser Fundamentalist bekannt war, förderte und begrüßte eine Neuinterpretation islamischer Schriften. Er und sein einflussreichster Schüler Mohammed Abduh hofften, eine geschwächte muslimische *umma* wiederherstellen zu können, indem sie den Islam als rationale Religion darstellten und diesen »authentischen« Islam einem verdorbenen Islam gegenüberstellten, der sich weit von seinen glanzvollen Ursprüngen entfernt und sich leider in der jüngeren Geschichte und Praxis weiter Teile der islamischen Welt gezeigt habe. Aber al-Afghani hielt entschieden am Glauben an einen transzendenten Gott fest und lehnte jedes Glaubensbekenntnis ab, das »die Welt oder den Menschen für ein geeignetes Objekt der Anbetung« hielt. In seinem längsten publizierten Werk, der »Widerlegung der Materialisten«, einer Antwort auf Sir Sayyids Islamverständnis, stellte al-Afghani sich gegen alle, von Demokrit bis Darwin, die den Menschen verherrlichten und die These einer Selbstschöpfung der Welt vertraten. Wer die Religion angriff, der lief in seinen Augen Gefahr, die moralische Grundlage der Gesellschaft zu untergraben und jene Bindungen zu schwächen, die eine Gemeinschaft zusammenhielten – und es war in seinen Augen gerade diese Schwächung, welche die Muslime überall in die Krise gestürzt hatte.

Zunehmend driftete al-Afghani in Richtung eines bewaffneten Kampfes und eines gewaltsamen Widerstands gegen den Westen. Ohne Zweifel bestärkten ihn darin die Erfolge des Mahdi im Sudan. In seinem langen, 1879 kurz vor seiner Ankunft in Indien geschriebenen Brief an den osmanischen Sultan hatte er sich selbst als reisenden Revolutionär angeboten, der die Muslime in Zentralasien und Indien aufrütteln und einigen und dazu noch einen Zusammenstoß zwischen dem Russischen Reich und dem Britischen Empire auslösen könne, der den panislamischen Zielen des Sultans zum Durchbruch verhelfen werde. Der Brief war voll von Sätzen wie diesem: »Nach der Beendigung der indischen Angelegenheit will ich nach Afghanistan gehen und das Volk dieses Landes, das wie ein wilder Löwe keine Angst vor Blutvergießen hat und im Krieg, vor allem im Heiligen Krieg, kein Zögern kennt, zu einem Glaubenskampf und einer nationalen Anstrengung einladen.«[16] Abdulhamids Antwort ist unbekannt. Der Panislamismus des Sultans war opportunistischer und weniger abenteuerlich. Auch hatte er eine klarere Vorstellung von der unbesiegbaren europäischen Macht als al-Afghani. Aber vielleicht bemerkte er dessen intellektuelle und politische Leidenschaft – ein Jahrzehnt später sollte er versuchen, al-Afghanis Dienste für seine Zwecke zu nutzen.

Es ist interessant, dass al-Afghani gegenüber der muslimischen Intelligenz in Indien nicht über den Panislamismus sprach, der sich seines Widerhalls in der gesamten muslimischen Welt zunehmend bewusst wurde. Er scheint erkannt zu haben, dass auch die große nichtmuslimische Bevölkerung Indiens sich für seinen antiimperialistischen Kampf gewinnen ließ. Das war geschickt. Wie sich zeigte, sollte Sir Sayyid Ahmed Khans Einfluss auf die indischen Muslime schwinden, und Anfang der 1920er Jahre sollte sich eine kraftvollere Kampagne zur Unterstützung des osmanischen Kalifats in Gestalt einer landesweiten Agitation entwickeln – der ersten größeren Massenbewegung indischer Muslime –, die auch von dem großen Hindu-Führer Mahatma Gandhi unterstützt wurde. Zur Erklärung der gemeinsamen, von Gandhi und dem indischen Muslimführer Maulana Muhammad Ali unterstützten Kampagne für das Kalifat schrieb Akbar Illahabadi: »Maulana hat keinen Fehler gemacht und Gandhi keine Verschwörung angezettelt. / Was sie auf denselben Kurs treibt, ist der Sturm der westlichen Politik.«[17] Möglicherweise antizipierte al-Afghani diese nationalistische Bewegung, indem er die Notwendigkeit einer Einheit zwischen Hindus und Muslimen in Indien hervorhob. Im gleichen Sinne behauptete er auch, dass sprachliche Bindungen tiefer reichten als religiöse (eine Lektion, die Pakistan lernen musste, als die bengalisch sprechenden Muslime in Ostpakistan sich 1971 abspalteten und Bangladesch gründeten).

Während er in Ägypten die vorislamische Größe des Landes beschworen hatte, pries er in Indien die naturwissenschaftlichen und mathematischen Entdeckungen der Hindus im klassischen Zeitalter. In einer Rede vor einem weitgehend muslimischen Publikum in Kalkutta verwies er auf die Anwesenheit junger Studenten und bekannte, er sei

> »froh, solche Nachkommen Indiens zu sehen, denn sie sind Sprösslinge jenes Indien, das einst die Wiege der Menschheit war. Von Indien aus verbreiteten sich menschliche Werte über die ganze Erde. Diese jungen Leute kommen aus demselben Land, in dem erstmals der Erdumfang bestimmt wurde. Sie kommen aus dem Land, in dem erstmals der Tierkreis verstanden wurde. Wie jeder weiß, lassen sich diese beiden Kreise nur bestimmen, wenn man es in der Geometrie zur Vollkommenheit gebracht hat. So können wir sagen, dass Inder Arithmetik und Geometrie erfunden haben. Man beachte, dass die indischen Zahl-

> zeichen von hier erst zu den Arabern und von dort nach Europa gelangten (...) [Die Inder] erreichten das höchste Niveau im philosophischen Denken.«

Im Blick auf die religiösen und juristischen Texte des klassischen Indien, die Veden und die Schastras, fügte al-Afghani hinzu: »Diese jungen Leute sind auch die Söhne des Landes, das die Quelle allen Rechts und aller Gesetze in der Welt war«.[18]

Im folgenden Jahrhundert sollten indische Hindu-Nationalisten noch oft ähnliche Thesen zum wissenschaftlichen und philosophischen Erbe Indiens aufstellen. Gewiss wusste al-Afghani, wie er seine Botschaft zuschneiden musste. Aber er war konsistent in seinem Antikolonialismus, wonach Muslime in Indien und in anderen Ländern aufwachen und sich mit anderen Muslimen wie auch mit nichtmuslimischen Völkern zu einer Einheitsfront gegen die Briten zusammenschließen sollten. Zugleich sollte der Islam für die Muslime die Hauptquelle ihrer Kraft und ihrer Werte bleiben. Sie sollten sich nicht von Sir Sayyid Ahmed Khans britenfreundlichen Zielen in die Irre führen lassen. Und weder Hindus noch Muslime sollten ihren Traditionen den Rücken kehren. Akbar Illahabadi ermahnte sich selbst: »Akbar, in all deinen Gedichten / Mach dies immer wieder zum Thema! / Muslim, nimm deinen Rosenkranz, / Und du, Brahmane, trage deine Heilige Kordel!«[19] Indien hatte al-Afghani ursprünglich auf die Vorzüge westlichen Wissens und westlicher Wissenschaft aufmerksam gemacht; es warnte ihn aber auch vor all jenen, die sich für eine drastische und vollständige Verwestlichung einsetzten.

Europäisches Zwischenspiel

Nach einem kurzen Zwischenaufenthalt in London, wo al-Afghani mit dem britischen Lyriker und Imperialismuskritiker Wilfrid Blunt zusammentraf und einen antibritischen Artikel für eine von einem libanesisch-griechisch-katholischen Schüler herausgegebene Zeitung beisteuerte, traf er im Januar 1883 in Paris ein, kurz nachdem die Briten den Aufstand in Ägypten niedergeschlagen und das Land besetzt hatten. Die französische Hauptstadt war damals wie während des größten Teils des 19. Jahrhunderts ein Mekka für politisch Unzufriedene unterschiedlichster Richtungen. Unter den zahllosen Exilanten aus Nordafrika befand sich auch al-Afghanis früherer Schüler aus Ägypten, James Sanua. In seiner Zeitschrift *Abu-Naddara Zarqa* kündigte er al-Afghanis Ankunft in Paris mit einer lithographierten Zeichnung an, die seinen Lehrer zeigte. Al-Afghani begann sogleich für ihn zu schreiben.

Kurz vor seiner Abreise nach Europa wurde al-Afghani in Kalkutta von den britischen Behörden befragt und für kurze Zeit unter Hausarrest gestellt. Die Schikane und die offenkundige Katzbuckelei von Muslimen wie Sir Sayyid Ahmed Khan vor den Briten scheinen ihn verbittert zu haben. Seinem alten Förderer Riyad Pascha in Ägypten schrieb er, warum er aus Indien nach Paris ging. Er wolle in Ländern leben,

> »deren Einwohner einen klaren Verstand, aufmerksame Ohren und ein mitfühlendes Herz haben, denen ich erzählen kann, wie Menschen im Osten behandelt werden. So wird das Feuer verlöschen, das so viele Qualen in mir entzündet hat, und mein Körper wird frei sein von der Last des Leides, das mir das Herz bricht.«[1]

Nach einer langen Fixierung auf das *Dar al-Harb* (Land des Krieges) beschloss al-Afghani nun, der muslimischen Selbstermächtigung gegen den Westen den Vorzug vor der Frage der internationalen Reform zu geben. Ein Hinweis auf diese neue defensive Stimmung lässt sich in einem seiner ersten in einer arabischen Zeitschrift in Paris veröffentlichten Artikel finden, einem offenen Brief an deren Herausgeber, einen libanesischen Maroniten und früheren Schüler al-Afghanis. Nun tadelte er ihn wegen seiner überzogenen Kritik an den Menschen des Ostens, die unter ausländischen Imperialisten zu leiden hätten, und am Osmanischen Reich, das der weltweit einzige Protektor der Muslime sei. Nur internationale Einheit unter den Menschen im Osten, so schrieb al-Afghani, könne verhindern, dass sie weiterhin zur Beute von Ausländern würden. Und so sollten auch die Osmanen vereint hinter ihrem Potentaten stehen. Al-Afghani suchte und fand bald Unterstützer in Frankreich wie auch im Osmanischen Reich für diese Vorstellungen.

Die Artikel, in denen er den osmanischen Sultan als potentiellen Einiger des Islam pries, wurden besonders dankbar von seinen alten ägyptischen Schülern und Kollegen aufgenommen, die nach der britischen Besetzung Ägyptens ins Exil nach Beirut gegangen waren. Unter anderen schrieb ihm auch Mohammed Abduh und pries überschwänglich seine Rolle beim Erwachen Ägyptens. Ein paar Monate später kam Abduh nach Paris, und gemeinsam gründeten sie eine Geheimgesellschaft von Muslimen, die sich der Einigung und Reform des Islam verschrieben.

Finanziert mit den Mitteln eines reichen politischen Reformers aus Tunesien und anderer wohlhabender Sympathisanten und mit Unterstützung ehrenamtlicher Helfer wie des aus Alexandria stammenden Frauenrechtlers Qasim Amin (1863–1908), gründeten al-Afghani und Abduh ein Magazin mit dem Titel *al-'Urwa al wuthqa* (wörtlich: »Das festeste Band«), das kostenlos in der islamischen Welt verteilt wurde. Die 18 Ausgaben, die in einem kleinen Zimmer in der Nähe der Place de la Madeleine produziert wurden, befassten sich mit den Verheerungen des britischen Imperialismus, der Notwendigkeit muslimischer Einheit und kulturellen Stolzes und mit der richtigen Neuinterpretation der islamischen Prinzipien. Obwohl die Verbreitung des Magazins in den von Europäern kontrollierten Ländern verhindert wurde, erlangte es in seiner Samisdatversion großen Einfluss in der muslimischen Welt und darüber hinaus. Die erste Ausgabe des Magazins wandte sich an »alle Menschen des Ostens und insbesondere die Muslime« und versprach, ihnen zu dienen, indem es die Ursachen ihres Niedergangs erklären und ein Heilmittel dagegen anbieten werde. Weiter hieß es, der europäische Imperialismus sei endlich entlarvt, und die seit langem unterdrückten Muslime würden sich langsam der Notwendigkeit bewusst, sich vereint gegen die Fremden zu wehren, die ihre Länder besetzt hielten.

Dank dieser Mahnungen klingt das Magazin fast wie das *Kommunistische Manifest.* Aber seine Bedeutung als erste internationale Zeitschrift, die explizit zu einer Wiederbelebung der islamischen Solidarität angesichts der westlichen Übergriffe aufrief, darf nicht unterschätzt werden. Nichts dergleichen hatte bis dahin in Arabisch oder irgendeiner anderen Sprache der muslimischen Welt bestanden. Nachdem al-Afghani und Abduh den freisinnigen Journalismus in Ägypten erfunden hatten, begründeten sie nun eine Tradition radikaler Polemik, die sich ausdrücklich gegen das frühere muslimische Programm innerer Reform und nationaler Konsolidierung wandte. In einem Interview mit der *Pall Mall Gazette* vor der britischen Besetzung Ägyptens erklärte Abduh:

> »Wir wollten die Tyrannei unserer Herrscher zerbrechen; wir beklagten uns bei Ausländern über die Türken; wir wollten unsere politischen Verhältnisse verbessern und vorankommen, wie die Nationen Europas auf dem Weg zur Freiheit vorangekommen sind. Heute wissen wir, dass es schlimmere Übel als den Despotismus und schlimmere Feinde als die Türken gibt.«[2]

Es war *al-'Urwa al wuthqa*, das in Abduhs Prosa den Dschihad erstmals als individuelle statt als gemeinschaftliche Pflicht interpretierte – eine für alle Muslime und nicht nur deren Herrscher bindende Verpflichtung, muslimische Gebiete unter muslimischer Herrschaft zu halten. Abduh und al-Afghani bemühten sich sehr, im Koran Botschaften zu finden, die ihr politisches Programm zur Erweckung der muslimischen Massen stützen konnten. Und sie sorgten dafür, dass Exemplare ihrer Zeitschrift in entfernteste Regionen wie Tripolis oder die Malaiische Halbinsel gelangten. Der syrische Schriftsteller Rashid Rida schrieb, als er in *al-'Urwa al wuthqa* die Artikel über den »Aufruf zum Panislamismus, die Rückkehr zur alten Größe, Macht und Geltung des Islam, die Rückgewinnung seines alten Besitzes und die Befreiung seiner Völker aus der Fremdherrschaft« gelesen habe, sei er so beeindruckt gewesen, dass für ihn »ein neuer Lebensabschnitt begann«.[3] Rida, als dessen Mentor sich Mohammed Abduh später betätigte, sollte al-Afghanis Werk in *al-Manar* (»Leuchtturm«) fortführen, einer recht bedeutenden Zeitschrift, die von 1898 bis 1935 erschien und ein antiimperialistisches Programm mit der Wiederbelebung des Islam verknüpfte. Sie verbreitete al-Afghanis Ansehen bis nach Zentralasien hinein und weiter östlich bis zu den Muslimen auf der Malaiischen Halbinsel.

Die weite Verbreitung seiner Schriften brachte al-Afghani auch die Aufmerksamkeit des British Foreign Office in London ein. Einer der britischen Spione in Haiderabad behauptete in einem Brief, James Sanuas Magazin sei »nicht geeignet, nach Indien eingelassen zu werden«, und für Ägypten sei es »noch weniger geeignet«. Der Brief enthielt die Übersetzung eines Artikels aus dem Magazin, eines Berichts aus dem britisch besetzten Ägypten: »Die Macht liegt in den Händen der Europäer, die uns über Verräter gekauft haben, und heute werden wir von ihnen wie Esel geführt.« Der Artikel endete mit einem Loblied auf al-Afghani und bat ihn inständig, »uns seine Gedanken zukommen zu lassen, die uns eine neue Seele einflößen, da sie unsere Herzen für nationale Ehre und Patriotismus öffnen und uns anstacheln, nach Freiheit zu streben«.[4]

Die alarmierten britischen Behörden baten die französische Polizei, al-Afghanis Aktivitäten unter die Lupe zu nehmen. Sie erhielten einen alles andere als beruhigenden Bericht, der auf die enge Verbindung des britenfeindlichen Agitators zu James Sanua hinwies. Al-Afghani »gilt als sehr gebildet«, hieß es dort, »und obwohl er sich in Französisch nur mit Mühe ausdrücken kann, beherrscht er doch acht Sprachen«. Weiter hieß es: »Sein sonstiges Benehmen und seine Moral geben keinen Anlass zu nachteiligen Bemerkungen«, allerdings »empfängt er zahlreiche Besuche und scheint recht komfortabel zu leben«.[5]

Das traf zum Teil durchaus zu. In Paris scheint al-Afghani den flotten kosmopolitischen Lebensstil der politischen Exilanten gepflegt zu haben. Als Wilfrid Blunt al-Afghani und Abduh in deren Büros in einer Mansarde in der Rue de Seine besuchte, fand er dort »eine sonderbare Versammlung von Fremden, die fast den ganzen Raum füllten – eine russische Dame, einen amerikanischen Philanthropen und zwei junge Bengalen, die sich selbst als Theosophen bezeichneten und, wie sie sagten, gekommen waren, um den großen Scheich um Rat zu fragen«.[6]

Die indischen Besucher wollten mehr über den sudanesischen Mahdi erfahren, der damals für den Westen eine ähnlich bedrohliche Figur darstellte, wie es später Osama bin Laden werden sollte. Während al-Afghani dem Sudanesen zuvor mit Zurückhaltung begegnet war, pries er ihn nun als Vorboten einer weltweiten muslimischen Revolte gegen den Westen: »Ein weiterer großer Sieg des Mahdi«, schrieb er in einer französischen Zeitung, »könnte nicht nur die fatale Folge eines Aufstands in den unter türkischer Herrschaft stehenden islamischen Ländern wie auch in Belutschistan, Afghanistan, Sind, Indien, Buchara, Kokand und Kiva haben – sondern auch zu Unruhen in Tripolis, Tunis, Algerien und selbst noch Marokko führen.«[7]

Als dieses religiös-politisch-messianische Moment in al-Afghanis Denken festen Fuß gefasst hatte, begann er schließlich auch, sich anders zu kleiden. Während er zuvor wehende Gewänder und Turban getragen hatte, wechselte er nun zu Anzug mit steifem weißem Kragen und Krawatte. Er ließ sich von einer attraktiven deutschen Frau den Hof machen. Er hatte eine kurze Affäre mit ihr – die einzige bekannte romantische Beziehung in seinem Leben. Aber er ließ ihre Briefe ungelesen. Er weckte auch die Neugier europäischer Intellektueller, am prominentesten unter ihnen Ernest Renan.

Renan traf al-Afghani im März 1883 durch Vermittlung eines arabischen Exilanten in Paris, der häufig Beiträge für das *Journal des Débats* schrieb. »Wenige Personen haben einen lebhafteren Eindruck auf mich gemacht«, schrieb Renan später. Ihr Gespräch veranlasste Renan, an der Sorbonne einen Vortrag mit dem Titel »Islam und Wissenschaft« zu halten, den er dann auch veröffentlichte. Al-Afghani antwortete darauf mit einem langen Artikel, auf den Renan seinerseits eine Erwiderung schrieb. Es war die erste größere öffentliche Debatte zwischen einem muslimischen und einem europäischen Intellektuellen, und sie nahm viele spätere westliche Diskussionen über den Islam in der modernen Welt vorweg.

In dem Vortrag, der die Debatte eröffnete, pries Renan den Hellenismus und brandmarkte den Islam als Brutstätte von Despotie und Terrorismus. Er beschwor die rassische Hierarchie, wonach Rationalität, Empirismus,

Fleiß, Disziplin und Anpassungsfähigkeit den westlichen Menschen vorbehalten seien, während diese Eigenschaften den von ihnen Beherrschten nahezu vollkommen fehlten. »Die Freisinnigen, welche den Islam verteidigen, kennen ihn nicht (...) Der Islam (...) ist die Herrschaft eines Dogmas, die schwerste Kette, welche die Menschheit jemals getragen.«[8] Renan attackierte den Islam mit ähnlichen Argumenten, wie er und andere europäische Freidenker sie auch gegen den Katholizismus richteten. Mit seinem Anspruch auf eine übernatürliche Offenbarung beleidige er die Vernunft und unterdrücke jegliche Freiheit des Denkens. Renan vertrat entschieden die Auffassung, wonach der Fortschritt die alleinige Leistung und das Privileg der weißen Rasse und des Christentums darstelle, und behauptete, Islam und moderne Wissenschaft seien nicht miteinander verträglich. Arabische Leistungen in Philosophie und Wissenschaften tat er im Grunde als Werk Abtrünniger ab, die gegen den Islam aufbegehrt und das meiste von Griechen und Persern übernommen hätten.

Al-Afghani konnte die rassistische Argumentation leicht durch den Hinweis auf persisch-islamische Philosophen widerlegen, die Muslime waren und in arabischer Sprache arbeiteten. Dann ging er noch weiter als alle modernen islamischen Denker und stimmte Renans Sicht der intellektuellen Mängel der Religion zu, wandte jedoch ein, dass dies keine Besonderheit des Islam darstelle. Alle Religionen verhielten sich anfangs intolerant gegenüber Vernunft und Wissenschaft und befreiten sich nur langsam von diesen Vorurteilen. Der Islam sei in der langen Entwicklungskurve des Wissens und der Bildung um viele Jahrhunderte hinter dem Christentum zurückgeblieben. Er sei tatsächlich »ein Hindernis für die Entwicklung der Wissenschaften« gewesen, aber es sei möglich gewesen und immer noch möglich, ihn mit den Traditionen geistigen Forschens in Einklang zu bringen. Es sei wichtig, an diese Möglichkeit zu glauben, und zwar um »mehrerer hundert Millionen Menschen« willen, die sonst nach Renans Thesen »verurteilt wären, in Barbarei und Unwissenheit fortzuleben«.[9]

Renan begann seine Erwiderung gönnerhaft: »Es ist außerordentlich lehrreich, die Denkweise des aufgeklärten Asiaten in ihren aufrichtigen und ureigenen Darlegungen kennenzulernen.« Aber intelligente Muslime wie al-Afghani gehörten zu jenen, die »von den Vorurteilen des Islam völlig frei geworden« und zudem aus Gebieten wie Persien und Indien stammten, »in denen der arische Geist noch so energisch unter der dünnen Hülle des offiziellen Islam fortlebt«. Dennoch war er zu gewissen Zugeständnissen gegenüber al-Afghani bereit: »Galilei«, so räumte er ein, »ist vom Katholizismus nicht besser behandelt worden als Averroës vom Islam.«[10]

An diesem Punkt endete die Debatte. Es ist interessant, dass Abduh sich weigerte, al-Afghanis Entgegnung auf Renan zu übersetzen. Er wollte nicht, dass irgendeine Kritik am Islam unter den Gläubigen verbreitet wurde. »Man enthauptet die Religion nur mit dem Schwert der Religion«, erklärte er gegenüber al-Afghani, und dieser scheint dem nicht widersprochen zu haben. Beide sahen damals im Islam bei allen Unzulänglichkeiten doch die einzige Quelle der Moral und den einzigen Stimulus für eine politische Mobilisierung. Außerdem sah al-Afghani voraus, dass eine vollkommen säkularisierte Gesellschaft – der Traum des Rationalismus im 19. Jahrhundert – im Westen wie in der muslimischen Welt nur ein Phantasiegebilde darstellte, und zwar, wie er zum Schluss seiner Entgegnung bemerkte:

> »weil die Vernunft der Menge nicht zusagt und ihre Lehren nur von auserlesenen Intelligenzen begriffen werden, weil auch die Wissenschaft trotz all ihrer Schönheit die Menschheit nicht ganz befriedigt, die nach einem Ideal dürstet und gern in dunklen und fernen Regionen schwebt, welche die Philosophen und Gelehrten weder zu schauen noch zu erforschen vermögen.«[11]

Es gab zahlreiche Antworten muslimischer Intellektueller auf Renan. Die des Jungosmanen Namik Kemal gehörte zu den bekanntesten, aber sie war hauptsächlich defensiven Charakters, denn sie verwies in erster Linie auf arabische Leistungen im Bereich der Wissenschaft und der Philosophie und griff den Westen an, während al-Afghani die aktuellen Mängel islamischer Gelehrsamkeit einräumte.

Dieser Gedankenaustausch bewies indessen wieder einmal al-Afghanis intellektuelle Flexibilität und seine Fähigkeit, den Islam zu interpretieren und sich auf neue Kontexte einzulassen. In seiner Debatte mit Renan erklärte er, die ursprünglichen Lehren des Islam hätten im Einklang mit dem modernen Rationalismus gestanden, aber seit damals seien die muslimischen Gesellschaften innerlich schwach und intolerant geworden, und sie bräuchten einen Martin Luther, um sich mit der modernen Welt zu versöhnen.

Dass der Islam eine Reformation brauche, mit ihm selbst als Luther, wurde nach und nach zu einem seiner Lieblingsthemen. Bis dahin war er jedoch bereit, sich mit einem starken Herrscher zu begnügen, der die Muslime gegen den Westen vereinen konnte. Einer der aussichtsreichsten Anwärter auf diese Stellung war Sultan Abdulhamid, den al-Afghani in seinen Artikeln immer wieder pries. Der andere war der Mahdi. In seinen Artikeln für linksgerichtete französische Zeitschriften verwies al-Afghani auf die Wahrscheinlichkeit eines russisch-französisch-osmanischen Angriffs auf die Briten, dem, wie er behauptete, eine massive weltweite Erhebung der Muslime folgen könne. Der Mahdi war eine entscheidende Figur in seinem nicht gänzlich unrealistischen Plan, den Briten Angst einzujagen. Während seines Aufenthalts in Paris beteiligte er sich an diversen Intrigen, darunter ein von Wilfrid Blunt stammender Vorschlag, den Mahdi zu bewegen, seine Angriffe auf die Briten im Austausch für die Unabhängigkeit Ägyptens einzustellen.

Dass al-Afghani bei diesen Plänen eine zentrale Rolle spielte, basierte auf seiner übertriebenen Behauptung, Einfluss auf den Mahdi ausüben zu können. Zumindest einige Leute glaubten diesen Behauptungen. So hielten ihn hochrangige britische Offizielle für einen wirkungsvollen Mittelsmann, und im Juli 1885 ging er auf Einladung von Blunt nach London, um mit Randolph Churchill, dem Staatssekretär für Indien, zusammenzutreffen. Vorher warnte Blunt Churchill, dieser Hausgast al-Afghani »steht hier auf allen Schwarzen Listen und ist ein Feind Englands«. Aber, fügte er hinzu, »wenn das anders wäre, könnte er uns nicht von Nutzen sein«.[12] Al-Afghani teilte Churchill unverblümt mit, dass die indischen Muslime die Briten mehr hassten als deren großen Gegenspieler in dem großen Spiel, Russland. Das könne England aber wettmachen, wenn es aus Ägypten abziehe und sich auf »eine Allianz mit dem Islam, mit Afghanen, Persern, Türken, Ägyptern und Arabern« einlasse. »Die Mullahs würden einen Heiligen Krieg verkünden und sich mit euch gegen die Russen verbünden.«[13]

Aus diesen unglaubwürdigen und überzogenen Plänen wurde nichts (sie nahmen den angloamerikanischen, gegen die Russen gerichteten

Dschihad um fast ein Jahrhundert vorweg). Der Mahdi enttäuschte die Erwartungen, indem er 1885 überraschend starb, und al-Afghani sollte schon bald die Russen auffordern, sich mit den Muslimen gegen die Briten zu verbünden. Nach drei Monaten nutzlosen Ränkeschmiedens mit den Briten musste al-Afghani Blunts Haus in London nach einem lautstarken Streit mit zweien seiner muslimischen Freunde verlassen. Blunt schrieb später:

> »Jamal al-din war ein genialer Mann, dessen Lehren einen kaum zu überschätzenden Einfluss auf die mohammedanische Reformbewegung der letzten 30 Jahre ausübte. Ich fühle mich hochgeehrt, dass er drei Monate unter meinem Dach in England verbrachte; aber er war ein ungestümer Mensch, ganz und gar asiatisch und nicht leicht im Sinne der europäischen Sitten zu zähmen.«[14]

Europa und die friedlichen Freuden des Exils waren eindeutig nichts für al-Afghani. Um diese Zeit auch trennten sich seine und Abduhs Wege. Die Gründe wurden niemals ausgesprochen, aber sie lassen sich an den politischen Wegen ablesen, die sie einschlugen und die sie an ganz verschiedene Orte führten.

Seit zwei Jahrzehnten war al-Afghani nicht mehr in seiner Heimat gewesen. Bis zu seinem Aufenthalt in Paris hatte er nicht einmal in Kontakt mit seiner Familie gestanden. 1886 fuhr er nach Persien und verbrachte mehrere Monate in der Hafenstadt Buschehr. Inzwischen war er ein berühmter Mann. Aber noch einmal änderte er seine äußere Identität, um sie den neuen Umständen anzupassen, und betonte nun seine persische Herkunft. Seine Gastgeber in Persien waren mächtige Höflinge, Kaufleute und Grundbesitzer und selbst angehende Aktivisten wie Mirza Nasrallah Isfahani, später als Malik al-Mutakallimin bekannt, ein progressives Mitglied der *ulema*, der eine führende Rolle bei der persischen Verfassungsrevolution von 1906 spielen sollte.

Malik al-Mutakallimin war gerade erst von den Briten aus Indien ausgewiesen worden; er fand eine Vaterfigur in al-Afghani, der ausgiebig mit ihm über den Panislamismus diskutierte. Auch andere Mitglieder der persischen Intelligenz sammelten sich um al-Afghani, und einige von ihnen bildeten während seines Istanbuler Exils in den 1890er Jahren seinen inneren Kreis. Selbst Schah Naser al-Din hatte von ihm gehört und lud ihn nach Teheran ein. Bei ihrer ersten Begegnung sagte al-Afghani dem Schah, er sei wie ein »scharfes Schwert« in den Händen des Herrschers, und bat ihn, es nicht untätig zu lassen. Die aggressiven Worte empfand der Schah offenbar als befremdlich, zumal er bereits durch Nachrichten über al-Afghanis Reden und Schriften alarmiert war. In aller Stille verwies er den potentiellen Unruhestifter des Landes.

Daraufhin ging al-Afghani nach Moskau. Die Briten überwachten seine Bewegungen damals sehr genau, und der britische Botschafter in Moskau brachte gegenüber dem russischen Außenminister seine Beunruhigung bezüglich des Mannes zum Ausdruck, »der überaus heftige Angriffe auf die Regierung ihrer Majestät geführt« hatte und »in Indien Unzufriedenheit schürte«.[15] Das traf zu, und al-Afghani selbst machte keinen Hehl aus seiner Absicht, den russischen Zaren zum Handeln gegen den britischen Einfluss in der muslimischen Welt zu bewegen. Im Juli 1887 erklärte die *Moskovskiye Vedomosti*, deren Herausgeber, der bekannte konservative Nationalist Michail Nikiforowitsch Katkow, al-Afghanis Gastgeber in Moskau war, mit seinem Besuch in Russland verfolge der »das Ziel, sich praktisch mit einem Land vertraut zu machen, in das 60 000 000 indische Muslime ihr einziges Vertrauen setzen und das ihnen, wie sie hoffen, Schutz bieten und sie vom verhassten englischen Joch befreien wird«.[16]

Unglücklicherweise starb Katkov kurz nach al-Afghanis Ankunft. Doch der bemühte sich weiterhin um Einfluss am Hof des Zaren. In einem Interview mit der *Novoe Vremya* zeigte al-Afghani sich erstaunt über die Bereitschaft der Russen, die russisch-afghanische Grenze von den Briten festlegen zu lassen. Er bekannte, er sei besorgt über den britischen Einfluss in Afghanistan. Die Briten hätten sich stets zunächst als Berater in ein Land eingeschlichen, bevor sie dort die Herrschaft übernahmen. Das könne auch in Persien geschehen, wo der Schah erste größere Zugeständnisse auf Kosten der Russen an die Briten mache.

In Moskau traf al-Aghani mit möglichen Mitverschwörern zusammen – darunter Dalip Singh, der schillernde Sohn des letzten Sikh-Königs des Punjab, der sich von seiner Behandlung durch die Briten auf militante Weise gekränkt fühlte. Gemeinsam ersannen sie einen russisch-britischen Krieg, der nicht nur zur Befreiung Indiens, sondern zur Beseitigung jeglicher europäischer Präsenz in muslimischen Ländern führen sollte.

Weitere Belege für al-Afghanis ökumenisches Verständnis des antiimperialistischen Kampfes stammen von dem in Russland geborenen Muslim Abdurreshid Ibrahim, der damals am Beginn einer bemerkenswerten Laufbahn als internationaler Aktivist stand. Er beobachtete al-Afghani im Gespräch mit einem Mitglied der *ulema* in Sankt Petersburg und berichtete später, wie schockiert der Russe gewesen sei, als al-Afghani ihm auf eine Frage aus dem Bereich der islamischen Rechtsprechung *(fiqh)* lachend erwiderte: »Befassen Sie sich etwa immer noch mit Fragen der *fiqh*? Sie werden in einem Meer aus Widersprüchen versinken.«[17]

Des abstrakten Theoretisierens überdrüssig, war al-Afghani nun in erster Linie ein politischer Aktivist, dessen wichtigstes, aber keineswegs einziges Instrument der Islam darstellte. Abdurreshid Ibrahim berichtet weiter, als al-Afghani keine Audienz beim Zaren erhielt, sei er, mit seinen Gewändern und einem Turban bekleidet, in der Oper erschienen und habe eine Loge in der Nähe des Zaren genommen. Kurz nachdem der Vorhang sich geöffnet hatte, erhob er sich von seinem Sitz. Das Gesicht nach Mekka gewandt, kündigte er mit lauter Stimme an: »Ich werde nun mein Abendgebet verrichten, Allah o Akbar!«

Aller Augen wandten sich ihm zu, während er mit dem Gebet begann. Ein russischer General betrat seine Loge und fragte, was al-Afghani da mache. Unter den Augen des erstaunten Zaren und seiner Familie setzte al-Afghani sein Gebet fort. Als er sich wieder erhob, bat er den General, dem Zaren mitzuteilen: »Ich habe eine Zeit mit Gott, die keinen Raum für König oder Prophet hat.«[18] Gegenüber Ibrahim, der fürchtete, auf der Stelle hingerichtet zu werden, erklärte al-Afghani, er habe dem Zaren, der Zarin und den russischen Ministern das Wort des Islam gebracht.

Obwohl der Zar von diesem Ausdruck islamischer Frömmigkeit beeindruckt schien – genug jedenfalls, um al-Afghani und Ibrahim nicht unverzüglich festnehmen zu lassen –, unterließ er es, irgendwelche Verschwörungen gegen die Briten zu unterstützen. Das hätte das Ende für al-Afghani sein können. Angehende Revolutionäre haben in der Regel nur einen Schuss. Al-Afghani dagegen hatte mehrere gehabt, aber er konnte dennoch nicht mehr vorweisen als ein weites, über drei Kontinente gespanntes Netzwerk von Freunden, Sympathisanten und Mitverschwörern. Sein größter politischer Erfolg lag allerdings noch vor ihm, und er sollte ihn im Land seiner Geburt erringen, in Persien.

Apotheose in Persien

Offenbar unter dem Eindruck der von al-Afghani in Russland geknüpften Kontakte stellte der Schah von Persien seine Abneigung zumindest so weit hintan, dass er ihn wieder nach Teheran einlud. Vielleicht wollte der Schah ihn auch veranlassen, seine lautstarke Kritik am wachsenden britischen Einfluss in seinem Land einzustellen. Er bot dem Aktivisten einen geeigneten Ruheposten – als Herausgeber einer Zeitschrift – an, doch schon al-Afghanis erster Artikel brandmarkte entschieden den europäischen Einfluss auf die muslimische Welt. Wie der französische Botschafter in Teheran berichtete, war der Schah entsetzt, als er in al-Afghanis Artikel las, »das Blut der Ungläubigen müsse fließen, damit die Zahl der Muslime und ihr Einfluss in der Welt wachsen könnten usw., usw.«.[1] Das war wahrscheinlich eine Übertreibung, denn al-Afghani verwendete in seinen Veröffentlichungen niemals solch eine Sprache. Jedenfalls erkannte der Schah sehr bald, dass al-Afghanis Einladung nach Persien ein großer Fehler gewesen war, denn Persien war ein fruchtbarer Boden für einen antiimperialistischen muslimischen Agitator wie al-Afghani – und die öffentliche Meinung war ihm günstiger gesonnen als in Ägypten.

Anders als sein osmanischer Nachbar und als Ägypten hatte Persien bislang nur wenig unter westlichen Übergriffen leiden müssen – zum Teil deshalb, weil das Land keine zur Kapitalakkumulation geeigneten Erzeugnisse wie Baumwolle vorzuweisen hatte, mit denen man ausländische Investitionen anlocken oder die Infrastruktur verbessern konnte. Folglich gab es auch nicht genügend Mittel, um eine nationale Armee und Verwaltung aufzubauen oder sich an extravagante staatliche Bauprojekte heranzuwagen. Die Zünfte bestimmten immer noch das Leben in den großen und kleinen Städten; die soziale und ökonomische Ordnung wurde noch nicht von einer Wirtschaft westlichen Stils zerstört, die den Außenhandel und individuelle Besitzrechte in den Vordergrund gestellt hätte. Frei von den Herausforderungen der westlichen Moderne bewahrte sich der Islam seinen moralischen Reiz, sein kulturelles Ansehen und seine soziale Bindungskraft, weshalb sich daraus die politische Waffe schmieden ließ, die al-Afghani im Sinn hatte.

Wie der osmanische Sultan und der ägyptische Khedive hatte auch der Schah von Persien eine umfangreiche Rundreise durch Europa unternommen. Er schrieb voller Bewunderung über das, was er gesehen hatte: ein Moskauer Ballett wie auch Dinge, für die es im Persischen keine Ausdrücke gab, zum Beispiel »Tunnel«, das er mit »Loch im Berg« übersetzte. Er schickte ein paar Studenten nach Paris und erlaubte christlichen Missionaren, in Persien Schulen zu gründen. Aber er vermied es sorgfältig, Ägyptern und Türken zu folgen und umfangreiche Reformen in seinem Land durchzuführen. Wie viele andere Despoten interessierte er sich für Modernisierung nur in dem Maße, wie sie seinen Überwachungs- und Herrschaftsapparat zu stärken vermochte und ihn in den Augen ausländischer Investoren als aufgeklärten Herrscher erscheinen ließ.

Zwei japanische Diplomaten, die 1880 Persien besuchten, warfen einen skeptischen Blick auf die vom Schah eingeleitete Modernisierung. »Wenn ein Herrscher sich nur um eine gute äußere Erscheinung bemüht, ohne die Fundamente zu sichern, hängt das Schicksal seines Reiches in der Luft.«[2] Zu der Zeit, als der Schah al-Afghani einlud, nach Teheran zurückzukommen, begann seine Weigerung, irgendeine Liberalisierung in Betracht zu ziehen, junge persische Intellektuelle zu entfremden, die sich Reformen wünschten. Die um Einfluss auf Persien konkurrierenden Mächte – Großbritannien und Russland – waren aggressiver geworden. Sie dominierten den persischen Außenhandel; vor allem die Briten brachten Opium aus Isfahan auf lukrative Märkte in China und benutzten persisches Territorium für ihre Überlandtelegraphenleitung nach Indien.

Der Schah und seine Geschäfte mit Ausländern stießen weithin auf Misstrauen. Der Zustrom von Ungläubigen in den Bereich des Handels hatte den konservativen Klerus aufgebracht. Generell besaß der schiitische Klerus in Persien größeren Einfluss als die sunnitische *ulema* in Ägypten. Inzwischen verschärften die Briten ihre geschäftlichen Forderungen, und die Russen erhoben ihre eigenen Forderungen. Statt sich auf den Außenhandel zu beschränken, hatte der Schah begonnen, europäischen Geschäftsleuten Konzessionen zu gewähren, in der Hoffnung auf seinen Anteil an den Profiten aus dem Bau von Eisenbahnen, der Entdeckung von Ölvorkommen und aus staatlichen Lotterien.

1872 hatte der Schah einem britischen Staatsbürger, Baron Reuter (dem Gründer der gleichnamigen Nachrichtenagentur), ein Monopol auf den Bau von Eisenbahnen, Straßen, Fabriken, Dämmen und Bergwerken gewährt. Selbst der hartgesottene Imperialist Lord Curzon bezeichnete den Verkauf später als »die vollständigste Übergabe der gesamten Ressourcen eines Königreichs in ausländische Hände, die jemals in der Geschichte erträumt, geschweige denn verwirklicht wurde«.[3] Aufgrund russischer Proteste wurde die Vereinbarung rückgängig gemacht, aber Reuter wurde mit anderen Geschäften entschädigt, und der Schah bestand darauf, weiterhin Konzessionen an Europäer zu verkaufen, um sein massives Haushaltsdefizit zu finanzieren.

Genau auf diese Weise hatte natürlich der Khedive in Ägypten sein Land in die Abhängigkeit von europäischen Finanziers gebracht und letztlich anfällig für die britische Besetzung gemacht. Auf harmlose Händler aus dem Westen folgten gewöhnlich beutegierige Soldaten. Al-Afghani, der die Lektionen des Imperialismus in mehreren muslimischen Ländern gelernt hatte, warnte in einem Brief an die persische Obrigkeit, die ausländischen Feinde Persiens seien unter »diversen betrügerischen Deckmänteln« ins Land eingedrungen.

> »Der eine unter dem Namen des Polizeichefs [Conte di Monteforte], der andere unter dem Deckmantel des Leiters der Zollbehörde [Antoine Kitabgi], wieder andere als angebliche Ausbilder [russische Offiziere] oder als angebliche Priester [Dr. Torrence und amerikanische Missionare]; ein weiterer unter dem Vorwand, eine Bank zu gründen [die Kaiserliche Bank von Persien], und einer unter dem Vorwand, das Monopol auf den Tabakhandel zu besitzen [Major Talbot] – sie alle stehlen die Ressourcen des Landes, und bald werden sie das ganze Land in Besitz nehmen, und das wird der Anfang eures Unglücks sein.«[4]

Al-Afghani brach schon kurz nach seiner Ankunft in Persien mit dem Schah und fand Zuflucht in einem Schrein außerhalb von Teheran. Von diesem Heiligtum aus belegte er das Land mit einem Trommelfeuer aus

Reden, in denen er die Perser vor dem drohenden Ausverkauf ihres Landes warnte: »Bevor ihr zu Sklaven der Ausländer werdet wie die einheimischen Einwohner Indiens, müsst ihr ein Gegenmittel finden.«[5] Seine entschiedensten Anhänger fand er unter schiitischen nationalistischen Intellektuellen, die sich von seinen Ideen begeistern ließen und vor allem von dem Gedanken, wonach die Grundsätze des Islam alle notwendigen Voraussetzungen enthielten, um Demokratie und Rechtsstaatlichkeit herzustellen. Ihre Forderungen galten, wie man heute sagen würde, einer »islamischen Demokratie«, die sie aus al-Afghanis Reden herauszuhören glaubten. Wie sich zeigte, stieß al-Afghanis Kampagne nicht nur bei reformorientierten nationalistischen Intellektuellen oder bei den ausländerfeindlichen Händlern auf Widerhall, sondern auch bei konservativen Geistlichen (die ihm in Ägypten und der Türkei eher misstraut hatten).

Nach sieben Monaten hatte der Schah schließlich genug von al-Afghanis Agitation. Unter Missachtung der Unantastbarkeit des Schreins, in dem al-Afghani sich versteckt hielt, verhafteten ihn Soldaten des Schahs und zwangen ihn mitten im Winter zu einem mörderischen Marsch über die Grenze in das zum Osmanischen Reich gehörende Mesopotamien. Im Exil wurde der gedemütigte al-Afghani nur noch lauter, und nun verliehen ihm die Umstände endlich eine führende Rolle in einer größeren Massenbewegung gegen ausländische Räuber und deren einheimische Helfershelfer.

1891 gewährte der Schah einem britischen Geschäftsmann eine Tabakkonzession, die ihn faktisch ermächtigte, Kauf, Verkauf und Export eines bei den Persern äußerst beliebten landwirtschaftlichen Erzeugnisses zu monopolisieren. Al-Afghani wies unter lautem Beifall darauf hin, dass die Tabakanbauer damit der Gnade von Ungläubigen ausgeliefert seien, die auch den Kleinhändlern die Lebensgrundlagen entziehen und zugleich den von strenggläubigen Schiiten eingeatmeten Tabakrauch beschmutzen würden. Von ihm in Teheran gegründete Geheimgesellschaften – eine politische Neuerung in Persien – schickten anonyme Briefe an Amtsträger, verteilten Flugblätter und klebten Plakate, auf denen sie die Perser zur Revolte aufriefen. Die dort verwendete Sprache hatte erstaunliche Ähnlichkeit mit jener, die al-Afghanis in seinen Ansprachen an die Fellachen in Ägypten verwendet hatte:

> »Diese wenigen Pfund Tabak, die mit Mühe produziert wurden und die früher ein paar Leute mit Mühe exportierten, um ein Stück Brot zu erhalten, sind nun heiß begehrt und den Ungläubigen überantwortet und für die Anhänger des Propheten verboten worden. O ihr großartigen Menschen, kennt ihr euch denn nicht? Wann werdet ihr aufwachen?«[6]

Die Perser reagierten darauf im Frühjahr 1891 mit wütenden Protesten in den größeren Städten. Unterstützt wurden sie dabei von der Erfindung des Telegraphen und von den Geheimgesellschaften mit ihren Flugblättern und Plakaten. Die Massendemonstrationen waren offenbar ebenso gut koordiniert, wie sie es 1978/79 in Khomeinis mit Hilfe von Tonbandkassetten angeheizter Revolution sein sollten, und auch Frauen beteiligten sich in großer Zahl.

Al-Afghani schrieb zornige Briefe an führende schiitische Geistliche, die in den Schreinstädten Mesopotamiens lebten, und forderte sie auf, ihre politische Gleichgültigkeit abzulegen und sich gegen den Schah zu wenden. Einer seiner Briefe an Mirza Hasan Shirazi, einen hochgeachteten schiitischen Geistlichen, in dem er den Schah sowie den russischen und britischen Einfluss heftig attackierte, fand weite Verbreitung in Persien und in Europa. Geduldig führte al-Afghani die apolitischen Geistlichen in die »strukturellen Anpassungen« ein, die westliche Finanziers in armen Ländern erzwangen:

> »Wie kannst du verstehen, was eine Bank ist? Sie bedeutet die vollständige Übergabe der Zügel an die Feinde des Islam, die Versklavung des Volkes durch diesen Feind, die Abtretung (...) jeglicher Herrschaft und Autorität an den ausländischen Gegner.«[7]

Shirazi scheint al-Afghanis Lektion angenommen zu haben. Ein paar Monate später – al-Afghani war nach seiner Flucht über Basra inzwischen in London angelangt – schrieb er seinen allerersten Brief zu politischen Fragen an den Schah und brandmarkte darin die ausländische Herrschaft über muslimische Völker durch Banken und Handelskonzessionen. Der Schah war sehr darauf bedacht, die *ulema* auf seiner Seite zu behalten, und schickte mehrere Mittelsmänner, die Shirazi umstimmen sollten. Doch der ließ sich nicht umstimmen, sondern gab sogar eine *fatwa* heraus, in der er das Rauchen für unislamisch erklärte, solange das Monopol nicht aufgehoben sei. Der Bann war erstaunlich erfolgreich, selbst der

Hof des Schahs war bald »rauchfrei«. Schließlich kapitulierte der Schah vor der Allianz aus Intellektuellen, Geistlichen und Kaufleuten und nahm die Konzession zurück.

Al-Afghani hatte viel zum Zustandekommen dieser siegreichen Achse beigetragen, die auch weiterhin Bestand haben und die Geschichte des Iran prägen sollte. (Mohammed Mossadegh entwickelte sein schicksalhaftes Misstrauen gegenüber ausländischen Unternehmen schon 1891, im frühen Alter von neun Jahren.) Es war al-Afghanis schönster Augenblick, und er ließ es jedermann wissen. Sehr zum Ärger des Schahs hielt er in London weiterhin öffentliche Vorträge und veröffentlichte Artikel in der britischen Presse, in denen er die schiitische *ulema* aufforderte, das korrupte und rücksichtslose Regime in Teheran zu stürzen. Viele dieser Artikel richteten sich an britische Leser und machten ihnen Vorwürfe wegen der Unterstützung des despotischen Schahs durch ihre Regierung. Unter den wütenden Anwürfen finden sich auch Einsichten, die heute noch überraschend bedeutsam erscheinen. In der *Contemporary Review* erklärte er, warum die Muslime den Westen und die von ihm in ihren Ländern gestützten Despoten nicht mochten:

> »So absonderlich es erscheinen mag, ist es doch eine Tatsache, dass der Schah nach jedem Besuch in Europa die Tyrannei über sein Volk noch verschärft. Wahrscheinlich geht das mehr oder weniger auf seinen Empfang (...) in Europa zurück. So kommt es, dass die Massen in Persien (...) ihr wachsendes Leid auf europäische Einflüsse zurückführten, und ihre Abneigung gegen die Europäer verstärkte sich genau zu dem Zeitpunkt, als es leicht zu einer Annäherung hätte kommen können.«[8]

Al-Afghani beklagte, dass die britische Presse iranische Demonstranten als religiöse Fanatiker darstellte, obwohl es sich in Wirklichkeit um den berechtigten Wunsch nach Reformen und einem Gesetzbuch handelte. Er verwies auf die einseitige Berichterstattung der Nachrichtenagentur Reuters (die sich natürlich im Besitz eines britischen Staatsbürgers befand, der immer noch über Banklizenzen und Schürfrechte im Iran verfügte). Er verlangte von den Briten erneut, aus Ägypten und Indien abzuziehen, um die feindselige Haltung der Muslime abzubauen, und forderte sie auf, ihre Unterstützung für den Schah zu beenden. Und er rief weiterhin zum Sturz des Schahs auf. Die Iraner protestierten wiederholt bei den Briten gegen al-Afghanis Schriften, aber London gab vor, nichts dagegen unternehmen zu können. In einem Interview mit der *Pall Mall Gazette* im Dezember 1891 erklärte al-Afghani, die Perser seien offener für Fortschritt und Reformen als andere Asiaten, und betonte seine mögliche Rolle als Katalysator des Wandels in muslimischen Ländern. »Der wahre Geist des Koran«, behauptete er, »steht vollkommen im Einklang mit modernen Freiheiten (...) Ein gebildeter Muslim, der sich mit den liberalen Grundsätzen Europas auskennt, kann sie seinem Volk leicht mit der Autorität des Koran vermitteln, ohne dass ihm die Schwierigkeiten erwüchsen, mit denen Luther zu kämpfen hatte.«[9]

Im Goldenen Käfig: Al-Afghanis letzte Tage in Istanbul

Als Agitator war al-Afghani kaum jemals so mächtig. Aber sein Einfluss neigte sich auch dem Ende entgegen. Seine Entscheidung, die schmeichelhafte Einladung des osmanischen Sultans Abdulhamid II. anzunehmen und nach Istanbul zu gehen, sollte ihn letztlich von der politischen Bühne entfernen, die zu verändern er gehofft hatte.

Im Sommer 1892 traf al-Afghani in Istanbul ein und erstaunte seine osmanischen Gastgeber mit seinem mageren Gepäck. Man brachte ihn in einem der Gästehäuser in Yildiz unter, dem Palastkomplex, den Abdulhamid am Ufer des Bosporus errichtet hatte, und setzte ihm eine monatliche Rente aus. Der osmanische Sultan hatte al-Afghani lange misstraut, weil er glaubte, er schüre die Unzufriedenheit der Araber mit dem Osmanischen Reich. Aber Abdulhamid war auch fasziniert von dem reisenden Aktivisten und hätte ihn gerne für seine eigenen Zwecke eingespannt. Er hoffte, al-Afghani als Propagandisten eines osmanischen Kalifats gewinnen und ihn zugleich unter Kontrolle halten zu können, indem er ihn in Istanbul behielt.

Die Tanzimat-Reformen waren längst Vergangenheit. Nicht nur konservative Geistliche waren der Ansicht, sie hätten nichtmuslimische Sezessionisten ermuntert, aber kaum etwas für die Muslime bewirkt. Der Sultan hatte seine Macht beträchtlich ausgebaut, gestützt auf ein hochmodernes Netz von Spitzeln und Informanten und auf eine Polizei, die ausgiebig Gebrauch von der Folter machte. Er war besessen vom Beispiel Japans, das in Asien zunehmend mit den europäischen Mächten gleichzog. Geradezu lächerlich paranoid (so fürchtete er, der japanische Kaiser könne zum Islam konvertieren und eine politische Herausforderung für ihn darstellen), bemühte Abdulhamid sich, weltweit die Unterstützung der Muslime zu erlangen. Er hatte diverse islamische Größen aus Indien und Syrien geholt, die seinen Hof zieren und seinen Anspruch auf die

Stellung des Kalifen unterstreichen sollten, aber er brauchte auch relativ unabhängige Figuren wie al-Afghani an seiner Seite.

Wie sich zeigte, ging seine Rechnung auf. Al-Afghani selbst mochte den Sultan nicht besonders und vertraute ihm auch nicht sonderlich, aber er war bereit, das Prestige des Herrschers zu nutzen, falls er damit die Muslime aufwecken konnte. Und vielleicht schmeichelte es ihm auch, dass der bedeutendste muslimische Herrscher der Welt, der nun seinen Herrschaftsbereich ausdehnen zu können hoffte, ihn um Rat fragte. Schließlich hatte al-Afghani lange nach solch einer staatlichen Förderung des Panislamismus gesucht.

Kurz nach al-Afghanis Ankunft in Istanbul empfing ihn der Sultan zu einer Audienz. Zeugen der Begegnung waren erstaunt, wie frei und kühn der wandernde Agitator mit dem Herrscher aller Muslime umging. Abdulhamids Gastfreundschaft umfasste auch das Angebot an al-Afghani, eine Hofkonkubine zu heiraten. Seine ablehnende Antwort kleidete der weitgereiste Denker in philosophische Worte: »In dieser Welt gleicht der Mensch einem Wanderer – nackt, verängstigt, rundum von Hindernissen umgeben, ständig im Kampf, sich davon zu befreien und frei zu werden. Was geschähe, wenn man diesem Wanderer eine Bürde auflastete?«[1]

Statt eine Gefährtin an seine Seite zu nehmen, versammelte al-Afghani das übliche multinationale Gefolge aus Bewunderern und Schülern um sich. Ein syrischer Student, Abd al-Qadir al-Maghribi, der seine intellektuelle und emotionale Reifung der von al-Afghani und Mohammed Abduh in Paris herausgegebenen Zeitschrift verdankte, wurde nun zu seinem begeisterten Anhänger. Er hielt seine Erinnerungen an al-Afghani später in einem Buch fest. Und der wichtigste Schriftsteller und Denker Afghanistans, Mahmud Tarzi (1865–1933), begann seinen politischen Bildungsprozess in den sieben Monaten, die er bei al-Afghani und dessen Schülern in Istanbul verbrachte.

Die osmanische Hauptstadt war auch voller persischer Exilanten, darunter einige radikale Freidenker, die sich für einen Verzicht auf den Islam aussprachen. Aber auch sie fanden al-Afghanis Panislamismus attraktiv und schlossen sich der Ansicht an, dass eine muslimische Einheit gegen den Westen wichtiger sei als innere Reformen. Einer dieser freiheitlich denkenden Perser, der Dichter Shaikh Ahmad Ruhi, versah sein Siegel mit dem Spruch: »Ich propagiere die Einheit des Islam.«[2]

Der ägyptische nationalistische Führer Saad Zaghlul besuchte al-Afghani in Istanbul, ebenso der junge Rashid Rida, ein Schüler Abduhs, der später zur Inspirationsquelle der Muslimbruderschaft wurde. Abduh selbst blieb fern. In der Überzeugung, dass die Konfrontation mit den europäischen Imperialisten nutzlos war, hatte er eine Reise begonnen, die ihn schließlich zurück nach Ägypten und zur Kollaboration mit den Briten führte.

Al-Afghani hielt Ansprachen, die von seinen Schülern gewissenhaft aufgezeichnet wurden und in denen er wie alle isolierten politischen Exilanten seine Rolle in den Weltereignissen gewaltig übertrieb. Er behauptete, gut mit dem russischen Zaren und dem Mahdi bekannt zu sein, und prahlte, er habe die Avancen des Schahs von Persien zurückgewiesen. Er vermittelte seinen Zuhörern einige brillante historische Erkenntnisse, zum Beispiel dass die zahllosen Kriege, die Europa in den Jahrhunderten nach Luther heimgesucht hatten, in vielen Ländern Europas dazu beigetragen hätten, die organisatorischen Fähigkeiten zu verfeinern, die auf lange Sicht zur modernen Zivilisation geführt hatten. Dabei kam er oft auf seine Lieblingsthemen zurück. Durch die Nachahmung Europas, so erklärte er, setzten die Muslime sich der europäischen Herrschaft aus: »Das ist eine Nachahmung, die uns ihrem Wesen nach drängt, Ausländer zu bewundern und uns mit ihrer Herrschaft abzufinden.«[3] Die Notwendigkeit von Reform und Wissenschaft sei im Koran enthalten, der vollkommen vereinbar mit moderner Wissenschaft, Politik und Ökonomie sei. Er setzte sich für eine klare und moderne Lektüre des Koran ein. Keine traditionalistische Interpretation der Heiligen Schrift, so schien er zu behaupten, dürfe der muslimischen Einheit im Wege stehen.

Er lehnte das Schisma zwischen Sunniten und Schiiten ab und führte es auf egoistische Herrscher zurück, die Kriege benutzten, um ihre Völker in Unwissenheit zu halten. Er sprach auch über die Notwendigkeit von Verfassungsreformen, wie sie damals von Reformern und politischen Aktivisten in allen muslimischen Ländern gefordert wurden, die unter der Herrschaft von Despoten und europäischen Kolonialherren standen. Erstaunlicher noch, sprach er auch von der grundlegenden Einheit der großen monotheistischen Religionen, wobei er hervorhob, dass er am Westen nicht die christlichen Werte ablehnte, sondern dessen Imperialismus.

Indessen hielten ihn ungeschriebene Gesetze von jeder expliziten politischen Betätigung ab, etwa von Aufrufen an die Iraner, sich gegen ihren Schah zu erheben. Die iranischen Diplomaten in Istanbul bestanden auf einer polizeilichen Überwachung al-Afghanis. Der Sultan verbot ihm jede publizistische Tätigkeit. Erst 1894 schrieb al-Afghani an die schiitische *ulema* und forderte die Geistlichen auf, den Anspruch des Sultans auf die Stellung des Kalifen zu unterstützen. Und er fand sich in der osmanischen Hauptstadt immer stärker isoliert.

Die iranische Regierung protestierte immer wieder entschieden gegen al-Afghanis Anwesenheit in Istanbul. Auch die Spitzel des geradezu obsessiv auf Geheimhaltung bedachten Sultans hielten ein Auge auf ihn und seine Anhänger. Am kaiserlichen Hof gab es genug Konservative, die al-Afghanis unbekümmerten Umgang mit dem Islam argwöhnisch beobachteten. Ihr Misstrauen verstärkte sich noch, als der neue Khedive Ägyptens nach Istanbul kam und den Wunsch äußerte, al-Afghani zu sehen (die Bitte wurde abgelehnt).

In der Hauptstadt kursierten Gerüchte über al-Afghanis mangelnde Religiosität und – noch weniger plausibel – über seine angebliche Neigung, Bier zu trinken und anrüchige Tavernen zu besuchen. Abdurreshid Ibrahim, der in Sankt Petersburg gesehen hatte, wie al-Afghani seine Gebete vor dem Zaren verrichtete, erlebte nun in Istanbul, wie er die Bitte eines frommen Muslims zurückwies, der sein übliches Treffen für ein Gebet unterbrechen wollte. 1895 versuchte al-Afghani, Istanbul zu verlassen, indem er sich um einen britischen Pass bemühte. Doch seine alten Feinde weigerten sich rundheraus, ihm aus der Klemme zu helfen.

Seine Sicht der Welt verdüsterte sich zusehends. 1896 fasste er die Lage der Muslime in dramatischen Worten zusammen:

> »Die islamischen Staaten werden heute unglücklicherweise ausgeplündert und bestohlen. Ihr Territorium ist von Ausländern besetzt, ihr Reichtum im Besitz von anderen. Es vergeht kein Tag, an dem nicht Ausländer sich ein Stück islamischen Bodens aneignen, und keine Nacht, in der sie nicht eine Gruppe von Muslimen ihrer Herrschaft unterwerfen. Sie demütigen die Muslime und vernichten ihren Stolz. Ihr Befehl wird nicht mehr befolgt, ihr Wort nicht beachtet. [Die Ausländer] legen den Muslimen Ketten an, beugen sie unter das Joch der Knechtschaft, demütigen sie, erniedrigen ihre Familie und nennen ihren Namen nur mit Verachtung. Manchmal nennen sie sie Wilde, und manchmal halten sie

sie für hartherzig und grausam, und schließlich gelten sie ihnen als schwachsinnige Tiere. Welch eine Katastrophe! Welch eine Qual! Was ist das für eine Situation? Was ist das für ein Unglück? England hat Ägypten, den Sudan und die große indische Halbinsel besetzt, die weite Teile der muslimischen Länder ausmachen; die Franzosen haben Besitz von Marokko, Tunesien und Algerien ergriffen; die Niederlande sind zu despotischen Herrschern über Java und die Inseln Ozeaniens geworden; Russland hat Westturkestan, die großen Städte Transoxaniens, Kaukasiens und Dagestans eingenommen; China hat sich Ostturkestans bemächtigt. Nur ein paar islamische Länder, die gleichfalls in großer Gefahr stehen, sind unabhängig geblieben.

Aus Angst vor den Europäern und dem Westen können sie [die Muslime] des Nachts nicht schlafen und finden am Tag keinen Frieden. Der Einfluss der Ausländer reicht [sogar] bis zu ihren Adern, denn sie erschauern, wenn sie die Worte Russland und England hören; und sie sind starr vor Entsetzen, wenn sie die Worte Frankreich und Deutschland vernehmen. Das ist dieselbe Nation, die einst großen Königen Steuern auferlegte und der die Führer freiwillig in tiefster Demut Tribut zollten, [aber] heute ist es so weit gekommen, dass die ganze Welt die Hoffnung im Blick auf ihr Dasein verloren hat, da sie in ihrer eigenen Heimat bitter unterdrückt werden. Die Ausländer versetzen diese hilflosen Menschen durch ihre Finten ständig in Angst und Schrecken, stürzen sie durch Betrügereien ins Unglück und zerstören ihr Leben. Die Muslime [wiederum] haben keine Beine, um wegzulaufen, und keine Hände, um zu kämpfen. Ihre Könige erniedrigen sich selbst vor den nichtmuslimischen Königen, um ein paar Tage länger zu leben. Die Untertanen der [muslimischen] Könige flüchten sich hierhin und dorthin in verschiedene Häuser, in der Hoffnung, inneren Frieden zu finden. O welch gewaltige Katastrophe! Welch gewaltige Katastrophe hat [uns] ereilt! In welch eine Lage sind wir geraten! Wo ist jene Macht und Würde? Was ist aus unserer Allmacht und Größe geworden? Wohin ist unser Glanz und Ruhm entschwunden? Wo liegt die Ursache dieses unermesslichen Niedergangs? Was ist der Grund dieser Armut und Hilflosigkeit? Ist es möglich, an Gottes Versprechen zu zweifeln? Behüte Gott! Ist es möglich, die Hoffnung auf die Gnade Gottes zu verlieren? Da sei Gott vor! Was sollen wir also tun? Wo können wir die Ursache finden? Wo können wir nach dem Grund suchen, und wen sollen wir fragen? Darauf gibt es nur eine Antwort: ›Allah verändert nicht sein Verhalten zu einem Volk, ehe es nicht seiner Seelen Gedanken verändert.‹«[4]

Im Gefängnis in Kabul hatte al-Afghani 1868 geschrieben, er wolle sehen, »was der Vorhang des Unbekannten mir enthüllen und welches Schicksal die Drehung dieses böswilligen Firmaments für mich bereithalten wird«. Wilfrid Blunt, der im Dezember 1895 Istanbul besuchte, berichtete, der Sultan sei nicht mehr bereit, al-Afghani zu empfangen. Seine Lage wurde schließlich unhaltbar, als einer seiner persischen Schüler, Mirza Reza Kermani, 1896 den Schah ermordete, als der gerade den 50. Jahrestag seiner Thronbesteigung feierte, und zwar in jenem Schrein, in dem al-Afghani 1889 Zuflucht gefunden hatte. Bei der Erklärung seiner Tat während des Verhörs durch die Iraner ließ Kermani einiges von der Rhetorik al-Afghanis erkennen:

> »Wenn ein König seit 50 Jahren regiert und immer noch falsche Berichte erhält, ohne die Wahrheit zu erkennen, und wenn nach so vielen Jahren der Herrschaft die Früchte seines Baumes solche nichtsnutzigen aristokratischen Bastarde und Diebe sind, die allen Muslimen das Leben schwermachen, dann sollte solch ein Baum gefällt werden, damit er nicht weiterhin solche Früchte hervorbringt. Der Fisch stinkt immer vom Kopf her.«[5]

Die Perser wiesen sogleich auf al-Afghani als Anstifter des Mordanschlags. Gewiss verfolgte al-Afghani den Schah mit einem krankhaften Hass. Einen Monat vor dem Mordanschlag hatte ein persischer Anhänger in Istanbul gesehen, wie al-Afghani wütend im Zimmer auf und ab ging und rief: »Die einzige Rettung ist Töten, der einzige Ausweg ist Töten.« Außerdem hatte der Mörder des Schahs im voraufgegangenen Jahr viel Zeit bei al-Afghani in Istanbul verbracht. Bei seinem Verhör durch die persische Polizei bezeichnete Kermani al-Afghanis harsche Ausweisung durch den Schah 1891 als sein Hauptmotiv.

Al-Afghani bestritt jedoch jede Verbindung zu dem Attentäter und beteuerte seine Unschuld in mehreren Interviews mit europäischen Journalisten, darunter auch ein deutscher, der ihn in Istanbul traf. Al-Afghanis eigene Wohnung sei schlicht, berichtete der deutsche Reporter, aber er verbringe einen großen Teil seiner Zeit in einem großen, mit europäischen Möbeln eingerichteten Salon, umgeben von Muslimen unterschiedlichster Nationalität. Seine schwarzen Augen seien so scharf wie eh und je, aber nun auch voller Verbitterung: »Ich kämpfte und kämpfe immer noch«, sagte er dem Deutschen, »für eine Reformbewegung im heruntergekommenen Orient, wo ich Willkür durch Recht, Tyrannei durch Gerechtigkeit und Fanatismus durch Toleranz ersetzen möchte.«[6]

Die persische Regierung drängte nun noch entschiedener auf seine Auslieferung. Der Sultan ließ ihn kurz inhaftieren, und al-Afghani hätte ein paar weitere Jahre in Dunkelheit und Verbitterung verbracht, wäre er nicht von seinem lebenslangen Rauchen eingeholt worden. Ende 1896 diagnostizierte man bei ihm Kieferkrebs – eine Nachricht, die in persischen diplomatischen Kreisen große Freude auslöste. »Es gibt keinerlei Hoffnung mehr für ihn«, berichtete der persische Botschafter in Istanbul nach Teheran. »Chirurgen haben die Hälfte seines Kinns samt Zähnen entfernt, und er wird bald sterben.«[7]

Al-Afghani verbrachte noch einige schmerzhafte Monate, bevor er – erst 59 Jahre alt und nur mit seinem christlichen Diener an seiner Seite – am 9. März 1897 starb: ein weiterer politischer Exilant dieses ausgehenden Jahrhunderts, der fern von der Heimat, von Freunden und Familie im Dunkeln dahinschied, die selbstgestellte Aufgabe unerledigt, während die Verbitterung ihn ebenso unbarmherzig zerfraß wie der Krebs seinen halben Kiefer. Er wurde in einem namenlosen Grab beigesetzt. Es blieb nahezu ein halbes Jahrhundert ungestört. In dieser Zeit nahmen statt Despoten einfache Leute seine Ideen eifrig in sich auf. Dann, in einer weiteren Wendung des Schicksals, wie sie sich gleichfalls häufig bei Exilanten findet, wurde er wieder berühmt – verehrt von einer neuen Generation politisierter Muslime, die sich seinen Lieblingsvers aus dem Koran zu Herzen nahmen: »Allah verändert nicht sein Verhalten zu einem Volk, ehe es nicht seiner Seelen Gedanken verändert.«

Das lange Nachspiel

Im Jahr 1924 – die Türkei hatte sich nach dem Untergang des Osmanischen Reiches an ihr ehrgeizigstes Modernisierungsprojekt gemacht – hörte ein arabophiler amerikanischer Millionär namens Charles Crane, der »in aller Welt nach einem wirklich großen Muslim suchte«, durch den damals im Exil in San Remo lebenden Sultan Abdulhamid von al-Afghani. Wie Crane, der später der Regierung Woodrow Wilsons als Diplomat diente, in seinen Memoiren beschrieb, suchte er auf den Friedhöfen Istanbuls lange nach al-Afghanis sterblichen Überresten. Eines Tages wandte sich ein distinguiert wirkender Muslim mit grünem Turban an ihn und bot ihm an, ihn auf den richtigen Istanbuler Friedhof zu führen.

»Al-Afghanis Grab trägt keinen Namen«, sagte der Mann, »aber ich erkenne den Ort an der Verbindungslinie zwischen zwei Bäumen, die ich mir gemerkt habe, als ich es erstmals sah.« Crane erzählt weiter: »Wir fanden die beiden Bäume, peilten den Ort an und fanden schließlich die kleine, vollkommen eingeebnete und nicht gekennzeichnete Stelle, an der dieser Mann, einer der außergewöhnlichsten Muslime, die je gelebt haben, begraben lag.«[1]

Aufgrund der Identifizierung des Grabes durch den Mann mit dem grünen Turban errichtete Crane an dieser Stelle ein Denkmal. 1944 ließ die afghanische Regierung die sterblichen Überreste exhumieren. Ein afghanischer Minister flog mit den angeblichen Gebeinen al-Afghanis nach Karatschi, brachte sie dann mit dem Zug nach Peschawar und von dort auf der Straße nach Kabul. Von Ehrfurcht ergriffene Massen säumten die Straßen, durch die der Trauerzug kam – in Karatschi, Lahore, Peschawar und Jalalabad. In einer von den Führern Afghanistans und ausländischen Diplomaten in Kabul besuchten Zeremonie wurde al-Afghani auf dem Gelände der Kabuler Universität erneut beigesetzt. Potentaten und Dichter wetteiferten im Lob auf den Muslimführer als den bedeutendsten Sohn Afghanistans (wobei man es sorgfältig vermied, auf Einwände aus Teheran einzugehen, wonach al-Afghani von Geburt eigentlich Perser sei). Briten, Amerikaner und Russen legten Kränze am Grab nieder. Der deutsche Botschafter salutierte mit dem Hitlergruß.

Al-Afghanis Grab (wenn es denn tatsächlich seines ist) befindet sich heute noch in der Kabuler Universität, überragt von einem Mausoleum aus schwarzem Marmor, und die Ironie westlicher Verbeugungen vor diesem größten aller modernen muslimischen Aktivisten nimmt kein Ende. Im Oktober 2002, fast ein Jahr, nachdem die Vereinigten Staaten die Taliban von der Macht vertrieben hatten, erhielt das in den endlosen Kriegen Afghanistans beschädigte Grabmal unerwarteten Besuch: Robert Finn, der damalige amerikanische Botschafter in Afghanistan, spendete eine Summe von 25 000 Dollar als Beitrag für die Renovierung des Grabmals. Bei dieser Gelegenheit erklärte Finn:

> »In gewissem Sinne ist dies ein zweifacher Tribut meines Landes. Wir ehren damit das Gedächtnis einer afghanischen und muslimischen Geistesgröße des 19. Jahrhunderts: eines Gelehrten, Journalisten, politischen Denkers, Beraters von Königen und eines Revolutionärs, der Muslime von Ägypten bis nach Indien inspirierte. Er war ein von der Gelehrsamkeit des Koran durchdrungener Mann, der zu Freiheit, Vernunft und wissenschaftlicher Forschung aufrief. Er war ein gebildeter Mann, ein fähiger Schriftsteller und ein geschickter Debattierer; er besaß den moralischen Mut fester Überzeugungen, kritisierte den Westen wegen seines Materialismus, scheute aber auch nicht davor zurück, die muslimischen Herrscher der Zeit wie auch in seinen Augen selbstzerstörerische Tendenzen innerhalb seiner eigenen Religion zu kritisieren (...) Diese Spende soll auch zum Ausdruck bringen, dass der Tag kommen wird, da Afghanistan wieder große Führer und Denker hervorbringen wird, die die Welt wachrütteln, Hoffnung wecken und Reformen anstoßen werden.«[2]

Nach einer langen Verzögerung wurde die Renovierung des Mausoleums schließlich Anfang 2010 abgeschlossen. Aber inzwischen wirkt das schwarze Monument wie eine besonders düstere Ironie der Geschichte, finden doch die jüngsten bewaffneten Missionare westlicher »Werte« ihre Nemesis in jenen paschtunischen Stämmen, die al-Afghani wegen ihrer Unnachgiebigkeit gegenüber Fremden pries. Und wieder einmal erweist Afghanistan sich als Friedhof der Reiche.

Die Rede des amerikanischen Botschafters zeugte von beträchtlichem Wunschdenken (abgesehen von der längst widerlegten Behauptung, al-Afghani stamme aus Afghanistan). Der Tribut, der dem Mann in dem Grab gezollt wurde, ließ ihn als den in Europa und Amerika nach dem 11. September so lange gesuchten gemäßigten und liberalen Muslim erscheinen – der seinen Glaubensbrüdern helfen konnte, einen vernünftigen *modus vivendi* mit dem modernen Westen zu finden. Aber der scharfzüngige und brillante al-Afghani war alles andere als dieses farblose Hirngespinst einer optimistischen Phantasie.

Im späten 19. Jahrhundert hatten viele Muslime das Gefühl, dass die Welt den Kontakt zu Gott verloren hätte und eine glorreiche Geschichte vom Wege abgekommen sei, und sie hegten den Verdacht, dass die Abweichung vom »wahren« Weg des Islam die Schuld an diesen politischen Rückschlägen trage. In der modernen Geschichte der muslimischen Länder sind solche Vorstellungen zu einem wiederkehrenden Thema geworden. Es war al-Afghanis einzigartiges Verdienst, dass er dieses Dilemma deutlicher spürte und zum Ausdruck brachte als irgendjemand vor ihm, und dies an Orten (den Zentren der muslimischen Welt), an denen es am intensivsten zutage trat.

Er war kein systematischer Denker und scheint seine Ideen aus dem Stegreif entwickelt zu haben. Konsequent war er nur in seinem Antiimperialismus, für den er eine Vielzahl von Ressourcen erschloss. Er trat sowohl für Nationalismus als auch für Panislamismus ein; er beklagte die Intoleranz des Islam; er beschwor dessen Glanz und Größe in der Vergangenheit und rief die Muslime zur Einheit auf; er forderte die Muslime auf, mit Hindus, Christen und Juden zusammenzuarbeiten, und tat dies auch selbst. Er bewunderte die wissenschaftlichen Leistungen des Westens, betonte aber zugleich, dass die Rationalität dem innersten Wesen des Islam entsprach. Am Ende mag der Eindruck einer gewaltigen Kraft und Begeisterung statt eines nachdenklichen Kopfes zurückbleiben: einer Vitalität, die sich nicht in fruchtbare Bahnen lenken ließ.

Dennoch gehörte al-Afghani zu den Ersten, die von den Muslimen forderten, angesichts der überwältigenden Macht der westlichen Nationen ihre Passivität und Resignation zu überwinden. Er erkannte, dass der

Schlüssel zu dieser Macht in Wissenschaft, Bildung und militärischer Macht lag, und war der festen Überzeugung, dass auch die Muslime diese Fähigkeiten erwerben konnten. Immer wieder zitierte er den Koranvers: »Allah verändert nicht sein Verhalten zu einem Volk, ehe es nicht seiner Seelen Gedanken verändert.« Und wenn die muslimischen Völker innerhalb eines Jahrhunderts von Objekten zu Akteuren der Geschichte wurden, so hatte al-Afghani daran einen beträchtlichen Anteil mit seinen ständigen Ermahnungen und unermüdlichen Bemühungen auf drei Kontinenten und der nachfolgenden Verbreitung seiner Ideen durch seine einflussreichen Anhänger. So wären etwa die jüngsten Proteste und Revolutionen in der arabischen Welt unvorstellbar ohne das geistige und politische Fundament, das al-Afghani legte, als er westliche Ideen aufgriff und die muslimischen Traditionen überdachte.

Er gehörte zu den neuen, weltlich gebildeten Männern, den ersten außerhalb der traditionsverhafteten Welt islamischer Gelehrsamkeit stehenden Leuten, die mit der zerrütteten Lage der Muslime ins Gericht gingen, und war damit ein Vorläufer Muhammad Iqbals in Indien, Sayyid Qutbs in Ägypten und Osama bin Ladens in Saudi-Arabien. Die von ihm ersonnenen Lösungen nahmen auch die beiden wichtigsten und miteinander verbundenen muslimischen Reaktionen auf den modernen Westen vorweg: den Modernismus, der eine Offenbarungsreligion gegen die Herausforderung westlichen Wissens und westlicher Macht zu stärken versuchte, und den Islamismus, der den Versuch unternahm, die vom Westen dominierte Welt selbst auf der Grundlage eines utopischen und revolutionären Islamverständnisses umzumodeln.

Die zweite der beiden Reaktionen haben wir in den letzten Jahren genauer kennengelernt, und in vielen Ländern gilt al-Afghani als Begründer des modernen politischen Islam, zusammen mit seinem wichtigsten Schüler und Mitarbeiter Mohammed Abduh, zu dessen eigenen Schülern die größten Führer der islamischen Welt im 20. Jahrhundert gehörten. Das erscheint auf den ersten Blick nicht als gänzlich zutreffende Charakterisierung eines Mannes, dessen eigene Beziehung zum Islam an ein instrumentelles Verhältnis grenzte. Außerdem hatte Abduh, der später von den britischen Besatzern Ägyptens zum Großmufti ernannt wurde und seine eigene rationalistische und flexible zeitgenössische Koraninterpretation entwickelte, zahlreiche verwestlichte Schüler, die in Ägypten wichtige politische und administrative Ämter innehatten. Der berühmteste unter ihnen, Saad Zaghlul, gleichfalls ein Anhänger al-Afghanis, führte die nationalistische Massenbewegung an, die nach dem Ersten Weltkrieg unter dem Banner der Wafd-Partei, eines Zusammenschlusses junger Freiberufler und Mitglieder der Arbeiterklasse, gegen die Briten kämpfte. Der Gedanke, wonach der Islam eine solide Grundlage für eine antiwestliche Solidarität bildete, wurde von türkischen Kulturnationalisten wie dem Dichter Ziya Gökalp (1876–1924) weiterentwickelt, der zwar selbst weltlich ausgerichtet war, aber die berühmten Worte schrieb: »Die Minarette sind unsere Bajonette, die Kuppeln unsere Helme, die Moscheen unsere Kasernen und die Gläubigen unsere Armee.«

Eine Reihe weiterer Anhänger al-Afghanis und Abduhs wurde indessen zu Verfechtern einer puritanischen Bewegung namens Salafismus, die sich in der gesamten muslimischen Welt bis hin nach Malaysia und Java ausbreitete. Auch sie gehört zu al-Afghanis gemischtem Vermächtnis. Die Bewegung, die Tugend und Verhalten am Vorbild der rechtgläubigen Altvorderen des Islam (Salaf) ausrichtete, nahm in verschiedenen Ländern unterschiedliche Formen an, besaß aber einige gemeinsame Merkmale. Anfangs vertraten die Salafisten einen arabisch zentrierten und streng an der Scharia ausgerichteten Islam als Bollwerk gegen die europäischen Mächte und deren einheimische Unterstützer, die sie für korrupt und allzu verwestlicht hielten. Sie verstanden den Islam als Motor eines sozialen, ökonomischen und politischen Wandels und scheuten sich nicht, die Werkzeuge der Moderne – Presse, politische Organisationen – für die Verbreitung ihrer Ideen einzusetzen. Ihr Führer war Rashid Rida, der anfangs sowohl Abduh als auch al-Afghani verehrte, sich dann aber von Abduh distanzierte, als der zu einem offiziellen Geistlichen von britischen Gnaden und zum Befürworter einer muslimischen Zusammenarbeit mit dem europäischen Imperialismus wurde. Rida entwickelte später al-Afghanis eher konservativen panislamistischen Vorstellungen weiter und inspirierte damit die fundamentalistisch-islamistische Gruppe Ikhwan al-Muslimun (Muslimbruderschaft), die 1928 gegründet wurde und einer Vielzahl ähnlicher Bewegungen in ganz Asien und Afrika als Vorbild diente. 1930 erklärte Rida, die *umma* benötige »eine unabhängige Erneuerung wie in Japan, um unsere wirtschaftlichen, militärischen und politischen Interessen voranzubringen und unseren landwirtschaftlichen, industriellen und kommerziellen Reichtum zu entwickeln«. Dagegen brauche sie eindeutig nicht jene »Nachahmung der westlichen Zivilisation«, um die sich die Türkei und Ägypten mit so verheerenden Folgen bemüht hatten.[3]

Der Salafismus, der anfangs nur eine kleine politische Strömung dargestellt hatte (beim ägyptischen Aufstand gegen die Briten 1919 spielte Rida keine Rolle), sollte in der ersten Hälfte des 20. Jahrhunderts im Untergrund immer stärker werden, als ein auf Modernisierung drängender Despot nach dem anderen islamistische Gruppen mit brutalsten Mitteln zu unterdrücken versuchte. Die Ideologie fand anderswo Zuflucht, mit den schicksalhaftesten Folgen in Afghanistan, wo sie sich in Gestalt Ayman al-Zawahiris, eines Mitverschwörers bei der Ermordung des ägyptischen Präsidenten Anwar Sadat, mit dem noch strengeren, aus Arabien stammenden und in Osama bin Laden verkörperten wahhabitischen Islam vermählte. Islamistische Flüchtlinge aus verwestlichten, despotischen Ländern wie Ägypten, Tunesien, Syrien und Algerien kamen in Afghanistan zusammen und planten den Sturz der prowestlichen und verwestlichten Regierungen. Sie begannen auch, die wichtigsten westlichen Schirmherren dieser Regime, die Vereinigten Staaten und Europa, ins Visier zu nehmen, und übersetzten damit al-Afghanis internationalistischen Antiimperialismus und seinen oft romantischen Gedanken einer islamischen Wiedererweckung in die Sprache des weltweiten Dschihad.

Al-Afghanis machtvolle Formeln von islamischer Einheit und antiwestlicher Politik fanden auch anderswo Anklang:

> »Der Kolonialismus hat unsere Heimat geteilt und die Muslime in getrennte Völker verwandelt (...) Unsere einzige Möglichkeit, die muslimische Nation zu einen, ihre Länder aus dem Griff der Kolonialisten zu befreien und die Marionettenregierungen des Kolonialismus zu stürzen, ist der Versuch, unseren islamischen Staat zu schaffen. Die Bemühungen dieses Staates werden von Erfolg gekrönt sein, wenn wir in der Lage sind, die Häupter des Verrats, die Götzenbilder, die menschlichen Bilder und die falschen Götter zu zerstören, die Ungerechtigkeit und Verderbnis auf Erden säen.«[4]

Das könnte al-Afghani in einer seiner stärker muslimischen Stimmungsphasen sein. In Wirklichkeit ist es Ayatollah Khomeini. Man könnte meinen, al-Afghani hätte eine leichte Ähnlichkeit mit jener Art muslimischer Verbündeter gehabt, nach denen die Vereinigten Staaten unmittelbar nach dem 11. September Ausschau hielten – das jedenfalls scheint aus der Rede des amerikanischen Botschafters in Kabul 2002 hervorzugehen. Aber in Wirklichkeit war er der erste bedeutendere muslimische Denker, der die Begriffe »Islam« und »Westen« als unversöhnliche Gegensätze verstand.[5] Auch in vielen anderen Dingen war er seiner Zeit voraus. Er beteiligte sich an Volksbewegungen und sprach von muslimischer Einheit und Rebellion, als das politische Bewusstsein bei den muslimischen Massen noch unterentwickelt war. Sein islamischer Antiimperialismus, so kann man heute sagen, begründete eine Tradition politischer Aktivisten und Revolutionäre, die mehr als ein Jahrhundert später in einem größeren Anschlag auf die Hauptstadt der westlichen Moderne gipfelte.

Im Unterschied zu bin Laden – einem anderen wandernden Beobachter der muslimischen Schwäche – predigte al-Afghani keine terroristische Gewalt. Als er die schädlichen Einflüsse europäischer Anteilseigner in Ägypten und europäischer Tabakhändler in Persien beobachtete, erkannte er schon früh, dass die Macht des Westens nicht nur auf militärischer Macht beruhte und sich deshalb auch nicht mit militärischen Mitteln abwehren ließ. In kluger Voraussicht warnte er die herrschenden Klassen der muslimischen Länder davor, sich auf die geopolitischen und wirtschaftlichen Interessen des Westens einzulassen oder ihnen gar blind zu folgen. Dass es ihm nicht gelang, mit seinen Warnungen bei den muslimischen Potentaten seiner Zeit Gehör zu finden, ließ in ihm gegen Ende seines Lebens die Verbitterung des verschmähten Propheten aufkommen: »Die ganze orientalische Welt«, sagte er dem deutschen Journalisten, der ihn in Istanbul aufsuchte, »ist so ganz und gar verrottet und unfähig, die Wahrheit zu hören und ihr zu folgen, dass ich mir eine Flut oder ein Erdbeben wünschte, die sie verschlingen und begraben.«

Jahrzehnte später sollten muslimische Führer wie Mehdi Bazargan (1907–1995), der erste Premierminister der Islamischen Republik, al-Afghani den Vorwurf machen, er habe seine politische Energie auf herrschende Eliten statt auf das einfache Volk verwendet. Al-Afghani selbst scheint seinen Fehler erkannt zu haben. In seinen letzten Jahren bezog er offenbar großen Trost aus dem Ideal der Massendemokratie. In dem wahrscheinlich letzten Brief, den er schrieb (an einen persischen Schüler), klagte er, er werde wohl nicht mehr lange genug leben, um das bevorstehende Erwachen des Ostens zu erleben. Und er bereute es, die Saat seiner Ideen auf »das Salz und den unfruchtbaren Boden« königlicher Herrscher verschwendet zu haben:

> »Denn was ich auf diesem Boden säte, ist niemals aufgegangen, und was ich in dieser versalzenen Erde pflanzte, ging zugrunde. In all dieser Zeit fand keiner meiner wohlgemeinten Ratschläge bei den Herrschern des Ostens Gehör, deren Egoismus und Ignoranz sie hinderte, meine Worte anzunehmen (...) Ich wollte, ich hätte die ganze Saat meiner Ideen im empfänglichen Boden des Denkens der Menschen ausgesät.«[6]

In Istanbul im Goldenen Käfig Abdulhamids II. gefangen, räumte al-Afghani schließlich ein, dass nicht Despoten, ob aufgeklärt oder nicht, die Führung in jener Art von politischer Mobilisierung übernehmen würden, die er anstrebte. Es bedürfte radikalerer und vom Volk getragener Revolutionen. Und diese Revolutionen müssten die Basis wie auch den Überbau der Unterdrückung zerstören. Er schrieb: »Der Strom der Erneuerung fließt rasch Richtung Osten. Bemühe dich nach Kräften, die Fundamente dieser Despotie zu zerstören, nicht deren einzelne Agenten herauszusuchen und zu vertreiben.«[7]

Der Arabische Frühling hat schließlich doch im Nahen und Mittleren Osten vom Volk getragene Massenbewegungen entstehen lassen. Aber wenn nun die von Zeit zu Zeit vertriebenen Agenten der Despotie immer wieder in neuer Gestalt zurückkehrten? Wenn die Fundamente der Despotie in Wirklichkeit unangetastet blieben? Wenn äußere Interventionen und innere Schwäche die Errungenschaften der nationalistischen Massenmobilisierungen wieder auslöschten und prowestliche Despoten weiterhin regierten und immer wieder an die Macht kämen? Wie gewaltig al-Afghanis selbstgestellte Aufgabe war, zeigt sich darin, dass die von ihm angegangenen Probleme immer noch so beängstigend hartnäckig sind wie damals und ihre Verzweigungen sich nicht nur durch die von ihm bereisten muslimischen Länder ziehen, sondern auch durch den Rest der Welt.

3.

Liang Qichaos China und das Schicksal Asiens

Europa glaubt, alle diese jungen Leute, die seine Kleidung angenommen haben, für sich gewinnen zu können. Sie hassen es. Sie erwarten von ihm nur das, was die Leute aus dem Volk seine »Geheimnisse« nennen.

Ein chinesischer Intellektueller in André Malraux,
Die Lockung des Westens (1926)

Der beneidenswerte, aber unnachahmliche Aufstieg Japans

Im Jahr 1889, während al-Afghani in Persien gegen die Ausländer agitierte, setzte eine osmanische Fregatte mit Namen *Ertuğrul* die Segel und machte sich auf den Weg zu einem Freundschaftsbesuch nach Japan. An Bord befanden sich einige hohe Militärs und zivile Vertreter des osmanischen Staates. Die Fahrt dauerte neun Monate und führte über zahlreiche Häfen in Süd- und Südostasien. Mythen über das Osmanische Reich zirkulierten in Ostasien schon lange, und zahlreiche Muslime erschienen an den Kais, an denen das Schiff anlegte, um das »Kriegsschiff des großen Padischah von Stambul« zu sehen.[1] Wenngleich schon ein wenig altersschwach, erschien die Fregatte doch als der lebendige Beweis der Macht des letzten großen muslimischen Herrschers, des osmanischen Sultans.

Die Reise zeugte außerdem von der wachsenden Faszination für Japan bei jenen Völkern, die unter einer »unerträglichen Situation« zu leiden hatten, wie der japanische Journalist Tokutomi Sohō dies drei Jahre zuvor ausgedrückt hatte:

> »Die heutige Welt ist eine, in der die zivilisierten Völker tyrannisch wilde Völker vernichten (…) Die europäischen Länder stehen an der Spitze der Gewalt und stützen sich auf die Gewaltlehre. Indien ist zerstört worden. Als Nächstes wird Burma an die Reihe kommen. Die restlichen Länder werden nur noch nominell unabhängig sein. Wie sind die Aussichten für Persien? Für China? Für Korea?«[2]

Zumindest die Aussichten für Japan waren klar. Nach einer kurzen Phase westlicher Bevormundung befreite sich das Land von seinen Herren, während Osmanen, Ägypter und Perser bei dem Versuch, sich zu modernisieren, in eine tiefe politische und wirtschaftliche Abhängigkeit von westlichen Mächten geraten waren. Die Mission der osmanischen Fregatte war Ausdruck der Tatsache, dass man überall in Asien fasziniert war vom raschen und einzigartigen Aufstieg Japans.

Die osmanischen Offiziellen wurden von der politischen Elite Japans empfangen, darunter der Premierminister und der Kaiser. Man hielt Militärparaden für sie ab und zeigte ihnen Fabriken. Angesichts ihrer Bemühungen, mit dem Westen gleichzuziehen und große Fortschritte zu machen, waren die Japaner geneigt, auf ihre armen asiatischen Vettern herabzuschauen. 1885 hatte Fukuzawa Yukichi den Vorschlag gemacht, da die asiatischen Länder so hoffnungslos rückständig seien, solle Japan »Asien hinter sich lassen« und sein Heil bei den »zivilisierten Nationen des Westens« suchen.[3] Das war damals die vorherrschende Stimmung in der japanischen Elite.

Es gab jedoch auch andere Stimmen, die auf die wirklichen Absichten der »zivilisierten Nationen des Westens« verwiesen, und es gelang den Osmanen, die in Japan einen fremdartigen Anblick darstellten, erste Ansätze eines Gemeinschaftsgefühls zu wecken – die ersten Anfänge eines später voll entfalteten Panasianismus. Japans auflagenstärkste Tageszeitung *Nichi Nichi Shinbun* hieß die osmanischen Gäste willkommen und brachte ihre Sympathie für ein Land zum Ausdruck, dem Europäer »schlimmste Gewalt« angetan hatten:

> »Das ungerechte und anmaßende System der Exterritorialität wurde erstmals an ihnen praktiziert. Ihr Land muss erst noch in die Lage kommen, sich von diesen Fesseln zu befreien. Danach erweiterte Europa diese Praktiken auf andere Länder des Ostens. Auch unser Land hat unter dieser Schande zu leiden. Die Türken sind Asiaten wie wir (...) Deshalb sind sie zu uns gekommen, um uns ihrer Freundschaft zu versichern.«[4]

Als die *Ertuğrul* bei der Rückfahrt auf ein Riff lief und sank, wobei mehr als 400 der an Bord befindlichen Türken ihr Leben verloren, ging eine Welle des Mitgefühls durch Japan. Zahlreiche Japaner spendeten großzügig für einen Fonds zur Unterstützung der Überlebenden, und im ganzen Land wurden religiöse Totenfeiern für die Verstorbenen abgehalten. Zwei japanische Kriegsschiffe brachten die 66 überlebenden Türken bis ins Marmarameer. Sultan Abdulhamid empfing die Schiffsoffiziere persönlich und heftete ihnen Orden an die Brust.

Während der gesamten 1890er Jahre und des folgenden Jahrzehnts stieg Japans Ansehen in Istanbul weiter, vor allem nachdem Japan erreichte, worum die Osmanen sich seit Jahrzehnten vergeblich bemühten: den Abschluss eines militärischen Pakts mit Großbritannien 1902, der signalisierte, dass Japan als gleichberechtigter Partner in dem von Europa bestimmten System der internationalen Politik angekommen war. Abdulhamid, der eifrig den Panislamismus förderte, war nicht erfreut über die wachsende Bedeutung des japanischen Kaisers innerhalb Asiens. Auf Anraten al-Afghanis lehnte er höflich den Vorschlag des japanischen Kaisers ab, muslimische Prediger nach Japan zu schicken. Aber er war auch fasziniert von der Tatsache, dass die Japaner während der Modernisierung ihrem Kaiser die Treue hielten. 1897, kurz nach al-Afghanis Tod, erschien in der im Yildiz-Palast herausgegebenen Zeitung, die das Sprachrohr des Sultans darstellte, ein Leitartikel, in dem es hieß:

> »Die [japanische] Regierung, die sich durch große Intelligenz und ideologische Festigkeit hinsichtlich des Fortschritts auszeichnet, verwendet und fördert in Handel und Industrie ihres Landes europäische [Methoden] und hat ganz Japan dank zahlreicher [Bildungseinrichtungen] in eine Produktionsstätte des Fortschritts verwandelt; sie versucht Japans Fähigkeit zum Fortschritt durch den Einsatz von Mitteln zu sichern und weiterzuentwickeln, die den Bedürfnissen der Gesellschaft dienen, zum Beispiel durch nützliche Institutionen, Eisenbahnen, kurz: durch zahllose Formen von Zivilisation.«[5]

Die Jungtürken, die gegen die Unfähigkeit des Osmanischen Reiches wetterten, mit den westlichen Mächten gleichzuziehen, und ihrer altmodischen Monarchie die Schuld daran gaben, zogen eine andere Lehre aus Japans Bündnis mit Großbritannien und seinem Sieg über Russland 1905: »Wir sollten auf Japan achten«, schrieb Ahmed Riza 1905 im Pariser Exil. »Eine Nation, die den patriotischen Gemeinschaftsgeist und das Wohl der Heimat nicht von ihrem Leben trennt, wird [trotz] mancher Wunden gewiss ihre nationale Unabhängigkeit bewahren, wenn sie sich gegen jede Art von Gefahren, die ihre Existenz bedrohen, zur Wehr setzt. Die japanischen Erfolge (…) sind das Ergebnis solchen patriotischen Eifers.«[6]

Für die Jungtürken, die schon bald die Macht ergreifen und auf den Ruinen des Osmanischen Reiches einen Nationalstaat errichten sollten, war Japan eindeutig ein inspirierendes Vorbild. Diese neidischen externen Beobachter des japanischen Fortschritts sahen indessen nicht die extreme Gewalt, mit der diese Umgestaltung vorangetrieben wurde. Auch bemerkten sie nicht den Trend zu Konformität, Militarismus und Rassismus, der Japan später zu einem unheilvoll erfolgreichen Rivalen der imperialistischen Staaten Europas machte – bis 1942 sollte Japan weite Teile des asiatischen Festlands besetzen, von den Aleuten im Nordosten bis an die Grenzen Indiens, nachdem es nahezu alle früheren europäischen Herren in diesem Gebiet ausgebootet hatte. Im späten 19. Jahrhundert allerdings lag der Beweis für Japans Erfolg zunächst in dem Ausmaß, in dem es mit dem Westen gleichzuziehen vermochte, und dieser Beweis war einfach überwältigend für Menschen, die dasselbe versucht hatten, aber kläglich gescheitert waren.

Die vorangegangene Abschottung des Landes ließ den Wandel Japans zwischen 1868 und 1895 nur noch erstaunlicher erscheinen. Die Osmanen hatten nervös die große intellektuelle Gärung – Aufklärung, Französische Revolution – beobachtet, die während des ganzen 18. Jahrhunderts in Europa zu verzeichnen war, während die Japaner erst 1808 von der Französischen und der Amerikanischen Revolution erfuhren, als sie die wenigen holländischen Kaufleute befragten, denen sie nach der Vertreibung aller Ausländer aus Japan erlaubt hatten, eine Handelsstation auf der kleinen Insel Deschima im Hafen von Nagasaki zu betreiben.

In den 1840er Jahren begannen die Briten, den Chinesen die ersten von zahlreichen Niederlassungen abzupressen, die das Land ebenso abhängig von einem nach den Vorstellungen der westlichen Mächte gestalteten »Freihandelsregime« machen sollten wie Indien. Aber selbst die Nachrichten von den Nöten ihres großen Nachbarn erreichten Japan erst spät. 1844 unterbreitete der holländische Monarch dem japanischen Schogun einen förmlichen Vorschlag, wobei er die universellen Vorzüge des Freihandels pries und höflich auf die Demütigung Chinas als Beispiel für ein Land hinwies, das versucht hatte, sich dem »unwiderstehlichen« weltweiten Trend entgegenzustemmen. Er erhielt eine schroffe Antwort, in der die Japaner ihn baten, sie in Zukunft mit solchen Schreiben zu verschonen.[7]

Doch Japans bemerkenswert in sich abgeschlossene Welt näherte sich ihrem Ende. Die Briten, die sich bereits in Indien und an der chinesischen Küste festgesetzt hatten, richteten ihren Blick schon lange auf Japan, und britische Schiffe segelten oft gefährlich nahe an dessen Küste entlang. Aber es blieb einer neuen westlichen Macht vorbehalten, die Öffnung zu erzwingen: den Vereinigten Staaten.

Nachdem die Vereinigten Staaten ihre Eroberung Kaliforniens 1844 abgeschlossen hatten, suchten sie jenseits des Pazifik nach neuen geschäftlichen Möglichkeiten. 1853 segelte Commodore Matthew Perry mit vier Kriegsschiffen in die Bucht von Tokio (damals Edo genannt) und überbrachte dem japanischen Kaiser einen Brief des amerikanischen Präsidenten, der mit den unheilverkündenden Worten begann: »Sie wissen, dass die Vereinigten Staaten von Amerika sich nun von Meer zu Meer erstrecken.«[8] Da ihm eine Audienz beim Kaiser verwehrt wurde, zog Perry sich mit der subtilen Drohung zurück, er werde mit noch größerer Feuerkraft wiederkehren, sofern die Japaner ihre Häfen nicht für den amerikanischen Handel öffneten. Die Japaner weigerten sich, und Perry machte seine Drohung wahr. Am Ende lenkten die Japaner ein.

In der langen Phase nationaler Isolation hatten viele Japaner bei den holländischen Händlern und Seeleuten auf Deschima Erkundungen eingezogen, und so zeigte sich, dass sie gut über die Stärken der westlichen Barbaren informiert waren – gut genug jedenfalls, um zu wissen, dass Widerstand zwecklos war, bis Japan wieder zu innerer Stärke gefunden hatte. Sehr zum Unwillen japanischer Adliger und der Samurai wurden den Amerikanern Handelsrechte und eine konsularische Vertretung gewährt. Schon bald forderten auch Briten, Russen und Holländer die gleichen Rechte.

Die Kapitulation vor den ausländischen Barbaren und die wiederholten Verletzungen der so lange bewahrten Souveränität des Landes führten zu großer Feindseligkeit und schließlich zu einer ausgewachsenen Rebellion gegen den Schogun. Inzwischen drängten die Amerikaner auf weitere Privilegien wie etwa die Ausnahme von der japanischen Rechtsprechung und erhielten sie auch von einem zunehmend glücklosen Alten Reich. Unter dem Zwang, zugleich die Ausländer beschwichtigen und die Fremdenfeindlichkeit im eigenen Land besänftigen zu müssen, brach das Schogunat schließlich zusammen, und die Meiji-Restauration nahm ihren Anfang.

Die Expansion Amerikas Richtung Westen und die Rivalitäten europäischer Mächte hatten abrupt begonnen, die japanische Politik zu prägen. Japaner wirkten auf westliche Soldaten, Diplomaten und Kaufleute ebenso erbärmlich wie zuvor schon Ägypter, Türken, Inder und Chinesen. Aber was nun geschah, brach radikal mit dem Muster der Abhängigkeit, das bei anderen asiatischen Staaten zu beobachten war.

Eine Generation gebildeter Japaner, von denen einige mit westlichen Gesellschaften in Berührung gekommen waren, gelangte während der Meiji-Restauration in einflussreiche Stellungen. Sie erkannten die Nutzlosigkeit einer diffusen Fremdenfeindlichkeit, analysierten scharfsinnig ihre Schwächen gegenüber dem Westen als wissenschaftliche und technische Rückständigkeit und machten sich unter Hochdruck daran, Japan in einen modernen Nationalstaat umzubauen.

Zu diesem Zweck holte man den Kaiser aus seiner Abgeschiedenheit und erhöhte ihn zu einem Symbol der neuen Religion des Patriotismus, mit eigenen Schreinen und Priestern. Man verdammte den Buddhismus und machte den Schintoismus, eine Ansammlung von Glaubensvorstellungen und Ritualen, zu einer Staatsreligion, die als weiteres Bindemittel beim Aufbau der Nation dienen sollte. Man schickte Studenten ins Ausland, und japanische Delegationen, zu deren Mitgliedern oft auch die zukünftigen Führer und Denker des Landes gehörten, reisten in den Westen. Auf allen Gebieten, von der Erziehung bis hin zum Militärwesen, holte man ausländische Experten ins Land. Man übernahm westliche Kleidung und Haartracht und tolerierte christliche Missionare. Die schmerzhaften Bemühungen gipfelten 1889 in einer Verfassung, die zwar dem Kaiser eine göttliche Stellung verlieh, in vielen Details aber westlichen Vorbildern zu folgen versuchte.

Bei ihrem Bemühen, vom Westen zu lernen, hatten die Staatsmänner der Meiji-Restauration das Glück, auf weniger Hindernisse zu stoßen als ihre auf Modernisierung bedachten osmanischen oder ägyptischen Kollegen vor ihnen (oder die Chinesen nach ihnen). Hilfreich für ihre Organisationsfähigkeit war die Tatsache, dass Japan, ein kleines Land, eine ethnisch homogene Bevölkerung besaß. Gruppen wie die Samurai und reiche Kaufleute widersetzten sich der Modernisierung nicht in der Weise, wie traditionelle Eliten muslimischer Länder dies taten. Tatsächlich ließ sich die Macht der verdrängten Elite, der Samurai, auf die Aufgabe der nationalen Konsolidierung verlagern.

Japans Wirtschaft blieb auch weiterhin stark. Die sogenannte »holländische« Gelehrsamkeit – nützliches westliches Wissen – zirkulierte in Japan schon lange vor Commodore Perrys Ankunft. Dank einer starken Tradition von Kaufmannsbankiers und eines effizienten Steuersystems wurde die japanische Wirtschaft nicht durch ausländische Anleihen jener Art in Mitleidenschaft gezogen, wie sie Ägypten, das erste nichtwestliche Land, das sich um eine Modernisierung bemühte, zum permanenten Verlierer innerhalb der Weltwirtschaft verurteilten.

Außerdem verlor der Meiji-Staat niemals sein Hauptziel aus den Augen, nämlich die Bedingungen seiner Beziehungen zum Westen radikal umzugestalten. Wenn man dazu die Überlegenheit der westlichen Zivilisation anerkennen musste, wie Fukuzawa Yukichi und andere behaupteten, schien das ein kleiner Preis für die nationale Erneuerung und den Zugang zum exklusiven Club der mächtigen westlichen Nationalstaaten zu sein. Dazu mussten jedoch die ungleichen Verträge revidiert werden, die man Japan durch Waffengewalt aufgezwungen hatte. Japanische Diplomaten drängten immer wieder darauf, vor allem bei den Briten, die sich von allen in Japan präsenten westlichen Mächten am entschiedensten gegen eine Aufhebung ihrer Privilegien sträubten. Die Japaner griffen sogar zu Schmeicheleien, bezeichneten sich als Anglophile und erklärten sich zum »zivilisierten« Gegenstück der Briten im Osten. Nach einem fehlgeschlagenen Versuch 1886, der zu einer Gegenreaktion patriotischer Japaner führte, konnte Japan die Briten 1894 schließlich überreden, nach Ablauf von fünf Jahren auf die exterritorialen Rechte zu verzichten.

Noch im selben Jahr zog Japan gegen China in den Krieg. Den Anlass bildete Korea, über das beide Länder die Herrschaft zu erlangen versuchten. Es war der erste Test der Modernität Japans und, wie Tokutomi Sohō freimütig bekannte, eine großartige Möglichkeit für Japan, »die Grundlage für eine nationale Expansion im Fernen Osten zu legen (…), um seinen Platz an der Seite der übrigen großen expansionistischen Mächte der Welt einzunehmen«.[9] Die verheerende Niederlage der chinesischen Land- und Seestreitkräfte bewies nicht nur schlagend die Stärke des japanischen Militärs wie auch seiner industriellen und infrastrukturellen Basis. Sie zeigte zugleich, wie Sohō es ausdrückte, dass »Zivilisation kein Monopol des weißen Mannes ist«.

Die unter der schweren Steuerlast stöhnenden japanischen Bauern hatten bereits einen gewaltigen Preis für die Modernisierung des Landes nach westlichem Vorbild gezahlt, ein Prozess, der stets und überall für die Schwächsten am brutalsten ist. Und das waren nun die Chinesen. Der »wahre Geburtstag des Neuen Japan«, schrieb der Schriftsteller Lafcadio Hearn, der damals in Japan lebte, »begann mit der Eroberung Chinas«.[10] Tokutomi Sohō pries »eine neue Epoche in der japanischen Geschichte«. Früher hätten die Weißen die Japaner »in die Nähe von Affen« gerückt[11], klagte Sohō:

> »Jetzt schämen wir uns nicht mehr, vor der Welt als Japaner dazustehen (...) Früher kannten wir uns selbst nicht, und die Welt kannte uns nicht. Aber nun, da wir unsere Stärke erprobt haben, kennen wir uns, und die Welt kennt uns. Und zudem wissen wir, dass die Welt uns kennt.«[12]

Ganz nach Art »zivilisierter« Nationen zwang Japan China zur Zahlung einer gewaltigen Entschädigung, zur Öffnung von Vertragshäfen, die tief im Binnenland an Flüssen lagen, und zur Abtretung der Insel Taiwan (Formosa). Im Rahmen des Vertrags von Shimonoseki eignete Japan sich sogar ein kleines Stück des chinesischen Festlands an, die Halbinsel Liaotung, bevor Russland, Frankreich und Deutschland die Japaner dazu bewegten, weniger Härte zu zeigen und das Gebiet zurückzugeben.

Die unter westlichem Druck erfolgte Rückgabe der Halbinsel Liaotung vergrößerte den Unmut japanischer Patrioten (der noch weiter anwuchs, als Russland den Qing-Kaiser zwang, das auf der Halbinsel gelegene Port Arthur [das heutige Dalian] an die russische Marine zu verpachten, was einen Riss zwischen Russland und Japan bewirkte, der schließlich zum Russisch-Japanischen Krieg von 1904 führte). Es war vollkommen ausgeschlossen, dass Japan sich weiterhin auf eigenem Territorium westlichen Mächten unterwarf. Die Verträge wurden aufgehoben, und 1902, fast ein halbes Jahrhundert nachdem das Osmanische Reich erstmals versucht hatte, im Gefolge der größten europäischen Macht die internationale Bühne zu betreten, schlossen die Japaner ein Bündnis mit dem Britischen Empire.

Tokutomi Sohō, damals bereits der angesehenste Journalist Japans, befand sich an Bord eines Schiffes auf dem Weg in den japanischen Militärstützpunkt Port Arthur, als er vom Vertrag von Shimonoseki erfuhr. Sohō war seit langem der Überzeugung, dass Japan als kleines Land mit nur wenigen Ressourcen für die eigene Modernisierung sein Territorium erweitern musste, »eine Frage von höchster Dringlichkeit«, und dazu bedurfte es einer »Politik zur Motivierung unseres Volkes, sich im Ausland auf große Abenteuer einzulassen« und »das Problem der nationalen Expansion unverzüglich anzugehen«. Nun – im April 1895 – schien das möglich. Die Nachricht versetzte ihn in eine beschwingte Stimmung.

Es war das erste Mal, dass er Japan verließ. In Port Arthur, so erinnerte er sich später,

> »war es gerade Frühling geworden. Die großen Weiden schlugen aus, die Blumen Nordchinas verströmten ihren schönsten Duft. Felder breiteten sich vor unseren Augen aus, in der Luft lag eine Frühlingsbrise. Als ich umherfuhr und mir klar wurde, dass dies unser neues Territorium war, empfand ich eine wahrhaft große Erregung und Befriedigung.«[13]

Doch die Freude verging ihm schon bald, als er erfuhr, dass westliche Mächte Japan zwangen, das Territorium zurückzugeben. »Da es mir unerträglich war, auch nur einen Augenblick auf einem Boden zu bleiben, den wir einer anderen Macht zurückgegeben hatten«, so schrieb er später, »nahm ich das erste Schiff, das ich finden konnte, und kehrte nach Hause zurück.«

Sohō nahm eine Handvoll Kiesel mit nach Japan, die ihn an den Schmerz und die erlittene Schmach erinnern sollten. Es sei deutlich geworden, klagte er, dass »die fortschrittlichste, höchstentwickelte, zivilisierteste und mächtigste Nation des Ostens immer noch nicht der Verachtung der Weißen zu entgehen vermag«. Und da man nun »nach dem Evangelium der Gewalt getauft« sei, wie Sohō verbittert schrieb,[14] sollte er, der Verfechter individueller Rechte und Freiheiten, nun zu einem lautstarken Fürsprecher der imperialistischen Expansion Japans in Asien werden, von der er hoffte, sie werde »das weltweite Monopol der weißen Rasse brechen, deren Sonderrechte zerstören und dem besonderen Einfluss und der weltweiten Tyrannei der Weißen ein Ende bereiten«.[15]

Für viele Chinesen war die unter westlichem Druck erfolgte Rückgabe der japanischen Kriegsbeute kein Trost, denn der Schaden an ihrem

Selbstwertgefühl war bereits entstanden. Für sie lautete die Frage eher, ob die Niederlage China bewegen würde, ernsthafte Anstrengungen zur Selbstermächtigung zu unternehmen.

Kurz nach dem Sieg über China Anfang 1895 wurde im Nordchinesischen Meer ein chinesischer Dampfer von japanischen Soldaten angehalten und durchsucht. Solche Verletzungen der chinesischen Souveränität waren damals an der Tagesordnung, doch aufgrund eines dieser seltsamen Zufälle der Geschichte gehörten zu den zahlreichen Studenten an Bord auch ein 22-Jähriger namens Liang Qichao und dessen Lehrer Kang Youwei, damals 37, beide auf dem Weg nach Beijing zu den kaiserlichen Prüfungen für den chinesischen Staatsdienst.

Liang sollte später zur Ikone werden, und zwar als erster moderner Intellektueller Chinas. Seine scharfsinnigen und umfangreichen Schriften, die sich mit allen wichtigen Fragen seiner Zeit befassten und wichtige Themen der Zukunft vorwegnahmen, inspirierten mehrere Generationen von Denkern einschließlich des weitaus jüngeren Mao Zedong. Als ruheloser intellektueller Sucher verband Liang seine klassisch-chinesische Bildung mit einer großen Sensibilität für westliche Ideen und Entwicklungen. Sein Leben und dessen zahlreiche intellektuellen Entwicklungsphasen zeigten manches tiefere Dilemma als bei vielen anderen, kühneren, aber weniger tiefgründigen chinesischen Denkern. Liangs Leben sollte in den nächsten drei Jahrzehnten eng mit allen größeren Ereignissen und Bewegungen in China verwoben sein.

Die Prüfungen dienten der Auslese jener »tugendhaften« Männer, die nach Ansicht der konfuzianischen Klassiker verantwortlich für die gesellschaftliche Ordnung sein sollten. Zwar absolvierten mehr Männer die Prüfungen, als Stellen im Staatsdienst zur Verfügung standen, aber Liang und Kang hatten dennoch Aussicht auf die Zugehörigkeit zu einer Elitekultur und auf gute Stellungen im Bildungswesen oder der Geschäftswelt, wenn auch nicht unbedingt auf höhere Posten innerhalb der Staatsverwaltung. Aber sie hatten anderes im Sinn als persönliches Fortkommen.

Als Söhne aus Familien der höheren Bildungsschicht in der Nähe von Kanton (Guangzhou) in der westlichen Angriffen am stärksten ausgesetzten Provinz Guangdong waren sie patriotisch besorgt um das Schicksal Chinas und zornig über die Unwissenheit und Hilflosigkeit ihres Landes angesichts der westlichen Herausforderungen. Schon früh im 19. Jahrhundert hatten indische Intellektuelle begonnen, die Ideen Rousseaus, Humes, Benthams, Kants und Hegels aufzunehmen – und abzuwandeln. Mitte des Jahrhunderts verfolgten sie die Schicksale Mazzinis und Garibaldis. Aber die meisten Chinesen des 19. Jahrhunderts wussten nichts von der Existenz westlicher Länder und erst recht nichts von deren inneren Revolutionen.

China kam mit dem Westen nur im Hafen von Kanton in Berührung, der unter strenger Aufsicht stand und ganz auf kommerzielle Aufgaben beschränkt blieb, so dass er kaum zum Übermittler westlichen Wissens werden konnte, wie Deschima dies für die Japaner leistete. Das Problem lag zu einem guten Teil darin, schrieb Liang 1902, dass China »sich selbst für die Welt hielt« und alle Übrigen für Barbaren.[16] Liang selbst erfuhr erst von Chinas geringer Stellung in der Welt, als er im Frühjahr 1890 in Beijing auf Bücher über den Westen stieß, die in chinesischer Sprache geschrieben waren.

1879 hatte Kang Youwei eine ähnliche Überraschung erlebt, als er Hongkong besuchte. Beeindruckt von der Effizienz und Sauberkeit der britisch regierten Stadt, erkannte er, dass gebildete Chinesen wie er nicht auf die Ausländer herabschauen und sie für Barbaren halten sollten. Durch die weitere Lektüre westlicher Bücher gelangte er zu der Überzeugung, dass der chinesische Status quo unerträglich war, und nach einem kurzen Flirt mit dem Buddhismus beschloss Kang, die sozialen Ideale des Konfuzianismus mit neuem Leben zu erfüllen.

Liang war einer der klügsten jungen Studenten, die Kang in einem buddhistischen Tempel in Kanton um sich versammelt hatte, um sie auf die kaiserlichen Prüfungen vorzubereiten und den konfuzianischen Kanon als Aufruf zu einem Wandel in Gesellschaft und Bildungswesen neu zu interpretieren. Kang hatte bereits ein Jahrzehnt damit verbracht, den Qing-Hof in Peking mit Briefen und Denkschriften über die Dringlichkeit von Reformen zu bestürmen. Die Erfahrung der japanischen Arroganz an Bord seines Schiffs nach Beijing bestärkte ihn nun in seiner Überzeugung und löste seine Zunge. Auf die Gefahr hin, eine Majestätsbeleidigung zu begehen, erklärte er seinen Mitstudenten, China sei inzwischen so degeneriert, dass es der Türkei ähnele, einem weiteren einstmals selbstbewussten und nun geschwächten Land, das auf Ausbeutung bedachte Ausländer mit allen Kräften in diesem Schwächezustand zu halten versuchten.

Das war allerdings eine optimistische Diagnose. Die europäischen Botschafter in Istanbul mochten sich auf unerträgliche Weise in die inneren Angelegenheiten der Türkei einmischen, aber sie setzten nicht die rohe Gewalt ein, zu der ihre Kollegen in Beijing griffen. Der osmanische Sultan musste sich nie verstecken, um sich vor ihrer Wut in Sicherheit zu bringen. Istanbul wurde nicht belagert, und der glanzvollste kaiserliche Palast der Stadt wurde nicht in Schutt und Asche gelegt.

Von den späten 1830er Jahren (als man in Istanbul mit den Tanzimat-Reformen begann) bis zum Zweiten Weltkrieg wurde China in unvorstellbarem Maße drangsaliert und gedemütigt. Und für die Chinesen war diese Behandlung noch schockierender, hatten sie doch sehr viel länger als die Osmanen in der Illusion ihrer Macht und Unabhängigkeit gelebt. »Die Zivilisation unseres Landes«, schrieb Liang Qichao 1902, »ist die älteste der Erde. Vor dreitausend Jahren lebten die Europäer wie die wilden Tiere auf den Feldern, während unsere Zivilisation mit ihren typischen Merkmalen bereits einen Stand erreicht hatte, der ihrem Mittelalter entspricht.«[17]

Das war durchaus keine kulturelle Abwehrhaltung. China konnte in seiner Kultur tatsächlich auf 4000 Jahre zurückblicken und hatte seine politische Einheit schon im dritten vorchristlichen Jahrhundert verwirklicht. Während die Han- und die Tang-Dynastie über die Abfassung der historischen Klassiker Chinas und seiner größten Dichtung wachten, baute die Song-Dynastie ein ganz China überspannendes Straßen- und Kanalnetz. China besaß eine weltweit führende Position in Naturwissenschaften und Künsten und in der Entwicklung einer ausgeklügelten Staatsbürokratie, deren Mitglieder durch wettbewerbsorientierte Prüfungen ausgewählt wurden. Der kaiserlich-chinesische Staat rekrutierte seine Beamten aus einem Provinzadel, der in den konfuzianischen Klassikern ausgebildet war, und stützte sich damit weniger auf Zwang als auf die Loyalität lokaler Eliten in ganz China.

Wie in islamischen Ländern verlieh eine aus kanonischen Schriften abgeleitete literarische Kultur und Moral der chinesischen Zivilisation eine außergewöhnliche Kohärenz und machte das Land zum einflussreichsten kulturellen Vorbild in Nachbarländern wie Japan, Korea und Vietnam. Reisende aus dem Westen, viele von ihnen Missionare der Jesuiten, brachten äußerst farbige Beschreibungen selbstbeherrschter, feinsinniger und moralisch gefestigter Anhänger des Konfuzius mit nach Hause zurück, die Aufklärungsphilosophen wie Voltaire und Leibniz zu glühenden Sinophilen und aufkommende europäische Konsumenten zu Liebhabern allerlei chinesischer Erzeugnisse werden ließen.

Im Widerspruch zum allgemeinen Bild vom Niedergang Asiens und vom Aufstieg des Westens florierte die chinesische Wirtschaft im 18. Jahrhundert und entwickelte eigene lokale Abwandlungen samt Handelsverbindungen nach Südostasien. Nach Seide, Porzellan und Tee aus China bestand in Europa (und den amerikanischen Kolonien) auch weiterhin eine große Nachfrage, obwohl die Chinesen die Aktivitäten aller westlichen Kaufleute 1760 auf die Hafenstadt Kanton beschränkten. Tributpflichtige Nachbarn wie Burma, Nepal und Vietnam (und wie das ferne Java) stützten die solipsistische Sicht, wonach der chinesische Kaiser, der über das in der Mitte der Welt gelegene Reich herrschte, das Recht hatte, über »alles unter dem Himmel« zu herrschen. Das Qing-Reich, das 1644 von nomadischen Kriegern aus der in Nordostchina gelegenen Mandschurei gegründet wurde, vergrößerte sein Territorium auch noch im 18. Jahrhundert. Der letzte große Mandschu-Kaiser Qianlong überwachte persönlich die Annexion von Xinjiang und Teilen der Mongolei und die Befriedung Tibets.

Die Mandschus waren Ausländer, aber sie veränderten nicht radikal die überkommene soziale und politische Ordnung Chinas, die – einmalig in der Welt – von mehreren Dynastien über Jahrhunderte hinweg vervollkommnet worden war, auf der Basis von Lehren, die der Weise Konfuzius im 6. Jahrhundert v. Chr. entwickelt hatte. Weitaus älter als der Islam, hatte der Konfuzianismus bereits seit 2000 Jahren dem Staat und der Gesellschaft Chinas als Grundlage gedient. Seine Grundwerte, *ren*, *yi*, *xiao* und *zhong*, nur unvollkommen übersetzt mit »Mitmenschlichkeit«, »Tugendhaftigkeit«, »kindliche Pietät« und »Treue«, beschrieben das rechte Handeln im privaten wie im politischen Leben.

Wie die Mongolen es zuvor schon in muslimischen Ländern getan hatten, zwangen die Mandschus den eroberten Han-Chinesen nicht ihre Lebens- und Denkweise auf. Vielmehr versuchten sie ihnen zu beweisen, dass sie keine ungehobelten Emporkömmlinge aus dem Norden waren. Sie hielten am Konfuzianismus als Quelle sozialer und persönlicher Werte fest, wobei die Kaiser Kangxi und Qianlong eine größere Neuinterpretation der konfuzianischen Klassiker vornehmen ließen. Das konfuzianische Gedankengut wurde mit anderen religiösen Traditionen Chinas vermischt und oft auch von ihnen überlagert. Aber es blieb die Grundlage der kaiserlichen Prüfungen, über die so viele Chinesen eine Stellung in der riesigen Staatsbürokratie zu erlangen versuchten, und es leistete schon lange einen Beitrag zur außergewöhnlichen politischen Einheit und zum ideologischen Konsens Chinas.

In Qianlongs langer Regierungszeit vergrößerte sich die Bevölkerung Chinas ganz beträchtlich, was zu einem wachsenden Druck auf die Böden führte. Gegen Ende seiner Regierung enthüllte eine Reihe lokaler Aufstände und ökonomischer Krisen, dass nicht alles im Qing-Reich zum Besten stand. Die Korruption innerhalb des Mandschu-Adels hatte zugenommen, und zum Teil als Reaktion darauf kam es in ganz China zu Revolten mit teilweise millenaristischem Einschlag. Im 19. Jahrhundert sollten weitere Erschütterungen dieser Art folgen, insbesondere der Taiping-Aufstand, der von einer exzentrischen, von christlichem Millenarismus beflügelten Sekte angeführt wurde. Doch der Schein der Allmacht wurde in all diesen Krisen aufrechterhalten. China blieb das Universum und verwies alle Übrigen an die bedeutungslose Peripherie. Diese Illusion konnte nicht überleben.

Schon vor dem Opiumkrieg hatten westliche Mächte an den Rändern des Qing-Reichs geknabbert und jene Territorien annektiert, die einst die Mandschus tributpflichtig gemacht hatten. Nach 1824 überwanden die Briten nach vielen harten Kämpfen Burma und machten das Land schließlich 1897 zu einer Provinz ihres indischen Reiches. 1862, als der Qing-Kaiser gerade mit der Niederschlagung des Taiping-Aufstands beschäftigt war, überrannten die Franzosen den Süden Vietnams, drangen 1874 auch in den Norden des Landes vor und erklärten schließlich 1883 das alte, in Zentralvietnam gelegene Königreich Annam zu ihrem Protektorat. Die Chinesen leisteten Widerstand, und in dem daraus folgenden Krieg zerstörten die Franzosen einen Großteil der chinesischen Kriegsmarine.

Wie im Osmanischen Reich, so veranlassten die militärischen Niederlagen gegen die westlichen Mächte chinesische Bürokraten, nach einer raschen »Selbstermächtigung« zu rufen. Aber ganz im Widerspruch zur westlichen Karikatur der »konfuzianischen« Mentalität, die angeblich unzugänglich für eine Modernisierung sei, lernten die Chinesen sehr schnell aus ihren Niederlagen. Zwei Jahre nach dem Ersten Opiumkrieg, in dem sich die vollkommene Wehrlosigkeit der chinesischen Küstenstädte erwiesen hatte, betonte Lin Zexu, der frühere kaiserliche Sonderkommissar in Kanton, in einem privaten Brief an einen Freund die Notwendigkeit, moderne Waffentechnologien zu übernehmen: »Schiffe, Kanonen und Seestreitkräfte sind absolut unerlässlich. Selbst wenn die aufrührerischen Barbaren geflohen und übers Meer in ihre Heimat zurückgekehrt wären, müssten wir unverzüglich die Planung für diese Dinge aufnehmen, um eine dauerhafte Verteidigung unserer Seegrenzen zu ermöglichen.«[18]

Ein anderer chinesischer Gelehrten-Beamter, Li Hongzhang, der eine der siegreichen Qing-Armeen gegen die Rebellen in Taiping führte, konnte den konservativen Hof überreden, Fabriken und Werften für die Produktion moderner Waffen und Schiffe zu bauen, die Beziehungen zu fremden Staaten zu regeln, Gesandtschaften in den Hauptstädten Europas, Amerikas und Japans einzurichten und Studenten ins Ausland zu schicken. Außerdem half Li in den 1870er Jahren bei der Einrichtung der ersten Kohlenbergwerke, Telegraphennetze und Eisenbahnlinien des Landes.

Chinas junge Industrie stand vor denselben unüberwindlichen Hürden, die das auf Freihandel drängende Großbritannien Ägypten und der osmanischen Türkei aufgezwungen hatte. Sie konnte nicht mit den Produzenten in Europa, Amerika und Japan konkurrieren. Anders als direkt von europäischen Mächten besetzte Länder befand China sich in einer »halbkolonialen« Situation, in der, wie Liang Qichao 1896 anmerkte, »der westliche Handel China hundertmal mehr schwächt als westliche Soldaten«.[19] Dennoch zeigten sich mit Li Hongzhangs Hilfe schon bald erste Anzeichen einer industriellen Fertigung in Gestalt von Baumwollspinnereien und Hüttenwerken.

Britische Geschäftsleute, die an einer Stützung der angeschlagenen Mandschus interessiert waren, boten ihre Hilfe an. Rudyard Kipling, der

1899 in Hongkong mit einigen von ihnen dinierte, hielt die Modernisierung Chinas nicht für eine gute Idee. Er beklagte, dass diese Männer ihr Bestes taten, um »dem großen Reich all die Stimulanzien des Westens aufzuzwingen – Eisenbahnen, Straßenbahnen usw. Was wird geschehen, wenn China wirklich aufwacht?«[20] Kipling hatte recht mit seinen Sorgen, aber dieses China sollte erst ein Jahrhundert später kommen. Für den Augenblick zeigte sich, was auch die Osmanen bereits erfahren hatten: dass eine schrittweise Modernisierung nicht ausreichte – 1884 brauchten die Franzosen nur eine Stunde, um das Arsenal der chinesischen Kriegsmarine in Fuzhou, zu dessen Bau Li Hongzhang beigetragen hatte, zu zerstören.

Schon der geringste Versuch, die westlichen Gegner nachzuahmen, führte zu einer Reaktion der mächtigsten konservativen Kräfte im Land, der Oberschicht aus gelehrten Beamten, die den Verlust ihrer richterlichen und moralischen Autorität befürchteten, falls die Bürger europäischen Formen des Denkens und Handels ausgesetzt würden. In einem Land, das so groß und alt ist wie China, drang der vom Westen ausgelöste Schock nicht wirklich tief genug vor und begann erst im letzten Jahrzehnt des Jahrhunderts einen Wandel zu erzwingen. Die geistige Welt der gelehrten Beamtenschaft, die von strengem Festhalten an konfuzianischen Werten und absoluter Loyalität gegenüber dem Kaiser geprägt war, blieb mehr oder weniger unversehrt. Junge Männer wie der Selfmademan Sun Yat-sen begannen vom Sturz der Mandschus zu träumen, aber die meisten Mitglieder der Beamtenschaft dachten gar nicht daran, auch nur das Mindeste am kaiserlichen System zu verändern, dem die politisch reaktionäre und fiskalisch verschwenderische Kaiserinwitwe Cixi vorstand, die fast den gesamten Staatsschatz für den Bau eines neuen Sommerpalastes ausgab.

China hatte das Jahrhundert mit einer positiven Handelsbilanz begonnen und beendete es mit gewaltigen Auslandsschulden. Bis zu einem Viertel der Staatseinnahmen musste für die Bedienung ausländischer Schulden und für Entschädigungszahlungen verwendet werden. In 16 Städten unterhielten Ausländer gleichsam Minikolonien. Wie in der osmanischen Türkei und in Ägypten konnten sie selbst bei schwersten Verbrechen nicht von der lokalen Polizei und den einheimischen Gerichten belangt werden.

Die harten Lektionen des internationalen Systems ließen sich nicht länger ignorieren, als der Nachbar Japan, den die meisten Chinesen für unterlegen hielten, China 1895 vernichtend schlug. In der chinesischen Hafenstadt Weihaiwei richteten die Japaner, nachdem sie sich von Land her angeschlichen hatten, die chinesischen Kanonen gegen die in der Bucht liegende chinesische Flotte. Als Japan sich anschließend im Vertrag von Shimonoseki eine auserlesene Kriegsbeute sicherte, fühlten die Imperialisten sich noch weiter ermutigt. Der westliche Wettlauf nach Afrika und Südostasien war bereits im Gang. Das China der Qing schien eine noch leichtere Beute zu sein.

Die Briten zwangen China, ihnen Weihaiwei und die New Territories nördlich der Insel Hongkong zu verpachten. Frankreich errichtete einen Stützpunkt auf der Insel Hainan und sicherte sich Schürfrechte in den gesamten Südprovinzen Chinas. Deutschland besetzte einen Teil der Provinz Shandong. Selbst Italien, ein Nachzügler in China und allgemein des Expansionismus, erhob Gebietsansprüche (die aber erfolgreich abgewehrt wurden). Die Vereinigten Staaten beteiligten sich nicht an der Zerschlagung des Reichs der Mitte, an der Aufteilung der Melone, wie man damals sagte. Aber als die Amerikaner die Grenzen ihrer eigenen Expansion Richtung Westen erreicht hatten und dringend nach Auslandsmärkten suchten, verkündeten sie 1900 eine Politik der »Offenen Tür«, welche die Profite eines informellen Freihandelsimperiums den Ausländern vorbehielt, die Kosten und die Verantwortung für die Durchführung aber den Chinesen aufbürdete.

Erste Reformimpulse

Als die Bedingungen des Vertrags mit Japan am 15. April 1895 bekanntgegeben wurden, befanden sich Liang Qichao und Kang Youwei zusammen mit Hunderten anderen Anwärtern auf die 200 zu vergebenden Stellen bereits in Beijing. Die Nachricht, die sich rasch von den Küstenstädten ins Binnenland ausbreitete, verletzte die Chinesen in einer Weise, wie dies der Opiumkrieg nicht vermocht hatte. »Früher hatten junge Chinesen den aktuellen Ereignissen keine Beachtung geschenkt«, erinnerte sich später ein Zeitungsleser in der Provinz, »aber nun waren wir erschüttert (...) Die meisten Gebildeten, die nie zuvor über nationale Angelegenheiten diskutiert hatten, wollten nun darüber reden: Warum sind andere stärker als wir, und warum sind wir schwächer?«[1] Auf brutale Weise war deutlich geworden, dass zwei Jahrzehnte auf »Selbstermächtigung« zielender Reformen, wie die Qing sie – durch den Bau von Werften und Eisenbahnen – unternommen hatten, gänzlich nutzlos gewesen waren. Zum ersten Mal wurde China gezwungen, eine ganze Provinz, Taiwan, an eine ausländische Macht abzutreten, dazu noch die bis dahin größte Entschädigung zu zahlen und die Oberhoheit über Korea, seinen letzten größeren Vasallen, aufzugeben.

Empört über die Demütigung Chinas, organisierte ein Aktivist namens Sun Yat-sen mit Hilfe von Geld, das er bei Auslandschinesen gesammelt hatte, in Guangzhou einen Aufstand. Seine Verschwörung wurde aufgedeckt, der Aufstand von den Behörden im Keim erstickt. Sun Yat-sen musste nach Japan und von dort weiter nach London flüchten, wo er viele andere Nationalisten und Radikale aus Indien, Ägypten und Irland traf.

Kang, der bereits die beschämende Niederlage Chinas gegen Frankreich 1884 erlebt hatte, hegte keine so weitgehenden Pläne wie den Sturz des Qing-Regimes. Dennoch zwang ihn die extreme Demütigung durch Japan, ein Land, das seine hohe Zivilisation doch China verdankte, etwas zu tun, das es in der politischen Geschichte Qing-Chinas noch nie gegeben hatte. Er organisierte eine Zusammenkunft der Examenskandidaten, der jungen Männer, die demnächst die Elite des Landes zu bilden hofften, und schickte eine Petition an den Kaiser, den jungen und schwachen Guangxu, der ganz unter dem Einfluss seiner Tante, der Kaiserinwitwe stand. Darin bat er den Kaiser, den Vertrag abzulehnen.

Wie dramatisch das war, ist vielleicht nicht auf Anhieb klar. Als gemeiner Anwärter auf eine Stelle im Staatsdienst hatte Kang gar nicht das Recht auf solch ein Vorgehen. Und die lange Petition, die einen vollständigen Umbau der Wirtschaft und des Bildungswesens vorschlug, forderte nicht weniger als eine Revolution von oben – eine Neustrukturierung der Institutionen im Stil der Tanzimat-Reformen. Erstaunlicherweise erreichte seine Petition den Kaiser, der sie las und eine Abschrift an die Kaiserinwitwe weiterleitete. Aber ansonsten wurde nichts daraus, und am Ende zwangen konservative Elemente am Hof Kang, Beijing zu verlassen. Er hatte jedoch einen Präzedenzfall geschaffen, indem er eine Versammlung organisierte und eine Massenpetition verabschieden ließ, und das an einem Ort, an dem so etwas noch nie geschehen war. Er hatte, wie Liang dies später ausdrückte, die erste Massenbewegung in der Geschichte Chinas initiiert.[2]

Nun machte Kang sich an Propaganda- und Organisationsarbeit, gründete Bildungsvereine zur Erbauung der gebildeten Oberschicht in ganz China, mit Namen wie »Verein zur Erforschung der nationalen Stärke«. Diese Vereine wiederum gründeten oft mit Hilfe politisch gleichgesinnter örtlicher Gouverneure Leihbüchereien und Schulen und begannen mit Publikationsprojekten, deren Ziel es war, das chinesische »Volk« – ein bis dahin nie benutzter Ausdruck – stärker für den Kaiser einzunehmen und es zu einer aktiveren Teilnahme am öffentlichen Leben zu bewegen.

Liang, der mühselig Abschriften der langen Petition an den Kaiser anfertigte, war nun wieder voller Tatendrang. Als er 1890 Schanghai besuchte (im selben Jahr traf er Kang Youwei in Kanton), stieß er auf einen Abriss der Geographie der Erde und auf Übersetzungen europäischer Bücher. Sein Horizont erweiterte sich noch einmal, als er 1894 als chinesischer Sekretär eines britischen Missionars arbeitete, der ein damals populäres Buch übersetzte, eine begeisterte Geschichte des Fortschritts in Europa.

Im folgenden Jahr wurde Liang Sekretär des Bildungsvereins in Beijing und gründete mit Hilfe privater Spenden eine Zeitung. Als sie von kaiserlichen Zensoren geschlossen wurde, ging er nach Schanghai und gründete dort 1896 eine andere Zeitung mit dem Titel *Xiwu Bao* (»Chinesischer Fortschritt«). Sie bestand gerade einmal zwei Jahre lang. Allerdings wurde sie weithin gelesen wegen ihrer Artikel über die dringende Notwendigkeit der Industrialisierung und eines modernen Bildungswesens, die Liang zu einem großen Teil selbst schrieb, wodurch er zum einflussreichsten Journalisten Chinas wurde.

Fast zwei Jahrzehnte waren vergangenen, seit die Presse in der arabischen Welt dank der Mithilfe al-Afghanis zu einem Werkzeug für aufstrebende Modernisierer geworden war. Nahezu ein Jahrhundert zuvor war in Indien ein öffentlicher Raum für Debatten und Diskussionen entstanden. China hatte sich vergleichsweise spät auf diesen Weg begeben, und Liang versuchte, die verlorene Zeit aufzuholen. In einem Artikel nach dem anderen betonte er die Dringlichkeit politischer Reformen, die er für noch wichtiger hielt als technologischen Wandel. Der Schlüssel zu diesen Reformen liege in der Abschaffung des alten Systems der kaiserlichen Prüfungen und im Aufbau eines landesweiten Schulsystems, das entschieden patriotische Bürger für das Neue China hervorbringen werde.

> »Wenn es keine moralische Erziehung in den Schulen gibt, wenn man dort keinen Patriotismus lehrt, werden die Schüler sich nur mit dem schlechten Verhalten der niederen Arten westlicher Menschen infizieren und nicht mehr wissen, dass sie ihr eigenes Land haben (...) Der Tugendhafte wird dann eine Anstellung bei Ausländern suchen, um sich seinen Lebensunterhalt zu verdienen; und der sittlich Verwahrloste wird ein treuloser Chinese werden, der die Fundamente seines Landes untergräbt (...) Im Verfall der chinesischen Rüstung sehen wir einen Weg zur Schwäche, in der Stagnation der Kultur dagegen einhundert Wege.«[3]

Auch wenn Liang eine durchgreifende Veränderung bestehender Institutionen forderte, war er doch nicht blind für den Reiz des Konfuzianismus oder der traditionellen Struktur der chinesischen Gesellschaft und des chinesischen Staates, in denen der Einzelne sich loyal gegenüber seiner

Familie verhielt und eine Elite aus Gelehrten-Beamten zwischen dem Kaiser und der Bevölkerung vermittelte. Er hoffte immer noch, die Schicht der Gelehrten und Beamten für die Aufgabe der Schaffung einer Nation gewinnen zu können. Vor einer Versammlung von Gelehrten erklärte er 1896 in Hunan: »Sie, meine Herren, die Sie die Robe der Gelehrten tragen und die Schriften der Weisen studieren, werden nun herausfinden müssen, wessen Schuld es ist, dass unser Land so angeschlagen, unsere Rasse so schwach, unsere Religion so kraftlos ist.«[4] Tatsächlich verhielt er sich wie Kang zunächst loyal gegenüber dem herrschenden Qing-Regime. Der Gedanke, es zu stürzen, wie er Sun Yat-sen beflügelte, kam in seinen politischen Zukunftsplänen nicht vor. Aber es gab erste Anzeichen, dass sein intellektueller Weg von dem seines Mentors Kang abwich, dem er anfangs so nahegestanden hatte.

Liang begann zu erkennen, dass Chinas altes monarchisches System zu einer Kraft geworden war, die den Status quo zementierte und intellektuellen wie auch politischen Konformismus förderte. Sie war allenfalls noch dazu imstande, die herrschende Dynastie an der Macht zu halten. Der Staat war auf die Zustimmung der Regierten angewiesen, und nur gebildete, politisch bewusste Bürger vermochten jene kollektive Dynamik und nationale Solidarität zu entfalten, die für Chinas Überleben im geopolitischen Kampf aller gegen alle unerlässlich waren.

Obwohl niemals explizit geäußert, gärten doch Vorstellungen von Volkssouveränität und Nationalismus unter der Oberfläche seiner Artikel für *Xiwu Bao* und seiner Lehrtätigkeit in der Reformschule in Hunan (an die er 1897 ging, nachdem er die Zeitung wegen Meinungsverschiedenheiten mit deren Geschäftsführer verlassen hatte). Anfangs brachte Liang diese Vorstellungen zum Ausdruck, indem er auf die chinesische Tradition verwies: »Menzius sagt, das Volk muss in Ehren gehalten und die Angelegenheiten des Volkes dürfen nicht vernachlässigt werden. Die Regierungen der heutigen westlichen Staaten kommen diesem Grundsatz sehr nahe, aber China ist leider von den Lehren des Menzius abgeschnitten.«[5]

Liang begann zu erkennen, dass die alte chinesische Ordnung zwar in sich bewunderungswürdig, aber leider nicht in der Lage war, die organisatorische und industrielle Macht hervorzubringen, die zum Überleben in einem rücksichtslosen, von den westlichen Nationalstaaten dominierten internationalen System erforderlich war. Obwohl noch traditionell erzogen, hatte er bereits begonnen, sich von der engen Welt der chinesischen Gelehrsamkeit und des Staatsdienstes zu entfernen. Und er sollte sich sehr weit von den Gedanken seines großen Lehrers und Mentors entfernen. Kang verstand sich selbst als konfuzianischen Weisen mit dem moralischen Auftrag einer Verjüngung Chinas. Mit Blick auf dieses Ziel scheute er nicht davor zurück, auch den Konfuzianismus selbst neu zu formulieren. Liang sollte für einen großen Teil seines Lebens einen anderen Weg gehen, bevor er sich wieder den Idealen seiner Jugend zuwandte.

Im Rückblick und insbesondere von außen erscheint der Konfuzianismus wie eine abstrakte Philosophie oder eine Reihe von Glaubensvorstellungen, die dem chinesischen Volk vom Staat auferlegt wurden – und damit als etwas, das sich leicht und willentlich abschütteln ließe. Aber er war in China tief verwurzelt und bildete aufgrund eines allgemeinen Konsenses das religiöse und ideologische Fundament der politischen Ordnung des Landes. Er stützte das Prinzip des Königreichs. Die einzige darin vorgesehene politische Gemeinschaft war das universelle Reich; der Stadtstaat und der Nationalstaat, die in der westlichen Tradition zentrale Bedeutung besaßen, waren unbekannt. Und zur Aufgabe des Staates machte er statt politischer und wirtschaftlicher Expansion die Aufrechterhaltung der konfuzianischen Morallehre.

So stand denn die konfuzianische Lehre für Kang wie für viele andere Reformer der späten Qing-Periode jenseits der Kritik. Selbst Liang, der radikal von seinem Mentor abweichen sollte, empfand sich selbst weiterhin als Verkörperung eines einzigartigen Bestandes an kulturellen Idealen und Glaubensvorstellungen, der China im gleichen Maße definierte wie das Christentum den Westen – oder sogar noch in stärkerem Maße. Die außergewöhnliche Kontinuität des Konfuzianismus gewährleistete teilweise diese Verehrung. Die sozialen und ethischen Normen, die er sowohl dem Herrscher als auch den Beherrschten zuwies, schienen von wesentlicher Bedeutung für die Erhaltung der Ordnung zu sein. In der Vergangenheit hatten Bauernaufstände zwar das konfuzianische System und dessen Repräsentanten, die Gelehrten-Beamten, in Frage gestellt, aber diese ließen sich als Revolten gegen chinesische Herrscher und kaiserliche Bürokraten abtun, welche die konfuzianischen Lehren verraten hatten.

Die neue äußere Bedrohung durch den westlichen Kapitalismus und das Christentum ließen sich jedoch nicht so leicht beiseiteschieben. Als der Druck in den 1850er Jahren zunahm, suchten viele kaiserliche Bürokraten sogar Zuflucht bei einem extrem konservativen Verständnis der konfuzianischen Lehre und Praxis, einem Verständnis, das ihre moralische und richterliche Autorität schützen sollte. (Zu einer ähnlichen Verhärtung religiöser und ethischer Glaubenssysteme kam es auch in Indien, Ceylon [Sri Lanka] und der muslimischen Welt.)

Deshalb waren Kang und Liang geradezu radikal mit ihrer Forderung nach politischer Innovation und der Beteiligung des Volkes an der Regierung. In ihren Kreisen erwarb man Macht und Respekt durch die Beherrschung der konfuzianischen Klassiker und durch Erfolg in den Prüfungen. Es war die Aufgabe der Gelehrten und Beamten, für die Einhaltung der Gebote der konfuzianischen Moral zu sorgen, die eine hierarchische, von wechselseitigen sittlichen Pflichten zusammengehaltene Gesellschaft betonte. Diese Elite mit ihrem hochentwickelten Sinn für soziale Verantwortung, kultivierte Umgangsformen und Etikette stellte die natürlichen Führer der Gemeinschaft in den Dörfern und Städten ganz Chinas. So bildeten die konfuzianischen Lehren den Stoff der Zulassungsprüfungen für den Staatsdienst. Der »Achtgliedrige Aufsatz«, der jahrhundertelang über das Ergebnis der Prüfungen entschied, musste über ein Thema aus den »Vier Büchern«, den kanonischen Schriften des Konfuzianismus, geschrieben werden.

Eine derart formalistische Bildung eignete sich eindeutig nicht für die moderne Zeit, und die konfuzianische Betonung privater Sittlichkeit taugte kaum für die Aufgabe, das für eine neue Nation erforderliche Gemeinschaftsgefühl zu schaffen. Der Schriftsteller und Übersetzer Yan Fu beschrieb 1895 die deutlichen Unterschiede zwischen China und dem Westen:

> »China schätzt die Drei [Familien-]Bande am höchsten, während im Westen die Gleichheit den Vorrang genießt. In China bevorzugt man Verwandte, im Westen solche, die würdig sind. China regiert das Reich auf der Grundlage des Respekts vor den Eltern, der Westen auf der Grundlage von Unparteilichkeit. China schätzt den Herrscher, der Wes-

ten dagegen das Volk. China preist den einen Weg, während der Westen die Vielfalt vorzieht (...) In der Erziehung setzt China auf breite Bildung, der Westen auf menschliche Stärke.«[6]

Für Kang war klar, dass China nur überleben konnte, wenn es einige der westlichen Tugenden übernahm. Zugleich galt es, am Konfuzianismus in irgendeiner Form festzuhalten, um das politische und soziale Fundament Chinas nicht zu gefährden. Mit anderen Worten, der Konfuzianismus musste neu erfunden werden, um ihn zu retten.

Viele Mitglieder der Beamtenschaft hegten ähnliche Befürchtungen, als der Druck des Westens die Verwundbarkeit des Qing-Reichs offenlegte, und so gab es Ende des 19. Jahrhunderts ein großes Publikum für Kang. Aber wie sollte man mit etwas so Verehrtem und tief im chinesischen Boden Verwurzeltem wie dem Konfuzianismus brechen? Wie konnte man solch ein Symbol der Ordnung und der Kontinuität neu erfinden als Philosophie des sozialen Wandels?

Kang hatte Ähnlichkeit mit den konservativen Reformern in der muslimischen Welt, in deren Augen die Wahrheiten des Islam nicht grundsätzlich in Frage gestellt werden durften, oder sogar mit Gandhi, der in den indischen Traditionen eine ganz und gar ausreichende Ressource für eine neue Nation erblickte. Sie alle standen vor der Aufgabe, neue Werte schaffen zu müssen, die das Überleben in der Moderne sicherten, und zugleich altehrwürdige Tradition zu respektieren – also ihrer Nation scheinbar die Treue zu halten, aber dabei einige Geheimnisse des westlichen Fortschritts zu übernehmen.

Glücklicherweise bestand angesichts der intellektuellen Freiheit, die diesen Augenblick des Übergangs zu neuen Vorstellungen von Nation und Volk kennzeichnete, ein großer Spielraum für radikale Interpretationen der Tradition. Vor allem im Konfuzianismus gab es konkurrierende Denkschulen. Kang griff eine alte Kontroverse unter konfuzianischen Gelehrten auf, erklärte die vorherrschende konfuzianische Schule zu einer Fälschung und behauptete, die wahren Lehren des Konfuzius seien in den Schriften des Neokonfuzianismus enthalten, der einst in der Han-Dynastie die Vorherrschaft besessen hatte.

Kang entwickelte seine Vorstellungen in zwei Büchern, die Liang als »Vulkanausbrüche« und »Erdbeben« in der Welt der konfuzianischen

Gelehrten bezeichnete.[7] In seinen Augen war Kang der »Martin Luther« des Konfuzianismus. Wie Gandhi in Bezug auf die *Bhagavadgītā* und al-Afghani in Bezug auf den Koran, so versuchte Kang, politische Reformen und Massenmobilisierung als zentrale Anliegen des Konfuzius darzustellen, um dessen Ideen Bedeutung für Gegenwart und Zukunft Chinas zu verleihen und das Streben der Reformer nach wissenschaftlichem und sozialem Fortschritt zu begründen. So erschienen denn in Kangs Lesart der konfuzianischen Klassiker Frauenemanzipation, Massenbildung und allgemeine Wahlen als zentrale Anliegen des Weisen aus dem 6. vorchristlichen Jahrhundert.

Kang ging sogar noch weiter und entwickelte die utopische Vision einer unvermeidlichen universellen sittlichen Gemeinschaft, in der Egoismus und der Hang zur Bildung von Hierarchien verschwinden würden und die konfuzianische Idee des *ren* (der Mitmenschlichkeit) Wirklichkeit würde. Aber diese Welt liege in der Zukunft, und zuerst einmal müsse die chinesische Nation zusammenfinden. Für den Augenblick begnügte Kang sich damit, die Notwendigkeit institutioneller Reformen in China zu betonen, denn das Land stand in seinen Augen vor einer Herausforderung durch den Westen, die nicht nur politischen, sondern auch kulturellen und religiösen Charakters war. Der Westen bedrohte nicht nur den chinesischen Staat, sondern auch den Konfuzianismus. Diese Befürchtung stand hinter all seinen Kampagnen für ein landesweites Schulsystem, für eine konstitutionelle Monarchie oder für den Aufbau von Militärakademien. Vielleicht unter dem Eindruck der Erhebung des Schintoismus zur Staatsreligion Japans schlug Kang sogar vor, den Konfuzianismus zur Staatsreligion zu erheben, um den Einfluss des Christentums zu bekämpfen, wobei lokale Schreine in Tempel des »bedeutenden Weisen« umgewandelt werden sollten.

In den 1890er Jahren propagierten viele Vereinigungen in den Küstenregionen Chinas die von ihnen als »Konfuzianismus« bezeichnete Religion, und Kang bekehrte zahlreiche Mitglieder der Gelehrten-Beamtenschaft zu den politischen Werten des Westens, indem er sie als Teil der konfuzianischen Tradition ausgab. Welche Herausforderung sein Arsenal an traditioneller politischer Theorie für die überkommene politische Ordnung darstellte, sollte sich rasch zeigen. Es war der Beginn einer neuen radikalen Phase in der Geschichte Chinas, in der alle alten Wahrheiten in Frage gestellt und umgestoßen wurden.

Die intellektuelle Gärung im China der 1890er Jahre brachte auch eine Reihe von Reformideen hervor. Während Liang in Schanghai seine Zeitschriften publizierte, gab Yan Fu in Tianjin, wo er die Marineschule leitete, eine populäre Zeitschrift heraus. Yan, der zwei Jahre in England studiert hatte, gehörte zu der Handvoll Chinesen, die den Westen aus eigener Erfahrung kannten. Seine Übersetzung von Werken Herbert Spencers, John Stuart Mills, Adam Smiths und T. H. Huxleys machten viele chinesische Denker, darunter auch Liang, erstmals mit zeitgenössischen westlichen Philosophen bekannt und insbesondere mit der sozialdarwinistischen Erklärung der Geschichte im Sinne eines »Überlebens des Stärksten«.

Wie viele andere Intellektuelle in Asien wurde Yan sich schlagartig der Bedrohung durch den westlichen Imperialismus bewusst. »Sie werden uns versklaven und uns an der Entwicklung unseres Geistes und unseres Körpers hindern«, schrieb er 1895. »Die braune und die schwarze Rasse schwebt ständig zwischen Leben und Tod. Warum nicht auch die gelbe?« Wie viele seiner asiatischen Kollegen wurde Yan Fu Sozialdarwinist und war besessen von der Frage, wie China genügend Reichtum und Macht ansammeln konnte, um zu überleben. Er schrieb: »Rassen konkurrieren mit Rassen und bilden Gruppen und Staaten, damit diese Gruppen und Staaten untereinander konkurrieren können. Die Schwachen werden von den Starken gefressen, die Dummen von den Klugen versklavt (...) Anders als Tiere kämpfen Menschen mit Armeen, nicht mit Klauen und Zähnen.«[8] »Es ist der Kampf ums Dasein«, fügte er hinzu, »der zur natürlichen Auslese und zum Überleben des Stärksten führt – und damit im Bereich des Menschen zur größtmöglichen Verwirklichung der menschlichen Fähigkeiten.«[9]

Yan glaubte, der Westen beherrsche die Kunst, individuelle Kraft und Dynamik in nationale Stärke zu verwandeln. In Britannien und Frankreich verstanden die Menschen sich als aktive Bürger eines dynamischen Nationalstaats und nicht wie in China als Untertanen eines auf alten Ritualen basierenden Reiches. Wie die Menschen im Westen behauptete Yan Fu, die Chinesen müssten lernen, »zusammenzuleben, untereinander zu kommunizieren, sich aufeinander zu verlassen und zu diesem Zweck Gesetze und Institutionen, Riten und Rituale zu schaffen (...) Wir müssen einen Weg finden, dass jeder die Nation als seine eigene empfindet.«[10] Yans Ideen, die mit der konfuzianischen Vorstellung kosmischer Harmonie nicht im Einklang zu stehen schienen, trugen in den 1890er Jahren dazu bei, Wörter wie »Nation« und »modern« in den chinesischen Wortschatz einzuführen, und stießen kaum auf Widerspruch bei mehreren Generationen chinesischer Intellektueller, darunter an prominentester Stelle Liang Qichao. Tatsächlich wurden sie rasch aufgenommen, beschrieben sie doch sehr genau die prekäre Lage, in der China sich befand.

Verglichen mit Yan Fu, war eine Gestalt wie Tan Sitong ein traditionsverhafteter Philosoph. Als junger Mann in Beijing trat Tan, der idealistisch gesinnte Sohn eines hohen Staatsbeamten, 1895 an Kang Youwei heran. Kang war damals in Kanton, und so führte ihn dessen wichtigster Assistent, Liang, in Kangs Weltsicht und nebenbei auch in den Buddhismus ein und bekehrte ihn zu Kangs Ansichten. Tan, einer der originellsten Köpfe seiner Generation, ging weiter als seine Mentoren und setzte sich für eine Republik statt für eine reformierte Monarchie und für Nationalismus statt Loyalität gegenüber den Mandschus ein. Ähnlich wie Gandhi betonte Tan die Notwendigkeit unermüdlichen moralischen Handelns und sittlichen Bewusstseins und erweiterte damit die konfuzianische Idee des Guten als etwas, das Sinn für die soziale Ethik in Gegenwart und Zukunft mit einem persönlichen Streben nach Selbstvervollkommnung verband.

Wenigstens für ein paar Wochen war dies kein bloßes Theoretisieren in den tristen Teehäusern Beijings. Anfang 1898 übergab die Kaiserinwitwe dem 23-jährigen Guangxu die volle kaiserliche Regierungsgewalt, und plötzlich schienen Kangs und Liangs zahlreiche Bildungsvereine, Zeitschriften, Schulen und heimlichen Diskussionen mit Reformern am kaiserlichen Hof Früchte zu tragen. Der gerade erst an die Macht gelangte Kaiser, der 1895 bereits eine Petition von Kang zur Kenntnis genommen hatte, wandte sich an ihn mit der Bitte, ihm bei Reformen zu helfen. Kang entsprach dieser Bitte mit mehreren geistreichen Essays – darunter einer über den Erfolg Meiji-Japans und ein anderer über die Hilflosigkeit Indiens unter britischer Herrschaft. »Reform bedeutet Stärkung«, schrieb er, »das Alte bewahren bedeutet den Tod.«[11]

Kang wurde in die Verbotene Stadt eingeladen. Es folgte eine außergewöhnliche fünfstündige Begegnung mit dem Kaiser. Dieser Begegnung wiederum folgte im Juni ein Trommelfeuer kaiserlicher Erlasse, die kühne Reformen auf fast allen Gebieten anordneten, von der lokalen Verwaltung und einem internationalen Kulturaustausch bis hin zur Verschönerung Beijings. Gut 100 Tage lang waren Kang, Liang und Tan Sitong mächtiger als irgendeine andere Gruppe ähnlich gesinnter Intellektueller seit der Französischen Revolution – und das weltweit gesehen.

Liang, der die kaiserlichen Prüfungen noch nicht absolviert hatte, wurde per Erlass zum Leiter des Übersetzungsbüros bestellt. Noch überraschender war indessen, dass seine Zeitung *Xiwu Bao* in ein offizielles Organ umgewandelt wurde. Liang und Tan begleiteten Kang zu Begegnungen mit dem Kaiser in dessen Palast, wo sie alles Rituelle und Zeremonielle beiseiteließen, beieinandersaßen und Reformen planten.

Aber Kang und Liang hatten ihre Karten überreizt. Die Geschwindigkeit des Wandels war zu hoch. Radikale Veränderungen wie die Abschaffung des »Achtgliedrigen Aufsatzes« stießen auf heftigen Widerstand. Sie alarmierten und entfremdeten die alte Garde innerhalb des Hofes, die immer noch treu zur Kaiserinwitwe stand, auch wenn die sich aufs Altenteil in den Sommerpalast zurückgezogen hatte. Sie ließ sich davon überzeugen, dass der Kaiser als Nächstes gegen sie vorgehen würde, obwohl sie selbst eine gemäßigte Reform nicht ablehnte, und nahm es auf sich, den Neffen zu vernichten.

Ein verfrühter und erfolgloser Coup gegen sie, dessen Führung Tan übernahm, beschleunigte nur ihr Vorgehen. Am 21. September 1898, nur 103 Tage nach dem ersten kaiserlichen Erlass, ließ sie erklären, der Kaiser leide an einer schweren Erkrankung (in Wirklichkeit war er auf einer kleinen Insel in den kaiserlichen Gärten inhaftiert worden), und deshalb übernehme sie nun wieder die Verwaltung des Reiches. Außerdem hob sie die meisten Reformerlasse auf und erließ einen Haftbefehl für Kang, Liang, Tan und andere reformorientierte Intellektuelle. Kang war tags zuvor nach Schanghai gefahren und konnte von dort nach Hongkong entkommen. Liang, der noch in Beijing war, floh in die japanische Gesandtschaft. Auch Tan kam dorthin, allerdings nur, um sich zu verabschieden.

Liang flehte Tan an, mit ihm nach Japan zu gehen, aber Tan erwiderte in Worten, die Generationen von Chinesen im Gedächtnis bewahren sollten, China werde sich erst dann erneuern, wenn Männer bereit wären, dafür zu sterben. Er verließ das Gesandtschaftsgebäude und wurde sogleich verhaftet. Er und sechs weitere Gesinnungsgenossen von Liang, darunter Kangs jüngerer Bruder, wurden zum Tode verurteilt. Das Urteil wurde vor den Toren der Verbotenen Stadt verlesen. Man brachte die Verurteilten auf einem Karren auf den Caishikou-Markt, auf dem sich oft viele der Schüler aufhielten, die wegen der kaiserlichen Prüfungen nach Beijing gekommen waren. Vor einem Teehaus bot man den Verurteilten eine Schale Reiswein an. Eine große Menschenmenge schaute zu, wie die Schale zerbrochen wurde. Dann mussten die Männer sich auf den Boden knien, und sie wurden rasch enthauptet.

Auf Befehl der Kaiserinwitwe wurden die Gräber von Kang Youweis Familie geschändet. Liang, auf dessen Ergreifung eine Belohnung ausgesetzt und der gleichfalls zum Tode verurteilt wurde, floh mit japanischer Hilfe nach Tianjin und segelte von dort in ein langes und ereignisreiches Exil in Japan. Er war erst 25 Jahre alt. So endete Chinas Chance, eine Form der Modernisierung von oben einzuleiten, die man auch in der Türkei und in Ägypten versucht hatte. Die Revolution war nun so unausweichlich wie in anderen Ländern Asiens.

Japan und die Gefahren des Exils

Als die *Peking Gazette* über die Belohnung berichtete, die auf Liangs Ergreifung ausgesetzt worden war, nannte sie ihn »ein kleines Tier mit kurzen Beinen, das auf dem Rücken eines Wolfs reitet«.[1] Damit wollte die Zeitung sich eigentlich über Liangs intellektuelle Abhängigkeit von Kang lustig machen, aber das Bild war unzutreffend. Liang, politisch pragmatischer als sein Mentor, hatte bereits begonnen, sich von Kang zu entfernen.

Der stets wissensdurstige Liang – noch auf dem Schiff nach Japan begann er Japanisch zu lernen – gründete sogleich eine Zeitung, die weitgehend von chinesischen Kaufleuten in Yokohama finanziert wurde, und vermittelte neue Ideen, die er gerade in japanischen Büchern kennengelernt hatte, an ein Publikum, das nun aus Studenten wie auch Gelehrten-Beamten bestand. Viele der Studenten, die er in Hunan unterrichtet hatte, folgten ihm nach Japan. Liang brachte sie in seiner eigenen Wohnung unter, bis sie in der Schule Unterkunft fanden, die er 1899 mit finanzieller Unterstützung chinesischer Kaufleute gründete.

Während Kang nach Indien und in den Westen reiste, wurde Liang in Japan der berühmteste chinesische Intellektuelle, der sich vor allem mit dem Problem des Nationalismus befasste – das ihm aufgrund seines sozialdarwinistisch geprägten Weltbilds besonders dringlich erschien. In Japan schrieb er 1901 düster:

> »Alle Menschen in der Welt müssen ums Überleben kämpfen. Im Kampf ums Überleben gibt es Überlegene und Unterlegene. Wenn es Überlegene und Unterlegene gibt, muss es auch Erfolg und Scheitern geben. Wer als Unterlegener scheitert, muss erleben, dass ihm einer, der überlegen ist und triumphiert, alle Rechte und Privilegien nimmt. Das also ist das Prinzip, das hinter der Auslöschung von Nationen steht.«[2]

Die chinesische Intelligenz war nun gespalten zwischen Reformern wie Kang oder Liang und mandschufeindlichen Revolutionären wie Sun Yat-sen. Aber Liangs Schriften überbrückten vielfach diese Kluft, so dass sie für Leser aus einem breiten ideologischen Spektrum interessant waren. Hu Shi, ein liberaler Denker und erbitterter Kritiker von Liang, schrieb (in einem Ton, der an Mohammed Abduhs Verbeugung vor al-Afghani erinnert): »Er zog unseren überaus neugierigen Geist an, zeigte uns eine unbekannte Welt und ermahnte uns, sie selbst zu erkunden.«[3]

Liang fand beträchtliche Unterstützung in seinem Umfeld. Für gebildete Chinesen war Japan ebenso das Zentrum der Kultur und der Bildung wie Paris für verwestlichte Russen und London für Kolonialinder. Tausende chinesische Studenten reisten nach 1900 dorthin und kehrten nach Hause zurück, um Führungspositionen zu übernehmen. Die Japaner hatten seit der Meiji-Restauration viele westliche Ideen aufgenommen. Viele Chinesen wie Liang machten dort erstmals Erfahrungen mit der Moderne, und fast alle mussten danach ihre früheren Vorstellungen von der Welt revidieren. Worte wie »Demokratie«, »Revolution«, »Kapitalismus« und »Kommunismus« fanden über das Japanische Eingang in die chinesische Sprache.

Das sinozentrische Weltbild war durch das Eindringen des Westens zerschlagen worden, und Liang machte es sich zur Aufgabe, harte politische Realitäten darzustellen, denen China sich nicht hatte stellen wollen:

> »Wegen unserer Selbstzufriedenheit und Trägheit haben die blind verehrten alten Sitten sich über mehr als 3000 Jahre bis in unsere Tage erhalten. Die Ordnung der Rasse, der Nation, der Gesellschaft, unserer Gebräuche und Riten, Künste und Wissenschaften, des Denkens, der Moral, des Rechts und der Religion – all das ist ohne jede Erweiterung heute noch so wie vor 3000 Jahren.«[4]

Das war übertrieben, erscheint aber verständlich angesichts der Größe der Herausforderung, vor die Liang sich gestellt sah. China war einer der ältesten Staaten der Welt. Aber verstanden die Bürger ihn als Nation? Konnten sie ihre konfuzianische Betonung der Selbstkultivierung genügend abstreifen, um ein Gefühl staatsbürgerlicher Solidarität zu entwickeln? Ließen sich die staatlichen Institutionen so weit reformieren, dass sie den Herausforderungen der internationalen Politik gewachsen waren? Und konnte man eine moderne chinesische Nation schaffen, ohne die stolze kulturelle Identität Chinas zu zerstören? Liang stellte diese großen, komplexen Fragen, ohne eine präzise Antwort darauf zu geben. Dennoch formulierte er sie klarer als andere chinesische Intellektuelle. Mit seinen Zeitschriften, Schulen und Bildungsgesellschaften, die noch dem abgeschiedensten Gelehrten die Dringlichkeit von Reformen vor Augen führten, hatte er bereits die Saat der Zeit nach der Qing-Dynastie gesät. Seine Schriften, die aus Japan nach China geschmuggelt wurden, sollten nun die nächste Generation chinesischer Denker und Aktivisten inspirieren.

Zunächst jedoch musste Liang seinen Weg durch die verzwickte Politik seiner japanischen Gastgeber und der diversen Gruppen in Japan lebender Auslandschinesen finden. Das Japan, in das er 1898 kam, war noch weit entfernt von der selbstbewussten imperialen Macht, die es nach dem Sieg über Russland und der Annexion Koreas im Jahr 1910 werden sollte. Doch es folgte dem Vorbild anderer imperialistischer Mächte und wünschte sich einen Anteil an der chinesischen Kriegsbeute. 1900 sollte Japan sich an der Niederschlagung des Boxeraufstands durch die alliierten Mächte beteiligen.

Aber Japan fürchtete die Teilung Chinas ebenso, wie die europäischen Mächte den Zerfall des Osmanischen Reiches gefürchtet hatten. Der »Kranke Mann« Asiens war besser lebendig als tot, denn er hielt das Chaos fern und konnte nach Belieben drangsaliert werden. Japanische Staatsmänner verfolgten die Hundert-Tage-Reform sehr genau, angezogen von der Aussicht, eine reformierte Mandschu-Dynastie könne China vielleicht vor dem vollständigen Zusammenbruch bewahren. Sie schätzten den Konservatismus Kangs und Liangs, die beide den Kaiser nicht absetzen wollten. Ito Hirobumi, dreimaliger Premierminister Japans und wichtigster Initiator der japanischen Verfassung, hielt sich in China auf, als die Kaiserinwitwe über die Reformer herfiel. Er instruierte heimlich die japanischen Diplomaten, für die Sicherheit Kangs und Liangs zu sorgen. Als Kang Youwei im November über Hongkong nach Tokio kam, wurde er dort als Kopf einer Exilregierung behandelt und traf mit den mächtigsten Politikern Japans zusammen.

Über inoffizielle Kanäle erhielten Kang und Liang sogar noch größere Unterstützung. Trotz eines autoritären politischen Systems gab es in Japan erstaunlich verschiedenartige intellektuelle Strömungen. Durch seinen Aufstieg zu einer größeren Weltmacht wurde Japan mit den rassistischen Fundamenten des internationalen Systems konfrontiert – trotz seines Erfolges galt es den Westmächten immer noch als »Gelbe Gefahr«, und 1898 hatten die Vereinigten Staaten ihre Präsenz in der Nachbarschaft Japans demonstriert, indem sie dem morschen spanischen Reich die Philippinen entrissen (aus denselben Gründen hatte Japan Korea aus dem chinesischen Einflussbereich herausgerissen: weil es reif dafür war).

Wie jede aufsteigende Macht entwickelte Japan auch ein Bewusstsein für seine »nationalen Interessen«, die weit über seine physikalischen Grenzen hinausreichten. Tokutomi Sohō fasste es so zusammen: »Dass die Länder des Fernen Ostens den Großmächten Europas zum Opfer fallen, wird unser Land nicht dulden (…) Wir haben die Pflicht, den Frieden in Ostasien zu bewahren.«[5] 1885 stieß Fukuzawa Yukichi auf offene Ohren, als er forderte, Japan solle Asien »hinter sich lassen« und sich dem Westen anschließen. Doch nun drängte die Furcht vor einem rassistisch gefärbten Imperialismus ein breites Spektrum japanischer Intellektueller und Politiker, sich neue Gedanken über die kulturelle Identität Japans zu machen und damit auch über seine alten Verbindungen zu China und dem übrigen Asien.

Das war der Beginn eines Panasianismus, der für das nächste halbe Jahrhundert zu einer größeren Strömung innerhalb des japanischen Selbstbildes und Handelns werden sollte. Vielen Japanern erschien der Gedanke, wonach die asiatischen Länder schwach geworden waren und sich dadurch der Erniedrigung und Ausbeutung durch den Westen aussetzten, als eine unbestreitbar solide Grundlage für eine panasiatische Identität; ebenso wie die Forderung nach Rassengleichheit, welche die Japaner in den internationalen Beziehungen zum Prinzip zu erheben versuchten. Stärke lag sowohl in den Zahlen als auch in dem Gedanken, dass Japan als das erste Land, das sich selbst modernisiert hatte, die Westmächte zur Anerkennung der asiatischen Würde zwingen könne. Aufgrund seiner erfolgreichen Selbstermächtigung könnte Japan vielleicht sogar einen Kreuzzug zur Befreiung Asiens von seinen europäischen Herren führen.

Von Anfang an gehörten die Verfechter des Panasianismus in Japan zu einem breiten ideologischen Spektrum. Unter ihnen befand sich zum Beispiel eine Gestalt wie Nagai Ryūtarō (1881–1944), ein frommer Christ, der sich für viele liberale Forderungen wie das allgemeine Wahlrecht und Frauenrechte einsetzte, voller Bewunderung vom Sozialismus sprach und auch vor der von ihm sogenannten »Weißen Gefahr« warnte. »Wenn eine Rasse das Recht beansprucht, sich allen Reichtum anzueignen, sollten alle anderen Rassen das nicht als Misshandlung empfinden und protestieren?«, fragte er. »Wenn die gelben Rassen von den weißen Rassen unterdrückt werden und revoltieren müssen, um Luft zum Leben zu haben und ihre Existenz zu retten, wer anders ist dann schuld daran als der Unterdrücker?«[6] Tatsächlich verstanden viele der selbsternannten Wächter des japanischen Ansehens sich als Beschützer allgemeiner asiatischer Werte vor der »Weißen Gefahr«. Wie Sohō schrieb, war nicht der Westen, sondern Japan am ehesten geeignet, »für wahre universelle Gleichheit und für universellen Fortschritt zu sorgen«.[7] Einige dieser Anhänger des panasiatischen Gedankens waren Militaristen, die glaubten, China und Korea sollten von Japan regiert werden. Andere waren sensibler hinsichtlich der Interessen ihrer Nachbarn und gastfreundlicher gegenüber politischen Flüchtlingen aus China, Korea und Südostasien. Liberale Nationalisten, die Japan modernisieren wollten, damit es dem Westen ebenbürtig wurde, fühlten sich verpflichtet, China gegen ausländische Imperialisten zu stärken. Weiter blickende und ehrgeizigere Anhänger des Panasianismus sahen in Japan den zukünftigen imperialen Eroberer und Führer Asiens. Zu ihnen gehörten auch Idealisten wie Ōkawa Shūmei, Japans größter Kenner der indischen und islamischen Kultur, der sich 1913 zum Panasianismus bekehrte, nachdem er ein Buch über den schlimmen Zustand Indiens unter den Briten gelesen hatte.

Als Japans Macht wuchs, entwickelte sich ein Widerspruch zwischen seinem Expansions- und Herrschaftsbestreben und dem panasiatischen Wunsch nach Solidarität mit anderen asiatischen Ländern. Organisationen wie Kyujitai, der Amur-Bund (Schwarzer-Drachen-Bund) und Genyosha (Schwarzer-Ozean-Bund) sollten zu immer militanteren und mächtigeren Verfechtern der japanischen Rechte in Asien werden. Doch zumindest in der Anfangszeit spielten politische Differenzen zwischen Panasiaten keine große Rolle; viele von ihnen suchten in dieser Übergangsphase nach neuen Lebenszielen. Die Meiji-Reformen hatten eine ganze Klasse politischer und intellektueller Abenteurer freigesetzt, darunter viele ehemalige Samurai, die sich als edel selbstlose Idealisten verstanden. Diese entwurzelten Männer, die davon träumten, China vor sich selbst zu retten, betätigten sich als Interessenvertreter und Lobbyisten. Sie verbanden sich vielfach mit den chinesischen und südostasiatischen Nationalisten, die gegen Ende des 19. Jahrhunderts in Japan einzutreffen begannen und gezwungen waren, ihre Identität neu zu definieren und nach der Serie von Demütigungen durch den Westen ihre Würde zu behaupten – als Mitglieder aufsteigender Nationen, Rassen, Klassen oder supranationaler Gebilde panislamischer oder panasiatischer Prägung.

Einer dieser japanischen Idealisten war Miyazaki Torazō (1871–1922), ein Berufsrevolutionär und Verfechter des panasiatischen Gedankens, der schon 1891 versuchte, in China eine Bewegung gegen das Qing-Regime aufzubauen und im weiteren Verlauf des Jahrzehnts Waffen für die antiamerikanischen Guerillas auf die Philippinen schmuggelte. Als er 1897 Sun Yat-sen begegnete, glaubte er, seinen Retter Chinas gefunden zu haben. So war denn Sun, der in China schon vergeblich eine Revolte angezettelt hatte, in Japan etabliert und gut innerhalb der Auslandsgemeinschaft chinesischer Kaufleute und Studenten vernetzt, als Liang dort im Herbst 1898 eintraf, wenig später gefolgt von Kang Youwei. In Yokohama lebten damals bereits zahlreiche chinesische Studenten, und die Anhänger der beiden Männer begannen sich in Japan um sie zu versammeln. Ihre japanischen Schirmherren versuchten, sie zu einer gemeinsamen Plattform für eine Erneuerung Chinas zu bewegen, und ermunterten sie mit Geld und Ratschlägen, ihre beiden Gruppen zu einer einzigen Exilpartei zu verschmelzen. Aber die zwei Männer verrannten sich in eine wechselseitig zerstörerische Zwietracht, wie sie im 19. Jahrhundert bei politischen Exilanten häufig anzutreffen war, so etwa auch bei den Anhängern von Marx und Herzen.

Im Unterschied zu Kang und Liang stammte Sun aus einer Bauernfamilie aus Guangzhou. Die Armut zwang seinen Bruder zur Emigration. Er ging nach Hawaii, und Sun folgte ihm noch als Jugendlicher. Er besuchte eine Missionsschule und sprach fließend Englisch, schrieb das klassische Chinesisch dagegen nur schlecht. Mit seiner westlichen Kleidung und seiner finanziellen Abhängigkeit von Auslandschinesen war

Sun denkbar weit entfernt von der traditionellen Welt der konfuzianischen Gelehrten- und Beamtenschicht, der Kang und Liang angehörten. Da er den Westen bereist hatte, besaß er auch ein scharfes Auge für die Schwächen Chinas. Als der kaiserliche Hof 1894 eine von ihm eingereichte kühne Petition ablehnte, gelangte er zu der Überzeugung, dass man die Mandschu-Monarchie stürzen und durch eine Republik ersetzen müsse. Allein schon diese Überzeugung hätte Probleme mit dem Royalisten Kang hervorgerufen. Dennoch war Sun, ein Meister der Improvisation, sehr darauf bedacht, sich mit Kang und Liang zusammenzutun. Wie sich zeigte, konnte Kang ihn nicht ausstehen und hielt ihn für einen wertlosen bäurischen Abenteurer. Solcherart abgewiesen, gelangte der zum Christentum konvertierte Sun zu der Auffassung, dass Kangs Versuch, den Konfuzianismus im Lichte der modernen Verhältnisse neu zu interpretieren, nur eine bedeutungslose akademische Übung sei.

Durch sein kompromisslos elitäres Denken machte Kang sich auch bei den Japanern unbeliebt, die bereits nervös waren angesichts der chinesischen Proteste gegen Suns, Liangs und Kangs Anwesenheit in Japan – die Kaiserinwitwe hatte sie als die drei größten Verbrecher Chinas bezeichnet. Der Druck auf Kang stieg, und im Sommer 1899 ging er nach Kanada, wo er mit Hilfe von Auslandschinesen einen »Verein zum Schutze des Kaisers« gründete. Nun musste Liang sich mit Sun und den einstigen Schülern auseinandersetzen, die aus China gekommen waren und sich um ihn versammelten.

Die Japaner versuchten, Sun und Liang zusammenzubringen, und es kam sogar zu einem gewissen Maß an Zusammenarbeit, vor allem in Bezug auf Geldmittel. Liang stand Suns monarchiefeindlichen Bestrebungen durchaus positiver gegenüber, als er es damals zum Ausdruck bringen konnte. Aber gerade als Sun und Liang Ende 1899 kurz vor einer Zusammenarbeit standen, schickte Kang Liang auf eine Reise nach Hawaii und Amerika, wo er Spendengelder sammeln sollte.

Liang gehorchte. Kang war immer noch sein verehrter Lehrer in der konfuzianischen Tradition. Aber das Beispiel Japans hatte begonnen, ihn zu emanzipieren, so wie es auch zwei weitere Generationen chinesischer Denker emanzipieren sollte. Seine Lektüre und sein Denken erweiterten sich. Bislang auf Yan Fus Übersetzungen angewiesen, vertiefte er nun sein

Wissen über Hobbes, Spinoza, Rousseau und die griechischen Philosophen und schrieb sogar biographische Studien über Cromwell, Cavour und Mazzini. Sein Wissen über die Welt außerhalb Chinas wurde breiter.

Qingyi Bao (»Journal für reine Kritik«), die Zeitschrift, mit deren Herausgabe er kurz nach seiner Ankunft in Japan begann, brachte Berichte über den philippinischen Widerstand gegen die Vereinigten Staaten und die Probleme der Briten mit den Buren in Südafrika. Vor allem der moderne Wettlauf um Territorien und Bodenschätze rückte ins Zentrum seines Interesses, ob er nun über die Vereinigungsbestrebungen in Italien oder die Unterjochung Vietnams durch die Franzosen schrieb. In Japan traf er auch mit revolutionären Denkern und Aktivisten aus Indien, Indonesien, Vietnam und von den Philippinen zusammen, von denen viele sich dort nach dem japanischen Sieg über Russland 1905 gesammelt hatten. Liang war in Japan, als im April 1907 einige japanische Sozialisten, Inder, Filipinos und Vietnamesen in Tokio die Asiatische Solidaritätsgruppe gründeten, und er dürfte einem anderen Exilchinesen in Japan, dem Buddhismuskenner Zhang Taiyan (1869–1936, auch Zhang Binglin genannt), kaum widersprochen haben, der im Manifest des Vereins die bei asiatischen Flüchtlingen vorherrschenden Gefühle des kulturellen Stolzes, des politischen Ressentiments und des Selbstmitleids zusammenfasste:

> »Asiatische Länder (...) haben einander nur selten überfallen, sie behandeln sich wechselseitig gemäß der konfuzianischen Tugend der Mitmenschlichkeit mit Respekt. Vor etwa einhundert Jahren drangen die Europäer nach Osten vor und die Macht Asiens schwand von Tag zu Tag. Es fehlte ihnen nicht nur an politischer und militärischer Macht, die Menschen fühlten sich auch unterlegen. Ihre Gelehrsamkeit verfiel, und die Menschen verfolgten nur noch materielle Interessen.«[8]

Liu Shipei, Anarchist und Mitglied des Vereins, sprach deutlich aus, was zu tun sei. »Die heutige Welt ist eine Welt der rohen Gewalt«, schrieb er in seinem Artikel »Über neuere Entwicklungen in Asien«, »und Asien ist ein Territorium, auf dem die weiße Rasse ihre rohe Gewalt einsetzt. Wir müssen ihrer Einmischung in Asien ein Ende setzen.«[9] Ou Jujia, ein Mitstreiter Liang Qichaos, ermahnte das chinesische Volk, von den Filipinos zu lernen, die einen entschlossenen Kampf gegen die Amerikaner führten, obwohl sie keinen eigenen Staat besaßen. Das Geschehen auf den Philippinen machte besonderen Eindruck auf die chinesischen Exilanten in Japan. Ma Junqu, ein weiterer Intellektueller in Liangs Zirkel, pries den antiimperialistischen Dichter José Rizal, der 1896 von den Spaniern hingerichtet worden war, als vorbildlichen asiatischen Patrioten. Liang selbst sah in den Filipinos »Vorkämpfer der Unabhängigkeit für Asien«, die im Erfolgsfall, wie er 1899 schrieb, »die Zahl der neuen Staaten im östlichen Pazifik auf zwei erhöhen« würden (Japan und die Philippinen), welche dann eine »vereinte asiatische Streitmacht« bilden könnten, der es möglich wäre, »dem Vorstoß der Europäer nach Osten Einhalt zu gebieten«.[10]

Zhang Taiyan schrieb über seine Freundschaft mit indischen Revolutionären, die im Exil in Tokio lebten, und über seinen Schmerz, als er von den entsetzlichen Zuständen in dem unter britischer Herrschaft stehenden Indien erfuhr.

Er besuchte eine Gedenkveranstaltung für Shivaji, den indischen Rebellenkönig des 17. Jahrhunderts, der gegen das Mogulreich gekämpft hatte, und er war der Überzeugung, dass es der Guerillataktik dieses Königs bedurfte, um die Briten aus Indien zu vertreiben. Chinesische Kommentatoren verfolgten auch den Burenkrieg (1899–1902) und sahen darin einen weiteren Kampf eines schwachen Volkes um die Befreiung vom Westen. Als die Amerikaner den antiimperialistischen Aufstand auf den Philippinen brutal unterdrückten, beschrieb ein weiterer Exilchinese in Japan, Tang Tiaoding, voll Trauer die Ereignisse und schloss mit einer Brandmarkung der »Geschichtsdarstellungen der Weißen«:

> »Sie bringen zahlreiche unbestreitbare Belege für das Ausmaß der primitiven Bräuche und der Unwissenheit der Einheimischen, um zu beweisen, dass diese Menschen es verdienten, erobert zu werden. Das Lob [ihrer selbst] und die Verdammung [anderer] erfolgt im Blick auf das endgültige Urteil der Geschichte. Ägypten, Polen, Kuba, Indien, Südafrika und all diese Regionen: Man lese nur einmal die Bücher über die Geschichte ihres Niedergangs (…) Ich hatte oft den Eindruck, die Situation wäre so beschaffen gewesen, dass die Länder gar nicht anders als untergehen konnten (…) Aber jetzt weiß ich, dass all diese Bücher von Weißen geschrieben wurden, die Wahres und Falsches miteinander vermengen (…) Eines weiß ich ganz sicher: Wer die Wahrheit über die Philippinen in den Geschichtsbüchern der Spanier sucht, wird keinen

Augenblick bezweifeln, dass dieses Land unwissend und wertlos ist, und er wird sich eher wundern, warum es nicht schon früher zugrunde ging (...) Ihr Gebildeten meines Landes, machen sich einige von euch daran, unsere Geschichte zu schreiben? Lasst nicht zu, dass weiße Kinder, die hinter unserem Rücken lachen und voller Schadenfreude in die Hände klatschen, nach Stift und Papier greifen [um für uns unsere Geschichte zu schreiben]!«[11]

Liang war sicher nicht bereit zuzulassen, dass die von weißen Kindern stammende Fassung der Geschichte Asiens den Sieg davontrug. Er publizierte – oft mit eigener Einleitung – Darstellungen der Geschichte der in China sogenannten »verlorenen« *(wangguo)* Länder. Als westliche Mächte den Chinesen 1901 im Gefolge des Boxeraufstands einen weiteren Vertrag aufzwangen, schrieb er eine zornige Zusammenfassung der vielfältigen Wege, auf denen der Westen schwächere Länder unterjochte. Der Aufsatz mit dem sarkastischen Titel »Über die neuen Regeln zur Zerstörung von Ländern« hätte auch von al-Afghani stammen können. Darin beschrieb Liang die vielfältigen subtilen Wege, auf denen europäische Kaufleute und Bergbauunternehmer viele Gesellschaften und Kulturen zunehmend infiltriert und unterminiert hatten. Der Aufsatz beschreibt die verschiedenen Methoden, bei denen man zum Beispiel ein Land drängt, sich immer stärker zu verschulden (Ägypten), das Staatsgebiet des Landes aufteilt (Polen), interne Spaltungen ausnutzt (Indien) oder einfach Gegner durch überlegene militärische Macht überwältigt (die Philippinen und Transvaal). Liang schrieb dazu: »Wer behauptet, die Abtretung von Schürfrechten, Eisenbahnlizenzen und Konzessionen an Ausländer schade nicht der Souveränität des Ganzen, dem rate ich, die Geschichte des Burenkriegs zu lesen.«[12]

Liang schloss daraus, dass die Macht der europäischen Mächte und der Vereinigten Staaten gewachsen sei »im Vergleich zur Macht der Länder, die sie im modernen Wettkampf der Völker angegriffen haben«.[13] Schon bald ersetzte er in seinem Denken die Idee des chinesischen Volkes durch die des chinesischen Staates als wesentlicher Einheit und als Verteidiger des Volkes. Schließlich waren die Buren, ein starkes Volk, das jedoch nur über einen schwachen Staat verfügte, dennoch von den Briten geschlagen worden.

Einige Jahre bevor Lenin den Imperialismus als das letzte Stadium des

Kapitalismus bezeichnete, beschrieb Liang, wie die unvergleichliche wirtschaftliche Expansion des Westens ganz natürlich zur Eroberung Asiens geführt hatte. Durch die Verknüpfung des Imperialismus mit individuellen wirtschaftlichen Interessen hätten die westlichen Länder ihm eine populäre Grundlage in ihren eigenen Völkern verschafft. Er gründete nicht nur in den politischen Ambitionen ihrer Herrscher, sondern stützte sich auch auf eine gewisse Zustimmung bei den Beherrschten.

Dadurch unterscheide sich der moderne Imperialismus ganz beträchtlich von den Expansionsbestrebungen früherer Tyrannen wie Alexander oder Dschingis Khan und stelle daher eine ganz besondere Gefahr für den Frieden dar.

> »Die Triebkraft [des modernen internationalen Wettbewerbs] beruht auf dem Kampf der Menschen ums Überleben, der sich nach den Gesetzen der natürlichen Selektion und des Überlebens des Stärksten unmöglich unterdrücken lässt. Deshalb betrifft der gegenwärtige internationale Wettbewerb nicht nur den Staat, sondern die gesamte Bevölkerung. In den aktuellen internationalen Kämpfen, an denen das gesamte Volk teilnimmt, um sein Überleben und sein Eigentum zu sichern, sind die Menschen vereint, als wären sie ein einziger Mensch. Der internationale Wettkampf der Vergangenheit, der Sache des Herrschers und seiner Minister war, fand irgendwann ein Ende. Der heutige internationale Wettstreit wird dagegen ewig währen, weil es darin ständig um Leben und Eigentum der Menschen geht. Das ist äußerst gefährlich. Wie sollen wir, die wir die Hauptlast dieses internationalen Wettkampfs tragen, diese Vorstöße abwehren?«[14]

Vor allem Indien biete die Horrorgeschichte eines »verlorenen Landes«, das im internationalen Wettkampf kläglich gescheitert sei. »Kleinkapitalisten« aus Britannien hätten einen ganzen Kontinent in ihre Gewalt gebracht, indem sie Inder zu Soldaten ausbildeten und sie dann dazu benutzten, die britische Politik auf Kosten ihrer eigenen Landsleute durchzusetzen. China laufe Gefahr, gleichfalls diese Erfahrung zu machen, da die Menschen dort kein Gefühl für gemeinsame Interessen oder nationale Solidarität entwickelt hätten – die Grundlage der europäischen Macht und des europäischen Wohlstands.

Ein Grund dafür liege in der Tatsache, dass sich das chinesische Volk der ganzen Welt überlegen gefühlt habe, weil die Nachbarn des Landes so deutlich unterlegen gewesen seien. Diese Täuschung, die Liang einst selbst geteilt hatte, lasse sich in einem internationalen System nicht länger aufrechterhalten, in dem China die Realität des Konflikts und des Wettstreits mit anderen Gesellschaften erkennen müsse, wenn es nicht untergehen wolle. Denn »in der Welt gibt es nur Macht – und keine andere Kraft. Dass der Starke stets den Schwachen beherrschen wird, ist in Wahrheit das erste universelle Naturgesetz. Wenn wir die Freiheit erlangen wollen, gibt es deshalb keinen anderen Weg: Wir müssen zuallererst versuchen, stark zu sein.«[15]

Der Boxeraufstand: Weitere Lehren aus der Niederlage

Die Ereignisse in China bestätigten und verschärften Liangs Befürchtungen. Während er im Frühjahr 1900 in der chinesischen Gemeinschaft auf Hawaii Spendengelder sammelte, brach der Boxeraufstand aus. Unter Führung einer schamanistischen Geheimgesellschaft, die sich den traditionellen Kampfsportarten verschrieben hatte, richtete sich der Aufstand gegen Ausländer und vor allem Missionare. Letztere standen im Ruf, tief im Binnenland chinesische Glaubensvorstellungen und Praktiken zu untergraben und zu beleidigen. Der Boxeraufstand begann spontan, wie der Indische Aufstand von 1857, und zog einen bunten Haufen unzufriedener Chinesen an, darunter Bauern und abgemusterte Soldaten, Schmuggler und sogar einige höhere Beamte und Mitglieder des Adels.

Der Boxeraufstand bewies, wie einfallsreich einfache Leute in ihrem Widerstand sein konnten und wie tief die Verbitterung war, die im Volk über die Anwesenheit der Ausländer und deren Druck auf die einheimischen Behörden herrschte. Nur wenige Chinesen bekamen jemals einen Weißen zu Gesicht, aber die von den Ausländern in China geschaffenen Tatsachen hatten beträchtliche Auswirkungen auf ihr Leben: Die Unterwerfung unter die weltwirtschaftlichen Zyklen etwa führte dazu, dass auch viele Chinesen von Arbeitslosigkeit betroffen waren.

Ein Land, das vor 1800 noch einen höheren Lebensstandard als Europa besessen hatte, war während des 19. Jahrhunderts immer mehr zu einem hilflosen Riesen geworden, der westlichen Missionaren, Geschäftsleuten, Diplomaten und Soldaten wehrlos gegenüberstand. Auslandsschulden und Entschädigungen bildeten eine schwere Last für den Staatshaushalt. Die Regierung musste noch für die kleinsten Modernisierungsbemühungen Kredite aufnehmen. Selbst die Eisenbahn, überall sonst ein Symbol der Modernisierung, ließ das Land nur noch tiefer in Schulden versinken und machte weite Teile des chinesischen Binnenlandes zugänglich für ausländische Truppen.

Die Boxer spiegelten einen seit langem schwelenden Zorn im Volk, als sie Eisenbahnstrecken zerstörten. Als sich ihre Angriffe auf Menschen aus dem Westen und auf christliche Konvertiten im Juni 1900 bis nach Beijing ausbreiteten, protestierten die Westmächte bei der Kaiserinwitwe. Diese glaubte jedoch, die Boxer gegen den Westen benutzen und die Westmächte schließlich ganz aus China vertreiben zu können. Ihre daraus resultierende Entscheidung war Ausdruck einer vollkommenen Unwissenheit hinsichtlich der realen Machtverhältnisse in der Welt. Auf ihre opportunistische Kriegserklärung während der Belagerung der ausländischen Vertretungen durch die Boxer folgte schon bald eine militärische Mobilmachung aller größeren Weltmächte gegen sie. 20 000 Soldaten aus mehreren Ländern, darunter Japan, marschierten nach Beijing, um die Belagerung zu brechen und die Stadt zu plündern.

Im britischen Kontingent befand sich auch ein nordindischer Soldat namens Gadhadar Singh. Er sympathisierte mit den antiwestlichen Zielen der Boxer, obwohl er glaubte, dass deren schlechte Taktik »ihr ganzes Land und ihren Staat ins Unglück stürzte«. Seinen ersten Eindruck von China gewann er in der Umgebung von Beijing, wo er verhungerte, zu Skeletten abgemagerte Chinesen in aufgegebenen oder zerstörten Dörfern sah, über deren Trümmern die Flaggen der vereinten Plünderer Chinas wehten – die von Frankreich, Russland und Japan. Das Wasser in den Flüssen war zu einer »Mischung aus Blut, Fleisch, Knochen und Fett« geworden. Die an Chinesen begangenen Massaker, die Brandschatzungen und die Vergewaltigungen lastete Singh in erster Linie russischen und französischen Soldaten an. Einige von ihnen hätten ihre Opfer aus purem Vergnügen gequält. »All diese Leute«, meinte Singh, »gehörten angeblich ›zivilisierten Nationen‹ an.«[1]

»Selbst ein Herz aus Stein«, schrieb er weiter, »wäre geschmolzen und hätte Mitleid empfunden.« »Es war nicht notwendig, dass mein Herz von Mitleid gerührt wurde«, fügte er hinzu, »denn ich war gekommen, um gegen die Chinesen zu kämpfen. Aber (…) ich empfand etwas, das nicht aus Pflichtgefühl erwuchs, sondern aus dem Geist kam.« Bei dem Versuch, sein Mitgefühl für die Chinesen zu verstehen, erkannte Singh, dass er Mitleid empfand, weil die Chinesen wie viele Inder Buddhisten waren und daher »Nachbarn und Mitbewohner Asiens«.[2]

Nicht viele Soldaten entwickelten so viel Zartgefühl gegenüber den Chinesen. Als der deutsche Kaiser 1900 eine Strafexpedition nach China schickte, ermahnte er die Soldaten, sie sollten ebenso brutal gegen die »heidnische Kultur« vorgehen wie einst der Hunne Etzel, auf »daß es niemals wieder ein Chinese wagt, einen Deutschen scheel anzusehen«. Der französische Schriftsteller Pierre Loti war Zeuge der Zerstörungen, die westliche Truppen in der Hauptstadt anrichteten. »Die kleinen grauen Ziegel sind der einzige Baustoff, aus dem Peking errichtet ist – eine Stadt niedriger Häuschen, mit Spitzenzieraten aus vergoldetem Holz, eine Stadt, von der nach der Zerstörung aller dieser zarten Altertümer durch Feuer und Geschosse nichts als armselige Bruchstücke übriggeblieben sind.«[3]

Wie schon 1860, als die Barbaren die Hauptstadt belagert hatten, floh die Kaiserinwitwe, in den blauen Kittel einer Bäuerin gehüllt, aus Beijing. Ihre Vertreter unterzeichneten einen weiteren Vertrag mit den Westmächten, der neben weiteren Strafen eine Entschädigung vorsah, die doppelt so hoch war wie die jährlichen Staatseinnahmen. Sie versprachen, Denkmäler für die von den Boxern ermordeten christlichen Missionare zu errichten, und akzeptierten eine Verringerung der chinesischen Streitkräfte, während die ausländische Militärpräsenz auf chinesischem Boden verstärkt wurde.

Geläutert durch diese Wendung der Dinge, fasste nun selbst die Kaiserinwitwe einige radikale Reformen ins Auge. Sie setzte diese nur langsam um, doch als sie 1908 starb, hatte sie ausreichende Schritte unternommen, um einen modernen Staat aufzubauen. Kurz nach dem japanischen Sieg über Russland 1905 schaffte sie die traditionellen Prüfungen für den Staatsdienst ab, der seit mehr als einem Jahrtausend das Rückgrat des kaiserlichen Staates bildete. Stattdessen richtete der Qing-Hof moderne Schulen mit westlichem Lehrplan ein und schickte chinesische Studenten ins Ausland, nach Europa und in die Vereinigten Staaten wie auch nach Japan. Als die Nachricht davon den damals feurigen Nationalisten Aurobindo Ghose (1872–1950) im fernen Indien erreichte, veranlasste sie ihn zu einem überschwänglichen Lob für den scheinbar im Aufstieg befindlichen Nachbarn:

> »China stärkt Bildung, Training und Bewaffnung mit einer Geschwindigkeit, von der man sich in der Außenwelt kaum eine Vorstellung zu machen vermag. Es hat eine Beobachterkommission in den Westen geschickt und beschlossen, innerhalb der nächsten zehn Jahre eine konstitutionelle Regierung zu schaffen. Und es beschleunigt die Arbeit an der Revolutionierung seines Bildungswesens.«[4]

So wurden Tausende junger Chinesen erstmals in die moderne Wissenschaft, Technik und Medizin, in Rechtswissenschaft, Ökonomie, Pädagogik und Militärtechnik eingeführt. In seiner im Binnenland gelegenen Provinz Hunan gehörte der 16-jährige Mao Zedong (1893–1976) zu den ersten Studenten einer Schule, die das, wie man damals sagte, »neue Wissen« vermittelte. Als Teenager las Mao Bücher über die Amerikanische und die Französische Revolution, über Rousseau und Washington und erfuhr von einem Lehrer, der in Japan studiert hatte, erstmals von dem vollen Ausmaß der Erniedrigung, die China durch den Westen erleiden musste. Jahrzehnte später erinnerte er sich in einem Gespräch mit dem amerikanischen Schriftsteller Edgar Snow:

> »In dieser Zeit entwickelte ich auch bis zu einem gewissen Grad politisches Bewußtsein, besonders als ich ein Pamphlet über die Zerstückelung Chinas gelesen hatte. Ich erinnere mich sogar heute noch daran, daß das Pamphlet mit dem Satz begann: ›Wehe, China wird unterjocht werden!‹ Es berichtete über die japanische Besetzung Koreas und Taiwans, über den Verlust der Oberherrschaft in Indochina, Burma und an anderen Orten. Nachdem ich dies gelesen hatte, dachte ich sehr niedergeschlagen an die Zukunft meines Landes und begriff allmählich, daß es die Pflicht des ganzen Volkes war, an seiner Rettung mitzuwirken.«[5]

Unter anderem wurde auch die Armee modernisiert. Schon bald entstand dort eine neue professionelle Führungselite, insbesondere unter Yuan Shikai (1859–1916), einem General der alten Qing-Armee. In der von Yuan südlich von Beijing gegründeten Militärakademie erhielt auch der spätere Nationalistenführer und Mao-Rivale Chiang Kai-shek (1888–1975) seine Ausbildung. Nun erschien ein glanzvoll militärischer Zug im städtischen Leben Chinas, in dem bisher konfuzianische Gelehrte in Seidenroben mit einer Begabung für Poesie und Kalligraphie besonderes Ansehen genossen hatten. Innerhalb Chinas wie auch in der chinesischen Diaspora entstanden außerdem Vereinigungen aller Art, die sich der Modernisierung und Stärkung Chinas widmeten.

Die Reformen hatten freilich auch Folgen, mit denen die Qing-Reformer nicht gerechnet hatten. Studenten, die durch ihren Aufenthalt in Japan stark politisiert waren, kehrten zurück und bildeten gemeinsam mit gleichgesinnten Absolventen der neuen Schulen und Militärakademien dauerhafte Bündnisse gegen das Qing-Regime. Viele von ihnen waren radikale Nationalisten nach Art der europäischen Sozialdarwinisten und orientierten sich am Beispiel Deutschlands oder Japans, um gegen die fremden Mandschus ein an den Han-Chinesen ausgerichtetes »nationales Wesen« zu behaupten.

In den Augen der radikalen Nationalisten war die »Fremdherrschaft« der Mandschus ein größeres Übel als die westlichen Imperialisten. Der Bekannteste von ihnen, ein 18-jähriger Student aus Sichuan namens Zou Rong, veröffentlichte 1903 ein Traktat mit dem Titel »Die Revolutionsarmee«. Darin brandmarkte er die Neigung der Han-Chinesen zu geistiger Sklaverei und forderte, sich durch eine blutige Ausrottung der Mandschus davon zu befreien. Und er nahm Frantz Fanons Thesen zur emanzipatorischen Wirkung revolutionärer Gewalt vorweg, indem er schrieb:

> »Die Revolution ist ein universelles Gesetz der Evolution. Die Revolution ist ein universelles Prinzip der Welt. Die Revolution ist das Wesen des Kampfes um Überleben oder Vernichtung in einer Zeit des Übergangs. Die Revolution gefällt dem Himmel und entspricht den Bedürfnissen der Menschen. Die Revolution verwirft alles Verdorbene und behält das Gute bei. Die Revolution ist der Weg von der Barbarei zur Zivilisation. Die Revolution verwandelt Sklaven in Herren.«[6]

Im selben Jahr schrieb Zhang Taiyan, ein klassischer Gelehrter und Gesinnungsgenosse von Zou Rong, einen offenen Brief an Kang Youwei, in dem er sich über dessen fortdauernde Unterstützung für den Mandschu-Kaiser lustig machte, einen »jämmerlichen Wicht, der nicht einmal den Unterschied zwischen einer Bohne und einer Nudel zu nennen vermag«. Er machte sich ebenso über Kangs Befürchtung lustig, dass eine Revolution in China zu fürchterlichem Blutvergießen, zu einer Diktatur und zu ausländischen Invasionen führen werde: »Kann man eine Verfassung jemals ohne Gewalt erreichen?«, fragte er.[7] Zhang behauptete, Gewalt im

Dienste rassisch-ethnischer Vergeltung sei moralisch ebenso gerechtfertigt wie eine Revolution im Dienste der Menschenrechte: »Was die Völker betrifft, die dem Vorbild des teuflischen [amerikanischen Präsidenten] McKinley folgen und unter dem Vorwand, anderen zu helfen, Expansionspolitik betreiben, sollten wir es uns zum Prinzip machen, sie schonungslos zu töten.«[8]

Auch Kangs Lob für die indische Literatur und Philosophie griff Zhang an. »Die Inder«, schrieb er, »haben sich nie darum geschert, ob ihr nationales Territorium verloren ging oder ihre Rasse dem Niedergang verfiel (...) Die Entschlossenheit der Chinesen ist größer als die der Inder, und wir können voraussagen, dass die Leistungen der Chinesen gewiss größer sein werden als die der Inder.«[9] Zhang wurde wegen seiner Bemerkungen über den Kaiser inhaftiert. Im Gefängnis, wo er den Buddhismus zu studieren begann, der sein Leben verändern sollte, verfasste er weitere stürmische Aufrufe:

> »Wenn unser Volk und unsere Kultur ihre rechte Stellung erlangt haben, muss ich versuchen, ihren Glanz zu verbreiten. Mein Wille ist noch nicht am Ziel. Ich bin immer noch in den Fesseln des feindlichen Staates gefangen. Andere werden mir folgen und die goldene Flamme erneuern. Wenn die uralte Tradition unserer Nation und die Geschichte unseres Volkes unter meinen Händen enden und die Fortsetzung der weitreichenden und großartigen Gelehrsamkeit Chinas unterbrochen werden sollten, werde ich diese Schuld auf mich nehmen müssen.«[10]

Von Hawaii aus verfolgte Liang Qichao die Nachrichten über die bislang größte Demütigung Chinas, und die letzte seiner großen Überzeugungen begann zu sterben. In einem Brief an Kang brandmarkte er die »sklavische Mentalität« des chinesischen Volkes.[11] In dieser trostlosen Welt, in der China nun gefangen und »der Krieg die Mutter allen Fortschritts« sei, könne Konfuzius nicht länger der einzige Führer sein.[12] Und auch eine konstitutionelle Monarchie könne nicht das richtige System sein für ein Volk, das dringend der Bildung bedürfe und sich in einem starken Nationalstaat organisieren müsse.

Der Status sei unerträglich, da ein sich selbst perpetuierendes autokratisches System die Chinesen als Sklaven behandele und sie gleichgültig gegenüber dem Gemeinwohl mache. In seiner berühmten Essaysammlung »Gespräche über das neue Volk« erklärte Liang, dass nur eine vollständige Zerstörung des Mandschu-Regimes China noch retten könne. »Ich habe immer wieder über das vom Volk akzeptierte System im heutigen China nachgedacht«, schrieb er. »Es gibt darin so gut wie nichts, das nicht zerstört und mit Stumpf und Stiel ausgerottet werden sollte.« Mit Blick auf den Sozialdarwinismus warnte er: »Wenn eine Rasse den Anforderungen der Zeit nicht gewachsen ist, kann sie nicht überleben.«[13] Die Freiheit sei für China eine absolute Notwendigkeit, schrieb er und verwies auf Patrick Henrys berühmten Ausspruch: »Gebt mir Freiheit oder gebt mir den Tod!«

Liang war nahe daran, mit Kang Youwei zu brechen, der immer noch glaubte, eine weise und paternalistische Monarchie könne China in die Moderne führen. Kang hatte während des Boxeraufstands versucht, eine bewaffnete Revolte anzuzetteln. Deren Scheitern zwang ihn, in Penang Zuflucht zu suchen, wo er mit Sun Yat-sen in Streit geriet. Im Dezember 1901 ging er nach Indien. Er verbrachte ein Jahr in dem im Himalaya gelegenen Darjeeling und vollendete dort sein »Buch von der großen Gemeinschaft«, in dem er eine utopische Vision postnationalistischer Harmonie entfaltete. Wie viele chinesische Denker seiner Zeit erwies Kang sich weniger als Nationalist denn als utopischer Internationalist. In seinen Augen sollte eine moralische Weltgemeinschaft der Zukunft alle rassischen, ethnischen und sprachlichen Unterschiede überwinden und sogar die Familie auflösen – eine Vision, die in China unter Mao Zedong wiedererstehen sollte.

Panasianismus: Kosmopolitische Freuden

Während Kang nach Indien ging, zog es weitaus mehr Asiaten nach Japan. Muslimische Intellektuelle in Ägypten, Persien und der Türkei waren seit langem fasziniert von Japan, desgleichen chinesische und indische Intellektuelle. In den frühen Jahren des 20. Jahrhunderts wurde Japan zum Mekka für Nationalisten aus ganz Asien, zum Zentrum einer expandierenden asiatischen Öffentlichkeit – ein Prozess, der sich durch Japans Sieg über Russland 1905 noch beschleunigte. Außer in Tokio schufen schriftstellernde Globetrotter aus nahezu allen Kolonialgesellschaften – singalesische Buddhisten, islamische Modernisierer, Anhänger einer Erneuerung des Hinduismus – geistige und kulturelle Schmelztiegel in so weit entfernten Städten wie Chicago, Berlin, Johannesburg und Yokohama. Sie erweiterten den Horizont der Forschung, Reflexion und Polemik und veranlassten zahlreiche Männer und Frauen zu einem ruhelosen Nomadendasein, zu einer endlosen Erkundung und Analyse ihrer selbst und der Welt.

Schulen und Colleges nach westlichem Vorbild in städtischen, oft an der Küste gelegenen Zentren (wie Kalkutta und Kanton), Journalismus und Printmedien schufen säkularisierte Räume, in denen die neuen Bildungseliten ein neues Vokabular des Selbstbewusstseins und der Selbstanalyse erlernten. Viele von ihnen bereisten den Westen und Asien, unternahmen physische und intellektuelle Reisen, die ihren Vorfahren noch gänzlich unmöglich gewesen wären und die bisher nur zwangsverpflichtete Arbeiter, Seeleute und Kinderfrauen – das Dienstpersonal des Empires – unternommen hatten. Der Wunsch nach einer Berufsausbildung führte Gandhi nach London, Lu Xun nach Japan und Sun Yatsen nach Honolulu. Dort, in den Zentren von Imperien, waren sie sicher vor den Nachstellungen der Kolonialpolizei. Dennoch konnten ihre glühenden Reden oder Schriften, in kleinen Zeitschriften veröffentlicht oder von einzelnen Reisenden in die Heimat gebracht, sich wie ein Lauffeuer ausbreiten. Der vietnamesische Nationalist Dang Thai Mai beschrieb, welche Wirkung seine im Ausland lebenden Landsleute in der Heimat erzielen konnten:

> »Die Verbindung zwischen den Patrioten und dem Volk, der Jugend des Landes zu Hause, war niemals unterbrochen. Dann und wann kehrte ein ›Entwurzelter‹ aus seinem fernen Refugium in Siam, China oder Japan für kurze Zeit heimlich nach Hause zurück. Mitten in der Nacht betrat dann, aus weiter Ferne kommend, ein Schatten das Haus, prüfte vorsichtig die Stimmung der Verwandten und Freunde und nahm sich stets in Acht vor den allgegenwärtigen Informanten der feindlichen Behörden. Er blieb nur während der Nacht, für kurze Zeit, erzählte flüsternd von einem gefahrvollen Dasein, vom Mut derer, die noch nicht tot waren, von denen, die nicht bereit waren, die Niederlage hinzunehmen. Manchmal kamen ein Brief oder ein Buch aus fernen Regionen, die ein wenig über die ›Weltlage‹ informierten oder den Mut von Revolutionären aus anderen Ländern beschrieben. So entfaltete sich eine neue Sicht vor den forschenden Augen der jungen Leute.«[1]

Fern der Heimat hatten »entwurzelte« Chinesen überdies häufig entscheidende Erlebnisse, die ihr Leben prägten. Der bekannteste moderne Schriftsteller Chinas, Lu Xun, fühlte eine politische Panik in sich aufsteigen, als er während des Russisch-Japanischen Kriegs 1905 als Student in Japan die Fotografie einer chinesischen Menge betrachtete, die teilnahmslos der Hinrichtung eines angeblichen chinesischen Spions durch die Japaner beiwohnte. »Sie alle waren kräftige Gesellen, schienen jedoch völlig apathisch zu sein«, schrieb er später.[2] Er gab sein Medizinstudium auf und begann eine hektische Karriere als literarischer und moralischer Mahner.

Das allgegenwärtige Vorrücken des Imperialismus zwang asiatische Eliten zu sorgenvollen Seitenblicken und dringlichen Bestandsaufnahmen. Schon sehr früh im 20. Jahrhundert entwickelte sich ein transnationales intellektuelles Netzwerk, über das asiatische Intellektuelle miteinander ins Gespräch kamen. In der ferneren Vergangenheit hatte der indische Reformer Ram Mohun Roy, der 1833 in Bristol starb, einfühlsam über das Schicksal italienischer und spanischer Revolutionäre aus dem ersten Jahrzehnt des 19. Jahrhunderts geschrieben und die Iren gegen die

Briten unterstützt. Und es war etwas seltsam Modernes an der Laufbahn Jamal al-Din al-Afghanis, der aus einer iranischen Kleinstadt stammte, aber später in Delhi, Kabul, Istanbul, Kairo, Teheran, London, Moskau und Paris gelebt hatte. 1901 erschien es ganz natürlich, dass Kang Youwei in dem indischen Gebirgsort Darjeeling über die Dringlichkeit von Reformen in China schrieb – oder dass der in Russland geborene muslimische Intellektuelle Abdurreshid Ibrahim mit dem geistigen Führer der mongolischen Buddhisten über das Schicksal des mongolischen und des tibetischen Volkes diskutierte.

Ibrahim war der Autor eines berühmten Buchs mit dem Titel »Das Haus des Islam«, in dem er seine Reisen zu den Muslimen in Sibirien, der Mandschurei, in Japan, Korea, China, Südostasien, Indien, Arabien und Istanbul wie auch seine Ermahnungen an diese Gruppen aufzeichnete. Er gehörte zu den reisenden Kosmopoliten, für die nationale Fragen und Identitäten – wie etwa das Schicksal der Muslime in Russland – immer größere Bedeutung erlangten. Diese nationalen Probleme überschnitten sich jedoch auch mit Formen einer umfassenderen Solidarität, die sich in panasiatischen, panislamischen und panarabischen Bewegungen niederschlugen. In einer Werbeschrift der Vereinigung, die Ibrahim 1909 in Japan gründete, der »Gesellschaft für die asiatische Sache« (Ajia Gikai), schrieb er: »Erst die Uneinigkeit der asiatischen Völker hat es den westlichen Mächten ermöglicht, in Asien einzudringen. Wenn die asiatischen Völker diesen Mangel nicht erkennen und die innere Uneinigkeit nicht überwinden, werden sie keine Zukunft haben.«[3]

Der in Sibirien geborene Ibrahim, der seine Ausbildung teilweise in Medina erhalten hatte, war in den 1890er Jahren in Sankt Petersburg und Istanbul mit al Afghani zusammengetroffen und hatte selbst erlebt, wie dieser damals während einer Opernaufführung die Aufmerksamkeit des Zaren auf sich zu lenken versuchte. 1909 gehörte er zu den bekanntesten panislamischen Intellektuellen und reiste sogar noch mehr als sein reisefreudiger Lehrer. Die Verfolgung der Muslime in Russland hatte ihn ins Exil getrieben, und als er 1909 nach Japan kam, fand er sogleich Zugang zu den höchsten politischen Kreisen. Er wurde ein enger Mitstreiter der militanten Gruppe der Schwarzen Drachen, die bereits Sun Yat-sen und andere nationalistische Bewegungen in Asien unterstützte. In der Zeitschrift *Gaiko Jibo* (»Außenpolitik«) erklärte Ibrahim: »Das Bemühen, die asiatischen Völker gegen Europa zu einen, ist ein legitimes Mittel zu unserer Selbstverteidigung.«[4]

Gemeinsam mit dem nationalistischen ägyptischen Offizier Ahmad Fadzli Beg, den die britischen Herrscher über Ägypten nach Tokio ins Exil getrieben hatten, und dem indischen Emigranten Maulavi Barkatullah, einem Urdu-Lehrer an der Universität Tokio, gründete Ibrahim die englischsprachige Zeitschrift *Islamic Fraternity*. Außerdem übersetzte er »Asien in Gefahr«, ein Pamphlet von Hasan U. Hatano (1882–1936), einem wichtigen japanischen Vertreter des Panasianismus. Er war zusammen mit seiner Frau und deren Vater zum Islam übergetreten und hatte einen muslimischen Namen angenommen. Seine Schrift, die mit Fotografien von Enthauptungen und Massakern durch westliche Mächte illustriert war, fand weite Verbreitung in der muslimischen Welt.

Mit Unterstützung der Schwarzen Drachen fuhr Ibrahim 1909 nach Istanbul und verbreitete in den muslimischen Gemeinschaften Chinas sowie der britischen und holländischen Kolonien die Botschaft, dass Japan sie retten werde. (Während des Ersten Weltkriegs stellte er in Deutschland ein »asiatisches Bataillon« aus russischen Kriegsgefangenen auf, das in Mesopotamien gegen die Briten kämpfte.)

Der Vietnamese Phan Boi Chau (1867–1940) war ein weiterer Exilant, der in Japan geschickt nationalistische und internationalistische Gefühle schürte. Er stammte wie Liang Qichao aus einer zur höheren Beamtenschaft gehörenden Familie und hätte eine Laufbahn nach konfuzianischer Manier im Staatsdienst eingeschlagen, wenn er nicht durch die französischen Angriffe auf Annam radikalisiert worden wäre. Seine Anklagen gegen die französische Herrschaft zeigen eine bekannte Mischung aus Fassungslosigkeit, Zorn und Scham:

> »Seit der Einrichtung des Protektorats haben die Franzosen die Macht über alles übernommen, selbst über Leben und Tod. Das Leben von 10 000 ›Annamesen‹ ist weniger wert als das eines französischen Hundes, und 100 Mandarine genießen weniger Ansehen als eine französische Frau. Wie ist es möglich, dass diese blauäugigen, gelbbärtigen Leute, die weder unsere Väter noch unsere älteren Brüder sind, sich auf unseren Kopf setzen und auf uns defäkieren können?«[5]

Wie viele andere war Phan begeistert vom japanischen Sieg über Russland 1905. »Im Geiste können wir schon eine neue, vorzügliche Welt erkennen«, schrieb er. Noch im selben Jahr reiste er über chinesische politische Kreise in Hongkong und Schanghai nach Japan. Um die Jahrhundertwende war die erste Generation vietnamesischer Nationalisten seiner Art auf Kang Youweis und Liang Qichaos Bemühungen aufmerksam geworden. Liangs Schriften waren in ganz Vietnam erhältlich. Gleich nach der Ankunft in Japan suchte Phan Boi Chan Liang auf und führte mit ihm viele Gespräche über Fragen der internationalen Politik. Liang bezeichnete die französischen Eisenbahnlinien in der Provinz Yunnan als »Krebsgeschwulste im Bauch Chinas«, riet dem Vietnamesen jedoch, nicht die Unterstützung Japans zu suchen, bevor er nicht bei seinem eigenen Volk ein Bewusstsein für die Herausforderungen des internationalen Systems geweckt hätte.[6] Von Liang inspiriert, begann Phan fieberhaft an dem Werk zu schreiben, das später die »Geschichte des Verlusts Vietnams« werden sollte. Die Schrift, die zunächst in Liangs Zeitschrift und später dann als Buch erschien, wurde in den entlegensten Dörfern Vietnams gelesen und erwies sich als prägender Text für vietnamesische Antikolonialisten der zweiten Generation wie Ho Chi Minh.

Liang und die Demokratie in Amerika

Während Kang in Indien in jene private Traumwelt abglitt, die ihn politisch zunehmend bedeutungslos werden ließ, reiste Liang nach Kanada und in die Vereinigten Staaten, um Spendengelder zu sammeln. Diese größere Reise außerhalb Asiens sollte sich als Wendepunkt in seiner intellektuellen Laufbahn erweisen.

Die Reise führte ihn an die amerikanische Westküste nach Vancouver, nach Ottawa, Montana, Boston, New York, Washington, New Orleans, Pittsburgh, Chicago, Seattle, Los Angeles, San Francisco und von dort zurück. Seit der großen Einwanderungswelle der 1860er und 1870er Jahre in den amerikanischen Westen hatten sich mehr als 100 000 Chinesen in Amerika niedergelassen; sie arbeiteten in Wäschereien oder Restaurants in abgelegenen Eisenbahnknotenpunkten oder Bergbausiedlungen oder lebten in den überfüllten Chinesenvierteln von New York und San Francisco. Eine Handvoll chinesischer Studenten hatte es mit amerikanischen Stipendien sogar bis nach Harvard und Yale geschafft.

Die Vereinigten Staaten vollzogen damals gerade den wichtigen Übergang von der Pioniergesellschaft hin zu einer Industriegesellschaft europäischer Prägung und entwickelten rasch ein Gefühl für ihre imperiale Bestimmung. 1902, ein Jahr bevor Liang nach Amerika kam, hatte Woodrow Wilson seine fünfbändige »History of the American People« veröffentlicht. Darin beschrieb er, damals Präsident der Princeton University, die Philippinen als »neue Grenze« und bekannte freimütig den wachsenden amerikanischen Hunger auf ausländische Märkte – Märkte, »zu denen die Diplomatie und, wenn es sein muß, die Gewalt den Weg erschließen müssen«. »Da der Handel sich über die internationalen Grenzen hinwegsetzt«, erklärte Wilson, »muß die Flagge seiner Nation ihm folgen, und die verschlossenen Türen der Nationen müssen aufgesprengt werden.«[1] Gemäß dieser Maxime eines wirtschaftlichen Imperialismus hatten die Vereinigten Staaten bereits die Spanier aus ihrem karibischen Hinterhof vertrieben und ihre Muskeln in Ostasien spielen lassen, und seit dem 19. Jahrhundert demonstrierten amerikanische Missionare – meist Protestanten – in China das wachsende nationale Selbstbewusstsein, propagierten sie doch neben dem Christentum zugleich auch den *american way of life*.

Auch das amerikanische Interesse an China begann unter Führung von Geschäftsleuten seinen Höhepunkt zu erreichen und fand seinen Ausdruck in der Ankündigung einer Politik der »offenen Tür«, die Amerikas Interessen auf dem potentiell großen chinesischen Markt schützen sollte. So kam es denn auch, dass die Zeitungen auf all ihren Stationen über Liangs Rundreise berichteten. Er wurde von dem Bankier J. P. Morgan, von Außenminister John Hay – der ihm sagte, eines Tages werde China eine Großmacht sein – und schließlich sogar von Präsident Theodore Roosevelt im Weißen Haus empfangen.

In seiner Prosa, die ein Vorbild an Schlichtheit und Direktheit war, erwies Liang sich als ein scharfsinniger und selbstbewusster Beobachter der amerikanischen Szene, beeindruckt, aber nicht eingeschüchtert und von erstaunlicher Einsicht für einen Mann, der noch nie zuvor im Westen gewesen war. Er bemerkte große und kleine Dinge: die durch Roosevelts große Kriegsmarine ermöglichte Ausdehnung der Monroe-Doktrin auf die ganze Welt ebenso wie den Verkehr in New York, die amerikanischen Bibliotheken und die Lebensbedingungen der italienischen und jüdischen Einwanderer (»ihre Kleidung ist schäbig, ihre Erscheinung jämmerlich«, schrieb er).

Die Vereinigten Staaten, die er besuchte, waren ein Land mit extremer Ungleichheit: »70 Prozent des gesamten Vermögens Amerikas befinden sich in den Händen von 20 000 Reichen«, berichtete Liang voller Empörung. »Wie seltsam! Wie absonderlich!« Die Wohnungen in New York entsetzten ihn. Mit Blick auf die dort herrschende Sterblichkeit zitierte er den Dichter der Tang-Dynastie Du Fu: »Karmesinrote Häuser duften nach Wein und Fleisch, während auf der Straße gefrorene Knochen liegen. Reichtum und Armut nur einen Fußbreit entfernt voneinander; ein Leid, das zu schlimm ist, um es zu beschreiben.«[2] Die politische Korruption übertraf alles, was Henry Adams zwei Jahrzehnte zuvor in seinem Roman »Democracy« beschrieben hatte. Und je kritischer Liangs Blick auf die amerikanische Demokratie wurde, desto mehr schwand sein Glaube an die Bürgerrechte als Heilmittel gegen Autokratie.

In seinen Augen spielten Unternehmensinteressen eine verhängnisvolle Rolle in der amerikanischen Politik. Häufige Wahlen förderten politische Kurzsichtigkeit und billigen Populismus. Die Leute, die in die Politik gingen, seien meist drittklassig; und allzu viele amerikanische Präsidenten seien mittelmäßig und wenig anregend gewesen. Die besten Aspekte der amerikanischen Politik finde man auf lokaler Ebene – und die sei in allzu spezifischer Weise amerikanisch, als dass man sie auf die chinesischen Verhältnisse übertragen könne. Demokratie werde am besten über einen langen Zeitraum von unten nach oben aufgebaut. Sie lasse sich nicht durch eine Revolution herbeiführen, wie die Zerbrechlichkeit der Demokratie in Frankreich und Lateinamerika bewiesen habe. Und selbst in Amerika sei der liberale demokratische Staat mit viel Zwang durchgesetzt worden, und nun, da Amerika seine Stellung in der Welt beanspruche, drohe ihm eine übermäßige Zentralisierung. Mit wachsender finanzieller und industrieller Macht werde außerdem der Imperialismus in Amerika immer größere Zustimmung finden.

Während Liangs Aufenthalt in Amerika erklärte Präsident Roosevelt vor einer Menge in San Francisco: »Bevor ich an den Pazifik kam, war ich ein Expansionist, und seit ich hier bin, kann ich nicht verstehen (…), wie man etwas anderes als ein Expansionist sein kann.« Liang war erstaunt über Roosevelts Offenheit. »Was meinte er mit ›Rolle‹ und ›Ziel‹«, fragte er besorgt, »als er von einer ›großen Rolle auf der Weltbühne‹ und von der ›Verwirklichung unseres großen Ziels‹ sprach? Ich hoffe, meine Landsleute werden das bedenken.«[3]

Liang war auch in Amerika, als die Vereinigten Staaten sich die Kontrolle über Panama und den lebenswichtigen Panamakanal sicherten. Bei der Lektüre der Zeitungsberichte fühlte er sich daran erinnert, wie die Briten Ägypten durch den Suezkanal um seine Unabhängigkeit gebracht hatten. Mit Blick auf die Monroe-Doktrin meinte er, deren ursprüngliche Bedeutung – »Amerika gehört den Amerikanern« – habe sich inzwischen in »Amerika gehört den US-Amerikanern« verwandelt. »Und wer weiß«, fügte er hinzu, »ob das sich nicht von nun an Tag für Tag mehr in ›Die Welt gehört den Vereinigten Staaten‹ verwandeln wird?«[4] Tatsächlich drohten die amerikanischen Großunternehmen die Welt zu beherrschen.

Zusammen mit der finanziellen und industriellen Expansion sei der Imperialismus ein »gewaltiges Ungeheuer«, weit jenseits der Vorstellungskraft eines Napoleon oder Alexander, das bald den Pazifik überqueren und sich auf das schwache China stürzen werde.[5]

Liangs Desillusionierung hinsichtlich der Demokratie verstärkte sich noch, als er in direkte Berührung mit der stets präsenten Entwürdigung der Chinesen in einem Amerika kam, das auch seine schwarze Bevölkerung abscheulich behandelte. »Die Amerikanische Unabhängigkeitserklärung sagt, alle Menschen seien frei und gleich geboren«, schrieb er. »Sind denn nur die Schwarzen keine Menschen? Leider verstehe ich nun, was man heutzutage ›Zivilisation‹ nennt.«[6] Als besonders abstoßend empfand Liang das Lynchen: »Hätte mir jemand davon erzählt und wäre ich nicht selbst in Amerika gewesen, ich hätte nicht geglaubt, dass im 20. Jahrhundert und bei hellem Tageslicht derart grausame und unmenschliche Dinge geschehen können.«[7]

Während Liangs Aufenthalt in Amerika beging ein Beamter des chinesischen Konsulats in San Francisco Selbstmord, nachdem er von der Polizei beleidigt worden war. Das führte Liang eine seit langem bestehende nationale Demütigung vor Augen – das von dem indischen Soziologen Benoy Kumar Sarkar sogenannte »Crime of Colour«, das wegen der Hautfarbe begangene Verbrechen, unter dem chinesische Einwanderer in den Vereinigten Staaten immer wieder zu leiden hatten:

> »Den in Amerika lebenden Chinesen wurde das Wahlrecht verwehrt, ebenso der Zugang zu den Schulen. Sie durften nicht als Zeugen vor Gericht aussagen, selbst wenn es in dem Verfahren um ihren eigenen Besitz ging. Sie waren in der Öffentlichkeit wie auch in ihren Wohngebieten Torturen ausgesetzt. In normalen Zeiten bestimmte das ›Gesetz des Mobs‹ über ihre Person und ihr Eigentum. Die Aufrufe amerikanischer Demagogen schufen für sie eine veritable Schreckensherrschaft.«[8]

Huang Zunxian, ein feinsinniger Dichter, der von 1882 bis 1885 chinesischer Generalkonsul in San Francisco war, hatte voller Verbitterung über die generell schlechte Behandlung der chinesischen Einwanderer und das Leid der von der Armut zur Emigration gezwungenen Chinesen geschrieben:

»Welche Verbrechen hat unser Volk begangen,
Dass unsrer Nation ein so schlimmes Schicksal beschieden ist?
Fünftausend Jahre nach dem Gelben Kaiser
Ist unser Land heute unendlich schwach.
(...)
Das große China und die Rasse der Han
Sind zum Gespött der anderen Rassen geworden.
Wir sind nicht so einfältig wie die schwarzen Sklaven,
Fühllos und verwirrt, wo immer sie sein mögen.
Würdiges Grab, ich komme mit meinen Drachenbannern,
Klopfe zögernd, zweifelnd ans Einlasstor.
Selbst wenn wir die Wasser der vier Ozeane leerten,
Wäre es schwer, diese Schande abzuwaschen.«[9]

Liang empfand diese Schmach sehr intensiv. Aber es entmutigte ihn, dass die Gemeinschaften der Auslandschinesen in Amerika seine große Vision eines sich selbst ermächtigenden chinesischen Volkes in der Heimat nicht unterstützten, obwohl sie rassischen Diskriminierungen und Misshandlungen ausgesetzt waren. Inmitten einer demokratischen, auf Meinungsfreiheit basierenden Gesellschaft gaben sie Klanstrukturen den Vorzug. Sie hielten an der Tradition fest und brachten kriminelle Banden und Mafiabosse statt repräsentativer Parteien und politischer Führer hervor. »Die Chinesen«, schrieb Liang, »haben eine dörfliche, keine nationale Mentalität (...) Im Übermaß entwickelt, ist das ein großes Hindernis für die Schaffung einer Nation.«[10]

Liang konnte nun nicht länger an der Vorstellung festhalten, die Chinesen würden nur von ihrem autokratischen System daran gehindert, selbstbewusste und national denkende Individuen zu werden. »Wer sagt, Amerika sei eine von allen Menschen frei geschaffene Nation? Ich sehe nur ein paar große Männer, die sie ihnen auferlegt haben. Da das selbst für Amerikaner gilt, die es doch gewöhnt sind, sich selbst zu regieren, sollten andere das unbedingt als Warnung nehmen.«[11]

Die Demokratie und die Freiheit, die man sich von einer Revolution in China erhoffte, könnten nur zu Chaos führen statt zu einem Nationalstaat, der sich der Macht des Westens gewachsen zeige. »Kann man mit Landsleuten wie diesen das Wahlsystem praktizieren? (...) Freiheit, Verfassung und Republik bedeuten, dass die Mehrheit regiert. Aber die überwältigende Mehrheit der Chinesen gleicht denen in San Francisco.«[12] Kurz vor seiner Rückkehr nach Japan im Oktober 1903 schrieb Liang:

> »Ich bin nicht länger benebelt von nutzlosen Phantasien; ich werde nicht mehr von schönen Träumen erzählen. Kurz gesagt, das chinesische Volk muss für den Augenblick eine autokratische Herrschaft akzeptieren, es kann keine Freiheit genießen (...) Die in den donnernden Stürmen unserer Zeit Geborenen, von Feuer und Eisen Geschmiedeten und Geformten – *sie* werden meine Bürger sein, in 20 oder 30 oder 50 Jahren. *Dann* werden wir ihnen Rousseau zu lesen geben und ihnen von Washington erzählen.«[13]

Das war durchaus kein plötzlicher Sinneswandel. Der Aufstieg Meiji-Japans, in dem Liang lebte, hatte bewiesen, dass ein autokratischer Staat beim Aufbau einer modernen Nation erfolgreicher sein konnte als liberale demokratische Institutionen. Als europäische Staaten sich zunehmend einer protektionistischen Wirtschaftspolitik und einem starken Staat zuwandten, hatte bei vielen Intellektuellen in Ostasien bereits ein Sinneswandel eingesetzt. Ende der 1890er Jahre glaubte Tokutomi Sohō, ursprünglich ein liberaler Reformer, bei den westlichen Nationen selbst eine Abkehr von den individuellen Rechten festzustellen. Er stellte den Wert »einer repräsentativen Staatsform und einer von Parteien getragenen Regierung« in Frage.[14] Es war nahezu unvermeidlich, dass Liang sich von der wachsenden Vorliebe japanischer Intellektueller für einen Etatismus beeinflussen ließ, wie Bismarcks Deutschland ihn verkörperte.

Inzwischen las und sprach Liang viel über den japanischen Theoretiker Kato Hiroyuki, einen von vielen japanischen Denkern, die glaubten, nur ein aufgeklärter Despotismus könne zu fortschrittlichen Veränderungen führen und das nationale Überleben angesichts der Herausforderungen des Westens sichern. Nach Ansicht Hiroyukis hatte das republikanische System nicht einmal in seinen Ursprungsländern funktioniert. Frankreich hatte nach seiner Revolution viel Gewalt erlebt und verfügte noch immer nicht über eine stabile politische Struktur. Die Vereinigten Staaten diskriminierten trotz ihres britischen Erbes immer noch ethnische und rassische Minderheiten, vor allem Schwarze, Chinesen und die Ureinwohner des Landes. Sie waren in künstlerischer und intellektueller Hinsicht immer noch ein barbarisches Land, und trotz aller Freiheitsliebe war man dort gezwungen gewesen, die Macht der Bundesregierung zu stärken, um der internationalen Rolle gerecht zu werden.

Wenn eine größere Zentralisierung zur Sicherung der militärischen Stärke selbst für ein Land wie die Vereinigten Staaten, die in der Vergangenheit den Föderalismus zum Fetisch erhoben hatten, unverzichtbar war, was sollte dann erst ein Land wie China tun? In Liangs Augen hatte China hinsichtlich des politischen Systems gar keine Wahl. Angesichts der Umstände – eine schwache, ineffiziente Regierung und eine wenig gebildete, ethnisch vielfältige Bevölkerung in einem riesigen Land – hielt er ein autokratisches System für unerlässlich. Eine demokratische Republik werde unweigerlich schon bald zu einem Krieg zwischen Militär und Volk, zwischen unteren und oberen Klassen und zwischen den Provinzen führen wie auch zu ständigen Revolutionen, die der Stärke und der Hingabe an das Gemeinwohl Abbruch täten, deren die chinesische Nation zur Abwehr der äußeren Bedrohungen bedürfe.

Außerdem, so fuhr Liang in seiner Rechtfertigung fort, gebe es verschiedene Formen von Autokratie. Sie könne durchaus empfänglich für die Bedürfnisse des Volkes sein, sich für nationale Stärke einsetzen und für unparteiliche Gerechtigkeit sorgen. Kaiser Guangxu freilich war gewiss nicht der aufgeklärte Despot, den Liang im Sinn hatte, und auch ein anderer Anwärter war nicht in Sicht. Aber Liang wollte vor allem eine republikanische Revolution verhindern, für die sich etwa Sun Yat-sen einsetzte, denn in Liangs Augen konnte sie nur zu Anarchie und Chaos und letztlich zur Schaffung einer neuen Tyrannei führen. Den grundlegenden Wandel, den Liang anstrebte – ein zentralisierter Staat, der das chinesische Volk zu einer Einheit zusammenschmiedete –, vermochte nur eine gutartige Autokratie herbeizuführen.

Die Verlockungen der Autokratie und der Revolution

Wie viele andere muslimische Intellektuelle hatte al-Afghani mit ähnlichen Vorstellungen eines geeinten Widerstands gegen den Westen gespielt und seinen aufgeklärten Despoten in Istanbul und Teheran gesucht. Aber hier wurden solche Argumente erstmals von einem gegen das Qing-Regime agitierenden chinesischen Denker vorgetragen. Im 20. Jahrhundert und darüber hinaus sollte diesen Argumenten noch eine lange Geschichte beschieden sein.

Liang Qichao fand sich schon bald bestätigt in seinem Verdacht, dass eine republikanische Demokratie ins Chaos führen werde, und zwar nicht so sehr durch das Unvermögen des chinesischen Volkes als vielmehr durch die Unfähigkeit und intellektuelle Überheblichkeit seiner Rivalen, Sun Yat-sens und des Republikanischen Revolutionsbundes. Nach 1905 hatte Liang den Kampf um Einfluss auf die Auslandschinesen gegen Sun verloren, der dem chinesischen Nationalismus eine rassistische, an den Han-Chinesen orientierte Färbung und eine explizit gegen die Mandschus gerichtete Stimmung verlieh. Selbst Phan Boi Chau, Liangs vietnamesischer Schützling, verbrachte nun mehr Zeit mit Sun als mit seinem ersten Guru, um über Strategien zur Befreiung Vietnams und Asiens zu diskutieren. Der wortgewandteste unter den Mandschu-Gegnern war der klassische Gelehrte Zhang Taiyan, der in China wegen Majestätsbeleidigung drei Jahre im Gefängnis gesessen hatte. Die Revolutionäre redeten auch über Sozialismus, ohne genauer zu definieren, was sie darunter verstanden – eine Verstaatlichung von Grund und Boden oder eine Übernahme der Industrie in staatliche Regie. Suns Zeitschrift *Min Bao*, die auf die Dringlichkeit einer Revolution westlichen Stils in China hinwies, fand bald mehr Leser als die Zeitschriften Liangs.

Auch Liang flirtete kurz mit der mandschu-feindlichen Bewegung. Aber wie Kang Youwei war ihm stets bewusst, wie wichtig eine breite antiimperialistische Front war, welche die zahlreichen ethnischen Minderheiten Chinas einbezog. In dieser Hinsicht blieb er der Hauptströmung innerhalb des chinesischen Nationalismus treu (die mandschufeindliche Bewegung verlor nach dem Zusammenbruch der Qing-Dynastie 1911 an Bedeutung). In seinen Debatten mit Suns Revolutionären betonte Liang weiterhin die Bedeutung eines »breiten« im Unterschied zu einem, wie er es nannte, »engen Nationalismus«. Er kritisierte auch sozialistische Vorstellungen, weil sie auf China nicht übertragbar seien, das eher eine Verstaatlichung des Kapitals als des Grunds und Bodens benötige.

Nach seinen ursprünglichen Vorstellungen hatte der Sozialismus seinen Ursprung in der gewaltigen Ungleichheit und den Klassenkämpfen, zu denen die Laissez-faire-Politik führte, die man im Westen nach der Industriellen Revolution betrieb. China hatte eine derartige Polarisierung und die daraus folgenden Zusammenstöße nicht erlebt. Was das Land bräuchte, sei industrielle Produktion auf der Grundlage kapitalistischer Methoden, die einer genauen Regulierung durch den Staat unterlägen. So könnte China der großen Macht des amerikanischen Wirtschaftsimperialismus trotzen und im internationalen Dschungel bestehen. Ein größenwahnsinniger Geschäftsmann wie Cecil Rhodes könne in Südafrika nach Belieben schalten und walten, weil seine Regierung ihn stützte. So schrieb Liang: »Die Wirtschaftspolitik, für die ich mich einsetze, zielt hauptsächlich darauf ab, Kapitalisten zu ermuntern und zu schützen, damit sie im Wettbewerb mit der Außenwelt ihr Bestes tun können. Das ist die Politik, der alle anderen Überlegungen untergeordnet werden sollten.«[1] Wenn es dazu erforderlich war, die Löhne niedrig zu halten, so sollte das geschehen. Liang trat keineswegs für den Wirtschaftsliberalismus eines Adam Smith ein, sondern erklärte, im Zeitalter des Imperialismus, der auf der Macht der vom Staat unterstützten Unternehmen basiere, müsse China dieselben Ressourcen akkumulieren, um international bestehen zu können. Überall agierten die Nationalstaaten mit einem einheitlichen Willen und versuchten, den Strom der Güter und Menschen möglichst weitgehend unter ihre Kontrolle zu bringen.

Liang setzte ökonomische – und moralische – Prioritäten, an die sich später auch die Erben Mao Zedongs erinnert haben mögen. Er erklärte: »Die Ermutigung des Kapitals ist die wichtigste Aufgabe, der Schutz der

Arbeit muss dahinter zurückstehen.«[2] Seine Kapitalismusvariante enthielt jedoch auch eine starke soziale Komponente, wonach der Staat die Privatwirtschaft regulieren sollte, um Spannungen zwischen den Klassen, ökonomische Ausbeutung und soziale Konflikte zu vermeiden.

Die Revolution, zu der es dann 1911 eher zufällig kam und die der Mandschu-Dynastie ein Ende bereitete (und Sun Yat-sen für volle sechs Wochen zum ersten Präsidenten der Chinesischen Republik machte), war jedoch nicht das direkte Ergebnis irgendwelcher Thesen, die Exilanten in Japan aufgestellt hatten. Sie war die Folge des Zusammentreffens sporadischer innerchinesischer Erhebungen. Und das gewaltige Chaos, das nach dem Sturz der Mandschus eintrat, bestätigte Liangs pessimistischste Erwartungen hinsichtlich der Revolution. Es enthüllte darüber hinaus die große Distanz zwischen dem mitreißenden emotionalen Ideal des Nationalismus – ob nun auf das gesamte chinesische Volk bezogen oder auf die Han-Chinesen verengt – und der politischen Realität in China.

Die Republik löste anfangs große Begeisterung aus, trotz der politischen Betrügereien, die Sun schließlich veranlassten, sein Amt an Yuan Shikai abzutreten, den alten General, der die stärkste Armee hinter sich hatte. Über Nacht schossen zahlreiche politische Parteien aus dem Boden, um bei den für 1912 angesetzten ersten freien Wahlen gegeneinander anzutreten. Von der Zensur befreit, konnten die Zeitungen endlich schreiben, was sie schreiben wollten. Die in den Städten lebenden Chinesen schnitten ihre Zöpfe ab, übernahmen westliche Kleidung und Sitten und ließen die neugeschaffene Nationalfahne vor ihren Häusern wehen.

Liang blieb anfangs auf Distanz zur Revolution, erlag dann aber Yuan Shikais Schmeicheleien und wurde dessen Justizminister und später sein Finanzberater. Der unstete Yuan war nicht ganz der aufgeklärte Despot, den Liang sich gewünscht haben mochte. Wieder einmal bestätigte sich, dass in Gesellschaften, die sich im Übergang befinden, die Macht bei den Soldaten liegt: Yuan wurde Präsident der Chinesischen Republik und unterdrückte jegliche Opposition gegen seine Person. Als aus den ersten freien Wahlen Chinas die Chinesische Nationalpartei (Kuomintang) als Siegerin hervorging, wurde der gewählte Premierminister angeblich von Agenten Yuans ermordet. Yuan zwang Sun ins Exil, verbot die Kuomintang und versuchte, den Konfuzianismus als herrschende Ideologie wiederzubeleben – ein Bemühen, bei dem er von Kang Youwei unterstützt wurde.

Yuan hatte vom Qing-Hof beträchtliche Finanzprobleme und eine geschwächte Verwaltung geerbt. Die Revolution hinderte die ausländischen Mächte nicht daran, Zolleinnahmen und Salzsteuer von China einzufordern. Yuan vergrößerte diese Schulden, indem er riesige Anleihen bei ausländischen Banken und Regierungen aufnahm. Nach einem aus Ägypten, dem Iran und der Türkei bereits sattsam bekannten Muster übernahmen europäische und japanische Kreditgeber bald schon die Kontrolle über Yuans Wirtschaftspolitik, und Ausländer bekleideten Ämter innerhalb der chinesischen Regierung. Als die geliehenen Gelder ausgegeben waren, musste Yuan Eisenbahnlizenzen und Schürfrechte an seine Gläubiger verkaufen.

Unter den imperialistischen Mächten zeigte sich in China allerdings auch ein neues Antlitz: Japan, das seine wirtschaftlichen Interessen in China in den letzten Jahren beträchtlich erweitert und sowohl mit Großbritannien als auch mit Frankreich weitgehende Abkommen abgeschlossen hatte. (In den Ersten Weltkrieg sollte das Land aufseiten der Alliierten eintreten.) Angesichts der neuen Rolle als aufstrebende imperialistische Macht erschwerten die japanischen Behörden nun einigen ausländischen Verfechtern des Panasianismus das Leben. Phan Boi Chau wurde nach der Unterzeichnung des Vertrags mit Frankreich des Landes verwiesen, da man nicht länger bereit war, antifranzösische Aktivisten auf japanischem Boden zu dulden. Und auf britischen Druck hin wurde Abdurreshid Ibrahims Zeitschrift *Islamic Fraternity* schließlich eingestellt.

Inzwischen hatte eine Generation von Chinesen ihre Ausbildung in Japan erhalten, und der panasiatische Gedanke veranlasste viele Mitglieder der japanischen Elite, China zu unterstützen. Dennoch witterte Japan in den chinesischen Wirren eine Chance und presste dem Land 1915 weitere territoriale und wirtschaftliche Zugeständnisse ab, darunter die Anerkennung der japanischen Kontrolle über Shandong, das man den Deutschen im vorausgegangenen Jahr abgenommen hatte. Das waren die berüchtigten »Einundzwanzig Forderungen« Japans, taktvoll auf einem Briefpapier gedruckt, dessen Wasserzeichen Schlachtschiffe und Maschinengewehre zeigte. Zum Entsetzen vieler einfacher Chinesen gab

Yuan nach. Tatsächlich hatte er angesichts der Verschuldung gegenüber Japan kaum eine andere Wahl. Im folgenden Jahr versuchte er, sich zum Kaiser Chinas ausrufen zu lassen und eine neue Dynastie zu gründen, bevor ihn eine empörte Opposition, darunter auch Mitglieder des Militärs, zum Rückzug zwang.

Yuan starb 1916, bevor er seinem Land noch weiteren Schaden zufügen konnte, und mit seinem Tod verschwand auch der letzte Anschein einer Regierung. Der größte Teil Chinas zerfiel in zahllose von Warlords und Banditen gehaltene Territorien. Weite Teile des Landes sollten bis 1927 unter den Warlords leiden – eine Lage, die heutigen Lesern aus dem Afghanistan der Jahre vor den Taliban vertraut ist, als ausländische Waffen das Land überschwemmten, alte Eliten sich mit militärischen Machthabern arrangierten und die einfachen Leute unter willkürlichen Steuern und der ebenso willkürlichen Konfiszierung ihres Besitzes zu leiden hatten. Mao Zedongs Heimatprovinz Hunan wurde besonders schlimm von rivalisierenden Warlords heimgesucht, und die bitteren Lehren des Chaos und der Willkürherrschaft sollten bei zukünftigen Generationen von Chinesen nicht in Vergessenheit geraten.

Das Zeitalter der kaiserlichen Dynastien ging seinem Ende entgegen, aber die Zukunft schien noch düsterer als zuvor. China war nicht das einzige Land, dem es nicht gelang, kurz nach der Zerschlagung der alten Ordnung einen lebensfähigen neuen demokratischen Staat aufzubauen. Auch die Türkei und der Iran erlitten dieses Schicksal und erlebten wenig später den Aufstieg autokratischer Regime. Wie in diesen beiden Ländern, so hatte die Modernisierung des Militärs auch in China zu einer internen Machtverschiebung geführt und Männer in Führungspositionen gebracht, die ihre Ausbildung an modernen Militärakademien erhalten hatten: militärische Machthaber, die andere Männer durch Ideale wie Disziplin, Pflicht und Opferbereitschaft zu binden vermochten. Statt aus der Beherrschung der konfuzianischen Klassiker leitete sich die Macht nun aus den Gewehrläufen ab, wie Mao Zedong, der die Brutalitäten der Warlord-Zeit in seiner Heimat beobachtet hatte, 1927 anmerkte. Der Hinweis auf das Chaos dieser Jahre sollte bis in unsere Zeit hinein zur Rechtfertigung autoritärer Regierungen dienen.

Auch für Liang Qichao blieb Yuans Scheitern nicht folgenlos. Als

Lehrer im japanischen Exil hatte er großes Ansehen genossen. Einige seiner Schützlinge waren im republikanischen China in hohe Machtpositionen gelangt und beteiligten sich an den Faktionskämpfen, die das Land verheerten. Liang, der bereits begonnen hatte, seine Botschaft eher an mächtige Persönlichkeiten innerhalb des Staates als an Studenten zu richten, stellte sich an ihre Seite und erhielt Ministerämter in der neuen Regierung in Beijing.

Er verhandelte hart mit seinen einstigen Gastgebern, den Japanern, über deren unvernünftige Forderungen. Er setzte sich 1917 auch erfolgreich für einen Kriegseintritt Chinas ein, weil er der Ansicht war, auf der Seite der Sieger könne China am ehesten Zugang zum internationalen System finden, die »Ungleichen Verträge« auflösen, die das Land immer noch banden, und die Halbinsel Shandong von den Japanern zurückgewinnen. Im Rahmen der von ihm ausgehandelten Abmachung mit den Alliierten reisten chinesische Arbeiter und Studenten, darunter kommunistische Führer der ersten Generation wie Zhou Enlai und Deng Xiaoping, nach Frankreich, um dort zu arbeiten und zu studieren.

Dennoch erwies sich Liangs politische Laufbahn als Desaster. Nach 15 Jahren im Exil hatte er sich in China in den Tumult der Nach-Qing-Ära gestürzt, um dann festzustellen, dass er sich durch politisch vorteilhafte Verbindungen mit korrupten und gewalttätigen Warlords zutiefst kompromittiert hatte. Einer der zahlreichen heftigen Ausschläge des politischen Pendels der Nach-Yuan-Ära kostete ihn schließlich seine Ämter, und er war gezwungen, sich aus der aktiven Politik zurückzuziehen. Eine jüngere Generation trat nun in den Vordergrund und baute auf jenem Fundament auf, das seine Ideen gelegt hatten.

Die Revolution von 1911 war in mehrfacher Hinsicht ein grausamer Fehlschlag, aber es gelang ihr mit großem Erfolg, alte Vorstellungen zu vernichten. Für immer vergangen war die Unantastbarkeit der kaiserlichen Dynastien samt dem jahrtausendealten Ansehen des Beamtenadels und der klassischen Bildung. Durch die Zerstörung des Alten schuf die Revolution einen neuen politischen und intellektuellen Raum, in dem nun junge Chinesen hervortraten, die durch die brutalen Enttäuschungen von 1911 radikalisiert worden waren.

Das Schauspiel der totalen sozialen und politischen Zersplitterung zwang selbst liberale Denker wie Yan Fu zu dem Eingeständnis, dass der

Konfuzianismus als Staatsreligion möglicherweise eine bindende Kraft darstellen konnte. Doch die Zeiten, da diese Möglichkeit sich verwirklichen ließ, näherten sich ihrem Ende. Desillusioniert von der Politik, sprachen junge Chinesen von der Notwendigkeit einer »Neuen Kultur«, einer Revolution in den Köpfen, die ein Festhalten am Althergebrachten unmöglich machen würde. Die Hebung des Bewusstseins wurde nun für wichtiger erachtet als Parteipolitik.

Der zur Bloomsbury-Gruppe gehörende Schriftsteller G. Lowes Dickinson traf 1912/1913 mit einigen Vertretern der Revolutionsregierung zusammen und war »erstaunt« über ihre Bereitschaft zu einer vollständigen Verwestlichung:

> »Sie tun alles, um das alte China mit Stumpf und Stiel auszurotten und eine Nachbildung Amerikas zu schaffen. Ich glaube, es gibt nichts, das sie nicht ändern würden, wenn sie es könnten, von den Straßen in Kanton bis hin zum Familiensystem, von den Polizeiuniformen bis hin zur nationalen Religion.«[3]

In der Provinz Hunan entfernte sich ein 24-jähriger Mao Zedong rasch von seiner früheren Verehrung der chinesischen Tradition:

> »Früher war ich besorgt, unser China könnte zerstört werden, aber jetzt weiß ich, dass es nicht so ist. Durch die Schaffung eines neuen politischen Systems und eine Veränderung des Nationalcharakters wurde aus den deutschen Staaten das Deutsche Reich (...) Die einzige Frage ist, wie die Veränderungen erreicht werden könnten. Ich glaube, es muss eine vollkommene Umwandlung geben, wie Materie, die nach der Zerstörung eine andere Form annimmt, oder wie ein neugeborenes Kind, das aus dem Mutterleib kommt (...) In allen Jahrhunderten haben verschiedene Nationen verschiedene große Revolutionen hervorgebracht, haben periodisch das Alte gereinigt und Neues eingefügt, und stets waren das große Veränderungen, in denen es um Leben und Tod, Entstehung und Untergang ging. Mit dem Untergang des Universums ist es ganz ähnlich (...) Ich sehe seiner Zerstörung äußerst freudig entgegen, denn aus dem Untergang des alten Universums wird ein neues Universum hervorgehen. Und wird es nicht besser sein als das alte Universum?«[4]

1915 erhielten die jungen Radikalen mit der Zeitschrift *Neue Jugend* eine weithin hörbare Stimme. Sie waren Studenten, die in Japan oder im

Westen oder auch in den in der ersten Phase der Qing-Reformen hastig nach westlichem Vorbild aufgebauten Schulen studiert hatten. Empört über Yuans Versuch eines konfuzianischen Staatsstreichs, kehrten sie den alten chinesischen Traditionen des Konfuzianismus, Buddhismus und Taoismus den Rücken. Tatsächlich verwarfen sie mit erstaunlichem Ungestüm die Vergangenheit und begriffen sie als totes Gewicht, das China nach unten zog. In einer, wie es heute erscheint, Parodie auf einen kompromisslosen Konfuzianismus setzte die *Neue Jugend* den Konfuzianismus mit der in Misskredit geratenen Monarchie gleich und forderte eine vollständige und kritiklose Übernahme westlicher Werte der Wissenschaft und der Demokratie. Die Heldinnen dieser neuen Intelligenz waren Wissenschaft und Demokratie, die zusammen für die Vitalität des Westens standen. Die Formel stammte von Chen Duxiu, dem Gründer der *Neuen Jugend* wie auch fünf Jahre später der Kommunistischen Partei Chinas, der 1916 in einem Brief an einen Freund bekannte, ihm sei bewusst geworden,

> »wie hoffnungslos es für uns ist, die europäischen und amerikanischen Zivilisationen jemals einholen zu wollen (...) Fast alle unsere Landsleute sind träge und wissen nicht, daß nicht nur unsere Moral, die Politik und die Technologie, sondern selbst alltägliche Gebrauchsgüter dem Kampf ums Dasein nicht gewachsen sind und in dem Prozeß der natürlichen Auslese eliminiert werden.«[5]

In den Augen der chinesischen Radikalen bezog sich das Konzept der Demokratie hauptsächlich auf Freiheit von den Zwängen der Tradition, und Wissenschaft war eine Methode, Fortschritt zu verwirklichen und die »abergläubischen« Aspekte der traditionsverhafteten Vergangenheit zu überwinden, etwa das hierarchische Verhältnis zwischen Eltern und Kindern, Herrschern und Untertanen, Ehemännern und Ehefrauen, wie der Konfuzianismus es vorschrieb. Demokratie vermochte die schöpferische Individualität des chinesischen Volkes freizusetzen, die der Konfuzianismus unterdrückt hatte. Der Nationalismus wurde zu einem weiteren geheiligten Begriff, denn wie Chen Duxiu schrieb:

> »Betrachtet man die Verhältnisse in China, befindet sich unser Volk immer noch im Zeitalter der verstreuten Sandkörner. Wir müssen uns der Zeit anpassen, und der Nationalismus ist tatsächlich das beste Mittel,

durch das die Chinesen sich retten können. Wenn die Chinesen diese Lehre anwenden wollen, müssen sie erst einmal verstehen, was sie bedeutet (...) Der heutige Nationalismus bezieht sich auf demokratische Nationen und nicht auf Nationen, die aus versklavten Menschen bestehen.«[6]

Liangs Infragestellung der chinesischen Tradition, seine Skepsis hinsichtlich der Fähigkeit Chinas, sich an die harte Welt des Wettbewerbs anzupassen, bildete nun die Grundlage einer radikal neuen Verzweiflung und Hoffnungslosigkeit. Die jungen Männer teilten keine der alten reformistischen Überzeugungen hinsichtlich einer Evolution, ob nun schrittweise oder schnell. Nichts würde sich ändern ohne eine rasche und drastische Anstrengung.

Es bedurfte einer Revolution in den Köpfen – einer wahrhaft Neuen Kultur – bei einem Volk, dessen intellektueller Zustand einer Art »Syphilis« glich – so das harte Urteil eines jungen Mannes namens Zhou Shuren, der seine Ausbildung in Japan erhalten hatte und unter dem Namen Lu Xun bekannt werden sollte.[7] Eine seiner berühmtesten Kurzgeschichten, die 1919 veröffentlicht wurde, sollte von einem Irren handeln, der den Kannibalismus für die Grundlage der alten Gesellschaft und Moral Chinas hält. In seiner wahnhaften Phantasie verwandelt sich die von den konfuzianischen Klassikern gepredigte »kindliche Pietät« in die Aufforderung, »Menschen zu fressen«.

Abgestoßen vom Treiben der Warlords und vom Imperialismus, sollte die Bewegung der Neuen Kultur China den Weg in die moderne Welt weisen, wobei sie sich auch mit den erstmals von Liang Qichao formulierten Fragen auseinandersetzte. Und die von ihr freigesetzten intellektuellen und sozialen Kräfte sollten 1919 in die »Bewegung des vierten Mai« münden. Chinas Demütigung auf der Pariser Friedenskonferenz sollte junge Intellektuelle mit Arbeitern und Angestellten zusammenführen und die Revolution von 1911 wie das Werk kleiner, isolierter und wirkungsloser Eliten erscheinen lassen.

4.

1919: »Den Lauf der Weltgeschichte ändern«

Der amerikanische Adler schwingt sich hoch in die Luft,
Die Hälfte des Erdballs in seinen Krallen.
Wenn auch die Chinesen später kamen,
könntet ihr ihnen nicht ein wenig Raum lassen?

Huang Zunxian, in den 1880er Jahren chinesischer Generalkonsul in San Francisco

Wer fern vom Osten lebt (…), muss heute erkennen, dass Europa sein einstiges moralisches Ansehen in Asien vollständig verloren hat. Europa gilt heute nicht mehr als weltweiter Meister fairen Verhaltens, der für die höchsten Grundsätze eintritt, sondern als Verfechter der rassischen Überlegenheit des Westens und als Ausbeuter all derer, die außerhalb seiner Grenzen leben.

Rabindranath Tagore, 1921.

Die Vereinigten Staaten und die versprochene Selbstbestimmung

1918 fuhr Liang Qichao nach Frankreich, um als inoffizieller Vertreter Chinas an der Pariser Friedenskonferenz teilzunehmen, die über die Gestalt der Welt nach dem Ersten Weltkrieg entscheiden sollte. Die Liste seiner Forderungen war lang, aber jede einzelne fair und berechtigt. Zum Lohn für die chinesischen Arbeitskräfte und Rohstoffe, die man den Alliierten während des Krieges zur Verfügung gestellt hatte, sollten die »Ungleichen Verträge« und die nach dem Boxeraufstand festgelegten Entschädigungszahlungen, die extraterritoriale Jurisdiktion und weitere unter Zwang durchgesetzte Konzessionen an Ausländer aufgehoben werden. China würde, so hoffte Liang, schließlich seinen Platz in der internationalen Gemeinschaft der souveränen Nationalstaaten einnehmen – als Teil einer neuen Weltordnung, die aus den Ruinen des Österreichisch-Ungarischen, des Deutschen, des Osmanischen und des Russischen Reiches erstehen zu können schien.

Liang wusste, dass gleichgesinnte Vertreter anderer asiatischer Länder in Paris auf ähnliche Ergebnisse drängten, zumal Präsident Woodrow Wilson deutlich gemacht hatte, dass er sich für schwächere Staaten einsetzen und das Prinzip der nationalen Selbstbestimmung vertreten wollte. Die Vereinigten Staaten waren aus dem Krieg als die größte Finanzmacht der Welt hervorgegangen, und die asiatischen Vertreter hofften, den amerikanischen Präsidenten bewegen zu können, seinen neugewonnenen Einfluss für die Wiederherstellung der Selbstregierung in den von europäischen Mächten beherrschten Ländern zu nutzen.

In weiten Teilen des 19. Jahrhunderts hatten die Vereinigten Staaten eine isolationistische Außenpolitik und eine protektionistische Wirtschaftspolitik betrieben; in Asien und Afrika hatten sie daher nur geringfügigen Druck ausgeübt. Aus dem Krieg, der die Wirtschaft der größeren imperialistischen Mächte – Großbritannien, Deutschland, Russland und

Frankreich – geschwächt und deren Regime noch weiter diskreditiert hatte, war Amerika mit größerer Macht und gewachsenem moralischen Ansehen hervorgegangen.

Wilson, der vor dem Ausbruch des Ersten Weltkriegs außerhalb des amerikanischen Doppelkontinents kaum Außenpolitik betrieben hatte, erkannte sogleich, welche Folgen die Wirren in Europa für sein Land haben konnten. Er schuf das amerikanische Bewusstsein einer neuen, edelmütigen Mission der USA, während er zugleich weiterhin hoffte, sein Land aus dem Krieg in Europa heraushalten zu können. »Wir sind jetzt keine Provinzler mehr«, erklärte er in seiner zweiten Antrittsrede im Januar 1917.[1] Und in Ansprachen an »die Völker der Länder, die sich gegenwärtig im Krieg befinden«, empfahl er sich als der passende Vermittler, der einen, wie er sagte, »Frieden ohne Sieg« aushandeln könne.[2] Als seine Friedensaufrufe erfolglos blieben, trat er im April 1917 aufseiten der Alliierten in den Krieg gegen Deutschland ein, glaubte aber immer noch, »dass wir – und an erster Stelle wir – dazu aufgerufen sind, den Nationen der Welt zu zeigen, wie sie auf den Wegen der Freiheit zu wandeln vermögen«.[3] Später sollte er einen weitaus ungewöhnlicheren und äußerst hochgesinnten Plan zur Erhaltung eines dauerhaften Friedens vorlegen: die Ersetzung von Militärregimen durch Demokratien.

Natürlich hatten die Vereinigten Staaten mit der Kriegserklärung an Deutschland jede Möglichkeit verloren, als unparteiischer Vermittler aufzutreten. Wilson trieb seine Pläne für eine demokratische Weltordnung voran und hoffte, der Völkerbund werde sie zementieren. In einer Rede vor dem amerikanischen Kongress enthüllte er im Januar 1918 sein ehrgeizigstes Projekt: ein »Vierzehn-Punkte-Programm« zur Schaffung jener neuen Welt, für die sich die Vereinigten Staaten einsetzten. Geheimdiplomatie sollte es in der von Wilson verfügten Weltordnung nicht mehr geben, die neuen Glaubensartikel lauteten: freier Handel, Regierung durch das Volk, Freiheit der Meere, Beschränkung der Rüstung, Rechte für kleine Nationen und ein Bund der Nationen, der den Frieden sichern sollte.

Wilsons Vierzehn Punkte wären zu jeder Zeit luftige Ideale gewesen (selbst Gott hat nur zehn, scherzte der französische Premierminister Clemenceau). Besonders unrealistisch waren sie jedoch in Zeiten eines Weltkriegs, nach dessen Ende Großbritannien, Frankreich und Japan schon bald ihre Besitzungen im Nahen und Mittleren Osten, in Afrika und in Ostasien erweitern sollten.

Dennoch gewann Wilson durch seine aufrüttelnden Reden, die weltweit zur Kenntnis genommen wurden und schließlich zur Pariser Friedenskonferenz führten, ein, wie John Maynard Keynes später schrieb, »Ansehen und einen moralischen Einfluss in aller Welt, die in der Geschichte ihresgleichen suchten«.[4] Von Wilson ermutigt, taten es nationalistische Führer in Ägypten, Indien und der osmanischen Türkei der irischen Sinn Féin nach und forderten die etablierten europäischen Mächte heraus.

In Ägypten gründete Saad Zaghlul – Jamal al-din al-Afghanis einstiger Schützling – zur Vorbereitung auf die Pariser Friedenskonferenz eine neue politische Partei namens Wafd. Der nationalistische Idealismus westlicher Prägung war in Ägypten, al-Afghanis wichtigstem Aktionsfeld, von jeher tiefer verwurzelt als irgendwo sonst in der muslimischen Welt. Die gescheiterte, von Oberst Urabi in den späten 1870er Jahren angeführte Bewegung gegen die europäische Vorherrschaft über die herrschende Klasse Ägyptens war die erste antikolonialistische Erhebung dieser Art in ganz Asien gewesen. Als Einwohner eines der wenigen muslimischen Länder, die von einer europäischen Macht besetzt und verwaltet wurden, entwickelten viele Ägypter, vor allem Angehörige einer neu entstehenden Schicht gebildeter Freiberufler, ganz natürlich starke nationalistische Gefühle. Seit der Besetzung Ägyptens 1882 hatten die Briten die landwirtschaftliche Produktion des Landes durch den Bau von Dämmen, Kanälen und Telegraphenverbindungen beträchtlich gesteigert. In den meisten Städten wuchs die Bevölkerung exponentiell, und Kairo verwandelte durch die öffentlichen Bauvorhaben von 1895 bis 1907 sein Gesicht. Aber der von al-Afghani beobachtete Grundwiderspruch verschwand nicht: Ägyptens verheerende Abhängigkeit von der Weltwirtschaft als Rohstofflieferant und die Bevormundung durch ein Regime, dessen Elite den durch die soziale und ökonomische Entwicklung entstandenen neuen Klassen jeglichen Aufstieg verwehrte.

Die ruhelosen Ägypter oder *Effendis*, wie man sie nannte, sehnten sich nach einem unabhängigen und auf dem Gleichheitsgrundsatz basierenden Ägypten, aber dazu mussten sie auch die Arbeiterklasse und die

Bauern gegen die ausländische Elite und deren einheimische Verbündete mobilisieren. Der Russisch-Japanische Krieg brachte einen gewaltigen Auftrieb für Nationalisten wie Mustafa Kamil, Autor eines von großem Lob geprägten Buchs über Japan mit dem Titel »Die aufgehende Sonne«, der 1907 die Nationale Partei gründete. Kamil und seine Gesinnungsgenossen versuchten das Ziel zu erreichen, an dem Urabi gescheitert war, nämlich die nationale Unabhängigkeit. Ihre Bemühungen, den Volkszorn gegen die Ausländer zu mobilisieren, waren 1906 kurzzeitig von Erfolg gekrönt, als die Briten im Gefolge des später sogenannten Dinshawai-Vorfalls zu Unrecht vier Bauern hinrichteten.

Kurz nach dem Kriegsausbruch 1914 hatten die Briten Ägypten zum Protektorat des Empires erklärt, womit sie die Invasion von 1882 und die zeitweilige Besetzung des Landes auf eine formale Grundlage stellten. Zaghlul erklärte das Protektorat für illegal und hoffte, Präsident Wilson auf seine Seite ziehen zu können. Wie schon al-Afghani das alte Ägypten gepriesen hatte, so verwies auch er auf die eklatante Ungerechtigkeit, dass man Ägypten den ihm zustehenden Platz unter den Nationen verwehrte. »Kein Volk«, schrieb er in einem Telegramm an Wilson, »hat die Freude über die Geburt eines neuen Zeitalters stärker empfunden, das sich dank Ihres mannhaften Eintretens schon bald in der ganzen Welt durchsetzen wird.«[5]

Ähnliche Hoffnungen keimten auch bei den Muslimen der osmanischen Türkei und ihren Unterstützern in aller Welt auf. Vor dem Ersten Weltkrieg hatten die europäischen Mächte ihre Angriffe auf das Osmanische Reich verstärkt. 1908 hatten die Jungtürken Sultan Abdulhamid II. gezwungen, die 1876 suspendierte Verfassung wieder in Kraft zu setzen, aber das nährte bei den Europäern nur den Verdacht, dass der »Kranke Mann Europas« auf dem Totenbett lag. 1911 eroberten die Italiener Libyen nach einem militärischen Konflikt, in dem ein aus Saloniki stammender osmanischer Offizier namens Mustafa Kemal erstmals von sich reden machte. Der reisende Denker Abdurreshid Ibrahim ließ es sich trotz seines Alters nicht nehmen, an die Front zu fahren, und er mobilisierte zur Unterstützung der Osmanen seine umfangreichen Kontakte innerhalb der muslimischen Welt. Während dieses Kriegs warf zum ersten Mal in der Geschichte ein Flugzeug eine Bombe ab. Die Erfahrung dieser neuen

Art der Kriegsführung wie auch eine Reihe konventionellerer italienischer Brutalitäten schockierten viele Muslime. Der militärische Führer des libyschen Widerstands 'Umar al-Mukhtar schrieb kurz vor seiner Gefangennahme und Hinrichtung durch die Italiener: »Es ist entschuldbar, dass viele nicht glauben können, was über die italienischen Grausamkeiten gesagt und geschrieben wird. Man kann in der Tat kaum glauben, dass es Menschen gibt, die so unglaubliche Dinge tun, aber leider ist es nur allzu wahr.«[6]

Im britisch regierten Indien brachte der alternde Dichter Akbar Illahabadi ein weitverbreitetes Gefühl des Zorns und der Hilflosigkeit zum Ausdruck, als er schrieb:

»Weder dürfen wir Waffen besitzen,
Noch haben wir die Kraft, loszuziehen und gegen die Feinde
der Türken zu kämpfen.
Aber wir verfluchen sie aus tiefstem Herzen,
Auf dass Gott die italienischen Kanonen vernageln möge.«[7]

In Lahore begann der junge Dichter Muhammad Iqbal, der gerade erst al-Afghani gelesen hatte, seinen Aufstieg zu Ruhm und zukünftigem Ansehen als Philosoph und Gründer Pakistans, indem er öffentlich ein Gedicht über die straflose Besetzung osmanischen Territoriums durch die Italiener vortrug. Die berühmtesten Zeilen der an Gott gerichteten »Klage« *(Shikwa)* lauteten:

»Es gibt andere Nationen neben uns;
Es gibt Sünder unter ihnen,
Manche bescheiden und andere stolzgeschwellt,
Faul, unbesonnen oder geschickt.
Viele gibt es, die Deines Namens überdrüssig sind.
Aber Du gießt Gnade über ihre Behausungen,
Und Dein Blitz trifft allein unsere Häuser.«[8]

Zu allem Überfluss hatte Österreich-Ungarn das osmanische Territorium Bosnien-Herzegowina 1913 vollständig annektiert. Mit Deutschland verbündet, trat die osmanische Türkei daraufhin an der Seite der späteren Verlierer in den Ersten Weltkrieg ein, und ihre weltlichen Führer wandten sich dem Panislamismus zu, in der Hoffnung, die Muslime in aller Welt gegen die westlichen Mächte aufbringen zu können. Obwohl auf allen Seiten von Streitmächten der Alliierten umgeben, hatten die türkischen Armeen sich auf diversen Kriegsschauplätzen, darunter Gallipoli und Kut al-Amara in Mesopotamien, achtbar geschlagen. Zermürbt von armenischen Nationalisten im Osten Anatoliens, deportierten die Türken 1915 gnadenlos Hunderttausende von Armeniern – ein Vorgehen, das ihnen später den Vorwurf des Völkermords einbrachte. 1918 befanden die Türken sich auf dem Rückzug, gänzlich erschöpft und zersplittert durch unablässige alliierte Angriffe. Das Osmanische Reich verlor nach und nach die Kontrolle über seine arabischen Territorien, und ehemalige griechische, arabische, armenische und kurdische Untertanen teilten Stücke des Reichs unter sich auf. Insbesondere die Griechen erhoben Anspruch auf Westanatolien.

Die Erfolge und Misserfolge des Osmanischen Reichs im Ersten Weltkrieg sorgten bei vielen Muslimen für Verwirrung. Man war stolz darauf, dass ein großer muslimischer Staat als gleichberechtigter Partner der Mittelmächte gegen so viele Feinde Asiens kämpfte, fürchtete zugleich aber auch den osmanischen Kolonialismus. So fanden ägyptische Nationalisten durchaus keinen Gefallen daran, dass bei zwei Gelegenheiten während des Kriegs ein osmanischer Sieg über die Briten und eine Rückeroberung Ägyptens möglich schien.

Allerdings hofften viele weltlich gesinnte osmanische Nationalisten, der amerikanische Präsident werde für einen gerechten Frieden sorgen. Sie glaubten, Wilsons Eintreten für das Selbstbestimmungsrecht der Völker begünstige ihre Hoffnungen auf einen von einer muslimischen Mehrheit bewohnten Staat in Anatolien – wobei sie bereit waren, die Provinzen mit arabischer Bevölkerungsmehrheit zu verlieren. Die Schriftstellerin und Frauenrechtlerin Halide Edip, später eine enge Vertraute Atatürks, gehörte zu den Unterzeichnern eines Telegramms an Präsident Wilson mit der Bitte, das Osmanische Reich vor den expansionistischen europäischen Mächten zu schützen.

Von Wilsons Rhetorik inspiriert, verfassten antijapanische nationalistische Führer in Korea ihre eigene Unabhängigkeitserklärung und planten die Entsendung einer Delegation nach Paris. Als die japanischen Behörden ihnen die Visa verweigerten, baten die koreanischen Nationalisten im Ausland lebende Gesinnungsgenossen, sie zu vertreten. Einer von ihnen, General Pak, lebte in China in großer Armut und begann seine lange Reise nach Paris, indem er zu Fuß den Schienen der Transsibirischen Eisenbahn folgte. Noch größer waren die Erwartungen in Indien, wo die Briten mit Hilfe gemäßigter indischer Nationalisten mehr als eine Million Soldaten und Arbeitskräfte für die Kriegsanstrengungen der Alliierten in Europa und im Mittleren Osten rekrutiert hatten (die große Mehrzahl derer, die bei der fürchterlichen Belagerung von Kut al-Amara ihr Leben ließen, waren Inder).

Als Rabindranath Tagore 1916 die Vereinigten Staaten bereiste, wandte er sich in seinen Vorträgen leidenschaftlich gegen den, wie er sagte, neuen Gott der »Nation«. Desgleichen gegen den westlichen Imperialismus in Asien. »In dem riesigen Kontinent Asien«, schrieb er Anfang 1919 an Romain Rolland, »gibt es kaum eine Ecke, in der die Menschen noch wirkliche Liebe zu Europa empfinden.«[9] Dennoch hoffte Tagore nun, die Vereinigten Staaten wären »reich genug, um sich nicht an der gierigen Ausbeutung schwächerer Länder zu beteiligen«.[10] Beeindruckt vom amerikanischen Präsidenten, dachte er daran, ihm eines seiner Bücher zu widmen. Und von Wilsons Reden aus der Kriegszeit ermutigt, verlangten Hindu- und Muslim-Führer im Nationalkongress gemeinsam (darunter auch ein im Aufstieg begriffener Mann namens Mohandas Gandhi), Delegierte nach Paris zu schicken, die Indien auf der Friedenskonferenz vertreten sollten.

In China hatte die Nachrichtenagentur Reuters bereits eine öffentliche Meinung vorbereitet, die der Sache der Alliierten Sympathie entgegenbrachte und der Entsendung von 200 000 chinesischen Arbeitskräften an die europäische Front mit Wohlwollen begegnete. Wilsons Reden über das Selbstbestimmungsrecht der Völker trafen auf außergewöhnliches Interesse. In Beijing versammelten sich Studenten vor der amerikanischen Botschaft, riefen »Lang lebe Präsident Wilson!« und hielten Plakate in die Höhe, auf denen sie forderten, die Welt »sicher für die Demokratie« zu machen. Obwohl vom Bürgerkrieg zerrissen, wollte China doch ein deutliches Bild stolzer nationaler Souveränität vermitteln. Man schickte einige seiner redegewandtesten Diplomaten nach Paris, die sicherstellen sollten, dass die Souveränität des Landes von den siegreichen alliierten Mächten respektiert wurde, vor allem von Japan, das mit dem Segen der Briten das ehemals von Deutschland gehaltene Gebiet auf der Halbinsel Shandong besetzt hatte.

Aber die chinesische Delegation wurde vom Tisch der Großmächte (zu denen auch Japan zählte) ausgeschlossen und auf eine Stufe mit Griechenland und Siam (Thailand) gestellt. Das war kein gutes Zeichen für ein China, das entschlossen war, die Konferenz zu nutzen, um seine Ankunft als gleichberechtigte und souveräne Macht zu signalisieren. Die chinesischen Proteste wurden ignoriert, und am Ende trafen die Vereinigten Staaten, Frankreich und Großbritannien alle wichtigen Entscheidungen. Dennoch war die Begeisterung in China groß, und das nicht nur bei Kang Youwei, der phantasierte, der von Präsident Wilson geplante Völkerbund werde seine Vision einer moralischen Gemeinschaft verwirklichen, sondern auch bei Mao Zedong, der damals in einer kleinen Provinzstadt lebte und durch die Zeitschrift *Neue Jugend* zunehmend radikalisiert wurde. Ein Buch mit Wilsons Reden wurde in China zu einem Bestseller, und als die Pariser Friedenskonferenz eröffnet wurde, konnten viele Nationalisten die »Vierzehn Punkte« auswendig aufsagen. Liang Qichao, der an Chinas Kriegseintritt mitgewirkt hatte, verband wahrscheinlich die größten Erwartungen mit der Friedenskonferenz, die sich jedoch für asiatische Intellektuelle und Aktivisten als die bis dahin härteste Lektion in westlicher Realpolitik erweisen sollte.

Liberaler Internationalismus oder liberaler Imperialismus?

Liang gehörte immerhin einer offiziellen Delegation an, die sicher sein konnte, auf der Konferenz vertreten zu sein, im Unterschied zu vielen anderen (Iranern, Syrern und Armeniern), die sich Gehör zu verschaffen versuchten, aber vollständig abgewiesen wurden. Der koreanische General Pak, der den Weg entlang der Transsibirischen Eisenbahn zu Fuß zurücklegen musste, kam zu spät zu den Gesprächen. Außerdem wurde das Anliegen der Koreaner von den Japanern abgeschmettert, die im März 1919 in Seoul zudem noch Tausende von Demonstranten töteten.

Zu den vielen, denen eine Vertretung verwehrt wurde, gehörte auch der Vietnamese Ho Chi Minh, der damals Nguyen Ai Quoc hieß. Er lebte 1919 als mittelloser Hilfsarbeiter in Paris, als Präsident Wilson dort eintraf, in der Tasche einen Plan, der die Welt »sicher für die Demokratie« machen sollte. Mit dem Hinweis auf ihre Ideale der Freiheit, Gleichheit und Brüderlichkeit hatten die Franzosen in Vietnam gut 100 000 Bauern und Handwerker rekrutiert und auf die französischen Schlachtfelder transportiert. Im Gegenzug versprach Frankreich ihrem Land die Selbstherrschaft, für einen nicht näher genannten Zeitpunkt in der Zukunft.

Ho glaubte diesen Versprechungen nicht. Er war angewidert von den Franzosen, die arme Vietnamesen als Kanonenfutter für ihr eigenes Streben nach Macht und Ruhm einsetzten.

> »Sie gingen in der dichterischen Wüste des Balkans zugrunde und fragten sich, ob das Mutterland die Absicht hatte, sich als Favoritin im Harem der Türken niederzulassen: Weshalb sonst hatte man sie dorthin gebracht, damit sie sich in Stücke hauen ließen? An den Ufern der Marne und im Schlamm der Champagne ließen andere sich heldenhaft abschlachten, damit die Lorbeerkränze ihrer Kommandeure mit ihrem Blut besprengt wurden und die Feldmarschälle sich aus ihren Knochen Stäbe schnitzen lassen konnten.«[1]

Während Ho den französischen Kolonialisten misstraute, empfand er Wilsons Eintreten für nationale Selbstbestimmung als mitreißend. In Paris bemühte er sich um eine persönliche Audienz beim Präsidenten, wobei er in seiner Petition sehr überlegt aus der amerikanischen Unabhängigkeitserklärung zitierte. Der vietnamesische Nationalist lieh sich sogar einen Anzug für diese Gelegenheit.

Aber Ho gelangte nicht einmal in die Nähe des amerikanischen Präsidenten oder eines anderen westlichen Führers. Seine gescheiterte Mission schien eine Analyse zu bestätigen, die zum Urtext vieler antikolonialistischer Aktivisten und Denker werden sollte: Lenins »Der Imperialismus als höchstes Stadium des Kapitalismus«. In diesem 1916 geschriebenen Pamphlet behauptete Lenin, dass Präsident Wilson ebenso wenig für eine Rückgabe Indochinas an die Vietnamesen sorgen werde, wie er seine Truppen aus Panama abziehen wolle. Die Vereinigten Staaten seien eine ebenso imperialistische Macht wie Großbritannien oder Japan, gierig nach Bodenschätzen, Territorien und Märkten, Teil eines kapitalistischen Weltsystems der Unterdrückung und Ausplünderung, deren innere Instabilität zum Ersten Weltkrieg geführt habe.

Der Gedanke, wonach der europäische Kampf um die Beute Asien den Ersten Weltkrieg verursacht hatte, war bei vielen asiatischen Denkern verbreitet. Als der Krieg sich 1915 verschärfte, beschrieb Miyazaki Torazō, der japanische Verfechter des Panasianismus und beherzte Unterstützer Sun Yat-sens, das Vorgehen der Europäer: Sie stürzten sich »wie Wölfe und Schakale auf Asien«, »und das Einzige, das sie davon abhielt, ihre ganze Macht einzusetzen, war die Befürchtung, das Machtgleichgewicht innerhalb Europas zu zerstören – obwohl doch der aktuelle Aufruhr genau dies zur Ursache hat«. Aber auch der Frieden werde Asien keine Ruhe bringen, sagte Miyazaki voraus. »Es ist leicht zu erkennen, dass die hungrigen Tiger [Europas] kehrtmachen und um die Fleischstücke im Orient kämpfen werden.«[2]

Lenin jedenfalls beschränkte sich nicht auf bloße Rhetorik. Kurz nachdem er 1917 an die Macht gekommen war, enthüllte er das geheime Abkommen zwischen Frankreich, Großbritannien und dem zaristischen Russland zur Aufteilung des Mittleren Ostens (eines der Beutestücke des imperialistischen Krieges). Lenin verzichtete auch freiwillig auf die Sonderrechte, die Russland zusammen mit anderen westlichen Mächten und

Japan in China genoss. Viele Asiaten sahen wie Benoy Kumar Sarkar in Lenins Aktionen nichts Geringeres als eine »außergewöhnliche und unglaublich übermenschliche Verkündung einer neuen internationalen Moral«. Der sowjetische Führer kam Wilson in seinem Ruf nach nationaler Selbstbestimmung zuvor. »Das neue Evangelium der politischen Emanzipation und Souveränität aller Völker«, schrieb Sarkar, »ist so weltbewegend und universell in seiner Reichweite und so radikal oder fundamental in seiner messianischen Güte, dass die Bolschewiken bereits jetzt die höchste Stufe in der chinesischen Wertschätzung gewonnen haben.«[3]

Lenin ging sogar noch weiter und erklärte, die ethnischen Nationalitäten des alten russischen Zarenreiches sollten autonom sein und sogar das Recht auf Abspaltung erhalten. Lenin, der das Geschehen in China und Indien genau verfolgte, war sich nur allzu sehr der Bedeutung bewusst, die ein von den europäischen Imperialisten befreites Asien für Russland besaß. Er meinte, »der Ausgang des Kampfes hängt letztlich von der Tatsache ab, dass Russland, Indien, China usw. die übergroße Mehrheit der Menschheit darstellen«. Und Stalin bestätigte: »Wer den Sieg des Sozialismus will, darf den Osten nicht vergessen.«[4]

Kurz nach der Oktoberrevolution riefen Lenin und Stalin die Völker des Ostens auf, das Joch der imperialistischen »Räuber und Unterdrücker« abzuschütteln.[5] 1920 organisierten die Bolschewiken in Baku den Kongress der Völker des Ostens. Wenig später half die Komintern bei der Gründung kommunistischer Parteien in verschiedenen Teilen Asiens, und sowjetische Berater unterstützten sowohl chinesische Nationalisten als auch Kommunisten in ihrer Ausbildung. Die eindeutig antiimperialistische Ausrichtung der Sowjetunion machte sie attraktiv für koreanische, persische, indische, ägyptische und chinesische Aktivisten. Sarkar verknüpfte das Schicksal der asiatischen Antiimperialisten mit dem der Sowjetunion und gelangte so zu einer äußerst scharfsinnigen und präzisen Prophezeiung, als er 1921 schrieb:

> »Chinas Stimme im politischen Konzert der Nationen wird immer lauter erklingen, solange es eine Nation auf Erden gibt, die dieses Credo der Befreiung der unterdrückten Völker von der Fremdherrschaft verkündet und praktiziert, und das ganz unabhängig von der Überlegung, welche

> Fortschritte die gegen das Privateigentum gerichtete Wirtschaftspolitik der Bolschewiken bei den Massen und innerhalb der Intelligenz Ostasiens machen wird.«[6]

Diese neue Ideologie der Emanzipation sollte erst in den 1920er Jahren Einfluss auf die meisten Asiaten gewinnen. 1919 wurde der Marxismus zwar in vielen Metropolen und Städten Asiens studiert und debattiert, in denen europäische Kaufleute und Missionare Bildungseinrichtungen westlichen Zuschnitts geschaffen hatten. Aber die Russische Revolution und deren antiimperialistische Haltung waren bei den gebildeten Einheimischen immer noch nicht sonderlich bekannt. In den meisten Ländern unterstützte die Presse Wilson und seine Botschaft, da Auslandsnachrichten in Ländern wie China oder Indien von westlichen Nachrichtenagenturen stammten. Die einflussreichste unter diesen Agenturen war Reuters, al-Afghanis altes Feindbild, von der die Bolschwiken als äußerst gefährliche Seuche dargestellt wurden. Aber Lenins Taten sprachen für sich selbst und alarmierten viele im Westen. Wahrscheinlich hätte Wilson seinen rhetorischen Schachzug 1918 nicht unternommen, wenn die Bolschewiken nicht den Kriegsaustritt Russlands erklärt und Arbeiter und Soldaten aufgerufen hätten, das Feuer einzustellen und Revolutionäre zu werden.

Mit der Behauptung, Amerika kämpfe für eine bessere Welt, versuchte Präsident Wilson die These der Bolschwiken zu entkräften, der Krieg sei ein Kampf zwischen imperialistischen Mächten, an dessen Ende die Sieger die Beute unter sich aufteilen würden. Er versuchte, Einfluss auf jene Amerikaner und Europäer zu nehmen, die, des endlosen Krieges zunehmend überdrüssig, gefährlich anfällig für die bolschewistische Propaganda zu sein schienen. Es war nahezu unvermeidlich, dass seine Botschaft ein weitaus größeres und empfänglicheres Publikum in der kolonisierten Welt fand.

Die Vereinigten Staaten waren ein relativ unbekannter Spieler auf dem internationalen Parkett. Die amerikanischen Industrien, so erklärte Wilson während seines Präsidentschaftswahlkampfs 1912, hätten sich »bis zu dem Punkt ausgebreitet, wo sie aus den Nähten platzen werden, wenn sie keinen freien Zugang zu den Märkten der Welt finden werden«.[7] Dennoch hatten die Vereinigten Staaten, wie Sarkar 1919 schrieb, »noch nicht genug Zeit gehabt oder die nötige ›Bereitschaft‹ entwickelt, um einen ausgeprägten Hunger auf Land oder Märkte oder auf die Ausbeutung schwächerer Völker außerhalb Amerikas zu entfalten«.[8] Das Vorgehen der Vereinigten Staaten in Lateinamerika – etwa als Wilson Haiti und Nicaragua zu militärischen Protektoraten machte – wurde in Asien kaum zur Kenntnis genommen. Und es gab nur wenige gut informierte Asiaten, die wie Sarkar der Ansicht waren, die amerikanischen »Verbrechen« an Einwanderern chinesischer oder japanischer Herkunft böten »denselben Anreiz zu rachsüchtigem Wollen und Denken wie die ständige Vernichtung versklavter oder halb unterdrückter Völker durch die herrschenden europäischen Mächte und das berüchtigte Postulat der ›Bürde des weißen Mannes‹, von dem Intellektuelle, Journalisten, Universitätskreise und die ›oberen Zehntausend‹ in Euramerika durchdrungen sind«.[9]

Dem amerikanischen Präsidenten, der während des Krieges ernsthaften Einschränkungen der Bürgerrechte zustimmte, waren moralische Kompromisse in der Außenpolitik durchaus nicht fremd. So unterstützte er 1913 den militaristischen chinesischen Präsidenten Yuan Shikai gegen Sun Yat-sen, in der Hoffnung, der Diktator in Beijing werde bei aller Brutalität immerhin nicht Chinas »Offene Tür« gegenüber Amerika schließen. Wilsons Antiimperialismus basierte auf einer feinen Unterscheidung, die kolonisierte Völker nicht akzeptieren konnten. Er verstand unter dem europäischen Imperialismus die physische Besetzung ferner Länder und Einflussbereiche, und insofern beklagte er ihn. Bei seiner Politik der »Offenen Tür« übersah er jedoch, dass der freie Handel, der dritte seiner Vierzehn Punkte, für wirtschaftlich schwächere Länder ähnlich erdrückend sein konnte. Wie Länder von Ägypten bis China erfahren mussten, liefen Kredite und ausländischer Besitz an Bergwerken, Fabriken und Eisenbahnen in Asien sowie die Anwesenheit fremder Truppen, um diesen europäischen Besitz zu schützen, auf einen mit ähnlichem Zwang und ähnlichen Erniedrigungen verbundenen Imperialismus hinaus. So wurde die Souveränität Chinas durch die Verschuldung gegenüber Japan, das Truppen in der Mandschurei und in Shandong stationierte, zutiefst kompromittiert.

Asiaten und Afrikaner, die abweisende Kolonialbeamte gewöhnt waren, fühlten sich von den großzügigen Versprechen des amerikanischen

Präsidenten natürlich angezogen. Selbst eingefleischte Skeptiker wie die Herausgeber der radikalen Zeitschrift *Neue Jugend*, Li Dazhao und Chen Duxiu, glaubten, dass Wilson die kühne Bereitschaft besaß, die Regeln des internationalen Spiels neu zu fassen. Diese Überzeugung beruhte indessen auf einem tiefen Missverständnis hinsichtlich des Hintergrunds und der Motive des amerikanischen Präsidenten. Denn Woodrow Wilson eignete sich aus verschiedenen Gründen kaum zum Helden in den Straßen Kairos, Delhis und Kantons. Ein frommer Presbyterianer und hoffnungslos anglophil (um seine Frau hatte er mit Zitaten von Bagehot und Burke geworben), hatte er gehofft, die Vereinigten Staaten könnten auf den Philippinen und in Puerto Rico der britischen Tradition folgen und den »weniger zivilisierten Völkern« Recht und Ordnung beibringen.[10] »Schließlich sind sie Kinder und wir Männer in diesen tiefgreifenden Fragen des Staates und des Rechts.«[11] Als Südstaatler teilte Wilson auch den reflexartigen Rassismus zahlreicher Vertreter seiner Klasse und Generation (einschließlich vieler Witze über »Dunkelhäutige«).

Ho Chi Minh hätte sich kaum einen Anzug geliehen, wenn er gewusst hätte, dass der Kopfmensch Wilson ebenso wie sein vom Temperament her kriegslüsterner Rivale Roosevelt an die Pflicht Amerikas glaubte, die von Kipling angemahnte Bürde des weißen Mannes zu tragen. Im Januar 1917 erklärte Wilson in einer Kabinettssitzung, Amerika müsse sich aus dem Krieg heraushalten, um dafür zu sorgen, »dass die weiße Rasse stark bleibt gegen die gelbe – zum Beispiel die Japaner«.[12] Und wie er seinem Außenminister Robert Lansing mitteilte, glaubte er, dass »die weiße Zivilisation und ihre Vorherrschaft auf dem Planeten weitgehend auf unserer Fähigkeit beruhen, die Unversehrtheit dieses Landes zu bewahren«.[13]

Obwohl scheinbar allumfassend, zielte Wilsons Rhetorik in Wirklichkeit auf europäische Völker (Polen, Rumänen, Tschechen, Serben), die zum Deutschen, zum Österreichisch-Ungarischen und zum Osmanischen Reich gehörten. Ganz mit der Gründung des Völkerbundes beschäftigt, der einen Rahmen für kollektive Sicherheit und dauerhaften Frieden in Europa bilden sollte, hatte Wilson kaum Interesse daran, Briten und Franzosen zu überreden, auf ihre kolonialen Besitzungen in Asien und Afrika zu verzichten. Nicht dass dies überhaupt möglich gewesen wäre. Aber Wilson hatte seine Chance gehabt, als er im Frühjahr 1917 erstmals von den Geheimverträgen erfuhr, die festlegten, wie Großbritannien, Frankreich, Japan und Italien nach dem Krieg ganze Reiche unter sich aufzuteilen gedachten. Er hätte den amerikanischen Kriegseintritt davon abhängig machen können, dass die Alliierten ihre schmutzige Übereinkunft annullierten. Stattdessen tat er so, als gäbe es diese Verträge gar nicht, und versuchte sogar, deren Veröffentlichung in den Vereinigten Staaten zu verhindern, nachdem die Bolschewiken sie der Welt enthüllt hatten.

Wie die Welt unsicher für die Demokratie wurde

Als Präsident Wilson 1919 nach Europa reiste, hoffte er, sich über die Köpfe der politischen Führer hinweg direkt an die Menschen wenden zu können. Bestärkt wurde er in diesem Irrtum durch die begeisterten Mengen in Frankreich und Italien, die ihm das Verdienst zuschrieben, das Ende eines äußerst unbeliebten Krieges beschleunigt zu haben. In Paris trat er zwei hartgesottenen und zynischen Imperialisten gegenüber, dem britischen Premierminister Lloyd George und dem französischen Ministerpräsidenten Clemenceau. Nach mehreren wechselseitig zerstörerischen Kriegen hatten die imperialistischen Mächte Europas sich auf eine Politik des Machtgleichgewichts geeinigt. Ihre Vertreter in Paris hofften, das durch den Ersten Weltkrieg gestörte Gleichgewicht durch eine passende Beschneidung der militärischen und wirtschaftlichen Macht des Deutschen Reiches wiederherzustellen, und Wilson akzeptierte ihre Forderungen in der Hoffnung, alle alten und neuen Probleme, die innerhalb der internationalen Ordnung auftreten mochten, könnten von seinem Lieblingskind, dem Völkerbund, gelöst werden.

Mao Zedong, der 1919 25 Jahre alt war und nur über bescheidene Mittel, aber große intellektuelle Neugier verfügte, erfasste Wilsons Glücklosigkeit in Paris sehr genau, als er in einer Zeitschrift, die er in der abgelegenen Provinz Hunan herausgab, schrieb:

> »Wilson glich in Paris einer Ameise auf einer heißen Bratpfanne. Er wusste nicht, was er tun sollte. Er war umgeben von Dieben wie Clemenceau, Lloyd George, Makino und Orlando. Er hörte nichts anderes als Ausführungen über Territorialansprüche bestimmter Größen und Reparationen in diesem oder jenem Goldwert. Er tat nichts, außer dass er diverse Zusammenkünfte besuchte, auf denen er nicht offen reden konnte. Einmal hieß es in einem Reuters-Telegramm: ›Präsident Wilson hat

> sich schließlich Clemenceaus Ansicht angeschlossen, dass Deutschland nicht Mitglied des Völkerbunds werden darf.‹ Als ich die Worte ›schließlich … angeschlossen‹ las, tat er mir lange leid. Armer Wilson!«[1]

Mao klagte auch über das Scheitern Indiens und Koreas: »So viel zur nationalen Selbstbestimmung«, schrieb er. »Ich finde, es ist eine Schande.« Wilsons Scheitern reichte natürlich noch weiter. Nach dem Sieg über Deutschland, das Frankreich und Großbritannien zutiefst zu demütigen gedachten, kämpfte er kaum noch für die Rechte außereuropäischer Völker, von denen viele auf der Konferenz nicht einmal angehört wurden.

Selbst die Japaner, die mit einem ordentlichen imperialistischen Stammbaum auf der Konferenz erschienen waren, wurden verächtlich übergangen. Sie saßen am fernen Ende des langen Tischs, ihnen gegenüber die Vertreter von Guatemala und Ecuador. Aber es war nicht die große Entfernung zu den Plätzen der Großmächte, die Clemenceau zu der Klage veranlasste, den japanischen Delegierten Makino Nobuaki nicht hören zu können – und über das schlimme Schicksal zu schwadronieren, zusammen mit »hässlichen« Japanern in einer Stadt voll attraktiver blonder Frauen gefangen zu sein.[2] Diskussionen über den pazifischen Raum – eine wichtige Arena der Rivalität zwischen Japan und den Westmächten – versanken in rassistischen Witzen über Kannibalismus vonseiten des australischen Premierministers Billy Hughes und Bemerkungen Lloyd Georges über »Nigger«. Solches Gespött versprach nichts Gutes für den wichtigsten Punkt auf der japanischen Tagesordnung: die Aufnahme der Gleichberechtigung aller Nationen – die Gleichheit der Rassen – in die Satzung des Völkerbundes. Die Japaner hofften, dadurch zum Beispiel die kalifornische Regierung bewegen zu können, eine japanische Einwanderung und Schulen ohne Rassentrennung zu erlauben, und die Franzosen in Indochina zu zwingen, ihre unfairen Beschränkungen für japanische Importe aufzuheben.

Der japanische Vorschlag schien nicht nur eine jahrzehntelange, gegen Asiaten gerichtete Gesetzgebung in den Vereinigten Staaten zu untergraben; er stellte auch eine Bedrohung für die »White-Australia-Politik« Australiens dar und wurde von den Großmächten generell als Einfallstor für eine unkontrollierte Einwanderung von Barbaren empfunden.

Die Japaner versuchten, die Aufmerksamkeit auf die scheinbar liberalen Grundsätze in den Verfassungen der Großmächte zu lenken. Aber mit dem amerikanischen Grundsatz konfrontiert, wonach »alle Menschen gleich erschaffen« sind, erklärte Lord Balfour, der bald wegen seiner Stellungnahme in der Palästinafrage berühmt werden sollte, rundheraus, er glaube nicht, dass »ein Mensch aus Zentralafrika gleich erschaffen mit einem Europäer« sei.[3] Am Ende stellte Makino die Frage der Rassengleichheit zur Abstimmung – und gewann. Aber in einem Akt, den japanische Nationalisten für Jahrzehnte nicht vergessen sollten, bestimmte Präsident Wilson, dass die Mehrheitsentscheidung keine Geltung besäße, weil einige bedeutsame Opponenten dagegen gestimmt hätten.

Wilson fürchtete, die Briten und ihre australischen Verbündeten von den USA zu entfremden. Die Anglophilie machte Wilson und seine Berater (in der Mehrzahl Mitglieder der Ostküsten-»WASP«-Elite) weitgehend blind für die antikolonialistischen Gefühle in Asien und Afrika. Der amerikanische Außenminister stellte sich uneingeschränkt hinter die britische Herrschaft über Ägypten. Allen Welsh Dulles, der spätere Kalte Krieger und damals im Außenministerium tätig, machte den Vorschlag, die ägyptischen Forderungen »gar nicht zur Kenntnis zu nehmen«.[4] Die Briten sorgten dafür, dass die an Präsident Wilson in Paris geschickten Petitionen in der Schublade verschwanden. Sie informierten Wilson auch darüber, dass Rabindranath Tagore ein gefährlicher Revolutionär sei (woraufhin ihm nicht genehmigt wurde, eines seiner Bücher wie beabsichtigt dem amerikanischen Präsidenten zu widmen).

In Persien, das während des Kriegs von Briten und Russen besetzt worden war, schickte eine zutiefst gespaltene Regierung eine offizielle diplomatische Delegation nach Paris. Die Briten stellten jedoch sicher, dass sie keinen Sitz erhielt. Indische und koreanische Nationalisten gelangten nicht einmal in die Nähe der französischen Hauptstadt. Indien war durch eine von den Briten handverlesene Delegation vertreten, zu der auch der Maharadscha des im Nordwesten gelegenen Königreichs Bikaner gehörte. Im Jahr 1900 war dieser indische Potentat im Auftrag der Briten nach China gefahren, um sich an der Niederschlagung des Boxeraufstands zu beteiligen. Er kam zu spät, um auch nur einen Chinesen zu töten. Als 1914 der Krieg in Europa ausbrach, bot er indischen Herrschern seine Dienste an und erklärte: »Für das Privileg, meinem Kaiser zu dienen, bin ich bereit, in jeder Funktion überallhin zu gehen.«[5] Fast 80000 indische Soldaten sollten bei den Kämpfen im Mittleren Osten und in Europa sterben. Der Maharadscha selbst erlebte nur einen ereignislosen kleinen Krieg (ein einziges Scharmützel 1915 in der Nähe des Suezkanals), bevor er sich zurückzog, um sich um seine kranke Tochter in Indien zu kümmern. Als Delegierter auf der Pariser Friedenskonferenz erregte er bei den Gesprächen mit seinem wild geringelten Schnurrbart und seinem edelsteinbesetzten roten Turban einiges Aufsehen, zumal er darauf bestand, den anwesenden politischen Führern den auf seinen Arm tätowierten Tiger zu zeigen (Clemenceau war immerhin so beeindruckt, dass er 1920 einen Jagdausflug nach Bikaner unternahm, von dem er mit den wahrscheinlich einzigen positiven Ergebnissen der Friedenskonferenz zurückkehrte: zwei toten Tigern).

In Paris kämpfte der Maharadscha hauptsächlich für die Erhaltung der Privilegien halbautonomer Königreiche wie Bikaner, und die Briten waren nur allzu froh, ihn seine Tiger in Frieden schießen zu lassen, während sie Indien mit einer hinreichend vagen Aussicht auf Selbstbestimmung abspeisten. Mao Zedong schrieb dazu: »Indien hat einen Clown gewonnen«, aber »die Forderungen des indischen Volkes blieben unerfüllt«.[6] Die Ägypter mussten eine schlimmere Demütigung hinnehmen. Im März 1919 verhafteten die Briten Saad Zaghlul und deportierten ihn nach Malta, womit sie in Ägypten eine große Protestwelle auslösten – die später sogenannte Revolution von 1919. Ägypter streikten, Studenten der al-Azhar-Moschee errichteten Barrikaden, ägyptische Frauen warfen ihre Hidschabs ab, bildeten Ketten und stachelten die Menge an. Der Hass auf die Briten war so groß, dass immer wieder britische Soldaten vom Mob getötet wurden. Angesichts der landesweiten Revolte lenkten die Briten ein und erlaubten es Zaghlul, nach Paris zu fahren.

Doch während Zaghlul auf der Reise noch seine Englischkenntnisse aufpolierte, gelang es den Briten, die Amerikaner davon zu überzeugen, dass Bolschewiken sich mit islamischen Fanatikern zusammengetan hätten, um den Aufruhr in Ägypten zu schüren. Tatsächlich verglichen sie Zaghlul und dessen Neffen gegenüber den Amerikanern mit »Lenin und Trotzki«. Zaghlul befand sich noch auf dem Weg von Marseille nach Paris, als Wilson das dauerhafte Protektorat der Briten über Ägypten akzeptierte. Der ägyptische Journalist Muhammad Haykal griff eine weitverbreitete Empörung auf, als er schrieb:

> »Da war der Mann der Vierzehn Punkte, darunter das Recht auf Selbstbestimmung, und er verweigerte dem ägyptischen Volk dieses Recht auf Selbstbestimmung (...) Und er tat das, noch bevor die Delegation des ägyptischen Volkes in Paris eingetroffen war, um ihre Ansprüche zu vertreten, und bevor Präsident Wilson sie auch nur angehört hatte. Ist das nicht Verrat in seiner hässlichsten Form?«[7]

Ägypten blieb unruhig, und 1922 waren die Briten gezwungen, dem Land ein gewisses Maß an Selbstverwaltung zuzugestehen.

Im Iran, der immer noch von den Briten besetzt war, glaubte Lord Curzon, inzwischen britischer Außenminister, einen weiteren Puffer für sein geliebtes Indien schaffen zu können. 1919 half Curzon, die Absichten der iranischen Delegation in Paris zu durchkreuzen, und handelte mit der persischen Regierung eine Übereinkunft aus, die absolut verheerende Auswirkungen auf die iranische Souveränität hatte. (Mohammed Mossadegh, der während des Kriegs in der Schweiz bleiben musste, weinte, als er von der vorgeschlagenen Vereinbarung hörte, und hätte beinahe beschlossen, auf immer in Europa zu bleiben.) Aber wie sich zeigt, hatte Curzon, der 1905 bereits den indischen Nationalismus mit seinem Vorschlag einer Teilung Bengalens angeheizt hatte, wieder einmal die Stimmung der einheimischen Bevölkerung falsch eingeschätzt. Die Übereinkunft mit den Briten wurde von den Iranern weithin abgelehnt; britenfreundliche Mitglieder des iranischen Parlaments wurden sogar körperlich angegriffen. Angesichts des verbreiteten Widerstands verhärtete sich Curzons Haltung noch weiter. »Gleich welchen Preis sie zu zahlen haben, diesen Leuten sollte man beibringen, dass sie ohne uns nicht zurechtkommen«, schrieb er. »Ich hätte nichts dagegen, dass man sie mit der Nase in den Staub stößt.«[8] Doch Curzons Taktik ging nicht auf. 1920 scheiterte die Übereinkunft schließlich am Zorn der Iraner. Sie führte außerdem zu einer konstant feindseligen Einstellung des Iran gegenüber Großbritannien. (1978 glaubte der Schah, Ayatollah Khomeini dauerhaft diskreditieren zu können, indem er ihn in einem Zeitschriftenartikel als britischen Agenten bezeichnete. Die Folge waren die ersten Massenproteste gegen ihn und seine Herrschaft und schließlich der Zusammenbruch seiner Dynastie.)

Das Jahr 1919 veränderte die Welt in vielfältiger Weise. In Indonesien begann die nationalistische Gruppe Sarekat Islam, die nach dem Russisch-Japanischen Krieg gegründet worden, aber ein zahnloses Gebilde geblieben war, sich in eine Massenpartei zu verwandeln, die von den Holländern die vollständige Unabhängigkeit verlangte. Ho Chi Minh fand wohlwollende Zuhörer unter den französischen Kommunisten und trat 1921 offiziell in die Partei ein. »Es war Patriotismus und nicht der Kommunismus, der mich veranlasste, an Lenin zu glauben«, erinnerte er sich später.[9]

In Indien, wo nahezu zehn Millionen Menschen an der weltweiten Grippeepidemie von 1918/1919 starben, brachen die Briten ihr Versprechen einer indischen Selbstregierung und kehrten zu ihrer während des Krieges eingeführten repressiven Politik zurück. Doch das Blutbad, das Soldaten im April 1919 in Amritsar anrichteten und das 400 Menschen das Leben kostete, beschleunigte die Umwandlung des Indischen Nationalkongresses von einem Debattierclub für Gentlemen in eine politische Partei mit Massenbasis und den Aufstieg Gandhis als deren Führer. Tagore schrieb an den Vizekönig von Indien, als er seine Ritterwürde aus Protest gegen das Blutbad zurückgab: »Bedenkt man, dass dies einem unbewaffneten und mittellosen Volk von einer Macht angetan wurde, die über die schrecklichste und effizienteste Organisation zur Vernichtung menschlichen Lebens verfügt, müssen wir entschieden darauf hinweisen, dass es dafür keine politische und erst recht keine moralische Rechtfertigung geben kann.«[10] Tagore beschrieb später im *Manchester Guardian*, warum Asiaten wie er einer Täuschung erlagen, wenn sie in ihrem »schlichten Glauben« meinten, »selbst wenn wir gegen Fremdherrschaft rebellierten, würden wir die Sympathie des Westens genießen«.[11]

Wilsons Augenblick, so schrieb der 29-jährige Jawaharlal Nehru, »ist vergangen, und wieder einmal müssen wir uns von fernen Hoffnungen inspirieren lassen statt von der unmittelbaren, atemlosen Ausschau nach Befreiung«.[12] Auch für die osmanische Türkei verging Wilsons Augenblick nicht ohne weitere grausame Enttäuschungen. »Nicht der Islam schließt die Europäer aus«, hatte al-Afghanis Schützling Rashid Rida geschrieben, als der europäische Druck auf die muslimischen Länder sich vor dem Ersten Weltkrieg verstärkte, »vielmehr sind es die Europäer, die den Islam zwingen, ihnen breiten Raum zu gewähren. Harmonie zwischen beiden ist nicht unmöglich, aber dazu bedarf es der Toleranz.«[13] Und Toleranz war von den westlichen Führern nicht zu erwarten, vor allem nicht von Lloyd George, der meinte, die Türken seien »eine menschliche Krebsgeschwulst, eine schleichende Krankheit im Fleisch der von ihnen schlecht regierten Länder, die jede Faser des Lebens verrotten lässt«, und der glaubte, der Westen habe das Recht, die Osmanen der Siegerjustiz zu unterwerfen.[14]

Die alliierten Mächte bestätigten Griechenlands fadenscheinigen Anspruch auf Westanatolien mit der Begründung, die türkischen Muslime seien nicht geeignet und in der Lage, multiethnische und multireligiöse Gesellschaften zu regieren. 1920 besetzten britische und französische Truppen Istanbul, angeblich um der nationalen türkischen Unabhängigkeitsbewegung zuvorzukommen. Die Demütigung löste in der gesamten muslimischen Welt Hass und Misstrauen gegenüber den westlichen Mächten aus. Der Panislamismus verzeichnete eine kurze Wiederbelebung. Selbst Mustafa Kemal, der bald unter dem Namen Atatürk als entschiedener Säkularist bekannt werden sollte, organisierte in Ankara eine panislamische Konferenz und bat Ahmad al-Sharif al-Sanusi um Unterstützung, der damals als heldenhafter muslimischer Kämpfer gegen die italienischen Kolonialisten in Libyen berühmt war. Wenn Amerika, hieß es in der Zeitschrift *Izmir'e Doglu*, »angesichts dieser grauenhafte Ereignisse schweigt, bleibt den Türken als einzige Lösung, die muslimische Welt mit all ihren Kräften und Fähigkeiten um Hilfe zu bitten«.[15] Ahmed Riza, der seit langem im Pariser Exil lebte, schrieb 1923 ein berühmtes Traktat mit dem Titel »La Faillite morale de la politique occidentale en Orient« (Das moralische Scheitern der westlichen Orientpolitik). Darin behauptete er, die in der muslimischen Welt anzutreffende Feindseligkeit gegenüber dem Westen habe ihre Ursache hauptsächlich in dessen Politik gegenüber dem Orient.

Einige der nichtosmanischen Muslime, die über die schäbige Behandlung der Türkei äußerst empört waren, lebten in Indien, wo sie schon bald ihre Kräfte in der Khilafat-Kampagne mit denen Gandhis vereinigen sollten – einem Versuch, die Briten zu einer milderen Haltung gegenüber der Türkei zu zwingen. Wie sich zeigte, benötigten die Türken solche Unterstützung nur bis zu einem gewissen Grade.

Wie durch ein Wunder trat Mustafa Kemal, der Held der osmanischen

Schlachten gegen die Italiener, aus den Wirren des Ersten Weltkriegs hervor, eroberte an die Griechen verlorenes Territorium zurück und vertrieb alle ausländischen Truppen von türkischem Boden. 1923 legte ein mit den Westmächten geschlossener Friedensvertrag die Grenzen des neuen türkischen Nationalstaats fest und hob alle Privilegien auf, die der Westen dort genossen hatte. Atatürk, der in Indien als »Schwert des Islam« gepriesen wurde, demonstrierte, dass es keinen Sinn hatte, die westlichen Mächte überreden zu wollen, das von Wilson formulierte Recht auf Selbstbestimmung und Gerechtigkeit im internationalen System zu gewähren, sondern dass man es mit militärischer Gewalt erkämpfen und bewahren musste. Denn der Westen, so erklärte Mustafa Kemal 1923 in einem Interview, »ist ein Gebilde, das uns für eine minderwertige Gesellschaft hält und alles tut, um uns zu vernichten«.[16] Außerdem könnten religiöse und politische Massenideologien wie der Panislamismus ein wirkungsvolles Mittel sein, um echte Souveränität und Freiheit von ausländischen Einflüssen zu erreichen – Mustafa Kemal setzte die Rhetorik des Kommunismus ebenso geschickt ein wie die des Islam, wenn dies seinen nationalistischen Zielen dienlich erschien. Man kann die Wirkung des Atatürk'schen Erfolges auf die öffentliche Meinung in ganz Asien kaum überschätzen – es war der größte Sieg des Ostens seit der Schlacht von Tsushima. »Die Wahrheit ist«, schrieb Muhammad Iqbal, »dass von den heutigen muslimischen Nationen allein die Türkei aus ihrem dogmatischen Schlaf erwacht ist und zu Selbstbewusstsein gefunden hat.«[17]

In China wurde diese Lektion schon bald von jungen Kommunisten aufgegriffen. Der 20-jährige Dichter Qu Qiubai, der Buddhismus studierte und später in Moskau zu einem wichtigen Verbindungsmann für die gerade erst entstandene Kommunistische Partei Chinas (KPCh) werden sollte, war nicht der Einzige, der den »scharfen Schmerz imperialistischer Unterdrückung« spürte, der ihn von den Illusionen »undurchführbarer demokratischer Reformen« heilte.[18] Unter den Asiaten empfanden nach 1919 das Gefühl, verraten worden zu sein, am stärksten Millionen von Chinesen. Anders als die Inder, Osmanen, Ägypter und Koreaner waren sie auf der Konferenz angemessen vertreten gewesen und hatten geglaubt, sich wegen ihres Beitrags zu den alliierten Anstrengungen einen

Anspruch auf wohlwollendes Gehör erworben zu haben. Schließlich hatten Hunderttausende von chinesischen Arbeitern während des Krieges die von den gefallenen oder verwundeten europäischen Soldaten hinterlassenen Lücken gefüllt. Und Liang Qichao hatte sich gerade deshalb für den Kriegseintritt Chinas eingesetzt, weil er hoffte, dadurch eine günstige Behandlung seitens der Alliierten sichern zu können.

Die chinesische Delegation argumentierte wortgewandt, dass Shandong vollkommen chinesisch und von den Deutschen mit Gewalt eingenommen worden sei. Es sei der Geburtsort des Konfuzius und die »Wiege« der chinesischen Zivilisation. Präsident Wilson hatte persönlich großes Verständnis für den chinesischen Anspruch auf das von den Japanern besetzte Shandong, aber er vermochte Lloyd George und Clemenceau nicht zu bewegen, ihr gegenüber den Japanern während des Krieges gegebenes Versprechen zu brechen, sie könnten die Kolonie behalten. Außerdem hatten Großbritannien und Frankreich ihre eigenen, durch Gewalt erworbenen Interessen in China zu verteidigen. Durch den Verkauf von Munition an die Alliierten und die Ausweitung seines ökonomischen Einflusses auf die asiatischen Märkte war Japan aus dem Krieg ebenso als Großmacht im Pazifik hervorgegangen wie die Vereinigten Staaten im Atlantik. Ihre Forderung nach Rassengleichheit war bereits zurückgewiesen worden, und Wilson, der wünschte, dass Japan dem Völkerbund beitrat, konnte nicht riskieren, das Land noch weiter vor den Kopf zu stoßen.

Dieser blanke Zynismus erzürnte selbst den amerikanischen Senator William Borah, der erklärte, die Weigerung, Shandong an China zurückzugeben, sei »für jedes Volk eine Schande und Demütigung«. Über Woodrow Wilsons fromme Hoffnungen auf eine postimperialistische Weltordnung spottete er: »Nackt, abscheulich und ekelerregend erscheint sie vor uns als ein Monstrum aus der grausamen und schändlichen Welt, die wir alle eigentlich hinter uns zu lassen gehofft und gebetet hatten.«[19] Aus Paris informierte Liang Qichao die chinesische Führung über Chinas Niederlage in Bezug auf Shandong. »Japan«, so berichtete er, »hat alle Hebel in Bewegung gesetzt.«[20] Aber er machte auch der chinesischen Delegation Vorwürfe und warnte, der Grundsatz »Macht gleich Recht« gelte »wie eh und je«, und schwächere Nationen, die »Schlagworten der starken wie ›Gerechtigkeit und Menschlichkeit‹ wörtlich nehmen«, würden »rasch desillusioniert«. »China kann allein auf sich selbst zählen«, schloss er, »und auf seinen unbezwingbaren Geist und Mut.«[21]

Und so kam es. Als die Nachricht von Chinas Scheitern im Mai 1919 eintraf, gingen in Beijing wütende Studenten auf die Straße und beschimpften den amerikanischen Präsidenten als Lügner. In ganz China kam es zu Demonstrationen und Streiks – eine Explosion geistiger und politischer Energie, die als »Bewegung des vierten Mai« in die Geschichte einging und noch Jahrzehnte später ihren Widerhall finden sollte.

Die »Bewegung des vierten Mai« begann mit einem einzigen Vorfall: einer Demonstration von 3 000 Studenten am 4. Mai 1919 am Tor des Himmlischen Friedens am Rande des Tiananmen-Platzes in Beijing. Auf Spruchbändern in englischer, französischer und chinesischer Sprache forderten die Studenten, die chinesische Regierung müsse jeden Vertrag ablehnen, der nicht die chinesische Souveränität über Shandong anerkenne. Beim Zug durch das Botschaftsviertel kam es zu Ausschreitungen. Einige Demonstranten griffen das in der Nähe gelegene Haus eines chinesischen Ministers an, weil sie ihn für projapanisch hielten. Der Minister konnte knapp entkommen, doch der chinesische Botschafter in Japan wurde schwer misshandelt.

Die Studenten wurden festgenommen, was weitere Demonstrationen und Streiks in chinesischen Städten auslöste, vor allem in Schanghai, dem intellektuellen und politischen Zentrum für junge Chinesen. Im Juni schlossen sich Arbeiter und Händler den Protesten an und initiierten eine erfolgreiche Serie antijapanischer Boykotte. Selbst im entfernten Singapur kam es innerhalb der chinesischen Gemeinde zu Demonstrationen und Ausschreitungen, die deutlich machten, wie stark die antikolonialistische Stimmung in der Stadt war. Im weiteren Verlauf des Monats schien das neue Bündnis aus Studenten, Arbeitern und Kaufleuten den Sieg davonzutragen, als die chinesische Delegation auf der Pariser Friedenskonferenz sich entgegen den Anweisungen der politischen Führung in Beijing weigerte, den Versailler Friedensvertrag zu unterzeichnen.

Dennoch schien sich nicht viel zu ändern. Japan, Ziel massiver chinesischer Boykotte und Proteste, gab Shandong erst 1923 zurück. Das Warlord-Unwesen in China wurde immer schlimmer. Dennoch besaß die »Bewegung des vierten Mai« eine gewaltige politische Bedeutung. Sie mobilisierte eine neue Generation, die eine ganz andere Sprache sprach als ihre Vorgänger. Im Unterschied zu Liang Qichao und Kang Youwei hatte diese Generation ihre Ausbildung in Schulen und Hochschulen mit westlich geprägten Lehrplänen erhalten. Sie empfand weit weniger die Notwendigkeit, die Last der Tradition zu tragen. Und sie wandte sich an ein breiteres Publikum neuartig gebildeter Chinesen. Nahezu drei Jahrzehnte nach den ersten Bemühungen der Elitereformer um Kang Youwei trat China ins Zeitalter der Massenpolitik ein. Die Initiative ging vom »Volk« aus und nicht von Gelehrten, Beamten, Warlords oder Berufspolitikern.

Kang Youwei, der immer noch verzweifelt auf eine Wiederherstellung der Monarchie konfuzianischer Prägung hoffte, musste immerhin einräumen, wenn überhaupt »eine reale öffentliche Meinung oder reale Bürgerrechte in den letzten acht Jahren in China erkennbar geworden« wären, so sei dies »den Aktionen der ›Studenten‹ zu danken« gewesen.[22] Die chinesischen Arbeiter und Studenten, die während des Krieges nach Frankreich gegangen waren, hatten nicht solches Unglück erlebt wie die vietnamesischen und indischen Soldaten. Dennoch kehrten sie durch die grobe Behandlung in Europa radikalisiert nach China zurück. Deng Xiaoping erinnerte sich später an »das leidvolle Leben und die Demütigungen, die uns (…) die Handlanger der Kapitalisten zufügten«.[23]

> »Bei meiner Ankunft in Frankreich erfuhr ich von Werkstudenten, die schon früher nach Frankreich gekommen waren, dass man zwei Jahre nach dem Krieg nicht mehr so dringend auf Arbeitskräfte angewiesen war wie zu Kriegszeiten (…), und man fand nur schwer eine Arbeitsstelle. Da die Löhne niedrig waren, konnte man sein Studium nicht mit Arbeit finanzieren. Unsere späteren Erfahrungen zeigten, dass man kaum von den Löhnen leben und erst recht nicht davon zur Universität gehen und studieren konnte. So zerschlugen sich denn all unsere Träume, das ›Land durch industrielle Entwicklung‹, durch den ›Erwerb gewisser Fähigkeiten‹ oder dergleichen ›retten zu können‹.«[24]

Die Politisierung sollte sich noch verstärken. Anders als die Geschäftemacher unter den Politikern und die Warlords ließen die neuen Aktivisten sich von langfristigen Zielen leiten und organisierten moderne politische Gruppen nationalistischer und kommunistischer Prägung. Wie Mao später sagte, hatte »die gesamte chinesische revolutionäre Bewegung ihren

Ursprung in den Aktionen junger Studenten und Intellektueller, die erwacht waren«.[25]

Durch seine Telegramme aus Paris hatte Liang ein breites Publikum in China über den Fortgang der Friedenskonferenz informiert. Zugleich schürte er damit das Gefühl, verraten worden zu sein. Im *Manchester Guardian* schrieb Liang über die Demütigung Chinas: »Kein gut informierter Mensch kann irgendeinen Zweifel haben, dass dies die Geschichte des asiatischen Kontinents oder sogar der ganzen Welt tiefgreifend verändern wird.«[26] »Das einzige Verbrechen Chinas« habe in »seiner Schwäche und im Glauben an internationale Gerechtigkeit nach dem Krieg« gelegen. »Wenn China in seiner Hoffnungslosigkeit eine Verzweiflungstat begeht, werden jene, die über sein Schicksal mitbestimmt haben, einen Teil der Schuld nicht von sich weisen können.«[27]

Liang dürfte kaum geahnt haben, dass er hier den Beginn einer kompromisslosen Ideologie in China beschrieb. Im Juli 1919 verzichteten russische Revolutionäre, die in dem westlichen Verrat eine Chance witterten, einseitig auf die »Ungleichen Verträge« ihres Landes mit China und erklärten:

> »Wenn die chinesische Nation ebenso frei wie das russische Volk werden und dem Schicksal entkommen will, das man ihm in Versailles zuweist, um es in ein zweites Korea oder ein zweites Indien zu verwandeln, sollte es verstehen, dass seine einzigen Verbündeten im Kampf um Freiheit die russischen Arbeiter und Bauern und die Rote Armee Russlands sind.«[28]

Nicht einmal zwei Jahre später entstand in Schanghai die Kommunistische Partei Chinas, die unzufriedene junge Radikale sammelte, ihnen ein klares Ziel gab und sie mit Ideen ausstattete, die frei vom Gepäck der Vergangenheit waren. Mao Zedong gehörte zu den jungen Chinesen, die nach den Ereignissen von 1919 eine absolute Skepsis gegenüber den Motiven und der Politik des Westens und ein breiteres Bewusstsein der politischen Möglichkeiten entwickelten, über die unterdrückte Völker verfügten. Kurz bevor Mao sich 1919 formal dem Kommunismus verschrieb, erklärte er:

> »Ich wage eine außergewöhnliche These: Eines Tages wird die Reform des chinesischen Volkes tiefer reichen als die irgendeines anderen Landes, und die Gesellschaft des chinesischen Volkes wird eine größere

> Ausstrahlung besitzen als jedes andere Volk. Meine Herren! Meine Herren! Wir müssen uns anstrengen. Wir müssen mit größter Kraft vorankommen. Unser Goldenes Zeitalter, unser Zeitalter des Ruhms und der Größe, liegt vor uns.«[29]

Präsident Wilsons Diskreditierung, so schrieb Nehru, habe das »Gespenst des Kommunismus« über Asien gebracht. Wie Ho Chi Minh gelangte Mao zu der Überzeugung, nur der Kommunismus könne China zu echter Souveränität führen. Er schrieb an Freunde in Frankreich, er habe alle anderen Ideen durchgearbeitet und widme sich nur noch der »Russischen Revolution«. Nach dem Fehlschlag von 1911 kam die Idee der Revolution nun in China wieder auf, aber diesmal mit einem präziseren Gegner als Ziel – dem westlichen Imperialismus. Und diese Revolutionsidee besaß jetzt eine entschieden internationale Dimension.

Asiaten, die sich dem Gedanken der Selbstregierung und der Selbstbestimmung verschrieben, hatten bereits enge Verbindungen zu ähnlich gesinnten Aktivisten in anderen Ländern aufgenommen. In den Jahren nach dem Ersten Weltkrieg erblühten transnationale Bewegungen und die Zusammenarbeit zwischen verschiedenen nationalistischen Gruppen in einer Welt, in der man die wechselseitige Abhängigkeit zunehmend wahrnahm und in der galt, was der französische Dichter und Essayist Paul Valéry einmal so beschrieben hat: »Fragen, die umgrenzt blieben, weil sie auf einen Punkt begrenzt waren, gibt es nicht mehr.«[30] Der Panislamismus verband Niederländisch-Indien mit Afrika, während die von Russland geschaffene Komintern »bürgerliche« Nationalisten wie auch Kommunisten in China, Indien, dem Iran und der Türkei zu unterstützen begann. Berlin (wo sich das Büro der Komintern befand) zog Tausende antikolonialistische Aktivisten aus aller Welt an, darunter die ersten Führer des asiatischen Kommunismus: Tan Malaka aus Niederländisch-Indien und M. N. Roy aus Indien. 1920 wurde unter der Schirmherrschaft der Komintern die einflussreiche Kommunistische Partei Indonesiens – »Perserikatan Kommunist di India« – gegründet, und im folgenden Jahr reisten deren Gründer nach Schanghai, um an der offiziellen Gründung der Kommunistischen Partei Chinas teilzunehmen; danach fuhren sie weiter zum Ersten Kongress der Arbeiter des Ostens in Moskau. Nach 1925 sollten Schanghai und Kanton zu den asiatischen Knotenpunkten dieses transnationalen Netzwerks werden. Ho Chi Minh veröffentlichte Artikel von Rashid Rida in seiner Zeitschrift *Le Paria* und reiste nach Moskau, um mit russischen, chinesischen und indischen Revolutionären zusammenzutreffen.

Niedergang des Westens?

Liang Qichai machte sich 1919 dagegen auf eine andere intellektuelle Reise: zurück in seine konfuzianische Vergangenheit. Bis zu seinem Tod 1929 sollte es für ihn keine weiteren dramatischen Umwege mehr geben. Von Paris aus bereiste er ganz Europa und veröffentlichte seine Eindrücke und Reflexionen später in einem Buch mit dem Titel »Reiseeindrücke aus Europa«. Mit jeder Etappe wuchsen seine Melancholie und seine Vorahnungen. Der Krieg, sollte er später ahnungsvoll schreiben, »ist noch nicht das Ganze an der neuen Weltgeschichte. Er ist nur ein Übergang, der Vergangenheit und Zukunft miteinander verbindet.«[1] Im kalten, nebeligen London, wo er an einem Gartenfest im Buckingham Palace teilnahm, war die Sonne »blutfarben«.[2] Der ganze Kontinent duckte sich unter den »bleiernen Herbsthimmel«.[3] In Reims sah er die Ruinen der großen gotischen Kathedrale, die von den Deutschen dreimal bombardiert und von deren Artillerie halb zerstört worden war. Im belgischen Löwen hatten deutsche Truppen Hunderte von Zivilisten abgeschlachtet und die berühmte Universitätsbibliothek zerstört.

Liang wusste um die Geschichte des willkürlichen westlichen Vandalismus in seinem eigenen Land und anderen Teilen Asiens. Er wusste, dass die Briten während des Burenkriegs den Ausdruck »Konzentrationslager« in den allgemeinen Sprachgebrauch eingeführt hatten. Aber diese Grausamkeiten waren nie als das Vorspiel zu der Barbarei auf dem europäischen Festland erschienen, als das sie sich inzwischen erwiesen hatten. Liang und viele andere asiatische Intellektuelle fragten sich, wie Tagore es ausdrückte, ob »das Gift, welches das zivilisierte Europa einem so großen Land wie China eingeflößt hatte, dieses nun selbst für immer geschädigt hat« und ob »die Fackel der europäischen Zivilisation vielleicht gar kein Licht bringen, sondern Brände entfachen sollte«.[4]

Fünf Jahre vor dem Ausbruch des Kriegs erklärte Aurobindo Ghose, die

Zivilisation des »prahlerischen, aggressiven, dominanten Europa« sei »zum Tode verurteilt« und warte auf ihre »Vernichtung«.[5] »Die wissenschaftliche, rationalistische, industrielle, scheindemokratische Zivilisation des Westens«, so glaubte er nun, »befindet sich in Auflösung«.[6] Muhammad Iqbal, der im ersten Jahrzehnt des 20. Jahrhunderts drei lohnende Jahre in Europa verbracht hatte, schrieb darüber nun in Illahabadis satirischer Tradition:

»Der Westen entwickelt wunderbare neue Fähigkeiten
Auf diesem wie auf vielen anderen Gebieten.
Seine Unterseeboote sind Krokodile,
Seine Bomber lassen Zerstörung vom Himmel herabregnen,
Seine Giftgase verdunkeln den Himmel
Und nehmen der Sonne die Sicht auf die Welt.
Schickt diesen alten Dummkopf in den Westen,
Damit er lernt, wie man schnell und am besten tötet.«[7]

Auf seinen früheren Reisen in den Westen hatte Liang manches dort bewundert. Während seiner letzten langen Reise durch Europa kamen ihm große Zweifel an der Zivilisation, die so unbekümmert die Früchte des Fortschritts und der Vernunft weggeworfen hatte und in Barbarei versunken war. Dem »materialistischen« Westen war es gelungen, die Natur durch Wissenschaft und Technik zu unterwerfen, und er hatte eine darwinistische Welt des Kampfes zwischen Individuen, Klassen und Nationen geschaffen. Aber mit welchen Folgen? Die materialistischen Menschen des Kontinents, die immer Neues wünschten und ständig enttäuscht wurden, waren vom Krieg ausgelaugt, lebten in Unsicherheit und waren so weit vom Glück entfernt wie eh und je.

Nachdem Liang den Sozialdarwinismus in seiner Jugend mit offenen Armen begrüßt hatte, lehnte er ihn nun entschieden ab und beschrieb die »schlimmen Folgen« seiner Anwendung auf »die Erforschung der menschlichen Gesellschaft« – die Anbetung des Geldes und der Macht, den Aufstieg von Militarismus und Imperialismus. »Der Große Europäische Krieg«, schrieb er, »hat die menschliche Zivilisation beinahe vernichtet; obwohl er viele Ursachen hatte, muss man doch sagen, dass die sozialdarwinistische Theorie großen Anteil daran hatte.«[8]

Liang registrierte zudem sehr aufmerksam die geistige Stimmung, die nach dem Krieg herrschte und die von ernsthafter Selbsterforschung und von Skepsis hinsichtlich des im vergangenen Jahrhundert so hochgelobten Fortschritts geprägt war. Europa erschien seinen größten Denkern und Künstlern nun plötzlich sterblich. Die Werke von Thomas Mann, T. S. Eliot, Hermann Broch und Robert Musil brachten den Verdacht zum Ausdruck, dass die europäische Dynamik des 19. Jahrhunderts bösartig und unkontrollierbar geworden war, da eine Phase hektischen globalen Wandels plötzlich einen Krieg ausgelöst hatte, von dem niemand wusste, wie man ihn beenden konnte. Die liberale Demokratie, die im Osten lange Zeit durch ihre Verbindung mit dem westlichen Imperialismus befleckt erschien, wirkte nun auch im Westen schwach, kompromittiert durch die Habgier und den Egoismus der herrschenden Eliten. Die Wissenschaft war zum Komplizen in dem unkontrollierbaren und sinnlosen Gemetzel des Ersten Weltkriegs geworden, das jeder Rationalität und jedem Zweckdenken hohnsprach. Die Romane von Hermann Hesse schienen zu sagen, dass die Bindung an Wissenschaft und Technik nur einen weiteren Aspekt des materialistischen und seelenzerstörenden Weltbilds darstellte, das Europa entwickelt hatte.

Liang schrieb: »Die Europäer hatten einen großen Traum von der Allmacht der Wissenschaft. Jetzt sprechen sie von Bankrott. Das ist ein großer Wendepunkt in der Entwicklung des modernen Denkens.«[9] Es war zugleich auch der Beginn der größten Selbstprüfung, der Liang sich bis dahin unterzogen hatte. Sie sollte ihn immer weiter zurück zu einer eher traditionellen Sicht führen, denn nach der Katastrophe des Ersten Weltkriegs schienen Konfuzius und Menzius mit ihrer Betonung einer sittlichen Ordnung nicht mehr so weit hinter den westlichen Philosophen zurückzustehen. Und die Wissenschaft, für die sich radikale Verfechter der Neuen Kultur einsetzten, war nicht länger die allmächtige Lösung für die Probleme des gesellschaftlichen Wohlergehens. Liang spottete über ihre naiven Hoffnungen und ihre unkritische Bewunderung für den Westen:

> »Die Menschen, die damals die Allmacht der Wissenschaft priesen, waren voller Hoffnung, daß mit den Erfolgen der Wissenschaft bald auch das Goldene Zeitalter erscheinen werde. Jetzt ist die Wissenschaft voller Erfolge. Der materielle Fortschritt [des Westens] während der letzten hundert Jahre übertrifft die Errungenschaften der dreitausend Jahre da-

> vor um ein vielfaches. Aber wir Menschen haben nicht nur keine Glückseligkeit erlangt, sondern, im Gegenteil, zahlreiche Katastrophen beschert bekommen. Wir sind wie Reisende, die in der Wüste ihren Weg verloren haben. In weiter Ferne sehen sie einen großen schwarzen Schatten vor sich und laufen um ihr Leben vorwärts in der Meinung, sich an den Schatten als Führer halten zu können. Wie sollten sie ahnen, daß nach langer Verfolgung der Schatten schließlich nicht mehr zu sehen ist. So sind sie in grenzenloser Sorge und Verzweiflung. Was ist das für ein Schatten? Es ist dieser ›Mr. Science‹ ...«[10]

Doch in den alten Lehren liege Weisheit, vor allem im konfuzianischen Ideal des *ren*, das Harmonie und Kompromiss lehre und dem westlichen Konkurrenzdenken überlegen sei:

> »Das materielle Leben ist nur ein Mittel zur Erhaltung des geistigen Lebens; man sollte es nie an die Stelle dessen setzen, dem es eigentlich dient (...) In den europäischen Gesellschaften neigt man dazu, das Leben lediglich für einen materiellen Prozess zu halten, mit der Folge, dass die Krankheit nur schlimmer wird, ganz gleich wie sinnvoll die Heilmittel erscheinen (...) Angesichts dieses unvergleichlichen wissenschaftlichen Fortschritts stehen wir vor der Frage, wie das konfuzianische Ideal des Gleichgewichts angewendet werden sollte, so dass jeder Mensch ein Leben in Gleichgewicht führen kann.«[11]

In dieser defensiven Stimmung erklärte Liang: »Von den Methoden zur Stillung des spirituellen Hungers halte ich die östlichen – die chinesischen und indischen – im Vergleich für die besten. Die östliche Gelehrsamkeit nimmt den Geist zum Ausgangspunkt, die westliche dagegen die Materie.«[12] Die Menschen des Westens seien dazu verdammt, Sklaven des Leibes zu sein; die größte Philosophie des Ostens – der Buddhismus – lehre dagegen Erlösung. Tatsächlich hatte der Osten dem Westen in Liangs Augen etwas zu bieten. »Am fernen Ufer dieses großen Ozeans beklagen Millionen von Menschen den Bankrott der materiellen Zivilisation, rufen mitleiderregend um Hilfe und erwarten von uns die Rettung.«[13] Möglicherweise erkannte Liang hier den Beginn einer westlichen Leidenschaft für kaum verstandene östliche Philosophien und Religionen in der Zeit nach 1918. »Die gegenwärtige Vorliebe der Europäer für das Studium Lao Tses«, erklärte er, »ist eine Reaktion auf den Sozialdarwinismus.«[14]

»Der europäische Imperialismus«, hatte Kakuzo Okakura 1906 geschrieben, »der sich nicht scheut, den lächerlichen Kriegsruf von der Gelben Gefahr zu erheben, bedenkt nicht, dass Asien auch einmal die schreckliche Bedeutung des Weißen Unglücks begreifen wird.«[15] Im Gefolge des Ersten Weltkriegs und der Pariser Friedenskonferenz begannen viele Denker und Aktivisten in Asien ihre frühere Faszination für die politischen Ideale des Westens zu überdenken. Die Modernisierung erschien immer noch als absolute Notwendigkeit, aber sie schien nun nicht mehr gleichbedeutend mit Verwestlichung zu sein, nicht mehr entweder eine vollständige Abkehr von der Tradition oder eine ebenso vollständige Nachahmung des Westens zu verlangen. Ganz neue Ideologien wie der revolutionäre Kommunismus oder der islamische Fundamentalismus, die versprachen, die Trümmer der Vergangenheit wegzuräumen und einen Neuanfang zu wagen, begannen attraktiv zu wirken. Und besonders verhängnisvoll war es, dass die liberale Demokratie nicht mehr unerlässlich schien für die nationale Selbstermächtigung.

Auch Liangs alter Mentor Yan Fu, der sich für einen liberalen Individualismus eingesetzt hatte, begann nun wie einige andere zu glauben, dass der Kampf um nationalen Wohlstand und nationale Macht tiefgreifende moralische Konsequenzen hatte. »Mit zunehmendem Alter (…) gelangte ich zu der Auffassung, dass der westliche Fortschritt in den letzten 300 Jahren nur zu Egoismus, Gemetzel, Verderbnis und Schamlosigkeit geführt hat.«[16] Zu dem Versuch, die Gelehrsamkeit der Vergangenheit in den Dienst der aufkeimenden chinesischen Moderne zu stellen, wurden die Neotraditionalisten auch von westlichen Philosophen wie Bertrand Russell ermutigt, der nach einer äußerst erfolgreichen Vortragsreise durch China nach den Ereignissen vom 4. Mai erklärte: »Der charakteristische Vorzug unserer Zivilisation ist die wissenschaftliche Methode. Der charakteristische Vorzug der chinesischen ist eine richtige Vorstellung von den Zielen des Lebens.«[17] Russell fühlte sich vom Sowjetkommunismus ebenso abgestoßen wie von Europas verheerendem Krieg. Vom traditionellen China bezaubert, behauptete er: »Wer Weisheit oder Schönheit oder auch die einfachen Freuden des Lebens schätzt, wird davon mehr in China finden als im verzweifelten und aufgewühlten Westen.«[18]

Selbst Sun Yat-sen, enttäuscht von der mangelnden Unterstützung aus dem Westen, hatte begonnen, sich gegen den Materialismus und den Wirtschaftsimperialismus des Westens auszusprechen und stattdessen auf chinesische Tradition als Grundlage für den Nationalismus zu verweisen. Als er 1924 in Japan die »Drei Volksprinzipien«, die grundlegende Schrift der Nationalisten, neu formulierte, beklagte er, dass die jungen Leute »gänzlich vergiftet« von der Neuen Kultur seien, und bestand dagegen auf den »traditionellen Tugenden«: »Loyalität und kindliche Frömmigkeit, dann Menschlichkeit und Liebe, Treue und Pflicht, Harmonie und Frieden«.[19] Sun hielt am »Königsweg« des Ostens fest und brandmarkte den »wissenschaftlichen Materialismus« der westlichen Zivilisation:

> »Solch eine Zivilisation, auf die Gesellschaft angewendet, bedeutet Kult der Gewalt, mit Flugzeugen, Bomben und Kanonen als deren herausragenden Merkmalen (...) Deshalb ist die westliche Zivilisation nichts anderes als die Herrschaft der Macht. Die Herrschaft der Macht hat man im Orient stets verachtet. Es gibt eine andere Art der Zivilisation, die der Herrschaft der Macht überlegen ist. Die Grundmerkmale dieser Zivilisation sind Wohlwollen, Gerechtigkeit und Sittlichkeit. Diese Zivilisation sorgt dafür, dass die Menschen sie achten, nicht fürchten. Solch eine Zivilisation ist – in der Sprache der Alten – die Herrschaft des Rechten oder der Königsweg. Man kann daher sagen, die orientalische Zivilisation ist eine Zivilisation der Herrschaft des Rechten. Seit der Entstehung der materialistischen europäischen Zivilisation und des Kults der Macht befindet sich die Moral der Welt im Niedergang. Selbst in Asien ist die Moral in manchen Ländern entartet.«[20]

Liang Shuming (1893–1988), ein Kenner der indischen Philosophie, der seine Ausbildung in Schulen westlicher Prägung erhielt, veröffentlichte 1921 ein Buch über »Östliche und westliche Kulturen und ihre Philosophien«, in dem er die materialistische Zivilisation des Westens ebenso streng sezierte wie Liang Qichao, wobei er zunächst dem Buddhismus und später dem Konfuzianismus den Vorzug gab. Nach Liang Shuming hatte der Westen sein wirtschaftliches Wachstum durch die erfolgreiche Eroberung der Natur erreicht, sich dabei aber zugleich von jenem umfassenden Verständnis des Menschseins abgeschnitten, das im Konfuzianismus bewahrt sei. Entscheidend für die Menschen im Westen sei es, eine Sozialethik und ein höheres Verständnis der Spiritualität zu entwickeln. Darin könne China trotz seiner materiellen Rückständigkeit der Welt immer noch sehr viel bieten. »Der grundlegende Geist der chinesischen Kultur«, schrieb er, »liegt in Harmonie und in der Mäßigung des Denkens und Wollens.«[21]

Liangs Buch erlangte große Popularität, erntete jedoch den Spott der radikalen Denker. Möglicherweise spielte Lu Xun in seiner Erzählung »Kong Yiji« darauf an, in der Kong (der Familienname des Konfuzius), ein gescheiterter Scholar, Dieb und Taugenichts, sich für einen kultivierten Herrn hält. In Lu Xuns berühmterer Erzählung »Die wahre Geschichte des A Q« begreift die Titelfigur alle Schläge, die sie erhält, als persönlichen spirituellen Triumph. Unbeeindruckt von solchem Spott, gründete Liang Shuming in Shandong eine utopische ländliche Gemeinschaft, in der er 1937 Mao Zedong zu einem Gedankenaustausch traf.

Ein weiterer Denker, der Liang Qichaos Kritik an der modernen Zivilisation teilte, war Zhang Junmai (1886–1969). Zhang hatte Liang 1919 nach Europa begleitet und war dort geblieben, um an der Universität Jena zu studieren. Er kehrte 1923 nach China zurück und hielt an der Tsinghua-Universität eine strenge Vorlesung gegen den blinden Glauben an die Wissenschaft. In Zhangs Augen konnte die Wissenschaft nicht die Regeln für ein moralisches oder gerechtes Leben bestimmen, die Konfuzius zu seiner wichtigsten Aufgabe gemacht hatte.

Eine heftige Debatte entbrannte zwischen Liang Qichao sowie gleichgesinnten Intellektuellen und den radikalen Verfechtern der Neuen Kultur, die bereits der festen Überzeugung waren, dass der Marxismus die Antwort auf die Krise des Westens und die Unordnung in China sei. Wie Liang hielten auch offener konfuzianische und buddhistische Denker an dem Gedanken fest, dass China in der modernen Welt überleben müsse, und bemühten sich, ihre quasireligiösen Ideale für Progressive und Konservative gleichermaßen nützlich zu machen. So versuchte der reformorientierte Mönch Tanxu (1890–1947), dem chinesischen Buddhismus eine diesseitige Ausrichtung zu verleihen, indem er in Klöstern, Schulen und Laienvereinigungen die Sensibilität für die Armen und Ungebildeten in China förderte.

Doch das reichte den radikalen Verfechtern der Neuen Kultur nicht aus. Die Debatte machte deutlich, dass kein chinesischer Denker – wie noch Kang Youwei 1895 – eine heimische Ordnung entwerfen konnte, ohne China im Rahmen der Weltordnung zu betrachten und ohne sich auf umfangreiche und schwierige Debatten über vergangene und aktuelle Ideologien einzulassen, die eine Rettung der Menschheit versprachen.

Der in Columbia ausgebildete Hu Shi war ein Schüler des Pädagogen John Dewey und einer der liberalen Vertreter einer »vollständigen Verwestlichung«. Er bezeichnete mit Blick auf die Neue Kultur den Gedanken, ein schwaches und passives China, das ein Sklave seiner physikalischen und politischen Umwelt wäre, könne jemals die spirituellen Bedürfnisse seiner Menschen erfüllen, als unsinnig. Chen Duxiu, Generalsekretär der neugegründeten Kommunistischen Partei Chinas, äußerte sich ebenso verächtlich. Doch der Streit um Wissenschaft oder Metaphysik, der Teil einer umfassenden Ungewissheit hinsichtlich der Stellung Chinas in der Welt war, bildete nur das Vorspiel zu dem Sturm, den Rabrindranath Tagore auslöste, als er am 12. April 1924 in Schanghai eintraf, um eine von Liang Qichao und Zhang Junmai organisierte Vortragsreise durch China zu beginnen. Tagores Reise durch China und Japan war zugleich ein Vorbote noch heftigerer Stürme – die bald die Landkarte Asiens für immer verändern sollten.

5.

Rabindranath Tagore, der Mann aus dem verlorenen Land, in Ostasien

Unser älterer Bruder [Indien], »mitfühlend und verloren« seit mehr als tausend Jahren, besucht nun seinen kleinen Bruder [China]. Wir, die beiden Brüder, haben beide so viel Elend erlebt, dass unser Haar ergraut ist, und wenn wir einander anblicken, nachdem wir unsere Tränen getrocknet haben, scheinen wir immer noch zu schlafen und zu träumen. Der Anblick unseres älteren Bruders bringt uns plötzlich all die Bitternisse zu Bewusstsein, die wir in all diesen Jahren durchgemacht haben.

Liang Qichao bei Tagores Begrüßung in China 1924

Ich habe seinen [Tagores] Essay über die Sowjetunion gelesen, in dem er von sich selbst sagt: »Ich bin ein Inder unter britischer Herrschaft.« Er kannte sich selbst sehr genau. Hätten unsere Dichter und andere ihn nicht zu einer lebenden Legende gemacht, wäre er nicht so verwirrt gewesen und die [chinesische] Jugend nicht so entfremdet. Welch ein Unglück heute!

Lu Xun 1933 im Rückblick auf Tagores Besuch.

Für viele Chinesen des 19. und frühen 20. Jahrhunderts war Indien das Paradebeispiel eines »verlorenen« Landes, wegen seiner inneren Schwäche und der Ausbeutung durch ausländische Invasoren in einen Zustand der Unterjochung gezwungen, der in moralischer und psychologischer Hinsicht beschämend, in politischer und wirtschaftlicher Hinsicht katastrophal war. Auch gewöhnliche Chinesen fanden in ihrer eigenen Heimat sichtbare Symbole dieser indischen Selbstunterwerfung: parsische Händler aus Bombay, die als Mittelsmänner im britischen Opiumhandel fungierten; indische Soldaten, die den Briten bei der Niederschlagung des Boxeraufstands halfen; und Sikh-Polizisten in Vertragshäfen wie Schanghai, die von ihren britischen Herren immer wieder auf chinesische Volksmengen gehetzt wurden. In der beliebten, in Tokio herausgegebenen chinesischen Zeitschrift *Jiangsu* erschien 1904 eine Erzählung, in der ein junger gebildeter Taugenichts namens Huang Shibiao (wörtlich: Vertreter der Gelben Eliten) und ein mythischer alter Mann eine Reise in die Zukunft unternehmen. Sie gehen durch die Straßen von Schanghai und sehen eine Gruppe von Leuten, die unter Führung eines Weißen durch die Stadt marschieren.

> »Shibiao sah sich die Leute genauer an und bemerkte, dass ihre Gesichter so schwarz wie Kohle waren. Alle trugen auf dem Kopf ein aufgewickeltes rotes Tuch, das wie ein hoher Hut wirkte, und um die Hüften einen Gürtel, an dem ein hölzerner Schlagstock hing. Shibiao fragte den alten Mann: Sind das Inder? Der Alte sagte, ja, die Engländer setzen sie als Polizisten ein (...) Shibiao fragte, warum denn der Polizeichef kein Inder sei. Der Alte erwiderte: Wer hätte denn so etwas jemals gehört? Die Inder kommen aus einem verlorenen Land; sie sind nur Sklaven.«[1]

Später in dieser traumartigen Sequenz sieht Shibiao einen gelbhäutigen Mann mit rotem Turban nach Art der Sikhs. Wie sich zeigt, ist er Chinese. Der Traum verwandelt sich dann rasch in einen Albtraum, als Shibiao bemerkt, dass alle auf der Straße rote Turbane tragen, und erfährt, dass in den Schulen Englisch gelehrt wird, mit Lehrbüchern, die von christlichen Missionaren verfasst wurden. Am Ende der Erzählung ist Shibiao zutiefst beunruhigt von dieser Vision eines China, dem das Schicksal Indiens zuteilwird.

Das eroberte und dann mental kolonisierte Indien diente auch al-Afghani als warnendes Beispiel. Aber aus der Sicht Chinas, das sich trotz seiner Schwäche eine auf dem Konfuzianismus basierende politisch-moralische Ordnung bewahrt hatte, schien Indien die Verbindung zu seinem kulturellen Erbe auf gefährliche Weise verloren zu haben. Die indische Philosophie und Literatur – die nur die des Sanskrit mächtigen Brahmanen lesen konnten – war für die Mehrzahl der Inder ein Buch mit sieben Siegeln gewesen. Erst die europäische Entdeckung und Übersetzung indischer Schriften ins Englische und Deutsche eröffnete einer neuen, westlich erzogenen Generation indischer Intellektueller den Zugang zu ihrem eigenen kulturellen Erbe.

In den Augen der Chinesen war Indien von Fremden beherrscht worden, seit die Moguln im 16. Jahrhundert ihr Reich errichtet hatten. Es gab keine einheimische herrschende Klasse, die das Land hätte vereinigen können. Die progressivsten Kräfte schienen Mitglieder der Hindu-Kasten zu sein, die dem muslimischen Kaiserhof treu gedient hatten und dann in den Dienst der Briten getreten waren, als die ihre Verwaltungsstrukturen über den gesamten Subkontinent ausdehnten.

Rabindranath Tagores Familie, die seit der Gründung des Stützpunkts in Kalkutta 1690 mit der britischen East India Company verbunden war, gehörte zu den prominenten Nutznießern der wirtschaftlichen und kulturellen Umgestaltung Indiens durch die Briten. Sein Großvater war der größte einheimische Geschäftsmann Britisch-Indiens gewesen und hatte auf seinen Europareisen mit Königin Viktoria und anderen Notabeln verkehrt. Sein älterer Bruder war der erste Inder, der von den Briten in den Indian Civil Service (ICS) aufgenommen wurde.

Tagore, der 1861 geboren wurde, vier Jahre nach dem Indischen Aufstand und der Gründung von westlich geprägten Universitäten in Kalkutta, Madras und Bombay, gehörte zu einer neuen indischen Intelligenzschicht – die mit einem gewissen Spektrum westlichen Denkens in Berührung gekommen war und zudem unter dem Einfluss sozialreformerischer Bewegungen stand, wie etwa Ram Mohun Roy (1774–1833), oft auch »Vater des modernen Indien« genannt, sie geschaffen hatte. Roy hatte »Brahmo Sabha« gegründet, einen Reformverein, der den Hinduismus von Übeln wie der Witwenverbrennung reinigen und ihn näher an eine monotheistische Religion ähnlich dem Christentum heranführen wollte. Tagores Vater Debendranath übernahm Roys Synkretismus und entwickelte ihn in seinem Verein »Brahmo Samaj« weiter.

Wie zahlreiche moderne Denker Chinas aus dem Gebiet um Kanton und Schanghai kamen, den Teilen des Landes, die dem Westen am stärksten ausgesetzt waren, so wurden Bengalen von der indischen Ostküste zu natürlichen Führungsgestalten der später sogenannten »Indischen Renaissance«. Tagore selbst wuchs in einer kulturell selbstbewussten und schöpferischen Familie auf und kam schon früh mit der europäischen Gesellschaft und Kultur in Berührung. Deshalb übernahm er nie scharf antiwestliche Einstellungen, denen viele seiner bengalischen Landsleute in der zweiten Hälfte des 19. Jahrhunderts verfielen.

Noch 1921, als die Flut des indischen Nationalismus in raschem Anstieg begriffen war, protestierte er: »Wenn wir im Geiste nationaler Prahlerei von unseren Dächern herabrufen, der Westen hätte nichts hervorgebracht, das für den Menschen von unendlichem Wert sei, dann schaffen wir damit nur gute Gründe für Zweifel am Wert all dessen, was der östliche Geist hervorgebracht hat.«[2] Später kam es zu ernsthaften Differenzen mit Gandhi hinsichtlich jener Aspekte der antikolonialistischen Bewegung, die er als fremdenfeindlich empfand. Andererseits konnte Tagore nie zu den »Jungbengalen« gehören, einer Gruppe westlich erzogener Bengalen, die Asien ebenso entschieden hinter sich lassen und sich Europa anschließen wollten wie einst die Anhänger der Tanzimat-Reformen und die Intellektuellen der Meiji-Restauration. Da er sich einer umfassenderen Sicht des Göttlichen im Menschen und der wesenhaften Einheit der Menschheit verschrieben hatte, wurde er tatsächlich zu einem der scharfsinnigsten Beobachter und stärksten Kritiker der Europäisierung Indiens.

In Indien waren Bewegungen, die sich der Reform des Hinduismus und der Wiederherstellung seiner einstigen Größe widmeten, während des 19. Jahrhunderts rasch gewachsen, als Teil des bereits erwähnten Trends zu einer religiös-politischen Selbstbehauptung in muslimischen, buddhistischen und konfuzianischen Gesellschaften. Inspiration und Rhetorik dieser neohinduistischen Bewegungen mochten archaisch erscheinen, doch oft lagen ihnen – vielfach aus dem Gefühl rassischer Demütigung geboren – jene Ideen von Fortschritt und Entwicklung zugrunde, die britische Utilitaristen und christliche Missionare aggressiv in Indien verbreitet hatten. So ermahnte der Sozialreformer Dayananda Saraswati (1824–1883) die Inder, zu den Veden (den religiösen Schriften des Hinduismus) zurückzukehren, die in seinen Augen die gesamte moderne Wissenschaft enthielten, und er wandte sich nach Art britischer Missionare gegen »hinduistischen Aberglauben« wie die Anbetung von Götzenbilden und das Kastensystem.

Diese teilweise unter europäischer Schirmherrschaft erfolgte »Modernisierung« der indischen Religion sollte in ganz Indien neue politische und soziale Bewegungen entstehen lassen, von denen viele sich militant gegen die britische Herrschaft und für die Rückgewinnung nationaler Würde einsetzten. Eine Symbolfigur dieser ambivalenten Europäisierung der indischen Kultur war Bankim Chandra Chatterjee (1838–1894), der im britischen Staatsdienst in Bengalen tätig war und sich im Laufe seines Lebens von einem unkritischen Bewunderer des Westens im Stil der Jungbengalen hin zur ersten Ikone des Hindu-Nationalismus entwickelte.

Die Bengalen seien »berauscht vom Wein der europäischen Zivilisation«, klagte Aurobindo Ghose 1908, wobei er zweifellos an seine eigene Kindheit und Jugend in einer fanatisch anglophilen bengalischen Familie dachte.[3] Mit dem zweiten Vornamen »Ackroyd« gestraft und in den 1880er Jahren zum Besuch englischer Schulen gezwungen, erwarb Aurobindo sein Wissen über indische Sprachen und Literatur bei europäischen Orientalisten und kehrte Anfang der 1890er Jahre mit einer bitteren Kritik an den Briten und ihren bengalischen Nachahmern nach Hause zurück. In seinen Augen waren »die Bewegungen im Indien des 19. Jahrhunderts europäische Bewegungen«, die

»den Apparat und die Motive Europas übernahmen, die Berufung auf die Menschenrechte oder auf das Einebnen sozialer Unterschiede sowie auf eine unmögliche vollkommene Gleichheit, die zu gewähren die Natur sich stets geweigert hat. Eingestreut in dieses falsche Evangelium fand sich ein Strang aus Hass und Verbitterung, der sich in der Verdammung des brahmanischen Priestertums, in Feindseligkeit gegen den Hinduismus und in der ignoranten Abkehr von den geheiligten Traditionen der Vergangenheit äußerte.«[4]

Die Vernarrtheit in Europa sei so groß gewesen, schrieb Aurobindo, dass Indien insgesamt »in der Gefahr stand, durch eine unsinnige Kapitulation vor den Verirrungen des europäischen Materialismus seine Seele zu verlieren«. Aber es waren auch Bengalen, die in der zweiten Hälfte des 19. Jahrhunderts ein überwältigend negatives Bild des materialistischen Westens zeichneten, selbst wenn sie manche praktischen Fertigkeiten widerwillig bewunderten und nachzuahmen versuchten. Für Swami Vivekananda (1863–1902), den frühesten und bekanntesten spirituellen Führer Indiens, waren die Europäer Kinder Virochanas, des großen Dämons der Mythologie, der glaubte, das menschliche Ich sei nichts anderes als der materielle Leib samt dessen grobschlächtigeren Strebungen. »Für diese Zivilisation«, schrieb Vivekananda mit Blick auf den Westen, »war das Schwert das Mittel [zur Erreichung von Zielen], Heroismus das Hilfsmittel und der Genuss des Lebens in dieser und der nächsten Welt das einzige Ziel.«[5]

Vivekananda, der in seinem kurzen Leben häufig nach Europa und Amerika reiste, war der Ansicht, dass Gesellschaften und Politik des Westens von den Reichen und Mächtigen kontrolliert würden und in ihrer Klassenstruktur große Ähnlichkeit mit dem indischen Kastensystem besäßen. »Eure Reichen sind Brahmanen«, sagte er englischen Freunden bei seinem letzten Besuch in Großbritannien, »und eure Armen sind Sudras.«[6] Für Bhudev Mukhopadhyay, den wohl scharfsinnigsten bengalischen Kritiker des Westens im 19. Jahrhundert, hatte die dem Menschen angeborene Fähigkeit zur Liebe in Europa vor den Türen des Nationalstaats haltgemacht – dem Endpunkt der europäischen Geschichte und ihrer endlosen Konflikte. Diese Fähigkeit zur Liebe sei auf so seltsame Objekte wie Geld und ein übermäßiges Interesse an Privatbesitz übertragen worden – ein extremer Individualismus, der die Menschen von ihren üblichen Pflichten gegenüber der Gesellschaft befreit und zusammen mit den Maschinen und dem Streben nach Märkten und Monopolen zu endlosen Kriegen und Eroberungen und Gewalttaten geführt habe. Als besonders ärgerlich empfand Mukhopadhyay, dass die Europäer offenbar nie einen Widerspruch zwischen ihren egoistischen Bedürfnissen und den Anforderungen der Moral gesehen hatten. »Was immer in ihrem Interesse liegt«, schrieb er über die Europäer, »steht ihres Erachtens im Einklang mit dem, was sie alle Zeit für das Rechte halten, und sie begreifen nicht, dass ihr Vergnügen nicht die Quelle universellen Glücks sein kann.«[7]

Auch Aurobindo Ghose machte der englischen Mittelschicht heftige Vorwürfe, weil sie im Unterschied zu früheren herrschenden Klassen ihren Imperialismus in edle Proklamationen und Absichten hüllte. England habe Irland mit den alten Methoden »zynischen Verrats« und »skrupellosen Blutvergießens« erobert und dann nach dem Grundsatz »Macht ist Recht« regiert. Doch im Zeitalter des demokratischen Nationalismus benötige der Imperialismus tiefere Rechtfertigungen:

> »Der Gedanke, dass Despotismus jeglicher Art ein Verstoß gegen die Menschlichkeit sei, war zu einem instinktiven Gefühl geworden; die moderne Moral und das moderne Empfinden rebellierten gegen die Knechtung einer Nation durch die andere, einer Klasse durch die andere, eines Menschen durch den anderen. Der Imperialismus hatte sich vor diesem modernen Empfinden zu rechtfertigen und konnte das nur, indem er vorgab, ein Treuhänder der Freiheit zu sein, mit dem höheren Auftrag, die Unzivilisierten zu zivilisieren und die Ungebildeten zu bilden, bis die Zeit gekommen sei, da der wohlwollende Eroberer sein Werk getan habe und sich uneigennützig zurückziehen könne. Das war die Berufung, mit der England seine Usurpation des Mogul-Erbes begründete und uns durch den Glanz seiner Aufrichtigkeit und Güte verleitete, uns bereitwillig mit unserer Knechtschaft abzufinden. Das war der Vorwand, mit dem es seine Annexion Ägyptens verschleierte. Der britische Imperialismus war besonders dringend auf solche pharisäerhaften Ansprüche angewiesen, weil in England die puritanische Mittelschicht an die Macht gekommen war und der englischen Mentalität eine frömmelnde Selbstgerechtigkeit verlieh, die sich nur unter dem Deckmantel der Tugend, des Wohlwollens und eines uneigennützigen Altruismus der Ungerechtigkeit und eigennützigen Ausplünderung hingeben konnte.«[8]

Inder, die den europäischen Ansprüchen auf höhere Werte wie Demokratie und Liberalismus glaubten, ließen sich in Aurobindos Augen täuschen. Denn die Briten selbst meinten, solche Ideale seien »ungeeignet für eine unterworfene Nation, in der die Herrschaft des weißen Mannes so aufrechterhalten werden muss, wie sie gewonnen wurde, nämlich auf Kosten aller Prinzipien und jeglicher Moral«. Durch seine orientalistische Ausbildung mit einem unbändigen neuen Stolz auf Indien erfüllt, verwandelte Aurobindo sich nach und nach in einen militanten Nationalisten, der überzeugt war, dass es »keine europäische Achtung vor den Asiaten und keine andere Sympathie zwischen ihnen geben kann außer der ›Sympathie‹ des Herrn für seinen Knecht, keinen Frieden außer dem, der durch das asiatische Schwert gewonnen und bewahrt wird«.[9]

Wie Aurobindo, so war auch Tagore stark beeinflusst von der wissenschaftlichen Orientalistik, die Indien mit einer klassischen Vergangenheit ausstattete. Und er nahm auch einiges vom bengalischen Misstrauen gegenüber dem modernen Westen in sich auf. Schon früh in seiner Laufbahn, 1881, ging er auf Distanz zu seinem geschäftstüchtigen Großvater, der eine zentrale Rolle im Opiumhandel spielte. Aber sein eigener intellektueller und spiritueller Weg aus seiner konservativ-aristokratischen Herkunft und seiner westlich geprägten Bildung führte ihn in eine ganz andere Richtung als seine bengalischen Landsleute.

Sein langer Aufenthalt in ländlichen Regionen Bengalens von 1891 bis 1901 spielte dabei eine entscheidende Rolle. Die Nähe zum Leben in den indischen Dörfern half ihm, ein anderes Weltbild zu entwickeln als die Mittelschichtintellektuellen in Kalkutta. Sie weckte in ihm eine Liebe zu natürlichen Landschaften, sie öffnete seinen Blick für das Alltägliche, Häusliche und Fragmentarische und vermittelte ihm Einsichten in das schwere Leben der Armen auf dem Lande. Für den Rest seines Lebens blieb er überzeugt von der moralischen Überlegenheit der vorindustriellen gegenüber der modernen, mechanisierten Zivilisation. Und er war sich sicher, dass die Selbsterneuerung Indiens in den Dörfern beginnen müsse.

1901 gründete er im ländlichen Südwesten Bengalens eine Versuchsschule. Santiniketan, wie er sie nannte, sollte sich zu einer internationalen Universität entwickeln, in der einige führende Künstler und Denker Indiens (darunter der Filmemacher Satyajit Ray und der Ökonom Amartya

Sen) ihre Ausbildung erhielten. Im selben Jahr formulierte Tagore in einem Essay mit dem Titel »Östliche und westliche Zivilisation« erstmals seine These einer Dichotomie zwischen ländlicher Harmonie und städtischer Aggressivität, zwischen einer Gesellschaft, in deren Zentrum das Dorf steht, und dem Nationalstaat. Der Osten lehre Formen sozialer Harmonie und spiritueller Befreiung. Der Westen dagegen konzentriere sich ganz auf die Stärkung nationaler Souveränität und politischer Freiheit.

»Eher wissenschaftlich als menschlich (...), überrennt er die ganze Welt wie ein wucherndes Unkraut (...) Er ist raubtierhaft und kannibalistisch in seinen Strebungen, er ernährt sich von den Ressourcen anderer Völker und versucht, deren ganze Zukunft zu verschlingen (...) Er ist mächtig, weil er all seine Kräfte auf ein Ziel konzentriert, wie ein Millionär, der auf Kosten seiner Seele Geld scheffelt.«[10]

Die imperialistischen Kriege in Südafrika und die Niederschlagung des Boxeraufstands, beides unter Beteiligung indischer Soldaten, hatten Tagore in seiner Skepsis bestätigt. Am 31. Dezember 1900 beendete er ein Gedicht mit dem Titel: »Sonnenuntergang des Jahrhunderts«: »Die Sonne des Jahrhunderts ist inmitten blutiger Wolken untergegangen. Im Karneval der Gewalt erklingt, von Waffe zu Waffe, die irre Musik des Todes.«[11] Tagore beschloss das Gedicht mit einer Schmähung imperialistischer Dichter wie Rudyard Kipling, der Amerika aufgefordert hatte, auf den Philippinen die Bürde des weißen Mannes auf sich zu nehmen: »Furchterregend heult der Dichtermob, und Kriegsgesänge erschallen auf der Brandstätte.«

Von 1905 bis 1908 fühlte Tagore sich stark von der Swadeshi-Bewegung angezogen, deren Führer, junge bengalische Hitzköpfe, zum Boykott britischer Waren aufriefen und nach wirtschaftlicher Autarkie strebten. Nach den weitverbreiteten Protesten gegen Lord Curzons Teilung Bengalens 1905 schuf er die beiden Lieder, die später die Nationalhymnen Indiens und Bangladeschs werden sollten. Wie die meisten asiatischen Intellektuellen freute Tagore sich über den japanischen Sieg im Krieg gegen Russland 1905 und veranstaltete in Santiniketan mit seinen Schülern eine improvisierte Siegesparade. Aber schon 1902, drei Jahre vor diesem Meilenstein in der Geschichte des politischen Erwachens Asiens, hoffte er, der Kontinent werde sich von der blinden Nachahmung des Westens abwenden:

»Mit der Verschärfung unseres Konflikts mit den Fremden wächst auch unser Eifer, uns selbst zu verstehen und zu uns zu finden. Wir können sehen, dass dies nicht nur für uns gilt. Der Konflikt mit Europa lässt das ganze zivilisierte Asien erwachen. Asien ist heute dabei, sich selbst bewusst und deshalb auch kraftvoll zu erkennen. Es hat das ›Erkenne dich selbst!‹ verstanden, denn das ist der Weg zur Freiheit. Nachahmung dagegen bedeutet Zerstörung.«[12]

Tagore sah keinen Grund, weshalb die Asiaten glauben sollten, »der Aufbau einer Nation nach europäischem Vorbild wäre die einzige Art von Zivilisation und das einzige Ziel des Menschen«.[13] Nach einer kurzen Faszination für die Swadeshi-Aktivisten kehrte er dem militanten, von Denkern wie Chatterjee inspirierten indischen Nationalismus den Rücken und lehnte insbesondere die Attentate und Terroranschläge junger bengalischer Nationalisten im ersten Jahrzehnt des 20. Jahrhunderts ab. In Romanen wie »Gora« (1910) und »Ghare Baire« (1916, »Zuhause und draußen«) ging er der in der Mittelschicht verbreiteten Faszination für politische Gewalt nach. Ab 1917 unterzog er den Nationalismus in seinen Aufsätzen und Reden einer systematischen Kritik. Der Nationalstaat, sagte er in diesem Jahr vor einem amerikanischen Publikum, »ist eine Kommerzmaschinerie, und Politik heißt, die Menschheit in saubere Ballen zu pressen«.[14] »Wenn diese Idee der Nation, die heutzutage universelle Anerkennung genießt, den Kult des Eigennutzes als moralische Verpflichtung auszugeben versucht (...), führt das nicht nur zu Verwüstungen, es stellt auch einen Angriff auf die Lebensgrundlagen der Menschheit dar.«[15] Wie Kang Youwei formulierte er schon früh in seinem Leben das nicht nationalistische Ideal eines asiatischen Kosmopolitismus und wich dann nie mehr davon ab. »Indien hat niemals wirklich nationalistisch empfunden (...) Ich bin der festen Überzeugung, meine Landsleute werden ihr Indien wahrhaft gewinnen, indem sie gegen die Erziehung kämpfen, die lehrt, ein Land sei größer als die Ideale der Menschheit.«[16]

Tagore war nicht der einzige Inder, der ernsthafte Bedenken gegen den Weg der modernen europäischen Zivilisation und deren übereifriger Anhänger im Osten hegte. Auf der Reise von London nach Südafrika schrieb der 40-jährige Gandhi im November 1909 ein aufrüttelndes Manifest gegen die Moderne mit dem Titel »Hind Swaraj«, in dem er viele intellektuelle Argumente gegen den Westen zusammenfasste und viele spätere vorwegnahm. Wie Tagore, mit dem ihn eine lange wechselseitige Freundschaft verband, befand Gandhi sich 1909 in einem polemischen Streit mit seinen radikalen und revolutionären Gesinnungsgenossen, die das Heil in einer vollkommenen Nachahmung des Staates und der Gesellschaft westlicher Prägung erblickten. Viele von ihnen waren Hindu-Nationalisten, ideologische Kinder Bankim Chandra Chatterjees und später Teil einer religiös-kulturellen Bewegung, die sich von den faschistischen Parteien Italiens und Deutschlands anregen ließ und Indien in einem monolithischen Hindu-Nationalismus auf der Grundlage des im 19. Jahrhundert gemeinsam von Briten und Indern wiedererfundenen Hinduismus einen wollte. Gandhi erkannte, dass diese Nationalisten nur eine Gruppe verblendeter Herrscher durch eine andere ersetzen würden – eine »englische Herrschaft ohne Engländer«, schrieb er in »Hind Swaraj«.

Gandhis eigene Vorstellungen wurzelten in einer breiten Erfahrung der gerade erst globalisierten Welt. 1869 in einer abgelegenen indischen Kleinstadt geboren, wuchs er auf einem Kontinent auf, der in geistiger wie materieller Hinsicht dem Westen auf traurige Weise unterlegen war. Viele entwurzelte Asiaten suchten Würde oder schlicht die Möglichkeit des Überlebens in der sorgfältigen Nachahmung ihrer westlichen Eroberer. Gandhi, der aus seiner halbländlichen Umgebung herausgeholt wurde und eine westliche Erziehung erhielt, versuchte anfangs, englischer zu werden als die Engländer. Er studierte Jura in London und versuchte sich nach seiner Rückkehr 1891 in Indien zunächst als Anwalt und dann als Lehrer. Doch im folgenden Jahrzehnt wurde ihm durch eine Reihe rassistischer Demütigungen seine wirkliche Stellung in der Welt bewusst.

Als er 1893 nach Südafrika ging, um dort in einem indischen Handelsunternehmen zu arbeiten, erlebte er hautnah die dramatischen Veränderungen, die durch die Werkzeuge der westlichen Moderne – Druckerpressen, Dampfschiffe, Eisenbahnen und Maschinengewehre – ausgelöst wurden. In Afrika und Asien wurde ein großer Teil der Weltbevölkerung in die Anforderungen der kapitalistischen Weltwirtschaft einbezogen und ihnen unterworfen. Gandhi registrierte sehr genau die moralischen und psychologischen Auswirkungen dieser weltweiten Zerstörung althergebrachter Lebensweisen und des Aufstiegs der kulturellen, politischen und ökonomischen Normen des Westens.

In »Satyagraha in South Africa« schrieb Gandhi später: »Die Nationen, die ihre materiellen Ansprüche nicht erhöhen, sind dem Untergang geweiht. Es ist die Befolgung dieser Prinzipien, die westliche Nationen veranlasste, sich in Südafrika niederzulassen und die zahlenmäßig gewaltig überlegenen Rassen Afrikas zu unterdrücken.«[17] Lenin und Rosa Luxemburg sahen im Imperialismus eine notwendige Folge des Kapitalismus, und auch Gandhi glaubte, die von einheimischen Indern ermöglichte koloniale Wirtschaftspolitik stehe im Dienst ausländischer Investoren und führe zu einer massenhaften Verarmung der indischen Bevölkerung. Aber er ging noch weiter und kritisierte die gesamte moderne Zivilisation und deren Fixierung auf Wirtschaftswachstum und politische Souveränität (wobei Letztere unausweichlich durch Gewalt erlangt werde).

Gandhi zollte vielen Vorzügen der westlichen Moderne bereitwillig Anerkennung, etwa den Bürgerrechten, der Befreiung der Frauen und dem Prinzip der Rechtsstaatlichkeit. Aber er hielt sie für unzureichend ohne ein breiteres Verständnis spiritueller Freiheit und sozialer Harmonie. Damit stand er natürlich nicht allein da. Anfang des 20. Jahrhunderts wandten sich moderne chinesische und muslimische Intellektuelle wie al-Afghani und Liang Qichao gleichfalls von den universalistischen Idealen der europäischen Aufklärung ab – in denen sie einen Deckmantel für ungerechte rassische Hierarchien erblickten – und suchten Stärke und Würde in einem reformierten Islam oder Konfuzianismus. Im selben Jahr, als Gandhi »Hind Swaraj« schrieb, fragte Aurobindo Ghose sarkastisch:

> »Ist dies nun das Ende des langen Marsches der menschlichen Zivilisation, ihr geistiger Selbstmord, diese stille Versteinerung der Seele zu Materie? War der erfolgreiche Geschäftsmann der Gipfel des Menschseins, dem die Evolution zustrebte? Wenn die Wissenschaft recht hat, wird man sagen müssen: Warum nicht? Eine Evolution, die mit dem Protoplasma begann und mit dem Orang-Utan und dem Schimpansen eine Blüte erlebte, mag sich durchaus zufrieden zurücklehnen, wenn sie Hut, Rock und Hosen, den britischen Aristokraten, den amerikanischen Kapitalisten und den Pariser Apachen geschaffen hat. Denn das sind meines Erachtens die größten Triumphe der europäischen Aufklärung, vor der wir uns verneigen.«[18]

Die Kritik, die Gandhi in »Hind Swaraj« vorbrachte, war indessen bemerkenswert originell. Er behauptete, die moderne Zivilisation habe ein gänzlich neues und äußerst verhängnisvolles Verständnis des Lebens hervorgebracht, das alle bisherigen Vorstellungen von Politik, Religion, Ethik, Wissenschaft und Ökonomie über den Haufen werfe. Die Industrielle Revolution, welche die menschliche Arbeit in eine Quelle von Macht, Profit und Kapital verwandelte, habe den wirtschaftlichen Wohlstand zum Hauptziel der Politik gemacht, die Maschine über den Menschen gestellt und Religion und Ethik zur Bedeutungslosigkeit verdammt. In Gandhis Augen segnete die politische Philosophie des Westens die Welt des industriellen Kapitalismus gehorsam ab. Der Liberalismus rechtfertigte die vorrangige Ausrichtung auf Wirtschaftswachstum im eigenen Land, während im Ausland der liberale Imperialismus die britische Herrschaft über Indien als segensreich für die Inder erscheinen ließ – eine Ansicht, die auch viele Inder vertraten. Europäer, die glaubten, im Alleinbesitz der Zivilisation zu sein, taten die traditionellen Tugenden Indiens – Schlichtheit, Geduld, Ausrichtung auf das Jenseits – als rückständig ab.

Gandhi ließ niemals in seinem Bemühen nach, die Vorurteile der westlichen Moderne zu überwinden. Schon früh in seiner politischen Karriere begann er, die spärliche Bekleidung der indischen Bauern zu tragen, und verwarf alle äußeren Anzeichen, die ihn als modernen Intellektuellen oder Politiker hätten ausweisen können. Wahre Zivilisation habe mit moralischer Selbsterkenntnis und spiritueller Stärke zu tun, nicht mit körperlichem Wohlbefinden, materiellem Komfort oder großer Kunst und Architektur. Er bevorzugte die autarke ländliche Gemeinschaft gegenüber dem hochgerüsteten und zentralisierten Nationalstaat, die Heimindustrie gegenüber den großen Fabriken, die Handarbeit gegenüber den Maschinen. Er ermunterte auch seine politischen Aktivisten, die *satyagrahis*, Mitgefühl mit ihren politischen Gegnern zu haben und der Gewalt gegen die Briten abzuschwören. Denn welchen Anspruch auf Zivilisation die Briten auch erheben mochten, sie selbst seien gleichfalls Opfer uralter Kräfte der Gier und der Gewalt, die im politischen, wissenschaftlichen und ökonomischen System der modernen Welt eine beispiellose moralische Rechtfertigung erhalten hätten. *Satyagraha* könne auch in ihnen ein Bewusstsein für das zutiefst Böse an der industriellen Zivilisation wecken.

Wie Tagore wandte auch Gandhi sich gegen Gewalt und lehnte den Nationalismus und dessen Verkörperung, den bürokratischen, institutionalisierten und militarisierten Staat ab – das erzürnte und provozierte 1948 seinen Mörder, einen Hindu-Nationalisten, der sich für ein aggressiv gerüstetes, unabhängiges Indien einsetzte. Tagore wie Gandhi sahen in der individuellen Erneuerung die Voraussetzung für eine nationale Erneuerung. Bis zu Tagores Tod 1941 hielten sie einen regen Austausch aufrecht, in dem sowohl ihre unterschiedlichen als auch ihre übereinstimmenden Auffassungen zur Sprache kamen. Doch als Gandhi 1909 »Hind Swaraj« schrieb, war er außerhalb Südafrikas noch unbekannt. Erst ein Jahrzehnt später fand sein Buch Aufmerksamkeit. Tagore war der weitaus bekanntere und einflussreichere Inder.

Schon bald nach der Verleihung des Nobelpreises für Literatur 1913 war Tagore zu einer internationalen literarischen Berühmtheit und zu einem Sprecher für den Osten geworden. Das war für ihn ein einzigartiges Privileg in einer Welt, in der – wenn überhaupt – nur wenige Stimmen aus Asien gehört wurden. So schrieb Lu Xun 1927: »Sehen wir uns an, welche Nationen stumm sind. Können wir die Stimme Ägyptens hören? Können wir die Stimme Annams und Koreas hören? Und welche andere Stimme Indiens können wir hören außer der von Tagore?«[19] Tagores weißer Bart und sein durchdringender Blick ließen ihn wie einen Propheten aus dem Osten erscheinen. Als der japanische Romancier Yasunari Kawabata 1968 den Literaturnobelpreis erhielt, entsann er sich der

> »Erscheinung dieses an einen Weisen erinnernden Dichters mit seinem langen, buschigen Haar, seinem großen Vollbart, hochgewachsen und aufrecht in seinen locker fließenden indischen Gewändern, mit tiefen, stechenden Augen. Sein weißes Haar floss sanft beiderseits seiner Stirn herab, die Haarbüschel unterhalb der Schläfen glichen ebenfalls zwei Bärten und gingen gemeinsam mit dem Haar auf seinen Wangen in den Bart über, so dass er auf mich als den Jungen, der ich damals war, den Eindruck eines uralten orientalischen Zauberers machte.«[20]

In aller Welt, von Japan bis Argentinien, erwarteten Tagore volle Vortragssäle. Präsident Herbert Hoover empfing ihn im Weißen Haus, als er 1930 die Vereinigten Staaten besuchte, und die *New York Times* brachte 21 Berichte über den indischen Dichter, darunter zwei Interviews. Diese

Begeisterung erscheint besonders bemerkenswert, wenn man bedenkt, welche Prophezeiung Tagore für seine westlichen Gastgeber bereithielt: Dass ihre moderne, auf dem Kult des Geldes und der Macht basierende Zivilisation ihrem Wesen nach destruktiv sei und der Mäßigung durch die spirituelle Weisheit des Ostens bedürfe. Wenn er dagegen auf seinen Reisen durch den Osten seine Zweifel an der westlichen Zivilisation zum Ausdruck brachte und die Asiaten ermahnte, ihre traditionelle Kultur nicht aufzugeben, stieß er auf heftigen Widerspruch.

Tagore war schon lange ein Bewunderer Japans, als er 1916 dorthin kam. Japans Sieg über Russland 1905 hatte ihn zu einem Gedicht angeregt, in dem er den Weg des Buddhismus von Indien nach Japan dem Bedürfnis gegenüberstellte, von den Japanern neue Techniken zu lernen:

> »In safrangelbe Gewänder gehüllt, kamen die Lehrer der Religion [Dharma]
> Einst in euer Land, um euch zu lehren.
> Heute klopfen wir als Schüler an eure Tür,
> Um die Lehren des Handelns [Karma] zu erfahren.«[21]

Bei seinem ersten Besuch schien es sicher zu sein, dass Tagore mit seinem Eintreten für eine innerasiatische Zusammenarbeit ein Publikum fand. Viele bedeutende japanische Nationalisten hegten damals panasiatische Vorstellungen. Einen der führenden nationalistischen Intellektuellen Japans, Kakuzo Okakura (1862–1913), kannte Tagore bereits. Er hatte sein 1903 erschienenes Buch »Die Ideale des Ostens« mit klangvollen Erklärungen begonnen: »Ganz Asien ist eins. Der Himalaya scheidet wohl zwei gewaltige Kulturen, die chinesische mit dem Kommunismus des Konfuzius und die indische mit dem Individualismus der Veden, doch nur, um sie noch mehr zur Geltung zu bringen.« Und später heißt es: »Arabische Ritterlichkeit, persische Poesie, chinesische Ethik und indische Philosophie, alles spricht von einem einheitlichen, friedvollen Asien, wo eine gemeinsame Lebensweise entstand, die wohl in verschiedenen Gegenden verschiedene charakteristische Blüten zeitigte, aber doch nirgends eine klare, scharfe Trennungslinie aufkommen ließ.«[22]

Okakura war von seinem amerikanischen Lehrer Ernest Fenollosa (einem Kunsthistoriker und Philosophen, der es für die Bestimmung Asiens hielt, den modernen Westen zu spiritualisieren) für das kulturelle Erbe Japans sensibilisiert worden. Wie Tagores Sicht Asiens und des Westens von der westlichen Orientalistik geprägt worden war, so prägte Fenollosas Japanophilie Okakuras idealisiertes Bild von der Einheit Asiens. Okakura hatte 1901 und 1902 ein Jahr in Indien verbracht, einen Teil davon auch auf dem Anwesen der Tagores in Kalkutta, wo er »Die Ideale des Ostens« schrieb und großen Einfluss auf zahlreiche indische Künstler ausübte. In der Folge empfing Tagore in seinem ländlichen Rückzugsort Santiniketan einen Strom japanischer Besucher, die Okakura ihm schickte, und Okakura selbst besuchte Indien 1911 auf seinem Weg nach Boston, wo er inzwischen als Kurator am Museum of Fine Arts arbeitete. Okakura sollte bedeutenden Einfluss auf so unterschiedliche Persönlichkeiten wie Frank Lloyd Wright, T. S. Eliot, Wallace Stevens, Ezra Pound und sogar Martin Heidegger ausüben. In Tagore jedoch fand er einen Mitreisenden, der gleichfalls darauf bedacht war, die Einheit Asiens hervorzuheben und die moralischen Ansprüche des Westens zu untersuchen. »Das Schuldbewusstsein des Westens beschwört oft das Gespenst einer Gelben Gefahr«, schrieb Okakura. »Möge der ruhige Blick des Ostens sich auf das Weiße Unglück richten.«[23] Tagore stimmte ihm zumindest teilweise zu. Wie Gandhi betonten beide Männer, dass sie Asiaten waren, indem sie es gelegentlich ablehnten, europäische Kleidung zu tragen. Okakura trug bei seinem Besuch der Ajanta-Höhlen in Indien einen Dhoti, Tagore in China die Kopfbedeckung der Taoisten. Beide Autoren versuchten auch, eine kulturelle Grundlage für ganz Asien ausfindig zu machen, und verwiesen dabei auf alte maritime Verbindungen, Künste und ein gemeinsames Erbe wie den Buddhismus in Indien, China und Japan.

Mit Blick auf die wesenhafte Einheit der Menschheit verglich Tagore einmal die beiden Wege nach Osten, die der Buddhismus und das Opium genommen hatten:

> »Als der Buddha erkannte, dass die Menschheit in einer großen Synthese vereint ist, fand seine Botschaft als ein Schluck aus der Quelle der Unsterblichkeit ihren Weg nach China. Aber als der moderne, auf ein Imperium bedachte Kaufmann sich, von Gier bewegt, weigerte, diese Wahrheit von der Einheit der Menschheit anzuerkennen, hatte er keine Skrupel, das tödliche Gift des Opiums nach China zu schicken.«[24]

Immer wieder greift Tagore in seinen Schriften auf die Metapher der modernen Zivilisation als Maschine zurück: »Die einzige Erfüllung findet eine Maschine in der Erbringung ihrer Leistung, die in ihrem Streben nach Erfolg moralische Bedenken als unsinnig und abwegig abtut.«[25] Japan, so schrieb er, könne die »Experimente« vorantreiben, »durch die der Osten das Gesicht der modernen Zivilisation verändern, ihr dort, wo sie eine Maschine ist, Leben einhauchen und das menschliche Herz an die Stelle kalter Zweckmäßigkeit setzen wird«.

Schon vor Tagores Ankunft 1916 hatte eine militantere Art von Indern Japan zu ihrer Heimat erkoren. Sie gehörten zu jenen Auslandsindern, die nach Japan gekommen waren, um die Geheimnisse der japanischen Modernisierung zu erkunden. Neben New York und London war Tokio Teil eines internationalen Netzwerks von »India Houses«, in denen exilierte Aktivisten und selbsternannte Revolutionäre aus Indien zusammentrafen. Ein indischer Muslim, Maulavi Barkatullah (1854–1927), gab in Tokio eine Zeitschrift mit dem Titel *The Indian Sociologist* heraus. 1910 erweckte er die von Abdurreshid Ibrahim gegründete englischsprachige Monatszeitschrift *Islamic Fraternity* zu neuem Leben, die von den Japanern auf Drängen der Briten eingestellt worden war. Barkatullah machte sie zu einem explizit britenfeindlichen Forum. Er schrieb auch für den einflussreichen japanischen panasiatischen Denker Ōkawa Shūmei, der mit dem Entwurf einer japanischen Version der Monroe-Doktrin für Asien begonnen hatte (1946 wurde er vor dem Internationalen Militärgerichtshof in Tokio als wichtigster ziviler Ideologe des japanischen Expansionismus angeklagt).

Der revolutionäre Strang des bengalischen Nationalismus war in Japan gleichfalls gut vertreten durch Rash Behari Bose (1886–1945), einen weiteren indischen Vertrauten Ōkawa Shūmeis. Im Alter von 26 Jahren schleuderte er eine Handgranate auf den britischen Vizekönig, als der feierlich auf einem Elefanten in Delhi einzog. Er verfehlte sein Ziel, floh aus Indien und landete schließlich 1915 in Japan, wo er, gestützt von den panasiatischen Gefühlen und der finanziellen Hilfe zahlreicher Mitglieder der japanischen Elite, lebte, bis er 1945 eines natürlichen Todes starb. Als der Held der indischen Revolutionäre Lala Lajpat Rai Japan im November 1915 besuchte, organisierten Ōkawa und Bose einen Empfang für ihn. In einer Rede ermahnte Raj seine Gastgeber, für die Befreiung Asiens zu arbeiten. Auf britischen Druck sollte Bose noch am nächsten Tag abgeschoben werden, doch die indischen Nationalisten und Ōkawa konnten den äußerst einflussreichen Panasiaten Toyama Mitsuru bewegen, zugunsten Boses zu intervenieren. Ōkawa schrieb nach Tagores Besuch sein erstes Buch über den indischen Nationalismus und nutzte darin ausgewählte Zitate von Tagore, um seine Überzeugung zu stützen, wonach es Japans »Mission« sei, »Asien zu einen und zu führen«. 1917 ermunterte er den bengalischen Revolutionär Taraknath Das, ein Buch zu schreiben, in dem dieser die These vertrat, dass der Konflikt zwischen weißer und gelber Rasse unausweichlich sei.

Aber Tagore hatte wie Gandhi wenig Zeit für militante Nationalisten und war 1916 beunruhigt über ein Land, in dem damals nationales Selbstbewusstsein und imperialistisches Expansionsstreben einen gewaltigen Aufschwung erlebten und das sich auf weitere Schlachten mit alten und neuen Feinden vorbereitete. Im vorangegangenen Jahr, 1915, hatte Japan chinesische Gebiete in Shandong annektiert. Es hatte Korea 1905 zu seinem Protektorat erklärt und 1911 zur Aufgabe seiner Souveränität gezwungen. Damals hatten die Vereinigten Staaten Japan unterstützt. Theodore Roosevelt soll gesagt haben: »Es soll mir recht sein, dass Japan Korea erhält.«[26] Aber seit den 1890er Jahren hatten sich die Beziehungen zwischen Japan und den Vereinigten Staaten durch den Vorstoß der USA in den Pazifik und die Besetzung Hawaiis verschlechtert. Und die amerikanische Behandlung japanischer Einwanderer erzürnte nationalistische Japaner wie Tokutomi Sohō.

Sohō befürchtete auch, der Erste Weltkrieg, in dem er einen zerstörerischen Kampf zwischen europäischen Mächten um die globale Vorherrschaft erblickte, werde Unruhe in Japans Nachbarschaft bringen, ganz gleich, wer den Krieg gewinnen werde. Japan müsse in Ostasien den ersten Zug machen, um den europäischen und amerikanischen Einfluss einzudämmen, schrieb er in Anlehnung an Ōkawa Shūmeis »Monroe-Doktrin«. Jene Panasiaten, die zugleich Nationalisten waren, begannen, von einem Asien zu träumen, das von seinen europäischen Herren befreit und von den Japanern mit neuer Lebenskraft erfüllt wäre, und sie sahen in Tagore einen möglichen Mitstreiter für eine projapanische Freiheitsbewegung in ganz Asien.

Aber Tagore musste sie enttäuschen. Ihm waren schon lange vor seiner

Abreise Zweifel an den Fortschritten Japans gekommen. »Ich bin mir fast sicher, dass Japan ein Auge auf Indien geworfen hat«, schrieb er im Juni 1915 an einen Freund. »Es ist hungrig – es frisst gerade Korea und beißt sich in China fest, und es wird ein schlimmer Tag für Indien sein, wenn Japan seine Chance erhält.«[27] Seine Stimmung verschlechterte sich noch während seiner langen Reise, die ihn auf den Spuren seines mit Opium handelnden Großvaters über Rangun, Penang und Singapur führte. Die rauchenden Schornsteine, die Lichter und der Lärm dieser Hafenstädte veranlassten ihn, auf dieses »Handelsungeheuer« zu schimpfen, das »die Welt in seiner Gier zerfleischt«.[28] In Hongkong war er entsetzt, als er einen Sikh sah, der einen chinesischen Arbeiter schlug.

Nachdem er die fleißigen chinesischen Arbeiter in der Hafenstadt beobachtet hatte, prophezeite er hinsichtlich der zukünftigen Machtverhältnisse in den internationalen Beziehungen: »Die Nationen, die heute über die Ressourcen der Welt verfügen, fürchten den Aufstieg Chinas und möchten den Tag dieses Aufstiegs hinauszögern.«[29] Aber Tagore schien die Aussicht, dass irgendein Land in der vom modernen Westen vorgegebenen Weise aufstieg, durchaus nicht als tröstlich zu empfinden. »Das neue Japan ist nur eine Kopie des Westens«, erklärte er auf seinem offiziellen Empfang in Tokio, an dem neben anderen Würdenträgern auch der japanische Premierminister teilnahm. Das kam bei seinem Publikum nicht gut an, in dessen Augen Japan eine mächtige Nation und ein aufstrebendes Reich, Indien dagegen eine erbarmungswürdige europäische Kolonie war.

Tagore hatte seine Eindrücke von Japan größtenteils von Okakura erhalten, doch das Land hatte sich in der Zeit von 1900 bis 1916 beträchtlich verändert. In Büchern wie »Das Erwachen Japans« (1904) und »Das Buch vom Tee« (1906) hatte Okakura selbst begonnen, die japanische Identität aggressiver herauszustellen. »Wann wird der Westen den Osten verstehen oder wenigstens versuchen, ihn zu verstehen?« hatte er im »Buch vom Tee« verärgert gefragt:

> »Wir Asiaten sind oft erstaunt über das seltsame Netz von Dichtung und Wahrheit, mit dem man uns umsponnen hat. Wir werden dargestellt entweder als vom Duft des Lotos lebend oder aber von Mäusen oder Küchenschaben. Das ist entweder unfähiger Fanatismus oder aber niedrigste Wollust. Indiens Gerechtigkeit ist als Einfalt verlacht worden,

> Chinas Nüchternheit als Dummheit und die Vaterlandsliebe Japans als das Ergebnis eines Fatalismus. Man hat sogar ausgesprochen, daß wir durch Abgestumpftheit unseres Nervensystems für Schmerz und Wunden weniger empfindlich seien!«[30]

In den meisten Punkten stimmte Tagore mit Okakura überein. Dennoch deprimierte ihn die Woge des Nationalismus. Als er seine Vorträge über den Nationalismus im Westen vorbereitete, die er in den Vereinigten Staaten halten wollte, gelangte er zu dem Schluss:

> »In Japan habe ich gesehen, wie ein ganzes Volk sich freiwillig dem Zurechtstutzen seines Denkens und der Beschneidung seiner Freiheit durch den Staat unterwirft (...) Die Menschen akzeptieren diese alles durchdringende geistige Versklavung mit Freude und Stolz, weil sie voller Ungeduld wünschen, sich in eine Machtmaschine namens Nation zu verwandeln und andere Maschinen in ihrer kollektiven Weltlichkeit nachzuahmen.«[31]

In einem langen Brief nach Hause erklärte Tagore in beißendem Ton, inwiefern die Japaner, die seine Mahnungen als »Poesie eines besiegten Volkes« abtaten, recht hatten: »Japan hat in einer modernen Schule gelernt, wie man mächtig wird. Nachdem es durch diese Schule gegangen ist, muss es nun die Früchte dieser Lektionen genießen.«[32]

Wenn Tagore 1924 in dem vom Bürgerkrieg zerrissenen und von Warlords heimgesuchten China die spirituellen Traditionen Asiens beschwor, konnte er kaum Zustimmung erwarten. Seit 1919 hatte die »Bewegung des vierten Mai« weite Verbreitung erlangt. Junge Männer, die vom Studium aus Berlin, Paris, London, New York und Moskau nach Hause zurückkehrten, brachten eine Vielzahl von Ideen und Theorien mit und diskutierten darüber. Die Ablehnung der konfuzianischen Traditionen ihres Landes gehörte zum allgemeinen Konsens. Chen Duxiu schrieb damals: »Ich sähe lieber die vergangene Kultur unserer Nation verschwinden als unsere Rasse aussterben, weil sie für das Leben in der Welt untauglich wäre.«[33]

Für die Generation des »Vierten Mai« waren die egalitären Ideale der Französischen und der Russischen Revolution wie auch der wissenschaftliche Geist, auf dem die industrielle Macht beruhte, ganz selbstverständlich einer verknöcherten chinesischen Kultur überlegen, die Tradition über Innovation stellte und dafür sorgte, dass China rückständig und schwach blieb. Diese Generation wollte, dass China durch den Einsatz westlicher Methoden eine starke, selbstbewusste Nation wurde, und sie bewunderte Besucher wie Bertrand Russell und John Dewey, deren Glaube an Wissenschaft und Demokratie den Weg zur Erlösung Chinas zu weisen schien. 1924 waren nur wenige Mitglieder dieser Generation bereit, einen offenbar weltabgewandten Dichter aus Indien anzuhören, der sich über die Probleme der modernen westlichen Zivilisation und die Tugenden des alten Asien ausließ.

Als 1923 Tagores Besuch angekündigt wurde, entbrannte unter chinesischen Intellektuellen sogleich eine Debatte. Radikale wie der Romancier Mao Dun, der einst Tagore übersetzt hatte, äußerten sich besorgt über dessen potentiell schädlichen Einfluss auf die chinesische Jugend. »Wir sind entschlossen«, schrieb er, »den Tagore, der lauthals die östliche Zivilisation besingt, nicht willkommen zu heißen. Bedrängt von Militaristen innerhalb des Landes und von Imperialisten aus dem Ausland, ist jetzt nicht die Zeit zum Träumen.«[34] Tagores Gastgeber Liang Qichao war bereits heftigen Angriffen junger Radikaler ausgesetzt, die zudem ein Trommelfeuer aus Beleidigungen auf den romantischen Dichter Xu Zhimo, Tagores Dolmetscher in China, richteten.

In Schanghai und Hangzhou sprach Tagore vor großem studentischem Publikum. Wie stets war er in seinen Gewändern und mit seinem langen weißen Bart eine eindrucksvolle Gestalt. Er besuchte Gartenfeste und Konzerte, oft in Begleitung Liang Qichaos und Zhang Junmais. In Nanjing traf er mit dem dort herrschenden Warlord zusammen und bat ihn, die Kämpfe einzustellen. Der Warlord servierte seinen Gästen Champagner und versicherte Tagore, er stimme voll und ganz mit dessen Friedensbotschaft überein. (Ein paar Monate später begann er einen Angriff auf den Warlord von Zhejiang.)

In einem Vortrag in Beijing kam Tagore auf sein Lieblingsthema zurück:

> »Der Westen ist demoralisiert, weil er der Ausbeuter ist, weil er von den Früchten der Ausbeutung kostet. Wir müssen den Kampf mit unserem Glauben an die Moral und die spirituelle Kraft des Menschen führen. Wir im Osten haben niemals mit dem Tod handelnde Generäle und mit

Lügen handelnde Diplomaten verehrt, sondern spirituelle Führer. Durch sie werden wir gerettet werden – oder wir werden gar nicht gerettet werden. Physische Macht wird am Ende nicht die stärkste sein (...) Ihr seid die am längsten bestehende Rasse, weil euer Glaube an Güte statt an Stärke euch seit Jahrhunderten nährt.«[35]

Bei den chinesischen Radikalen wuchs die Unruhe, als Tagore Buddhismus und Konfuzianismus lobte, weil sie sich »in ihrem sozialen Leben auf den Glauben an die Seele« stützten. Die Kommunistische Partei und Chen Duxiu hatten bereits beschlossen, in ihren diversen Zeitschriften eine Kampagne gegen Tagore zu eröffnen. Chen befürchtete, die chinesische Jugend könne anfällig für Tagores Einfluss sein: »Wir warnen sie, sich nicht *indisieren* zu lassen. Es sei denn, sie wollen, dass ihre Särge dereinst in einem Boden liegen, der unter den Hacken einer Kolonialmacht liegt wie Indien.«[36]

Die Propaganda schien zu wirken. Bei einer Versammlung in Hankou wurde Tagore mit dem Ruf begrüßt: »Geh zurück, du Sklave aus einem verlorenen Land! Wir wollen keine Philosophie. Wir wollen Materialismus.« Die lautstarken Zwischenrufer mussten mit physischer Gewalt zurückgedrängt werden, sonst hätten sie ihn angegriffen. Aber erst in Beijing, dem Zentrum der radikalen chinesischen Jugend, begegnete Tagore organisierter Feindseligkeit in Gestalt von präparierten Fragestellern, Buh- und Zwischenrufen. Auf einer seiner Versammlungen, auf der er die moderne Demokratie als solche angriff, weil sie »Plutokraten unter diversen Deckmänteln« nütze, wurden Flugblätter verteilt, die sich gegen ihn wandten.[37] »Wir haben genug von der alten chinesischen Zivilisation.« Sie griffen auch Tagores Gastgeber Liang Qichao und Zhang Junmai an, weil sie dessen Talent nutzten, »um ihre konservativen und reaktionären Ansichten im Jungen China zu verbreiten«.[38] Der kommunistische Dichter Qu Qiubai fasste den Tenor des Empfangs zusammen, den man Tagore in China bereitete, als er schrieb: »Vielen Dank Herr Tagore, aber wir haben schon genug Konfuziusse und Menziusse in China.«[39]

Im Rückblick scheint es, als habe Tagore, als er sich zornig von den wichtigsten intellektuellen und politischen Entwicklungen in Japan und China abwandte, deren Kontext falsch verstanden. Vielleicht ließ er sich allzu sehr vom Beispiel Indiens leiten, in dem die Briten für die militärischen und politischen Angelegenheiten zuständig waren und die Inder sich um spirituelle Führung kümmern konnten. Aus der Sicht der Chinesen und Japaner, die ihre Nationen gänzlich neu aufbauen mussten, war ein Volk, das über seine politische Unterdrückung hinwegsah und stattdessen von spiritueller Befreiung redete, in der Tat »verloren«.

Zugleich verkennt man aber Tagores Weltbild zutiefst, wenn man ihn als kompromisslosen Gegner westlichen Wissens einstuft. Noch 1921 schrieb er einem Freund abschätzig über Gandhis Freiheitsbewegung: »Unser gegenwärtiger Kampf, unser Herz und unseren Verstand dem Westen zu entfremden, kommt dem Versuch gleich, geistigen Selbstmord zu begehen.«[40] Auch war Tagore kein apolitischer Mystiker aus einem verlorenen Land. Er hatte ein deutliches Gespür für das chinesische Gefühl der Scham und Demütigung. Als er 1916 auf seinem Weg nach Japan in Hongkong Station machte, beklagte er die »Sklavenreligion«, die – wie erwähnt – einen Sikh veranlasste, auf einen chinesischen Arbeiter einzuschlagen. Bezogen auf indische Kollaborateure der britischen Imperialisten äußerte er: »Als die Engländer China Hongkong abpressten, waren sie es, die China schlugen (...) und sie tragen daher die Verantwortung für die Demütigung Chinas.«[41] Er empfand den Schmerz über die Zerstörung des Sommerpalastes nicht weniger heftig als die chinesischen Nationalisten und erinnerte sich, »wie die europäischen Imperialisten die uralten Kunstgegenstände zermalmt (...), zerfetzt, verbrannt, zerstört und geplündert hatten. Solche Dinge sollten niemals mehr auf Erden geschaffen werden.«

Er verfolgte den Konflikt zwischen England und Irland und meinte, England sei »eine Pythonschlange, die sich weigert, diese lebendige Kreatur auszuspeien, die darum kämpft, ihr eigenes Leben zu führen«.[42] Als er 1932 während seines Besuchs in Persien und im Irak von dortigen Würdenträgern empfangen wurde, blieb er nicht gleichgültig gegenüber der neuen Form der Kriegführung, die man an wehrlosen Dorfbewohnern ausprobierte:

> »Die Männer, Frauen und Kinder, die dort getötet wurden, ereilte ihr Schicksal aus der Stratosphäre, auf Anordnung des britischen Imperialismus – dem es aufgrund der Entfernung zu den Opfern leichtfällt, den

Tod herabregnen zu lassen. So schwach und unbedeutend erscheinen diese in der modernen Kunst des Tötens nicht Bewanderten jenen, die in dieser Fertigkeit glänzen.«[43]

Im Unterschied zu dem Zerrbild, das chinesische Radikale von ihm zeichneten, war Tagore auch bereit, neue soziale und politische Experimente wie die Russische Revolution zu würdigen. Jahre nachdem Tagore China verlassen hatte, räumte Lu Xun ein: »Das war mir damals nicht klar. Heute weiß ich, dass er auch ein Antiimperialist war.«[44] Sein Bruder Zhou Zuren brandmarkte Tagores Kritiker; sie »halten sich für westliche Denker und Verbreiter westlicher Denkweisen«, schrieb er, »aber es fehlt ihnen an Skepsis und Toleranz.« Doch 1924 war es jungen Radikalen gelungen, ihr falsches Bild von ihm weithin zu verbreiten. Tief erschüttert von den Angriffen gegen ihn, sagte Tagore seine restlichen Vorträge ab. Bei seinem letzten öffentlichen Auftritt sprach er den Streit an, den sein Besuch ausgelöst hatte. Junge Leute, räumte er ein, fühlten sich vom Westen angezogen. Aber er befürchtete, der »Ideenverkehr« sei eine Einbahnstraße und führe in die »Spielhölle des Kommerzes und der Politik, in den wütenden, selbstmörderischen Wettkampf auf dem Gebiet des militärischen Wahnsinns«. Tagore glaubte: »Wenn wir uns vor der Anarchie schwachen Denkens bewahren wollen, müssen wir heute aufstehen und ein Urteil über den Westen fällen.« »Wir müssen zu unserer Stimme finden und fähig sein, dem Westen zu sagen: ›Ihr mögt mit Gewalt bei uns eindringen, ihr mögt unsere Lebensaussichten zerstören – aber wir *urteilen* über euch.‹«[45]

Als er im Juni 1924 von China nach Japan weiterreiste, hatte er erneut Gelegenheit, ein recht strenges Urteil über den Westen zu fällen. Nach Jahren informeller Beschränkungen hatten die Vereinigten Staaten schließlich die Einwanderung von Japanern vollends verboten und lösten damit eine der ersten antiamerikanischen Wellen aus, die in den nächsten zwei Jahrzehnten wiederholt durch Japan schwappten. Tagore war gleichfalls empört über die amerikanische Entscheidung. Vor einem großen Publikum an der Universität in Tokio erklärte er: »Die materialistische Zivilisation des Westens, die mit deren starkem Nationalismus einhergeht, hat die höchsten Gipfel der Unvernunft erreicht.«[46] Auf seiner letzten Reise habe das japanische Volk seine Kritik am Nationalismus zurückgewiesen, aber sie sei von zahlreichen eindringlichen Reflexionen in aller Welt über die Katastrophe des Ersten Weltkriegs bestätigt worden. »Hören Sie nun, nach dem Krieg, nicht allenthalben, dass dieser Geist der Nation, dieser Egoismus des Volkes, der weltweit die Herzen verhärtet, verdammt wird?«[47]

Er sprach über jene Leute im Westen, die uns »verspotten«, weil »wir im Osten nicht an die Demokratie glauben«, und sich moralisch überlegen fühlen. »Wir, die wir uns nicht zur Demokratie bekennen«, erklärte er, »stehen zu unseren menschlichen Pflichten und glauben an den Ehrenkodex.« Und er fragte seine Zuhörer: »Werden Sie es zulassen, sich gleichfalls von diesem Glauben an Ihr eigenes hungriges Recht auf angeborene Überlegenheit anstecken zu lassen, der fälschlich den Namen Demokratie trägt?«[48]

Möglicherweise ließ Tagore sich von dem Beifall täuschen, den seine Worte auslösten. Aber in Wirklichkeit war Japan 1924 sehr viel nationalistischer als bei seinem ersten Besuch 1916. (Tatsächlich brachte Tagore es fertig, die Stimmung im Lande bei all seinen Besuchen falsch einzuschätzen, außer bei seinem allerletzten im Jahr 1929, als er sie endlich spürte und davor zurückschreckte.) Insgesamt jedoch entsprach die nüchterne japanische Stimmung auf dieser zweiten Reise 1924 eher seinem Geschmack.

Er traf mit Toyama Mitsuru zusammen, dem ultranationalistischen Führer der Schwarzen Drachen, der für eine Expansion Japans auf dem asiatischen Festland eintrat, und er wiederholte seine Botschaft einer von Asien ausgehenden spirituellen Erneuerung. Tagore hatte nicht bemerkt, dass diese japanischen Verfechter des Panasianismus etwas weitaus Aggressiveres im Sinn hatten. Als er auf dem Weg nach Kanada 1929 erneut in Japan Station machte, sprach er wieder einmal über die »Hoffnungen Asiens«, auch wenn er davor warnte, dass die Japaner dem »westlichen Vorbild folgten« und im »Morast der westlichen Zivilisation« steckenblieben.

Als Tagore später im selben Jahr nach Japan zurückkehrte, begann er zu erkennen, wie sehr Japan eine imperialistische Macht nach »westlichem Vorbild« geworden war. Studenten aus Korea schilderten ihm japanische Brutalitäten in ihrem Land, und unmittelbare Berichte aus China enthüllten ihm die japanischen Absichten gegenüber einem Land, das 1929 tatsächlich am Boden lag. Als er bei dieser Gelegenheit erneut mit Toyama Mitsuru zusammentraf, machte er ihm heftige Vorwürfe: »Sie haben sich mit dem Virus des europäischen Imperialismus infiziert.« Toyama versuchte ihn zu beruhigen, aber Tagore erklärte, er werde nie wieder nach Japan kommen. Bestärkt wurde er in diesem Beschluss durch die japanische Besetzung der Mandschurei 1931 und den Vorstoß Japans ins chinesische Kernland 1937: die ersten Schritte zu einer Eroberung Asiens – der von den Japanern später sogenannten »Großostasiatischen Wohlstandssphäre«.

1935 schrieb ihm ein alter japanischer Freund, der Dichter Yonejiro Noguchi, und bat ihn, Japans Krieg in China zu billigen, da dies der Weg zur »Schaffung einer neuen großen Welt auf dem asiatischen Kontinent«, ein »Krieg Asiens für Asien« sei. Tagore antwortete ihm, er glaube vielmehr, Noguchis Vorstellung von Asien würde »auf einem Berg von Schädeln« errichtet. »Es stimmt zwar, dass bessere Normen nirgendwo anders zu finden sind und dass die angeblich zivilisierten Völker des Westens sich als ebenso barbarisch erweisen.«[49] Aber »wenn Sie mich auf diese verweisen, habe ich nichts zu sagen«. Noguchi beharrte auf seiner Ansicht und verwies auf die Gefahr des Kommunismus in China. In seiner Antwort wünschte Tagore »dem japanischen Volk, das ich liebe, nicht Erfolg, sondern Reue«.[50]

So endete der Traum einer erneuerten spirituellen Zivilisation Asiens. Natürlich war »spirituell« ein allzu unbestimmter Ausdruck. Er vermochte sowohl den kriegerischen Geist des Samurai als auch die Selbstbeherrschung des Brahmanen zu umfassen. Recht vage war auch die Vorstellung, zwischen den Ländern Asiens bestünden uralte kulturelle Bande, die durch den Export des Buddhismus oder der chinesischen Kultur aus ihren Ursprungsländern in die entlegensten Winkel Asiens entstanden seien.

1938, gegen Ende seines Lebens, war Tagore verzweifelt: »Wir sind eine Bande unglücklicher Menschen. Wohin sollen wir aufblicken? Die Tage, da wir auf Japan starrten, sind vorüber.«[51] Drei Jahre später starb er. Sein Gastgeber in China, Liang Qichao, war schon 1929 gestorben, im vergleichsweise jungen Alter von 56 Jahren. Vier Jahre zuvor war Kang

Youwei gestorben, und Liang hatte die Totenrede für ihn gehalten, in der er seinen alten Mentor als Vorreiter der Reform pries. Der Vietnamese Phan Boi Chau, der nur mit Mühe der Hinrichtung entgangen war und dann von den Franzosen politisch kaltgestellt wurde, starb 1940 in der alten Kaiserstadt Hué. In ihren letzten Lebensjahrzehnten hatten die meisten dieser frühen Verfechter einer inneren Selbstermächtigung den Aufstieg kompromissloser politischer Ideologien mit Sorge beobachtet und waren in ihren Heimatländern in die Isolation geraten. Anderswo – in Ägypten, der Türkei und dem Iran – wurden desillusionierte islamische Modernisierer von unnachgiebigen Kommunisten, Nationalisten und Fundamentalisten beiseitegedrängt. In Hochschule, Akademien und offiziellen Gewerkschaften wie auch in geheimen Gesellschaften und Organisationen in ganz Asien (und den Kaffeehäusern in Paris, Berlin und London) entstand ein neuer Typus militanter Nationalisten und Antiimperialisten. Viele davon waren die übereifrigen »Schuljungen des Ostens«, vor denen Tagore in einem seiner letzten Essays gewarnt hatte:

> »Die sorgsam gepflegte, aber giftige Pflanze des nationalen Egoismus verbreitet ihren Samen in aller Welt, zur Freude unserer unreifen Schuljungen des Ostens, weil die Ernte aus diesem Samen – die Ernte der Antipathie mit ihrem endlosen Kreislauf der Erneuerung – einen wohlklingenden westlichen Namen trägt. Große Zivilisationen haben im Osten wie im Westen geblüht, weil sie geistige Nahrung für die Menschen aller Zeiten hervorbrachten (…) Diese großen Zivilisationen wurden durch Menschen vom Typ unserer modernen frühreifen Schuljungen zugrunde gerichtet – neunmalklug und auf oberflächliche Weise kritisch, sich selbst verehrend und geschickt auf dem Markt des Profits und der Macht feilschend, effizient im Umgang mit Nebensächlichem, die (…) am Ende, von selbstmörderischer Gier getrieben, die Häuser ihrer Nachbarn in Brand setzten und schließlich selbst von Flammen eingehüllt wurden.«[52]

1938 mögen diese Worte melodramatisch erschienen sein. Aber Tagore besaß auch zu jener Zeit noch ein außergewöhnliches Gespür für den ungestümen Hass, der sich später in ganz Asien ausbreiten sollte, angefangen bei der japanischen Invasion des asiatischen Festlands. Während eines Empfangs in New York, an dem auch Franklin D. Roosevelt, Henry Morgenthau und Sinclair Lewis teilnahmen, hatte Tagore 1930 eingeräumt: »Das Zeitalter gehört dem Westen, und die Welt muss Ihnen dankbar für Ihre Wissenschaft sein.« Aber er fügte hinzu: »Sie beuten jene aus, die wehrlos sind, und Sie demütigen jene, die unglücklich über dieses Geschenk sind.«[53] Wie die Ereignisse des folgenden Jahrzehnts zeigten, war Befreiung für viele Asiaten gleichbedeutend mit dem Bemühen, den Spieß umzudrehen und ihre westlichen Herren in extremster Weise zu demütigen. Diese außergewöhnliche Wende kam schließlich rascher, als irgendjemand gedacht, und brutaler, als Tagore befürchtet hatte. Und ihr wichtigster Akteur sollte Japan sein.

6.

Die Erneuerung Asiens

Genosse Anying, ich komme zu dir im Namen des Volkes des Mutterlandes. Unser Land ist heute stark, und dem Volk geht es gut. Du kannst in Frieden ruhen.

Der chinesische Ministerpräsident Wen Jiabao im Oktober 2009,
kurz nach dem 60. Jahrestag der Gründung der Volksrepublik China,
gerichtet an ein steinernes Standbild Mao Anyings,
des Lieblingssohns Mao Zedongs.

Ein unerwartetes Nachspiel: Panasianismus und militärische Dekolonisierung

Vor einem vollen Haus erklärte Rabindranath Tagore 1930 in der Carnegie Hall in New York, die Amerikaner ignorierten die britische Herrschaft über Indien und machten sich nur deshalb Sorgen wegen Japan, weil das Land »bewiesen hat, dass es ebenso unangenehm werden kann wie Sie«.[1] Es war seine letzte Botschaft an den Westen, und sie wurde nach einem Bericht der *New York Times* mit »beträchtlichem Gelächter und Beifall« quittiert.

Nach dem Russisch-Japanischen Krieg von 1905 hatte auch Kakuzo Okakura sich über den »Durchschnittseuropäer« lustig gemacht, der »Japan als barbarisch zu betrachten« pflegte, »als es noch in den schönsten Künsten des Friedens aufging; er nennt es zivilisiert, seit es begann, auf den mandschurischen Schlachtfeldern Massenmord zu begehen«.[2] Tagore wusste natürlich, dass die Bereitschaft Japans, »unangenehm zu werden«, nur eine Reaktion auf den nationalistischen, imperialistischen Westen und dessen »Unvernunft« war. Die intellektuelle Geschichte Tokutomi Sohōs, eines der bedeutendsten Journalisten und Publizisten Japans, vermag den tragischen politischen Weg seines Landes bestens zu illustrieren.

Der 1863 in einer reichen Bauernfamilie geborene Sohō entwickelte zunächst klassisch liberale Vorstellungen vom Fortschritt Japans, darunter auch die schrittweise Entwicklung einer für den Aufbau der Nation wichtigen Mittelschicht aus ehemaligen, aber wie er selbst zu Bürgern gewordenen Bauern. Sohō glaubte, Freiheit und Demokratie seien unerlässlich für diese neue Schicht, die eine starke Nation aufzubauen versuchte. Beeinflusst von der Lektüre westlicher Philosophie und Literatur, konvertierte Sohō kurzzeitig sogar zum Christentum.

In den späten 1880er Jahren erklärte er in seinen populären Büchern, Japan könne durch ökonomische und industrielle Produktion wohlhabend und mächtig werden. Aber in der Hochphase des westlichen

Imperialismus in den 1890er Jahren begann er seine Vorstellungen von demokratischen Reformen zu revidieren. Vor allem die europäische Forderung, Japan müsse einige seiner Gewinne aus dem Krieg mit China 1895 zurückgeben, erzürnte Sohō. Die amerikanischen Einwanderungsgesetze von 1913 und 1920, die japanische Arbeiter diskriminierten, entfremdeten ihn noch weiter von seinen liberalen westlichen Zielvorstellungen. In den 1930er Jahren empfand er wie viele Japaner eine tiefe Verbitterung gegenüber dem Westen. Er war wütend, als Japans Einfälle in die Mandschurei Anfang der 1930er Jahre in Europa und den Vereinigten Staaten weithin auf Ablehnung stießen. Westliche Einwände gegen ein japanisches Vorgehen, das jenem glich, welches westliche Imperialisten bereits seit Jahrhunderten praktiziert hatten, erschienen ihm zutiefst scheinheilig.

»Wir leben in einer Zeit der Herrschaft der weißen Rassen«, schrieb er 1931. »Sie glauben, die Welt sei Privatbesitz der weißen Rassen. Sie kontrollieren das Land anderer Völker, nehmen deren Rohstoffe und wandeln sie in Fertigprodukte um, die sie dann zurückschicken und zu einem hohen Preis verkaufen.« Und er fügte hinzu: »Die Tyrannei der weißen Rassen ist ungezügelt, weil es außer den weißen Rassen keine mächtigen Völker gibt. Wenn wir diese Verhältnisse durchbrechen, können wir etwas Positives für die gesamte Menschheit leisten.« Und zu der Entscheidung Japans, sich aus dem Völkerbund zurückzuziehen, schrieb Sohō 1933, sie »lehrt Europäer und Amerikaner, dass sie die Welt nicht für sich monopolisieren können, und sie zeigt den Asiaten, dass sie frei von der Herrschaft der Europäer und Amerikaner sein können«.[3]

Der panasiatische und panislamische Aktivist Abdurreshid Ibrahim, der sich erneut in Tokio aufhielt, weil Atatürks engstirnige Türkei nicht nach seinem Geschmack war, unterstützte Sohō. Er behauptete, der Völkerbund sei ein westliches Komplott, durch das man Japan daran hindern wolle, Asien zu befreien. Sohō ging davon aus, dass Japans Interessen auch die des gesamten asiatischen Kontinents seien, und rechtfertigte so die großangelegte Invasion Chinas durch Japan 1937. Wie viele japanische Intellektuelle der Zeit glaubte er, Japan müsse in China dem expansionistischen Sowjetkommunismus entgegentreten. Amerikanische Ölembargos, die Japans Wirtschaft zu lähmen drohten, passten bestens in dieses Muster nicht enden wollender westlicher Feindseligkeiten. »Die Amerikaner tun so«, schrieb er, »als wären sie die höchste Autorität, die ein Urteil über den Rest der Welt zu fällen hätte – ihr Handeln zeugt von größter Arroganz.«[4]

In China festgefahren und von feindseligen westlichen Mächten eingekreist, konnte Japan den Zusammenbruch nur verhindern, indem es sich die Wirtschaftsgüter des asiatischen Festlands und Javas aneignete. Kurz vor dem Angriff auf Pearl Harbor rechtfertigte Sohō einen Präventivschlag: »Japan kann nicht untätig zusehen und sich mit dem Schicksal seiner Einschließung abfinden, während es stranguliert wird. Als Nation haben wir alles Recht, frei zu handeln, um leben zu können.«[5] Und mit Blick auf die lange Liste von Beschwerden, die Japan zur Rechtfertigung seiner Kriegserklärung an Großbritannien und die Vereinigten Staaten anführte, beschrieb Sohō den Krieg als gerechten Feldzug eines »moralischen und großherzigen Japan« zur Vertreibung eines »unmoralischen Westens«.

Häufig stellten japanische Autoren die Verderbnis des Westens der Selbstlosigkeit Japans gegenüber. Der Dichter Yonejiro Noguchi, der seine Ausbildung in Amerika erhalten und sich in den 1930er Jahren mit seinem Freund Tagore überworfen hatte, veröffentlichte 1944 ein Gedicht, in dem er seine frühere Achtung vor westlichen Idealen als schweren Irrtum bezeichnete:

> »Amerika und England waren für mich einst Länder der Gerechtigkeit:
> Amerika war das Land von Whitman,
> England das von Browning:
> Aber heute sind sie zügellose, in den Fallstricken des Reichtums gefangene Länder,
> Unmoralische Länder, die unverzeihlichen Träumen nachhängen.«[6]

Sohō fasste die allgemeine Rechtfertigung für den Krieg zusammen, an die zahlreiche Japaner aufrichtig glaubten: »Wir müssen den Völkern Ostasiens zeigen, dass Ordnung, Ruhe, Frieden, Glück und Zufriedenheit in Ostasien nur dann einkehren werden, wenn wir das boshafte Beispiel der Angelsachsen in Ostasien mit ihren Übergriffen und Erpressungen ausmerzen.«[7]

Dieses Ausmerzungsprogramm setzten die Japaner mit einem Erfolg um, der selbst die kühnsten militaristischen Phantasien überstieg. Innerhalb von etwa 90 Tagen, angefangen am 8. Dezember, überrannte Japan die Besitzungen Großbritanniens, der Vereinigten Staaten und der Niederlande in Ost- und Südostasien, nahm mit beängstigender Geschwindigkeit die Philippinen, Singapur, Britisch-Malaya, Hongkong, Niederländisch-Ostindien, weite Teile Siams und Französisch-Indochinas sowie Burma ein und stand Anfang 1942 kurz vor der indischen Grenze. Es gibt in der Geschichte nur wenige Beispiele einer so dramatischen Demütigung etablierter Mächte.

Auch durch seine Brutalität setzte dieser Krieg neue Maßstäbe. Von den ersten Scharmützeln in der Mandschurei 1931 bis zu seinem Ende 1945 dauerte er länger und war blutiger als der Zweite Weltkrieg in Europa und forderte 24 Millionen Todesopfer, darunter 3,5 Millionen Inder, die während der Hungersnot 1943 ums Leben kamen. Es kam auch zu Gräueltaten wie der Tötung Hunderttausender chinesischer Zivilisten in Nanjing. Grausamkeiten wie Sklavenarbeit, Folter und Massenvergewaltigungen wurden zu Alltäglichkeiten innerhalb einer riesigen geographischen Region.

Die Rache für Jahrzehnte rassischer Demütigung motivierte viele Japaner auf den Schlachtfeldern. Ein Pamphlet, das kurz vor dem Asiatischen Krieg an Soldaten verteilt wurde, trug den Titel »Lies das, und der Krieg kann gewonnen werden«. »Diese Weißen erwarten, dass ihnen, sobald sie den Mutterleib verlassen haben, Dutzende Eingeborene zur Verfügung stehen. Ist das wirklich der Wille Gottes?«[8]

Die Fotografie des japanischen Generals, der den Kommandeur der britischen Streitkräfte in Singapur harsch zur Kapitulation auffordert, ging um die Welt. Diese grobe Behandlung war ein Zeichen dafür, dass Japan sich nicht länger an die Verhaltensregeln gegenüber besiegten Feinden halten würde, die es vor 1914 in seinen Kriegen gegen China und Russland noch akzeptiert hatte. Ein japanischer Oberst brachte es so zum Ausdruck: »Zur Zeit des Russisch-Japanischen Kriegs beteten wir den Westen an, heute tun wir die Dinge auf japanische Art.«[9]

In fast allen besetzten Gebieten Asiens etablierten die Japaner freundlich gesinnte Regime, als Teil ihres Plans einer »Großostasiatischen Wohlstandssphäre«, die Japan ins Zentrum einer Reihe von Ländern mit jeweils unterschiedlichem politischem Status stellen sollte. Die großen Worte dienten oft als Deckmantel für eine imperialistische Ausbeutung alten Stils, bei der man sich die lokalen Ressourcen mit Hilfe einheimischer Kollaborateure aneignete. Militärische Befehlshaber, die ihre Kriegsziele rücksichtslos verfolgten, behandelten die einheimische Bevölkerung oft mit großer Brutalität und machten sich über das beliebte Schlagwort »Asien den Asiaten« lustig. Was zunächst als wohlwollender Imperialismus erschien, wandelte sich im Laufe des Krieges, als die Lage Japans sich verschlechterte, zu purer Ausplünderung. In Burma stellte schließlich ein Aufstand ursprünglich japanischer Schützlinge die japanische Kontrolle über das Land in Frage.

Viele japanische Offizielle setzten sich indessen aufrichtig und entschieden für die Befreiung Asiens ein und förderten aktiv nationalistische Bewegungen in Burma und Indonesien. Sie schürten antiwestliche Gefühle in Ländern wie Indien, wo Subhas Chandra Bose, der Führer der gegen die Briten kämpfenden Indian National Army (INA), für kurze Zeit zur populärsten antiimperialistischen Ikone seines Landes aufstieg. Oberst Suzuki Keiji, Stabsoffizier beim kaiserlichen Oberkommando, half bei der Fremdsprachenausbildung junger Japaner und war der wichtigste Kontaktmann für asiatische Freiheitskämpfer in Japan. Aufrichtig unterstützte er »rassische Bewegungen von Farbigen gegen ihre europäischen Herren«. Suzuki, der oft auch Japans Lawrence von Arabien genannt wurde, ermunterte schon vor dem Ausbruch des Zweiten Weltkriegs in Asien radikale junge Nationalisten wie Aung San, den Vater von Aung San Suu Kyi.

Die Japaner bildeten die erste Generation der postkolonialen burmesischen Führer auf der Insel Hainan aus. Auf der Malaiischen Halbinsel gründete der nationalistische Journalist Ibrahim bin Haji Yaacob (1911–1979) mit japanischer Hilfe den Malaiischen Jugendbund und unterstützte die Japaner bei der Invasion der von den Briten gehaltenen Halbinsel. In Java förderten die Japaner junge Nationalisten wie Sukarno (1902–1970), der später der erste Präsident Indonesiens wurde. Schon 1904 hatte der ägyptische Nationalist Mustafa Kamil vorausgesagt, wenn die Japaner ihr Reich auf die holländischen Kolonien ausdehnen sollten, würden sie von seinen »östlichen Landsleuten« in Java mit offenen Armen empfangen werden.[10] Und so kam es auch. In vielen Teilen Indonesiens, die unter der holländischen Knute gelitten hatten, wurden die Japaner anfangs mit Begeisterung begrüßt.

Wie in Vietnam, wo die Japaner den Gebrauch der französischen

Sprache verboten hatten, gewährten sie der malaiischen Sprache offizielle Anerkennung. Während der langen Besetzung von 1942 bis 1945 begannen Gruppen hochmotivierter, romantischer junger Nationalisten auf der Malaiischen Halbinsel und in Burma und Indonesien, unterstützt durch die Japaner, ein nationales Gemeinschaftsgefühl heraufzubeschwören. Vor dem Krieg war dieser Prozess in Ländern wie Burma und Indonesien nur langsam vorangekommen, weil es dort kein nennenswertes einheimisches Bürgertum als Träger einer nationalistischen Politik gab und die Holländer selbst die kleinsten Schritte hin zu einer antikolonialistischen Massenbewegung verhindert hatten, indem sie deren aufstrebende Führer ins Exil schickten oder inhaftierten. In diesem Sinne bedeutete die japanische Invasion einen Wendepunkt für den lokalen Nationalismus in ganz Ostasien, da sie den einheimischen Eliten eine herausragende Stellung oder Macht bescherte.

Im April 1943 erklärte Japan die »Befreiung Asiens« offiziell zum Kriegsziel. Später im selben Jahr bewies der Großostasiatische Kongress in Tokio, dass der Panasianismus mehr als nur eine japanische Phantasie darstellte.[11] Jawaharlal Nehru hatte oft gesagt, dass »wir als Asiaten ein gemeinsames Band fühlen, das uns gegen die Bedrohung von Europa her eint«.[12] In einem britischen Gefängnis schrieb Nehru 1940, nur neun Jahre vor der Befreiung seiner Landes von der Kolonialherrschaft: »Mein eigenes Zukunftsbild sieht einen Staatenbund vor, der China, Indien, Burma und Ceylon, Afghanistan und möglicherweise andere Länder umschließt.«[13]

In Tokio beschrieb Subhas Chandra Bose, umgeben von indischen Studenten, die ihr Idol bewunderten, den Kongress als ein »Familienfest«, dessen Gäste sämtlich Asiaten waren.[14] Der philippinische Botschafter in Japan erklärte: »Für die Filipinos ist die Zeit gekommen, die angelsächsische Zivilisation und deren entnervenden Einfluss abzustreifen (…) und ihren Charme und ihre ursprünglichen Tugenden als orientalisches Volk zurückzugewinnen.«[15] Der burmesische Führer Ba Maw (1893–1977) hörte den »Ruf des asiatischen Blutes«.[16] »Wir waren Asiaten, die Asien wiederentdeckten«, erinnerte er sich.[17]

Ba Maw sagte später auch, der Kongress von 1943 habe einen Geist geschaffen, der in die Bandung-Konferenz von 1955 eingegangen sei, auf der einige der größten Führer Asiens zusammenkamen und in deren Folge nach und nach die Bewegung der blockfreien Staaten geschaffen wurde. Den größten Schub erhielt dieser Geist in den 1940er Jahren durch die Entdeckung, dass Europa im Grunde schwach war. Die langsamen, frustrierenden Bemühungen al-Afghanis, Liang Qichaos und anderer Intellektueller der ersten Generation in ganz Asien – die vielen Zeitschriften mit winziger Auflage, die nächtlichen Gespräche in Wohnzimmern – trugen endlich Früchte. Die Japaner hatten gezeigt, wie tief die Wurzeln der antiwestlichen Gefühle reichten und wie schnell Asiaten die Macht von ihren europäischen Peinigern zurückgewinnen konnten.

Kurz bevor Singapur Anfang 1942 an die Japaner fiel, sprach der Ministerpräsident der holländischen Exilregierung Pieter Gerbrandy mit Churchill und anderen Führern der Alliierten:

> »Unsere östlichen Völker waren zum größeren Teil noch rassischen Instinkten und Minderwertigkeitskomplexen ausgesetzt. Das japanische Schlagwort ›Asien den Asiaten‹ könnte leicht das sorgfältig aufgebaute Fundament unserer kulturellen Synthese zerstören (…) Obwohl eine lange japanische Besetzung großer Teile der pazifischen Territorien den endgültigen Sieg der Westmächte nicht notwendig in eine faktische Niederlage verwandeln muss, wäre sie doch ein gewaltiges Hindernis für einen wirklichen Frieden im Fernen Osten. Japanische Übergriffe auf die weiße Bevölkerung und deren Demütigung – wie sie die asiatischen Hunnen bereits begangen haben – könnten dem Ansehen der Weißen irreparablen Schaden zufügen, sofern sie nicht binnen kurzem bestraft werden.«[18]

Das war eine scharfsinnige Prophezeiung. Nach langem und hartem Kampf wurden die Japaner am Ende »bestraft« und mit Brand- und Atombomben zur Kapitulation gezwungen. Damit bewahrheitete sich die dunkle Vorahnung, die Tagore 1916 in Japan geäußert hatte, dass nämlich »Nationen, die unablässig moralische Blindheit kultivieren und sich dem Kult des Patriotismus hingeben, ihr plötzliches Ende in einem gewaltsamen Tod finden werden«.[19] Doch in den meisten von ihnen besetzten Ländern hatten die Japaner die europäische Macht, welche die Einheimischen in einem Zustand permanenter Unterwerfung hielt, nachhaltig untergraben.

Schockiert und ohne recht zu begreifen, was geschehen war, kehrten die Europäer in ihre früheren Kolonien zurück, und ihr erster Impuls war es, sich wie in Wagenburgen abzuschotten. In Vietnam warnte der Kommandeur der französischen Streitkräfte, Philippe Leclerc, der 1944 an der Befreiung von Paris teilgenommen hatte: »Jedes Zeichen der Schwäche oder mangelnder Übereinstimmung [zwischen den Alliierten] würde den Japanern in die Hände spielen und für die Zukunft der weißen Rasse in Asien ernsthafte Konsequenzen haben.«[20] Rassische und kulturelle Solidarität stand auch bei den britischen Generälen hoch im Kurs, die Frankreich mit Hilfe indischer Soldaten bei seinen Versuchen unterstützten, die Herrschaft über Vietnam zurückzugewinnen, und die Indonesien hielten, bis die holländischen Kolonialherren zurückkehrten.

Doch überall stießen sie auf die neuen lokalen Identitäten, die sich während des langen Krieges gebildet hatten, als die Europäer geflohen waren oder in Gefangenenlagern Sklavenarbeit verrichteten. Die japanischen Siege über europäische Mächte hatten bei vielen westlich erzogenen Asiaten ein ausgeprägtes politisches Bewusstsein entstehen lassen. Kurz nach dem Russisch-Japanischen Krieg von 1905 hatte Nehru beschrieben, wie dieser Sieg das Minderwertigkeitsgefühl gemildert hatte, unter dem viele seiner Landsleute litten. Zwei Jahrzehnte nach Japans Niederlage 1945 erinnerte der langjährige Premierminister Singapurs, Lee Kuan Yew, an ähnliche Lektionen, die damals die Nachkriegsgeneration Asiens gelernt hatte:

> »Meine Kollegen und ich gehören zu der Generation junger Männer, die den Zweiten Weltkrieg und die japanische Besatzung erlebt hatten und daraus mit dem festen Willen hervorgegangen waren, niemals mehr zuzulassen, dass irgendjemand – weder die Japaner noch die Briten – uns herumstoßen. Wir waren der festen Überzeugung, dass wir uns selbst regieren und unsere Kinder in einem Land großziehen könnten, in dem wir stolz darauf sein durften, für uns selbst zu stehen. Als der Krieg 1945 sein Ende fand, gab es nicht die geringste Chance, dass die britische Kolonialherrschaft alten Typs jemals wiederhergestellt würde. Die Ereignisse hatten uns die Augen geöffnet, und wir erkannten, dass die Menschen hier vor Ort ihr Land selbst regieren konnten.«[21]

Selbst die Japaner mussten dieses Gefühl anerkennen, indem sie Burma 1943 in einer weitgehend leeren Geste ein gewisses Maß an Selbstverwaltung zugestanden. In Indonesien ließen sie es sich im August 1945 nicht nehmen, Sukarnos Unabhängigkeitserklärung mit großer Geste zu akzeptieren, obwohl Japan zwei Tage zuvor vor den alliierten Streitkräften kapituliert hatte. An unterwürfige Einheimische gewöhnt, unterschätzten die europäischen Mächte weitgehend den Nachkriegsnationalismus, den die Japaner unwillentlich oder bewusst entfacht hatten. Und sie überschätzten ihr eigenes Stehvermögen inmitten von Völkern, die ihnen unwiderruflich feindlich gesinnt waren. Das führte zu zahlreichen verheerenden und sinnlosen Operationen gegen Aufständische und zu ausgewachsenen Kriegen, deren Narben heute noch in vielen Ländern Asiens zu finden sind.

Dennoch erfolgte die Dekolonisierung mit atemberaubender Geschwindigkeit. Japans Eroberung Asiens hatte den Willen Großbritanniens untergraben, an Indien festzuhalten. Eine katastrophale Teilung des Subkontinents prägte den fast panikartigen Abzug der Briten 1947. Burma erhielt 1948 die Unabhängigkeit – nach zahlreichen demütigenden Übergriffen auf die weiße Bevölkerung. Die Holländer in Indonesien leisteten Widerstand, aber 1949 wurden sie schließlich von den indonesischen Nationalisten unter Führung Sukarnos vertrieben. Im Chaos der Nachkriegszeit kam es auf der Malaiischen Halbinsel und in Singapur zu zahlreichen Aufständen, doch der Rückzug der Briten stand niemals in Zweifel.

Als Mohammed Mossadegh 1951 vor den Vereinten Nationen sprach, um die Verstaatlichung der von den Briten betriebenen Ölindustrie seines Landes zu rechtfertigen, verwies er darauf, wie sehr »die Weltkarte« sich verändert habe. »In der Nachbarschaft meines Landes haben Hunderte Millionen Asiaten nach Jahrhunderten kolonialer Ausbeutung ihre Unabhängigkeit und Freiheit erlangt.« Bezogen auf Länder, die »für das Recht gekämpft haben, nach den Prinzipien der Freiheit und Gleichheit Aufnahme in die Gemeinschaft der Nationen zu finden«, erklärte der iranische Ministerpräsident: »Der Iran verlangt dieses Recht.« Er erhielt tosenden Beifall. Selbst Taiwan, das über die Vereinigten Staaten durch die Hintertür Zugang zur UN erhalten hatte, sah sich veranlasst, die Briten daran zu erinnern, dass »die Zeiten vorbei sind, da die Kontrolle über die iranische Ölindustrie mit ausländischen Unternehmen geteilt werden kann«.[22]

Zwei Jahre nach dieser Rede, an die man sich im Iran heute noch erinnert, wurde Mossadegh durch einen angloamerikanischen Staatsstreich gestürzt. Der Iran musste weiter auf sein Recht warten (und noch härter dafür kämpfen), als gleichberechtigtes Mitglied in die Gemeinschaft der Nationen aufgenommen zu werden – wie auch viele andere asiatische Länder. Mit Unterstützung der Vereinigten Staaten kämpften die französischen Kolonialherren in einem Guerillakrieg gegen Ho Chi Minhs im Volk verankerte Viet Minh. Im Verlauf dieses neunjährigen Krieges verloren sie ihre Protektorate Kambodscha und Laos. Die verheerende Niederlage der Franzosen 1954 in Dien Bien Phu brachte die mächtigste Nation der Erde – die Vereinigten Staaten – nach Indochina. Doch das bedeutete nur ein blutiges Hinauszögern des Unvermeidlichen. Die Vereinigten Staaten, die weiterhin Militärstützpunkte auf den Philippinen und in Japan unterhielten, weiteten ihre gewaltige militärische Macht auf den gesamten Pazifikraum aus. Aber auch die letzte hartnäckige westliche Illusion in Asien – die Überzeugung, man könne die dortigen Völker durch rohe Gewalt zu Gehorsam und Willfährigkeit zwingen – zerstob 1975 mit dem ungeordneten Rückzug vom Dach der amerikanischen Botschaft in Saigon. Vier Jahre später stürzten Iraner ihren amerikafreundlichen Despoten, stürmten die amerikanische Botschaft in Teheran und nahmen die dort angetroffenen Amerikaner als Geiseln – ein weiteres Symbol für die Zerschlagung des westlichen Einflusses auf ihr Land.

Zu dieser Zeit hatte das unter einem amerikanischen Schutzschirm wirtschaftlich wiedererstarkte Japan sich längst von seinen panasiatischen Ambitionen gelöst. Und die neuen Konfrontationen in Asien im Zuge des Kalten Kriegs verdeckten die Tatsache, dass Japan weite Teile Asiens – in wirtschaftlicher wie auch politischer Hinsicht – für immer verändert hatte. Der prominente malaiische Nationalist Mustapha Hussain sprach für viele Asiaten, als er sagte: »Obwohl die japanische Besetzung als eine Zeit großer Not und Brutalität beschrieben wird, hinterließ sie doch auch etwas Positives, eine süße Frucht, die erst nach der Kapitulation gepflückt und genossen werden konnte.«[23] In diesem Sinne lag die Bedeutung des Panasianismus nicht in dem, was Japan tat, sondern in dem, was anderen dadurch möglich wurde, und in den unbeabsichtigten Folgen, die sich aus dem japanischen Vorgehen ergaben, angefangen bei Japans Sieg über Russland 1905.

Geistige Dekolonisierung: Der Aufstieg der Neotraditionalisten

Nach dem Ende des Kriegs in Asien verglich ein nur widerwillig selbstkritischer Tokutomi Sohō die westlichen Mächte mit Kormoranen, die »ins Wasser tauchen und große und kleine Fische fangen«. Japan sei diesem Beispiel gefolgt, fügte er hinzu, »konnte aber keinen Fisch fangen und ertrank«. Sohō kannte auch den Grund für Japans Torheit:

> »Die Geschichte Japans in der letzten Hälfte des 19. und der ersten Hälfte des 20. Jahrhunderts war nicht seine eigene, sondern eng mit der Geschichte der Welt verwoben. Sie zeigt, dass Japan ständig imitierte, was die größeren Mächte vorgemacht hatten, auch wenn es sich im Vergleich zu den übrigen Mächten dabei ungeschickt anstellte. Es gibt ein japanisches Sprichwort: ›Man richtet sich selbst zugrunde, wenn man versucht, Bessere nachzuäffen‹.«[1]

Aber das Sprichwort ließ sich auch auf die europäischen Nachahmer Großbritanniens und Frankreichs anwenden. Im 20. Jahrhundert führte die aus dem vorausgegangenen Jahrhundert übernommene Logik der Expansion auf der Suche nach Rohstoffen und Territorien zu neuen Rivalitäten. So unterschiedliche Denker wie Nehru, Simone Weil und Hannah Arendt haben bemerkt, dass die barbarischen Grausamkeiten, die man an der einheimischen Bevölkerung in Asien und Afrika beging – Konzentrationslager, Giftgasangriffe, systematischer Mord –, in den 1930er Jahren in das Herz Europas verpflanzt und auf der Suche nach »Lebensraum« nun auch an Europäern begangen wurden. So bitter Tagores Warnung vor der »besonderen modernen Begeisterung für den westlichen Fortschritt und die Kraft des Westens« auch war, vor jener Art von Modernisierung also, die unausweichlich zu einer traurigen Nachahmung des westlichen Imperialismus führte, hätte sie doch nicht ahnungsvoller sein können:

»Seit mehr als einem Jahrhundert werden wir vom prosperierenden Westen hinter seinem Wagen hergezogen, erstickt vom Staub, taub vom Lärm, gedemütigt von unserer eigenen Hilflosigkeit und überwältigt von der Geschwindigkeit. Wir haben bereitwillig anerkannt, dass diese Wagenfahrt Fortschritt und der Fortschritt Zivilisation sei. Wenn wir zu fragen wagten: ›Fortschritt wohin (...) und für wen?‹, hieß es, das sei typisch orientalisch (...) Aber seit kurzem ist eine Stimme zu hören, die uns auffordert, nicht nur auf die wissenschaftliche Vollkommenheit des Wagens zu achten, sondern auch auf die Tiefe der Gräben, die sich auf dem Weg finden.«[2]

Tagore mag als einer der vielen westlich gebildeten Intellektuellen erscheinen, die eine Möglichkeit suchten, für sich eine moralische Überlegenheit gegenüber ihren Kolonialherren zu beanspruchen, auch wenn sie ihre politische und wirtschaftliche Unterlegenheit einräumten. »Der Bann des weißen Ansehens«, hatte Kakuzo Okakura seine asiatischen Landsleute 1904 ermahnt, »muss vollständig gebrochen werden, damit wir unsere eigenen Möglichkeiten und Ressourcen erkennen können (...) Die Geschichte muss so geschrieben werden, dass sie unsere vergangene Größe und unsere gegenwärtige Not darstellt, damit jeder Student in sich die brennende Sehnsucht nach Rache und Widerstand verspürt.«[3] Das hieß, je größer die Demütigung durch den Westen war, desto intensiver war der Wunsch, ein idealisiertes Bild des Ostens zu zeichnen. Dennoch stehen Tagore und Liang Qichao für einen frühen, heute noch erkennbaren starken Trend bei asiatischen Intellektuellen, Politik, Ökonomie, Wissenschaft und Kultur des Westens als unmenschlich utilitaristisch darzustellen.

Typisch war hier Liang Shuming in seiner Kritik an zwei Strebungen der westlichen Kultur: dem individuellen Eigennutz, der in seinen Augen der liberalen Demokratie und dem Kommunismus gemeinsam war, sowie dem Faustischen Willen zur und Hunger nach Naturerkenntnis. Letzterer habe die moderne Wissenschaft, aber auch die Maschine hervorgebracht, die Liang den »Teufel der modernen Welt« nannte, worin er dem von ihm bewunderten Gandhi folgte.[4]

Diese Kritik an der Moderne wurde in Asien weithin geteilt, von liberalen Intellektuellen, islamischen Modernisierern, marxistischen Revolutionären wie auch von Traditionalisten. Aus der gemeinsamen Erfahrung westlicher Herrschaft erwachsen, griff sie nicht nur die Probleme auf, die sich aus dem weltweiten Aufstieg der kulturellen, politischen und wirtschaftlichen Normen des Westens ergaben, sondern beschäftigte sich auf neue Weise mit den Fragen, die westliche Philosophen seit Jahrhunderten stellten: Was ist ein gutes Leben? Was ist das Wesen von Autorität, Gerechtigkeit und Gleichheit? Was bindet das Individuum an die Gesellschaft? Die Neuformulierung verlieh diesen Fragen eine breitere menschliche Perspektive. Tagore schrieb dazu:

> »Wenn organisierter nationaler Eigennutz, rassische Antipathie und kommerzielle Selbstsucht ihre entstellten Gesichter in ihrer ganzen Nacktheit zu zeigen beginnen, ist es für den Menschen an der Zeit zu erkennen, dass sein Heil nicht in politischer Organisation und erweiterten Handelsbeziehungen liegt, nicht in einem mechanischen Umbau der Gesellschaftssysteme, sondern in einer tieferen Umgestaltung des Lebens, in der Befreiung des Bewusstseins durch Liebe, in der Erkenntnis Gottes im Menschen.«[5]

Obwohl in ihrer Zeit oft verächtlich abgetan, schufen Tagore, Liang und al-Afghani das Vokabular, mit dem viele Asiaten ihre Hoffnungen für das kommende Jahrhundert und ihre Enttäuschungen zum Ausdruck bringen sollten.

Der politisch prominenteste unter diesen Kritikern der westlichen Moderne und Neuerfindern der Tradition war natürlich Gandhi. Er erkannte, dass die beispiellosen moralischen Katastrophen der Moderne – das westliche Gerangel um Kolonien in Asien und Afrika, die Weltkriege zwischen rivalisierenden Nationen und Imperien, der Aufstieg des Totalitarismus – die nihilistische Logik eines rein säkularen und materialistischen Weltbilds entfalteten: dass nichts heilig ist im Kampf um weltliche Macht und dass Nationalstaaten mit einer Wirtschaft, die um die endlose Vervielfältigung individueller Wünsche kreist, die zerstörerischsten Kriege führen werden, um die von ihnen gewählte Lebensweise aufrechtzuerhalten.

China brachte seine eigenen Denker hervor, die darauf bedacht waren, einige oder sogar alle Normen und Ideale der langen konfuzianischen Tradition zu bewahren und zu propagieren. Wie viele Asiaten, die als

Liberale westlicher Prägung begannen, vollzog auch Yan Fu eine Wende und unterzeichnete 1916 eine Petition, in der gefordert wurde, den Konfuzianismus zur Staatsreligion zu erheben:

> »Nach diesem europäischen Krieg ist die westliche Kultur vollkommen zerrüttet. Wenn ich früher unsere Gelehrten der alten Schule sagen hörte, es werde der Tag kommen, da die Lehren des Konfuzius von der ganzen Menschheit praktiziert würden, dachte ich, sie redeten Unsinn. Aber nun finde ich, dass einige der aufgeklärtesten Menschen in Europa und Amerika schrittweise zu einer ähnlichen Ansicht gelangen (...) Mir scheint, dass die Menschen im Westen nach drei Jahrhunderten Fortschritt vier Prinzipien verwirklicht haben: egoistisch zu sein, andere zu töten, nur wenig Integrität zu besitzen und kaum Scham zu empfinden. Wie sehr unterscheiden sich diese Prinzipien doch von denen des Konfuzius und des Menzius, die ebenso weit und tief wie Himmel und Erde sind und allen Menschen Segen bringen sollen.«[6]

Liang Qichao selbst überwand niemals sein Misstrauen gegenüber dem modernen Westen und verlor nie seine Achtung vor der chinesischen Tradition. Und die entschiedene Ablehnung des Konfuzianismus durch die radikalen Anhänger der Bewegung des vierten Mai setzte dessen intellektuellem und moralischem Ansehen in China kein Ende. Während der Kuomintang-Herrschaft von 1927 bis 1937 versuchte Chiang Kaishek im Rahmen seiner Bemühungen um eine Wiedervereinigung des zersplitterten Landes, das konfuzianische System wiederherzustellen. Seine Kampagne für die Erneuerung Chinas – vollmundig als Bewegung »Neues Leben« tituliert – basierte auf konfuzianischen Vorstellungen von Anstand, Gerechtigkeit, Integrität und Selbstachtung.

Liang Qichao starb 1929 – er hatte trotz zahlreicher Angriffe jüngerer Intellektueller bis zuletzt an den Konfuzianismus geglaubt. Der bekannteste Konfuzianer der 1920er und 1930er Jahre war Liang Shuming, der sich in ganz China etablierte autarke und moralische Dorfgemeinschaften im Sinne Gandhis vorstellte. In der Provinz Shandong setzte er seine Theorie in die Praxis um und begann mit einem ruralen Wiederaufbauprojekt, welches das ländliche China konfuzianisieren sollte. Mao Zedong, gleichfalls ein ländlicher Aktivist, besuchte Liang 1938, und sie unterhielten sich ausführlich über Liangs Arbeit. Mao selbst scheint trotz seiner heftigen öffentlichen Kritik am Konfuzianismus sein eigenes frühes konfuzianisches Moralverständnis niemals abgelegt zu haben. Sein utopischer Sozialismus zeigte mehr als nur eine Spur des von Kang Youwei formulierten Traums von einer harmonischen Welt. 1949 äußerte Mao die Überzeugung, dass »die bourgeoise westliche Zivilisation, die bourgeoise Demokratie und der Plan für eine bourgeoise Republik in den Augen des chinesischen Volkes Bankrott gemacht haben«. Eine »Volksrepublik« werde nun »die Klassen aufheben und in eine Welt Großer Harmonie eintreten« – einer Harmonie, von der Kang Youwei nicht gewusst habe, »wie er sie verwirklichen konnte«. 1958 wurden Parteikader aufgefordert, bei ihren Bemühungen, im ganzen Land »Volkskommunen« einzurichten, von Kang Youweis Buch zu lernen.

Ebenso wie Liang Qichao und andere Konfuzianer (darunter sogar Ho Chi Minh) glaubte Mao, die moralische und spirituelle Veränderung des Einzelnen und kollektives tugendhaftes Handeln seien die Voraussetzungen für umfassende soziale und politische Veränderungen. Am Ende war Mao dort erfolgreich, wo Liang gescheitert war – mit der Wiederbelebung und Einigung Chinas auf der Grundlage einer gemeinsamen Ethik. In den ersten drei Jahrzehnten, in denen die chinesischen Kommunisten an der Macht waren, versuchten sie, den Konfuzianismus in China mit der Wurzel auszurotten, weil er »feudal« und reaktionär sei. Doch seit der Kommunismus an Reiz verloren hat, sind manche in der Partei wieder dazu übergegangen, den Konfuzianismus zu propagieren. Mao hatte gesagt, die chinesische Kultur solle ihre »eigene nationale Form« haben.[7] Und die chinesische Regierung scheint auf gänzlich unerwartete Weise genau dieses Ziel zu verfolgen, wenn sie die chinesische Kultur im Ausland durch die Einrichtung von Konfuzius-Instituten fördert – das chinesische Gegenstück zur Alliance française oder zum Goethe-Institut. Chinesische Führer benutzen inzwischen auch gerne Ausdrücke wie »harmonische Gesellschaft«, um sich als Vorkämpfer sozialer und ökonomischer Gleichheit zu profilieren.

Antimoderne Strömungen in der islamischen Welt

Nirgends wurden gegen den Ansturm der Moderne so entschieden traditionalistische Ideale beschworen wie in der muslimischen Welt. Die Welt des Islam geriet in eine Krise, als sie mit dem Westen konfrontiert und von ihm durchdrungen wurde. Die Behauptung der Weißen, den Lauf der Geschichte zu bestimmen, verletzte die muslimische Vorstellung einer allein von Gott geprägten Weltordnung. Die meisten intelligenten und sensiblen Muslime wurden von einem Unbehagen erfasst, das am leidenschaftlichsten Jamal al-din al-Afghani zum Ausdruck brachte, als er von einer liberalen Interpretation des Islam zum Nationalismus und dann zum Panislamismus überging.

Der »Islam« und »der Westen« – das war die von al-Afghani erfundene Dichotomie. Er beschwor damit nicht einen einfachen Gegensatz, sondern ein fundamentales Machtungleichgewicht. Die im Inneren schwache Welt des Islam wurde demnach von außen bedroht. Doch ihr Glaube an die von Gott gelenkte Gesellschaft und an Normen, die bestimmten, was gut für die Gesellschaft war, überlebte die Konfrontation mit einer auf individuellem Eigennutz basierenden sozialen und ökonomischen Ordnung.

Einige der brillantesten kosmopolitisch eingestellten Männer der muslimischen Welt ließen sich von nostalgischen Gefühlen für die alte Welt des Islam überwältigen – so etwa der indisch-muslimische Dichter Muhammad Iqbal, der intellektuelle und spirituelle Vater Pakistans. Der 1876 in eine des Lesens und Schreibens unkundige Familie hineingeborene Iqbal geriet unter den Einfluss des britenfeindlichen Dichters Akbar Illahabadi. 1905 reiste er nach Europa, wo er in England und Deutschland Philosophie studierte. Obwohl er beeindruckt war von den vielfältigen Leistungen Europas, störten ihn doch die rassistischen und extrem konkurrenzorientierten Kulturen dieses Kontinents. Schon 1908 warnte er (womit er die Kritik Tagores, Liangs und anderer Nachkriegskritiker an der materialistischen Kultur des Westens vorwegnahm):

»Ihr Bewohner der Städte des Westens,
Dieser Wohnsitz Gottes ist kein Laden,
Und was ihr für echte Münze haltet,
Wird sich schon bald als Fälschung erweisen.
Eure Zivilisation wird Selbstmord begehen,
Mit ihrem eigenen Schwert.«[1]

Iqbal war als indischer Nationalist nach dem Vorbild Akbar Illahabadis aufgebrochen. Aber während seines Aufenthalts in Europa gewann die Geschichte des Islam für ihn eine neue Bedeutung. Als er bei seiner Rückfahrt nach Indien der Küste Siziliens ansichtig wurde, entrang sich ihm eine Klage um diesen Ort des größten Triumphs des Islam in Europa, der nun ein »Grab der muslimischen Kultur« sei:

»Wessen Geschichte verbirgt sich in deinen Ruinen?
Die Stille deines Tritts spricht Bände.
Erzähl mir von deinem Leid – auch ich bin voller Schmerz;
Ich bin der Staub jener Karawane, deren Ziel du warst.
Male dieses Bild noch einmal und zeige es mir;
Lass mich leiden, indem du von den alten Zeiten erzählst.
Ich werde dein Geschenk nach Indien tragen;
Ich werde andere weinen machen, wie ich hier weine.«[2]

In Europa wurde Iqbal auch zu einem Bewunderer Nietzsches, vor allem der Idee des Übermenschen, der Selbstschöpfung und der Selbstbehauptung. Dennoch wurde er sich intensiv seiner muslimischen Identität bewusst und war zunehmend überzeugt, dass der Fortschritt der indischen Muslime nicht in der Nachahmung Europas lag, sondern in der Reform und Wiederbelebung der religiösen Gemeinschaft, in die sie hineingeboren worden waren. Deshalb begann er, nach Art Nietzsches in seinen Schriften die männliche Kraft und die große islamische Vergangenheit zu besingen. Wie viele islamische Modernisten, die auf den klassischen Islam zurückgriffen, wurde er zu einem Kritiker des Sufismus und der mystischen wie auch der volkstümlichen Traditionen innerhalb des Islam, die für die Abkehr vom Ich und vom Selbst eintraten. Europa, so glaubte er, werde sich selbst durch seinen exzessiven Materialismus zerstören. Dann werde der Islam, der das Prinzip des wahren Individualismus bewahrt habe, als Retter der Menschheit auftreten.

Iqbal sollte großen Einfluss auf eine Generation iranischer Denker ausüben, die das intellektuelle Fundament für die Islamische Revolution von 1979 legte. In seinem Buch »Wir und Iqbal« verglich Ali Shariati den indischen Denker mit al-Afghani und Tagore: »Er kämpft gegen den Kolonialismus und für die Befreiung muslimischer Nationen, wie Sayyid Jamal es getan hatte. Er versucht, die Zivilisation vor der Tragödie der berechnenden Vernunft und der Pest der Begierden zu retten, wie Tagore es versucht hatte.«[3] Shariati behauptete, Iqbal habe der von al-Afghani begonnenen islamischen Bewegung »ideologische Kohärenz verliehen«.[4] Auf einer Tagung über Iqbal, die 1986 in Teheran veranstaltet wurde, ging der Oberste Führer Sayyid Ali Khamenei sogar noch weiter und behauptete, die Islamische Republik Iran sei »die Verkörperung von Iqbals Traum«. Und er fügte hinzu: »Wir folgen dem Weg, den Iqbal uns gewiesen hat.«[5]

In einer Hinsicht haben Shariati und Khamenei recht, auch wenn die erzwungenen Rituale und Formen der islamischen Ideologien und Staaten der Moderne wenig gemeinsam haben mit Iqbals Vorstellung von spiritueller Freiheit und der Gemeinschaft des Islam. Gegen Ende seines Lebens hatten die Ideen Iqbals, der auf einem »reinen« Islam bestand, sich zunehmend um die Einhaltung der Scharia sorgte und westliche politische Systeme und Ideologien verachtete, Anhängern einer islamischen Erweckung viel zu bieten – vor allem jenen, die gerade begannen, einen unausweichlichen Konflikt zwischen Islam und Nichtislam zu postulieren. In seinem Opus magnum, einem an Dante erinnernden Buch mit Gedichten unter dem Titel »Jawid Nama« (»Buch der Ewigkeit«), erfand Iqbal eine Folge von Dialogen mit berühmten Gestalten. Einer seiner Gesprächspartner ist al-Afghani, mit dem er sich über die Ideologien des Kapitalismus und des Sozialismus und die Idee des guten, göttlichen Herrschers unterhält. Für al-Afghani – wie für Iqbal – ist in diesem Gedicht die westliche Demokratie ein Betäubungsmittel, das die Reichen den Armen aufzwingen:

»Das Republikanertum des Westens ist dasselbe alte Instrument,
Auf seinen Saiten erklingen keine anderen Melodien als die des Kaiserreichs.
Der Dämon der Ausbeutung tanzt in republikanischem Gewand,
Und ihr meint, es ist die Fee der Freiheit.
Parlamente, Reformen, Privilegien, Rechte
Sind süße westliche Schlafmittel.«[6]

Das Gespräch endet mit einer Aufforderung al-Afghanis an den Sowjetkommunismus, »Das Kapital« aufzugeben und den Koran zur intellektuellen Inspirationsquelle des Sozialismus zu machen. »Was ist der Koran? Für den Kapitalisten eine Todesbotschaft; Schutzpatron des besitzlosen Sklaven.«

Durch dieses islamzentrierte Denken zog Iqbal einen jungen Schriftsteller namens Abdul Ala Mawdudi (1903–1979) in seinen Bann. Drei Jahre nach Iqbals Tod 1939 gründete Mawdudi Jamaat-e-Islami, die erste revolutionäre Avantgardepartei leninistischer Prägung in der gesamten islamischen Welt. Mawdudi, der sowohl gegen den Nationalismus als auch gegen Sozialismus und Kapitalismus war, schuf das erste kohärente und konsistente Programm für einen »islamischen« Staat, in dem Gott der absolute Herrscher sein sollte. Mawdudis anfangs ausbleibender politischer Erfolg in Pakistan darf nicht über den gewaltigen Einfluss seiner quasi-theokratischen Ideologie auf ein breites Spektrum muslimischer Denker und Aktivisten hinwegtäuschen, darunter auch der iranische Ayatollah Khomeini, der viele Schriften des südasiatischen Autors ins Persische übersetzte. Im Rahmen des Vorhabens, Pakistan in einen islamischen Staat umzuwandeln, wurde Mawdudi in den 1980er Jahren posthum die offizielle Anerkennung durch Pakistans brutalen Militärdiktator Zia-ul-Haq zuteil.

Kein islamischer Führer beschrieb eine rein weltliche Utopie. Zwar erhielt etwa die Kommunistische Partei Indonesiens in der muslimischen Mehrheit des Landes von 1921 bis 1965 beträchtliche Unterstützung, bis sie 1965 gewaltsam ausgelöscht wurde. Dennoch hatten radikale Atheisten wie Mao Zedong in islamischen Gesellschaften kaum Chancen. Und selbst weltliche nationalistische Parteien wie die Baath-Partei in Syrien und dem Irak konnten die Mobilisierungsfähigkeit des Islam nicht ignorieren. Die in Indonesien herrschende Ideologie, Sukarnos »Nasikom«, war eine Mischung aus Nationalismus, Islam und Kommunismus. Die Revolutionen, die in muslimischen Ländern erfolgreich waren, beriefen sich auf den Islam, nicht auf Marx oder Paine. Der Liberalismus im weitesten Sinne war in der muslimischen Welt nur schwach entwickelt.

Der Liberalismus westlicher Prägung war zwar von Muslimen ursprünglich bewundert worden, weil er zumindest in Europa eine humane Zivilisation geschaffen hatte. Doch dieses Ansehen begann im letzten Viertel des 19. Jahrhunderts zu schwinden. Der Liberalismus geriet durch seine offenkundige Komplizenschaft mit dem Imperialismus in Misskredit, zumal er keinerlei Sympathie mit den liberal-nationalistischen Elementen in muslimischen Gesellschaften zeigte. Der Liberalismus in Europa führte ganz offensichtlich nicht zu Liberalismus in den Kolonien. Es handelte sich offenbar um einen nach Rassen unterscheidenden Liberalismus. Mohammed Abduh fasste ein weitverbreitetes Gefühl zusammen, als er nach einer Reihe von Enttäuschungen 1895 meinte: »Wir Ägypter glaubten einst an englischen Liberalismus und englische Sympathie. Doch glauben wir nicht mehr daran, denn Tatsachen sind stärker als Worte. Eure liberale Haltung gilt ganz offensichtlich nur euch selbst, und eure Sympathie für uns gleicht der des Wolfes für das Lamm, das er fressen möchte.«[7]

Aber wie sich zeigte, hatte auch der einheimische und reformorientierte Liberalismus nur schwache Wurzeln. Männer wie Sir Sayyid Ahmad Khan, der indische Pädagoge, Taha Husayn, Abduhs liberaler ägyptischer Schüler, der in Paris studiert hatte, oder Namik Kemal, der jungosmanische Denker, übernahmen die lebenswichtige Aufgabe, das muslimische Denken auf eine Welt zu lenken, deren Ordnung nicht allein auf den islamischen Gott zurückging. Aber sie blieben in ihren eigenen Gesellschaften Randfiguren und vermochten nicht, ihnen dauerhaft einen eigenständigen Weg in die Zukunft zu weisen. Sie mochten wie Taha Husayn erklären: »Ich plädiere für ein selektives Vorgehen gegenüber der europäischen Kultur, nicht für eine vollständige und unterschiedslose Übernahme.«[8] Doch westlichen Intellektuellen waren sie nicht weltlich genug, während Traditionalisten sie im Verdacht hatten, die muslimischen Gesellschaften durch verwestlichende Ideologien des Humanismus und Rationalismus noch weiter auszuhöhlen. Ein liberaler Konstitutionalismus, wie al-Afghani ihn vertrat, konnte im besten Fall ein

Werkzeug zur Stärkung muslimischer Gesellschaften gegen den Westen sein. Aber ein liberaler Muslim wie Sir Sayyid, der so weit ging, die Grundlagen des Islam in Frage zu stellen, zog selbst al-Afghanis Zorn auf sich.

Unter den Ideologien, die aus dem Westen importiert – und dann gegen ihn eingesetzt – wurden, fand der Nationalismus noch den größten Anklang, vor allem als in der ersten Hälfte des 20. Jahrhunderts alte Imperien zusammenbrachen und die Idee der Selbstbestimmung in Mode kam. Ein Mann wie Iqbal, der dem Nationalismus anfangs mit Misstrauen begegnete – zumal er ihn für den »Selbstmord des Westens« verantwortlich machte – und der eher al-Afghanis Panislamismus zuneigte, beugte sich schließlich der politischen Logik des Nationalismus. »Im Augenblick«, räumte er Anfang der 1930er Jahre ein, »muss jede muslimische Nation sich in ihr eigenes tieferes Selbst versenken und sich zeitweilig auf sich selbst konzentrieren, bis alle stark und mächtig genug sind, eine lebendige Familie von Republiken zu bilden.«[9] Al-Afghanis eigene Ermahnungen zu einem lokalen Nationalismus waren in dieser Hinsicht vorausschauend und, wie sich zeigte, in der Praxis wirksamer als sein Panislamismus, der lediglich eine romantische Vorstellung repräsentierte, wie die zum Scheitern verurteilte Kampagne für eine Wiederherstellung des Kalifats bewies. Die ägyptischen und indischen Muslime, die das britische Joch abzuschütteln versuchten; die Syrer, die gegen die Franzosen kämpften; die Iraner, die sich englischen und russischen Plänen für ihr Land widersetzten; die Indonesier, die den Holländern Widerstand leisteten; und selbst die Türken, die 1922 die Griechen aus Anatolien vertrieben – sie alle machten Anleihen in der Rüstkammer westlicher Ideen und Institutionen. Viele Führer dieser nationalistischen Bewegungen – Mustafa Kamil, Saad Zaghlul, Jinnah, Atatürk, Nasser, Sukarno – gehörten zu den verwestlichten Minderheiten ihres jeweiligen Landes, und sozialistische Ideale spielten in diesen antiimperialistischen Kampagnen oft eine wichtige Rolle. Aber der Eintritt der muslimischen Massen in die antiimperialistische Politik verlieh den verschiedenen Nationalismen unvermeidlich eine islamische Färbung.

Die Dekolonisierung und die schrittweise Verringerung westlicher Einflüsse untergrub nicht die Macht des volkstümlichen Islam. In Pakistan komplizierte – und kompromittierte – die Vorstellung, wonach der

Islam die nationale Gemeinschaft definiere, am Ende die säkularen Intentionen seines Gründers Jinnah. In Ländern wie dem Irak, Syrien, Ägypten und dem Iran mussten muslimische Gruppen, die einen antiwestlichen Nationalismus vertraten wie die ägyptische Muslimbruderschaft, von quasisozialistischen nationalistischen Führern mit brutaler Gewalt unterdrückt werden. Aber weder der auf Modernisierung bedachte Schah von Persien noch Saddam Hussein im Irak konnten gänzlich auf die Bildwelt und Symbolik des volkstümlichen Islam verzichten. Selbst der ideologisch säkulare Atatürk führte einen staatlich geförderten Islam ein und nahm vorsichtige Verhandlungen mit islamischen Führern auf.

Der erstaunlichste Aspekt der muslimischen Welt in der zweiten Hälfte des 20. Jahrhunderts war der oft fanatische Ausbruch eines zutiefst politisierten Islam in sunnitischen wie auch in schiitischen Ländern. In dieser Zeit rückten Jamaat-e-Islami in Pakistan und die Muslimbruderschaft in Ägypten von den politischen Rändern ihrer Gesellschaft in deren Mitte. Im Iran kam es zu einer Islamischen Revolution, deren Nachbeben noch auf der Malaiischen Halbinsel und in Java zu spüren waren und die Politik in dieser Region veränderten. Drei Jahre später, 1981, ermordete ein militanter Islamist den ägyptischen Präsidenten. Innerhalb eines Jahrzehnts erklärten militante transnationale Gruppen, die vielfach unversöhnliche salafistische Versionen des Islam vertraten, den Dschihad gegen despotische arabische Regime in Tunesien, Ägypten, Algerien, Syrien und Libyen.

Trotz unterschiedlicher politischer Kontexte einte diese islamistischen Gruppen die Vorstellung vom Islam als Rahmen für eine moralische Reform wie auch als revolutionäre Ideologie und Identität. Ihre Gegner erblickten sie im repressiven einheimischen Staat und in lokalen Eliten, die wiederum als Teil einer größeren, fernen und bedrohlichen Entität namens »der Westen« gesehen wurden. Nach dem islamistischen Weltbild sind nicht nur Liberalismus, Nationalismus und Sozialismus gescheitert, sondern auch der Westen als Schöpfer dieser Ideologien. Sayyid Qutb (1906–1966), der einflussreichste moderne islamistische Denker, griff – unter anderem – Gandhis radikale Kritik an der modernen Zivilisation auf, als er schrieb:

> »Allenthalben ist heute ein Aufschrei zu hören, ein Warnruf hinsichtlich des Schicksals der Menschheit, die sich in den Fängen einer materialistischen Zivilisation ohne Glauben und menschlichen Geist befindet – der Zivilisation der Weißen. Die Warnrufe sind verschiedener Art. Manche warnen vor dem Abstieg der ganzen Menschheit in den Abgrund; andere vor dem Abstieg in den Marxismus; wieder andere machen verschiedene Vorschläge, wie man diese vielfältigen Gefahren abwenden kann. Aber all diese Bemühungen sind nutzlos, weil sie nicht auf die Grundlage des Problems zielen, weil sie nicht die gewaltigen, ausgedehnten Wurzeln des Problems angreifen, die im europäischen Boden begraben liegen. All diese Warnrufe und Gegenmittel führen uns die Mängel und die Kurzsichtigkeit der europäischen Mentalität und ihrer Sicht vor Augen.«[10]

Der Westen ist nicht länger Quelle guter und schlechter Dinge, reich an materiellen Vorzügen, aber seicht im spirituellen Bereich; er muss vielmehr gänzlich verworfen werden. Diese Überzeugung hat sich bei vielen Muslimen über Jahrzehnte aufgebaut. Zwei verheerende Weltkriege und die Weltwirtschaftskrise hatten ernste Mängel der politischen und wirtschaftlichen Modelle des Westens aufgezeigt. Die Dekolonisierung untergrub die politische Macht der westlichen Länder noch weiter, und verzweifelte Versuche sie zurückzugewinnen – am Suezkanal 1956, in Algerien und in Vietnam – zerstörten die letzten Reste politischer und moralischer Autorität. Ein weiterer verheerender Schlag für das Ansehen des Westens war die 1948 auf palästinensischem Territorium erfolgte Gründung des Staates Israel. Sie bestätigte die Doppelzüngigkeit, die der Westen 1916 mit dem (von Lenin nach der bolschewistischen Revolution enthüllten) Geheimabkommen zwischen Sykes und Picot bewiesen hatte, durch das Briten und Franzosen die arabischsprachigen Länder nach dem Ersten Weltkrieg unter sich aufzuteilen gedachten. Und die auf der Pariser Friedenskonferenz an den Tag gelegte rassistische Arroganz schien durch die Schaffung einer aus europäischen Siedlern bestehenden Nation im Nahen Osten institutionalisiert zu werden.

Ereignisse in fernen Ländern mögen in der muslimischen Welt die Wahrnehmung des Westens insbesondere durch die Eliten beeinflusst haben. Aber interne Veränderungen sorgten auch in der weiteren Bevölkerung für politische Unruhe und ein zorniges Erwachen hinsichtlich Ungleichheit und Ungerechtigkeit. Die Gesamtbevölkerung der muslimischen Länder nahm in der zweiten Hälfte des 20. Jahrhunderts gewaltig zu, und viele Menschen waren gezwungen, aus ländlichen Regionen in überfüllte Groß- und Kleinstädte abzuwandern. Der Anteil der in Städten lebenden Bevölkerung verzeichnete von 1950 bis 1990 ein exponentielles Wachstum. Unter dem Einfluss der neuen Kommunikationsmedien, des Luxuskonsums der Eliten und der eklatanten Ungleichheit wandten sich viele Muslime mit neuer Inbrunst dem Islam zu. Überall in den neuen Stadtvierteln entstanden Moscheen und Islamschulen. Billige Bücher und Zeitschriften erleichterten den Zugang zur islamischen Frömmigkeit. Beliebte muslimische Journalisten und Prediger (von denen viele nicht die traditionelle Ausbildung der *ulema* erhalten hatten) boten Menschen, die aus ihren traditionellen Sozialstrukturen herausgerissen worden waren, einen neuen Do-it-yourself-Islam an. Die Pluralisierung islamischer Autorität, deren Vorboten al-Afghani, Abduh und viele andere Mitglieder der nichtklerikalen muslimischen Intelligenz gewesen waren, machte zu keiner anderen Zeit so rasche Fortschritte wie in der zweiten Hälfte des 20. Jahrhunderts.

Auftrieb erhielt dieser neue Islam auch durch die ideologische Logik der Nationenbildung. In Ländern wie der Türkei und Ägypten, wo Despoten Reformen von oben dekretiert hatten, wurde Modernisierung zum Synonym für die Entfernung des Islam aus dem Mittelpunkt des öffentlichen Lebens, für die Entwertung der islamischen Bildung wie auch des islamischen Rechts und für die Marginalisierung der islamischen Gelehrten. Wie al-Afghani während seiner Reisen durch die muslimische Welt bemerkte, hatte das von den westlichen Mächten aufgezwungene Gebot der Modernisierung und des wirtschaftlichen Wachstums den alten Zusammenhalt der islamischen Gesellschaften radikal aufgelöst, indem neue Klassen entstanden waren, zwischen denen die Macht neu verteilt wurde.

Aus modernen Bildungseinrichtungen und Bürokratien gingen neue städtische Eliten hervor, die sich wenig um die traditionellen Quellen der Autorität kümmerten. Viele von ihnen bereicherten sich auf Kosten der Armen auf dem Lande. So baute sich ein Reservoir an Unzufriedenen auf, vor allem unter jenen Menschen, die durch diese Entwicklung am stärksten an den Rand gedrängt wurden – Geistliche, Händler in den Kleinstädten, Provinzbeamte und Männer aus halbländlichen Milieus: jene Leute, die sich um al-Afghani sammelten.

Eine breitere Massenbasis und eine intellektuelle Fundierung erhielten die antiwestlichen Einstellungen durch das Scheitern weltlicher nationalistischer Projekte in den postkolonialen muslimischen Ländern. In vielen Fällen – Ägypten, Tunesien, Indonesien, Algerien – verfolgte der postkoloniale muslimische Staat dieselbe Politik wie der Kolonialstaat, vor allem gegenüber dem volkstümlichen Islam, dessen Rolle im öffentlichen Leben er zu beschränken oder gänzlich zu eliminieren suchte. Aber die große Mehrheit der Menschen in den muslimischen Ländern hörte niemals auf, an den Islam zu glauben. Ebenso wenig begannen sie, den Islam als rein religiöses Phänomen zu betrachten, das sich von Wirtschaft, Politik, Recht und anderen Aspekten des Gemeinschaftslebens trennen ließ.

Die verwestlichten und säkularen postkolonialen Eliten sahen im Islam ein Hindernis für die nationale Aufgabe weltlicher Entwicklung und ökonomischer Konsolidierung und gingen oft brutal gegen islamische Gruppen vor. Als diese Modernisierungsbemühungen scheiterten, wie es in vielen Fällen geschah, oder zu massenhafter Not führten, vergrößerte sich das Ansehen des Islam noch. Und nicht nur das: In den Augen ihrer Opfer verringerten die fehlgeschlagenen Modernisierungs- und Säkularisierungsversuche in den muslimischen Ländern die Glaubwürdigkeit und Autorität der lokalen Eliten und ihrer Modernisierungsideologien.

Sayyid Qutb erlebte in Ägypten die gravierenden Mängel des Liberalismus und Sozialismus westlicher Prägung. Er gehörte schon früh zu den Kritikern des Nationalismus, den er für einen Aspekt des intellektuellen Kolonialismus hielt, unter dem Ägypten zu leiden hatte. So kann es kaum überraschen, dass Qutb, dessen Leben und Ideen die weitverbreitete Abkehr von den weltlichen westlichen Ideologien verkörperten, zur Inspirationsquelle für mehrere Generationen radikaler Islamisten in Ägypten, Saudi-Arabien, Syrien, dem Irak und der Türkei wurde.

Als Sohn einer ehemals wohlhabenden ländlichen Familie, die in Not geraten war (eine Herkunft, die er mit vielen Radikalen in ganz Asien teilte), wuchs Qutb in einem Ägypten heran, das von dem nach 1919 aufblühenden Nationalismus der von Saad Zaghlul gegründeten nationalistischen Wafd-Partei elektrisiert wurde. Er studierte an einem weltlichen College in Kairo. Sein erster Mentor war ein Journalist mit einer konventionellen liberalen Prägung, und Qutb arbeitete viele Jahre als Lehrer im modernen Bildungssystem Ägyptens. Als Literaturkritiker und früher Bewunderer des größten Romanciers Ägyptens, Naguib Mahfouz, grenzte er sich von den religiöseren Autoren seiner Zeit ab.

Doch als die Wafd-Partei keinerlei Boden gegenüber der probritischen Monarchie zu gewinnen vermochte und die Ohnmacht des Liberalismus westlicher Prägung angesichts der von britischen Kanonenbooten unterstützten Übergriffe auf die ägyptische Souveränität immer deutlicher wurde, begann Qutb seine Meinung zu ändern. Der salafistische Islam, zu dessen prominenten Sprechern er später werden sollte, war immer noch eine kleine Strömung innerhalb des weltlich-nationalistischen ägyptischen Mainstreams. Rashid Rida hatte al-Afghanis Panislamismus durch seine Zeitschrift *al-Manhar* zu einer wichtigen internationalen Kraft gemacht, und unter seinem Einfluss sollte Hasan al-Banna 1928 die Muslimbruderschaft gründen und damit dem Salafismus eine organisatorische Basis geben. Aber es waren vor allem Männer wie Saad Zaghlul und Mustafa Kamil, die in den ersten drei Jahrzehnten des 20. Jahrhunderts mit der Unterstützung christlicher und jüdischer Araber den Kampf gegen den britischen Imperialismus trugen und den arabischen Nationalismus verbreiteten.

Als Saad Zaghluls Wafd-Partei gehindert wurde, ihre Sache auf der Pariser Friedenskonferenz vorzutragen, führte sie einen größeren Aufstand gegen die britische Herrschaft an. Der Aufstand war von weltlichen Symbolen geprägt – ein koptischer Priester forderte von der Kanzel der al-Azhar-Moschee herab Unabhängigkeit. Die Briten schienen nachzugeben, indem sie Ägypten 1922 einseitig zu einem unabhängigen Staat erklärten. Aber das erwies sich als Scharade. Die Briten hielten an ihren Sonderprivilegien fest und machten es der Wafd-Regierung, die durch die ersten Wahlen Ägyptens 1924 an die Macht kam, unmöglich, das Land zu regieren. Der wichtigste Kollaborateur der Briten – der Monarch – leistete dazu seinen Beitrag, indem er das Parlament gleich bei dessen konstituierender Sitzung 1925 wieder auflöste. Die Briten kontrollierten fast alle Ministerien. Der politische Willensausdruck der Ägypter beschränkte sich auf einen ernannten Legislativrat, der die britischen Entscheidungen lediglich absegnete. Die reale Macht im Lande lag bei den britischen Streitkräften, die sie 1926 konkret ausübten, als sie mit einem Kanonenboot den Austritt der Wafd-Partei aus der Regierung erzwangen.

Die Beziehungen zwischen der arabischen Welt und dem Westen waren niemals so angespannt wie zwischen den beiden Weltkriegen. Muslimische Intellektuelle, die für die westlichen Ideologien des Nationalismus, des Laizismus und der Demokratie eintraten, empfanden die Weigerung Europas, ihr Streben nach nationaler Unabhängigkeit zu unterstützen, als bösen Verrat. Das einst grenzenlose *Dar al-Islam* des Osmanischen Reiches war nun von Grenzen nach europäischem Muster durchzogen. Dadurch wurde dessen Durchquerung für Muslime zum Hindernislauf, selbst wenn sie sich auf der Pilgerfahrt nach Mekka befanden. In geheimer Zusammenarbeit hatten Briten und Franzosen bereits Teile des osmanischen Territoriums, die sie nach dem Ersten Weltkrieg erobert hatten, unter sich aufgeteilt und schufen dort willkürlich neue Staaten in Gestalt des Irak, Jordaniens und des Libanon. Den europäischen Juden versprachen sie ein eigenes Heimatland im britisch besetzten Palästina. Angesichts des in Europa herrschenden Antisemitismus nahm die jüdische Einwanderung nach Palästina in der Zwischenkriegszeit beträchtlich zu, während die Ägypter vor allem mit innenpolitischen Problemen beschäftigt waren.

Überall protestierten Araber gegen die Aneignung palästinensischen Bodens; zugleich beuteten europäische Geschäftsleute ägyptische Bodenschätze aus und degradierten die ursprünglichen Bewohner des Landes zu billigen Arbeitskräften. Die Wafd-Partei wurde auch weiterhin mit großen Mehrheiten gewählt, aber die Briten hielten sie von politischen Ämtern fern, weil sie glaubten, sie werde ein »ultrademokratisches revolutionäres Regime« errichten, »das gegen Ausländer gerichtet« sei.[11] Nehru, der das Geschehen in Ägypten von Indien aus beobachtete, kommentierte 1935 in bissigem Ton: »Demokratie scheint für ein östliches Land nur zu sagen: Folge dem Geheiß der herrschenden imperialistischen Macht und rühre nicht an irgendeine ihrer Interessen. Unter dieser Voraussetzung kann die demokratische Freiheit uneingeschränkt blühen und gedeihen.«[12]

Eine kraftvolle antiimperialistische Agitation und verschiedene Aufstände führten schließlich dazu, dass die Briten ihre Kontrolle über Ägypten und den Sudan lockerten und die Besetzung auf den Korridor des Suezkanals beschränkten. Die ständige politische Unsicherheit begünstigte nicht gerade den wirtschaftlichen Wiederaufbau, vor allem auf dem Lande, wo die wachsende Bevölkerung und der steigende Druck auf die landwirtschaftlich genutzten Flächen zu wachsender Armut führten. In den Augen vieler Ägypter nahm eine allzu stark verwestlichte herrschende Elite eine kolonialistische Haltung gegenüber den Massen der Armen und Analphabeten ein. Diese enttäuschten Ägypter sollten bald den Hauptteil der islamistischen Muslimbruderschaft bilden.

In den 1930er Jahren trat Sayyid Qutb hervor als Kritiker der britischen Einmischung, der wachsenden Ungleichheit in Ägypten und der ägyptischen Unfähigkeit, die palästinensischen Araber vor den zionistischen Siedlern zu schützen. Er brach mit seinen liberalen Mentoren, und während in Indien, Vietnam, auf der Malaiischen Halbinsel, in Indonesien und Kenia antikolonialistische Bewegungen an Stärke gewannen, verzweifelte Qutb an den »einheimischen Kollaborateuren« in Ägypten.[13] Sein Schmerz verstärkte sich noch mit der Gründung des Staates Israel 1948, die durch die systematische Ermordung von sechs Millionen Juden für viele westliche Nationen zu einer moralischen Notwendigkeit geworden war. In dem nun folgenden Krieg besiegten die Zionisten die verbündeten arabischen Armeen, vertrieben Hunderttausende arabische Einwohner Palästinas und riefen einen unabhängigen Staat aus. Vor allem für Ägypten – die modernste unter den arabischen Nationen – bedeutete dies eine schwere Niederlage. So wurde Israel zu einem Symbol für die arabische Ohnmacht gegenüber westlicher Macht – und ist dies bis heute geblieben.

Der Sieg Israels und die militärische Demütigung Ägyptens 1948 waren wichtige Meilensteine in Qutbs neuem Denken, ebenso seine noch im selben Jahr unternommene Reise in die Vereinigten Staaten, damals die Verkörperung der Nachkriegsmoderne. Dort begann Qutb erstmals seine umfassende Kritik der westlichen Zivilisation zu entwickeln, die in seinen Augen in ungesunder Weise auf materiellen und technischen Fortschritt fixiert war, auf Kosten moralischer Freiheit und sozialer Gerechtigkeit.

Wie Liang Qichao fand Qutb am amerikanischen Politik- und Gesellschaftsmodell wenig, das er seinen Landsleuten empfehlen mochte. Die Demokratie konnte in seinen Augen nicht funktionieren, und zwar nicht weil sie gebildete und bewusste Bürger voraussetzte, sondern weil sie statt Gott den Menschen zur letzten Quelle von Souveränität machte. Außerdem empfand Qutb den Gedanken, ein gutes Leben durch ökonomischen Wohlstand zu definieren, als abstoßend – was in seinen Augen auch den Marxismus diskreditierte. Als noch abstoßender empfand er gewisse amerikanische Ausdrucksformen liberalen sozialen und individualistischen Denkens, vor allem die sexuelle Freiheit. Der Rassismus, den er sowohl in seiner gegen die Araber gerichteten als auch seiner allgemeinen Variante erlebte, erschien ihm als Bestandteil des materiellen Wohlstands Amerikas und des »dünkelhaften Glaubens«, dieser gehe zurück auf eine spezielle »Begabung des Weißen Mannes«.[14] Künftig verwendete er den Ausdruck »Weißer Mann« ausgiebig. »Wir müssen in unseren Schulkindern Gefühle wecken, die ihnen die Augen für die Tyrannei des Weißen Mannes, seine Zivilisation und seinen animalischen Hunger öffnen.«[15]

Qutb hatte sich bereits von der Idee einer islamistischen Avantgardepartei und eines islamischen Staates einnehmen lassen, wie der pakistanische Denker Abdul Ala Mawdudi sie vorgetragen hatte. Kurz nach seiner Rückkehr aus Amerika 1950 wurde er Mitglied der Muslimbruderschaft. Er begann nun, sich entschieden für ein islamistisches Verständnis von Politik, Gesellschaft und Wirtschaft einzusetzen, und forderte die Muslime auf, säkulare Regime durch das in der Scharia gegebene göttliche Gesetz zu ersetzen. Wie al-Afghani und Abduh vor ihm, war Qutb gleichgültig gegenüber den exegetischen Traditionen des Islam und konzentrierte sich lieber auf den Koran und die Aussprüche des Propheten. Doch anders als al-Afghani empfand Qutb kein Bedürfnis, den Islam mit Vernunft und Wissenschaft in Einklang zu bringen. Er meinte: »Wer glaubt, verteidigen, rechtfertigen und entschuldigen zu müssen, ist nicht fähig, den Islam zu präsentieren.« Er beklagte, dass viele dem modernen Westen ausgesetzte Muslime so täten, als »säße der Islam auf der Anklagebank und müsste sich wie ein Gefangener vor Gericht verteidigen«.[16] Zuvor hatte Qutb das nichtmuslimische Asien in seine breite antiimperialistische Front einbezogen. »Es scheint«, hatte er 1943 geschrieben,

»dass die östliche Zivilisation mit ihren spirituellen Schätzen den Zufluchtsort für die Welt in ihrer gegenwärtigen Krise darstellt.«[17] Doch nun konzentrierte er sich ganz auf den »islamischen Block, der, gestärkt durch die neuen Staaten Pakistan und Indonesien, für die Würde des muslimischen Ostens stand«.[18]

In der Überzeugung, das moderne säkulare Leben schaffe mehr Probleme als es Lösungen bereithalte, begann Qutb gegen die politische und soziale Entwicklung Ägyptens zu eifern, die unter der Schirmherrschaft des britischen Imperialismus einen weitgehend westlich geprägten Weg nahm. Eine Möglichkeit, seine Ideen in die Praxis umzusetzen, bot sich Qutb, als antiimperialistische ägyptische Offiziere unter Führung Gamal Abdel Nassers 1952 einen Staatsstreich gegen den ägyptischen König unternahmen. Nasser lud Qutb ein, seine Vorstellung von einer richtigen Politik vorzutragen, aber die eher weltlich und sozialistisch ausgerichteten Offiziere verwarfen seine Pläne für einen islamischen Staat. Qutb sah darin ein klares Zeichen, dass Nassers Regime trotz seines lautstarken Antizionismus und Panarabismus eine bloße Kopie der gottlosen westlichen Imperialisten darstellte. Die Beziehungen zwischen der Muslimbruderschaft und der Armee verschlechterten sich rasch so sehr, dass die Organisation schließlich verboten wurde. Qutb wurde inhaftiert und gefoltert. Unter dem Vorwurf der Verschwörung gegen die Revolution wurde er dreimal verhaftet und verbrachte den größten Teil der folgenden zehn Jahre im Gefängnis, wo er unter diversen Krankheiten litt. Die Veröffentlichung seines wegweisenden Buchs »Zeichen auf dem Weg« brachte ihn 1964 zum letzten Mal ins Gefängnis.

Nach einem kurzen Prozess wurde er 1966 hingerichtet und in einem namenlosen Grab beigesetzt. Trotz seines relativ kurzen Lebens übte er einen gewaltigen Einfluss aus, der bis heute andauert. Nur ein Jahr nach seinem Tod bereitete Israel den arabischen Armeen im Sechstagekrieg eine verheerende Niederlage, und diese Demütigung brachte den von Nasser vertretenen säkularen arabischen Nationalismus endgültig in Misskredit. Obwohl Qutbs Ideen von den weltlich ausgerichteten Despoten, die Nasser folgten, in den Untergrund gedrängt wurden, sind sie heute in der gesamten muslimischen Welt gegenwärtig.

Qutbs Einfluss verbreitete sich, weil er den Westen und die verwestlichten Eliten nicht nur politisch herausforderte. Er verwarf auch deren epistemologisches und metaphysisches Weltbild. In »Zeichen auf dem Weg« schrieb er:

> »Die Menschheit ist heute am Rande eines Abgrundes, nicht aufgrund der Gefahr ihrer völligen Vernichtung, die über ihrem Haupt schwebt. Dies ist nur ein Symptom und nicht die wahre Krankheit. Der wahre Grund, weshalb die Menschheit in diese Situation gelangt ist, ist die Abwesenheit der lebenswichtigen Werte, die notwendig sind, um ein gesundes Lebenssystem zu gründen und es weiterzuentwickeln. Das aktuellste Beispiel ist die westliche Welt, die erkennt, dass ihre Zivilisation nicht fähig ist, gesunde Werte für die Führung der Menschheit beizutragen.«[19]

Qutb erweiterte eine konventionelle Kritik an den korrupten Regimen des Nahen und Mittleren Ostens und an der gescheiterten Modernisierung zu einer Anklage gegen all jene westlichen Ideologien (Nationalismus, Liberalismus, Sozialismus), die Religion und Moral aus der Politik verbannten und die menschliche Vernunft über Gott stellten.

»Wer behauptet, Religion habe nichts mit Politik zu tun, weiß nicht, was Religion ist«, schrieb Gandhi auf den letzten Seiten seiner Autobiographie. Qutb, der Rabindranath Tagore wegen dessen Betonung der Spiritualität sehr bewunderte, hätte dem zweifellos zugestimmt. Qutbs ideologische Erben, die radikalen Sunniten, die in den letzten Jahren versuchten, säkulare Diktaturen in Ägypten, Syrien und Algerien zu stürzen, waren von demselben Wunsch beseelt, den Islam wieder ins Zentrum des menschlichen Lebens zu stellen.

Die radikalen Implikationen der von Qutb vorgetragenen Kritik an westlichen Säkularisierungvorstellungen wurden jedoch nirgendwo so klar herausgearbeitet wie im schiitischen Iran. Ayatollah Khomeini schrieb mit Worten, die er bei Qutb entlehnt zu haben scheint (oder mit gewissen Modifikationen bei Liang Qichao und Tagore):

> »Denn die Lösung sozialer Probleme und die Beseitigung menschlichen Elends erfordern eine Gründung in Glaube und Moral. Die bloße Erlangung von Macht und Wohlstand, die Eroberung der Natur und des Raums bleiben hier wirkungslos. Sie müssen eine Ergänzung und ein Gegengewicht erhalten im Glauben, in den Überzeugungen und der

> Moral des Islam, wenn sie der Menschheit wahrhaft dienen und sie nicht in Gefahr bringen sollen (...) Wenn jemand irgendwo hingeht oder etwas erfindet, dürfen wir daher unsere Religion und deren Gesetze nicht aufgeben, die das Leben des Menschen regeln und für sein Wohlergehen im Diesseits wie im Jenseits sorgen.«[20]

Khomeini bezog sich hier auf das ehrgeizigste Projekt, mit dem Westen gleichzuziehen, das seit Muhammad Alis Reformen im Ägypten des 19. Jahrhunderts angegangen worden war: die »Weiße Revolution« des Schahs im Jahr 1963. Es kann nicht überraschen, dass im Iran auch »die erste große Erhebung gegen die weltumspannenden Systeme, die modernste und irrsinnigste Form der Revolte« stattfand, wie Foucault dies nannte. Und er meinte: »Der Islam – der nicht bloß eine Religion ist, sondern eine Lebensweise, eine Zugehörigkeit zu einer Geschichte und einer Kultur – droht ein gewaltiges Pulverfass zu werden, das mehrere hundert Millionen Menschen ergreift.«[21] Die Islamische Revolution im Iran zeigte zum ersten Mal, wie Muslime trotz des Fehlens jeglicher demokratischer Politik islamische Themen des Opfers und des Märtyrertums nutzen konnten, um despotische und korrupte Herrscher herauszufordern, die ihre Legitimation im Inland wie im Westen aus ihren Modernisierungs- und Säkularisierungsbemühungen bezogen.

Obwohl niemals eine europäische Kolonie, war der erdölreiche Iran doch seit dem 19. Jahrhundert von britischen und russischen Imperialisten beherrscht worden. Al-Afghani war 1893 Zeuge der ersten großen antiimperialistischen Bewegungen geworden. Weitere sollten nach dem Ersten Weltkrieg folgen. Dem damaligen britischen Außenminister Lord Curzon reichte es nicht, sich große Teile des Osmanischen Reiches anzueignen; er entwickelte einen Plan zur Annexion des Iran. Wie sein früher Biograph Harold Nicolson es ausdrückte, war er der Überzeugung, »Gott habe die britische Oberklasse zum Instrument des göttlichen Willens erwählt«. Während der gesamten ersten Hälfte des 20. Jahrhunderts verstärkte sich der iranische Nationalismus im Kampf gegen einen Rückfall in derart eklatante ausländische Einmischungsversuche. Zu einem elektrisierenden Augenblick kam es, als 1953 die CIA in Zusammenarbeit mit britischen Geheimdienstleuten die gewählte nationalistische Regierung Mohammed Mossadeghs stürzte, die gedroht hatte, die vom Westen kontrollierte Ölindustrie zu verstaatlichen, und Schah Reza Pahlevi wieder auf den Thron setzte. Mit einem vom Westen gestützten Despoten an der Spitze schien der Iran im Zeitalter der Dekolonisierung rückwärtszugehen. Der Schah bedankte sich bei seinen Unterstützern im Westen, indem er alle nationalistischen, sozialistischen und liberalen Organisationen im Lande bekämpfte – womit er allerdings, wie sich zeigen sollte, den Weg für eine explizit islamische Bewegung bereitete.

Zu einer Zeit, als die Ideale der Demokratie und der Republik die Massen ebenso wie die Intellektuellen in den meisten postkolonialen Ländern inspirierten, schien der Iran sich unter dem Schah aktiv um eine Entpolitisierung des Volkes zu bemühen. Statt einer Ideologie des Aufbaus einer Nation bot das Pahlevi-Regime eine Mischung aus persischem Chauvinismus und Schah-Kult sowie eine herausgeputzte Version der vorislamischen iranischen Geschichte. Doch damit konnte er weder die traditionalistischen Massen noch die wachsende Mittelschicht gewinnen. Die grandiosen Pläne zu Bodenreform, Industrialisierung und Urbanisierung, die der Schah seiner weitgehend bäuerlichen Bevölkerung aufzwang, führten zu einer immer tieferen Unzufriedenheit. Der Versuch, den Iran in das 20. Jahrhundert zu katapultieren, schuf eine kleine Mittelschicht, riss aber zugleich Millionen von Menschen aus ihrer traditionellen ländlichen Umgebung und setzte sie den schlechteren Lebensbedingungen in den Städten aus. Die Ungleichheit nahm zu, während eine kleine städtische Elite zu Wohlstand gelangte und sich die Symbole der modernen Konsumgesellschaft leistete.

Anfang der 1960er Jahre begannen iranische Intellektuelle, Werke von al-Afghani, mit neuen Einleitungen versehen, erneut herauszugeben. Unter den islamischen Radikalen an der Universität Teheran galt er in den 1970er Jahren als Held, als islamische Antwort auf Ikonen wie Marx, Mao und Che Guevara, verehrt von linksgerichteten Studenten – als »der Mann«, wie Ali Shariati es 1970 ausdrückte, der »die Stimme wachen Bewusstseins im schlafenden Osten erhoben« habe.[22] An die emotionale antiwestliche Einstellung von Männern wie al-Afghani anknüpfend, entwickelten iranische Intellektuelle bis Ende der 1970er Jahre eine systematische Kritik an den politischen und ökonomischen Systemen und Ideologien (Industriekapitalismus, bürokratischer Nationalstaat), die in den Revolutionen des Westens geschaffen und in den letzten zwei Jahrhunderten von westlichen Imperialisten in aller Welt verbreitet worden waren.

Der prominenteste unter diesen Intellektuellen war Jalal Al-e Ahmad (1923–1969). Seine Wortneuschöpfung *gharbzadegi* (»vom Westen vergiftet« oder eher noch »entzündet durch den Westen«, weil darin die Mischung aus Verzauberung und Krankheit besser zum Ausdruck kommt), die er 1962 in einem Buch popularisierte, das sich über weite Strecken wie eine iranische Version von Gandhis »Hind Swaraj« liest, wurde zum Synonym für den pathologischen Charakter einer blinden Nachahmung des Westens. In Al-e Ahmads Augen war dies ein Symptom der Entwurzelung: »die Ansammlung von Ereignissen in Leben, Kultur, Zivilisation und Denken eines Volkes, das keine stützenden Traditionen, keine historische Kontinuität und keine Entwicklungsrichtung besitzt«.[23] Al-e Ahmad, ursprünglich Kommunist und säkularer Nationalist, behauptete (eine marxistische Kritik vorwegnehmend, die in den 1970er Jahren weite Verbreitung fand), das Weltwirtschaftssystem sei darauf ausgerichtet, dem Westen zu nützen und den Rest der Welt auf ewig im Zustand der Unterentwicklung zu halten. Die alte Welt der Gleichheit und des Austauschs zwischen Ost und West sei einer Welt gewichen, in der reiche Industrieländer ihre Produkte und ihre Kultur exportiert und so die Herrschaft über jene Länder erlangt hätten, die immer noch weitgehend arm und landwirtschaftlich ausgerichtet gewesen seien. Sie seien zu Lieferanten von Rohstoffen und wehrlosen Konsumenten westlicher Erzeugnisse wie auch westlicher Kultur geworden. Und selbst wenn asiatische Länder wie der Iran oder Indien sich wie durch ein Wunder entwickeln sollten, werde das lediglich in die triste konsumorientierte Dystopie des Westens münden.

Die westlichen Ölgesellschaften, welche die iranische Ölindustrie kontrollierten, sorgten inzwischen dafür, dass der Iran wirtschaftlich vollständig in die Abhängigkeit des Westens geriet. Da man die Petrodollars wiederum gegen Traktoren eintauschte, forcierte der Westen die Mechanisierung der Landwirtschaft und löste dadurch eine umfangreiche und unkontrollierbare Wanderungsbewegung vom Land in die Städte aus. Die vom Westen und seinen iranischen Agenten vorangetriebene Industrialisierung hatte gleichfalls verheerende Auswirkungen auf das lokale

Handwerk und verursachte eine massive Arbeitslosigkeit. Al-e Ahmad – auch darin ein Thema al-Afghanis aufgreifend – klagte, die Iraner erhielten die Nachrichten aus aller Welt über so unzuverlässige Filter wie die Nachrichtenagentur Reuters, und eine entwurzelte Generation verwestlichter oder aus dem Westen zurückgekehrter Iraner sei zum Handlanger westlicher Macht geworden.

Anfangs glaubte Al-e Ahmad, man könne der Vergiftung durch den Westen entgegenwirken, indem man iranische Studenten nach Japan oder Indien statt in den Westen schicke: Die vom Osten beeinflussten Studenten sollten ein Gegengewicht gegen die vom Westen vergifteten bilden. Der Islam spielte in alledem keine Rolle. Doch ein Besuch in dem damals noch neuen Nationalstaat Israel im Jahr 1962 führte ihm die Macht einer auf einer gemeinsamen Religion basierenden politischen Solidarität vor Augen. »Als jemand aus dem Osten [ziehe] ich ein israelisches Modell allen anderen Modellen für den Umgang mit dem Westen« vor, schrieb er in sein Tagebuch.[24] Anders als die Türkei war Israel zu einer modernen, unabhängigen Nation geworden, ohne seine religiöse und kulturelle Identität zu verlieren. Al-e Ahmad lernte daraus, wie wichtig die Entwicklung eines eigenen iranischen Ansatzes zur Lösung wirtschaftlicher und politischer Probleme war. Er sah im schiitischen Islam den Impfstoff, der vor der Vergiftung durch den Westen zu schützen vermochte, und in der *ulema* die geeigneten Ärzte, um ihn anzuwenden. In seinen Augen bildete der Klerus die einzige Gruppe im Iran, die nicht vom Westen vergiftet und daher auch nicht mit den auf Säkularisierung drängenden Intellektuellen verbündet war. Die Geistlichen waren gebildete Männer, die meist aus niederen Schichten stammten, die Sprache der Massen sprachen und deshalb deren Vertrauen genossen. Natürlich dachte Al-e Ahmad dabei an die Tabakrebellion, in der al-Afghani eine Rolle gespielt hatte, indem er ein Bündnis zwischen dem Klerus und nationalistischen Intellektuellen herbeiführte, das die iranischen Massen in einer Volksbewegung mobilisierte.

Im Gefängnis, in das ihn der Schah Anfang der 1960er Jahre gesteckt hatte, schrieb Mehdi Bazargan (1907–1995), der von Ayatollah Khomeini 1979 zum ersten Ministerpräsidenten des postrevolutionären Iran ernannt wurde, eine Geschichte der indischen Freiheitsbewegung. Bazargan verehrte al-Afghani und Muhammad Iqbal, aber besondere Beachtung schenkte er der Rolle der volkstümlichen Religiosität in Gandhis Massenkampagnen gegen die Briten. Es begann, so schrieb er, »mit einer spirituellen und mentalen Revolution und Überzeugung, mit einer rein spirituellen Kraft (...), drang in Herz und Geist der gebildeten Schicht ein« und brachte schließlich »Führer und Sympathisanten« hervor.[25] Indien war inzwischen ebenso vom Westen vergiftet wie der Iran, aber in Bazargans Augen konnte die Befreiung Indiens von westlicher Herrschaft zusammen mit der charismatischen Gestalt Gandhis, der sowohl die Massen als auch Intellektuelle beeindruckte, als inspirierendes Beispiel für Iraner gelten, die durch die Religion einen revolutionären Wandel herbeiführen wollten.

Ali Shariati, der in Paris studiert hatte, ging sogar noch weiter in Richtung des Gedankens, dass der schiitische Islam zu einer die Massen mobilisierenden Ideologie werden könne. Shariati, intellektuell weniger streng als Al-e Ahmad, beschrieb die Herrschaft des Westens über den Iran in emotionaleren Worten:

> »Mein Freund, ich lebe in einer Gesellschaft, in der ich einem System gegenüberstehe, das die halbe und vielleicht sogar die ganze Welt kontrolliert. Die Menschheit wird in eine Sklaverei gezwungen. Obwohl wir nicht im physischen Sinne Sklaven sind, droht uns doch ein Schicksal, das schlimmer ist als eures. Unser Denken, unser Fühlen und unser Wille werden versklavt. Im Namen der Soziologie, der Erziehung, der Kunst, der sexuellen Freiheit, der wirtschaftlichen Freiheit, der Liebe zur Ausbeutung und der Liebe zum Individuum nimmt man uns gänzlich den Glauben an Ziele, den Glauben an menschliche Verantwortung und den Glauben an unsere eigenen Denkschulen. Das System hat uns in leere Behälter verwandelt, die sich allem anpassen, was man in sie hineinfüllt.«[26]

Shariati bewunderte al-Afghanis politischen Aktivismus sehr, warf ihm aber vor, sich allzu sehr auf konservative herrschende Klassen gestützt und das revolutionäre Potential junger Massen nicht erkannt zu haben. Er hatte Frantz Fanon und Che Guevara übersetzt und dehnte deren konventionelle Kritik am Imperialismus auf die säkularen westlichen Heilsideologien des Sozialismus und des Kommunismus aus. Er ließ sich unter anderem von muslimischen Denkern wie Sayyid Qutb, Iqbal und Abdul Ala Mawdudi inspirieren, deren Schriften er in den 1950er Jahren ins Persische zu übersetzen begonnen hatte. »Der Marxismus«, schrieb er, »ist selbst zutiefst ein Produkt der Geschichte, der gesellschaftlichen Organisation und der Kultur ebenjenes Westens«, den er zu negieren versuche.[27]

Shariati verband die westliche Tradition eines historischen Determinismus mit einer schiitisch-millenaristischen Tradition, um darzulegen, dass der Islam eine emanzipatorische Ideologie sein könne. Denker wie Shariati und Morteza Motahhari (1920–1979), ein gebildeter Geistlicher und Aktivist, legten das intellektuelle Fundament der Islamischen Revolution im Iran 1979, indem sie zu zeigen versuchten, dass die Geschichte der schiitischen Imame alles Nötige bereitstelle, von einer spezifischen »politischen Strategie« bis hin zu einer »Tradition des Wahlkampfs und der Organisation von Parteien«.[28]

Wie sich zeigte, suchten die meisten Iraner, die den korrupten und repressiven Schah für ein Werkzeug amerikanischer Interessen hielten, nach politischer Rettung durch ihren Glauben. Die Erfahrung der Entbehrungen, der Einsamkeit und der Anomie hatte viele Muslime in den städtischen Zentren dem Glauben eher nähergebracht als von ihm entfernt. Der Schah entfremdete sie sich noch weiter durch seinen brutalen Versuch, eine Diktatur zu errichten – gemäß der damals verbreiteten Theorie des amerikanischen Sozialwissenschaftlers Samuel Huntington, wonach eine verfrühte Demokratisierung in Ländern der Dritten Welt, die einen Modernisierungsprozess durchmachten, eher zu Chaos als zu politischer Stabilität führen und die Rechtsstaatlichkeit wie auch die wirtschaftliche und soziale Entwicklung untergraben würde.

Als die Revolte im Iran Ende der 1970er Jahre schließlich ausbrach, schlossen sich ihr alle größeren sozialen und politischen Organisationen außerhalb des Staates an – säkulare Kommunisten und Nationalisten ebenso wie religiöse Radikale. Millionen von Demonstranten und Streikenden schienen in ihrem Hass auf den von Amerika gestützten Schah vereint. Doch es war ein im Exil lebender Geistlicher, Ayatollah Khomeini – die charismatische Gestalt, von der Bazargan in den 1960er Jahren geträumt hatte –, der zum präsentesten Gesicht des Protestes wurde, indem er die Sprache des schiitischen Islam – und des Antiimperialismus – verwendete: »Der Islam ist die Religion militanter Individuen, die sich für Wahrheit und Gerechtigkeit einsetzen. Er ist die Religion derer, die Freiheit und Unabhängigkeit wünschen. Er ist die Schule derer, die gegen den Imperialismus kämpfen.«[29]

Ein Referendum, das einige Wochen nach seiner triumphalen Rückkehr in den Iran 1979 abgehalten wurde, erbrachte eine überwältigende Mehrheit für Khomeini; 99 Prozent der Iraner stimmten dafür, dass der Iran eine Islamische Republik werden sollte. »Kommt, Freunde«, hatte Ali Shariati in den 1960er Jahren Frantz Fanon paraphrasiert, »kehren wir Europa den Rücken! Lasst uns diese ekelhafte äffische Nachahmung Europas beenden! Lassen wir dieses Europa hinter uns, das immer von Menschlichkeit spricht, aber Menschen vernichtet, wo immer es sie findet.«[30] Der revolutionäre Iran schien die kühnsten Träume antiwestlicher Radikaler wie Shariati zu verwirklichen. Natürlich befassten sich die Geistlichen, die eine explizit religiöse Sprache einsetzten, um die iranischen Massen auf ihre Seite zu ziehen, nicht nur mit religiösen Fragen. In einer dunklen Zeit der muslimischen Geschichte des 20. Jahrhunderts hatte der Teufel in Muhammad Iqbals Gedicht »Iblees Ki Majlis-e-Shura« (»Das Parlament des Satans«) geklagt:

»Ich weiß, dass diese Gemeinde den Koran nicht mehr ehrt,
Dass der Kapitalismus heute auch der Glaube der Gläubigen ist.
Ich weiß auch, dass in der dunklen Nacht des Ostens
Die Verteidiger des Glaubens nicht mehr die erhellende Hand
des Moses besitzen,
Aber die Notwendigkeiten der gegenwärtigen Zeiten lassen
mich erkennen,
Dass der Weg des Propheten dem Volk vielleicht noch offenbar wird.«[31]

Genau das schien nun zu geschehen. Die iranischen Geistlichen benutzten ein explizit islamisches Vokabular und ein linkes Programm, um Veränderungen der Besitzverhältnisse vorzuschlagen, das Vermögen der Bourgeoisie zu enteignen, die Freiheit von ausländischer wirtschaftlicher und militärischer Herrschaft zu gewährleisten, überzogenen Konsum einzuschränken und soziale Wohlfahrt für die Armen zu versprechen. (Es war kein Zufall, dass zwei der wichtigsten linksgerichteten Intellektuellen – Jalal Al-e Ahmad und Ali Shariati – Söhne von Geistlichen waren.)

Wie sich zeigte, ließ Khomeini den autoritären Staat des Schahs mehr oder weniger intakt. Weit davon entfernt, politische Spiritualität umzusetzen, installierte Khomeini Geistliche auf wichtigen Machtpositionen und begann, die Methoden des Schahs – Geheimpolizei, Folter, Hinrichtungen – gegen seine realen und vermeintlichen Gegner einzusetzen, und das in noch größerem Maßstab als der Schah. (Als Gegner der schleichenden klerikalen Despotie trat Mehdi Bazargan zuerst von seinem Regierungsamt zurück und wurde dann zu einem furchtlosen Kritiker des iranischen Regimes.) Der lange Krieg mit dem Irak (1980–1988), den der vom Westen unterstützte Saddam Hussein vom Zaun gebrochen hatte, festigte den Zugriff der religiösen Radikalen auf die Hebel der staatlichen Macht.

Der Furor der frühen Revolution hat inzwischen nachgelassen. Das Regime stützt sich nun eher auf eine mit den Öleinnahmen finanzierte Entwicklung und auf Alphabetisierungskampagnen als auf Terror, um seine Legitimation zu sichern. Und es gibt reformerische Ansätze innerhalb des Regimes. Der Intellektuelle Abdolkarim Soroush verwirft Ali Shariatis Darstellung des Islam als einer Ideologie und ruft nach einer »islamischen Säkularisierung«; er hat beträchtlichen Einfluss auf die prodemokratische grüne Bewegung des Landes. Den Generationswechsel innerhalb des iranischen Islam verkörpert am überzeugendsten Sayyid Muhammad Khatami, der 1997 und 2001 zweimal zum iranischen Präsidenten gewählt wurde. Aber selbst Khatami, der die Notwendigkeit eines »Dialogs der Kulturen« betont und einräumt, dass der Westen auch viele positive Seiten hat, ist der Ansicht, dass die westliche Zivilisation »ausgelaugt und senil« sei und ihre Vorherrschaft durch die »Anpassung des Neokolonialismus« an die neue Zeit zu sichern versuche.[32] Es ist weitgehend auf die Islamische Revolution im Iran zurückzuführen, dass die Prinzipien der ersten verwestlichten muslimischen Generation – wonach Entwicklung die Aufgabe islamischer zugunsten westlicher Werte erfordere – heute von Tunesien bis nach Xinjiang in Misskredit geraten sind und der Islam weiterhin als Bezugspunkt des Widerstands gegen autoritäre Regime innerhalb der muslimischen Welt dient.

Khatamis Nachfolger Mahmoud Ahmadinejad verkaufte weitaus krudere Versionen von dessen Ideen und richtete den populären Nationalismus gegen Israel, das alte Schreckgespenst der politisierten Muslime in der Region. Er unterstützte antiwestliche Kräfte im gesamten Nahen und

Mittleren Osten, und mit seiner obsessiven Fixierung auf Atomkraft, die von allen Teilen der politischen Öffentlichkeit im Iran einschließlich der Gegner des islamischen Regimes unterstützt wurde, manipulierte er geschickt die machtvollen Gefühle des iranischen Nationalismus. Sein Populismus steht für die Demokratisierung der antiwestlichen Einstellungen in muslimischen Ländern.

Dieses Ressentiment wurde in den vergangenen zwei Jahrzehnten auch von al-Qaida und deren Verbündeten globalisiert und in spektakuläre Gewaltakte umgemünzt. Es ist kein Zufall, dass Kämpfer aus aller Welt, von Marokko bis Sumatra, von Xinjiang bis Mosambik, eine gastfreundliche Heimat in Afghanistan fanden, einem weiteren Land, in dem verwestlichte Eliten ihre Vorstellungen mit Gewalt einer großen Mehrheit aufzwangen. In den 1970er Jahren versuchte ein kommunistisches, von der Sowjetunion unterstütztes Regime in Afghanistan, eine Gesellschaft, die ihm als feudal und rückständig galt, hastig und brutal zu modernisieren. Es riss die Menschen aus ihrer traditionellen Kultur heraus und zwang sie in Städte und Tätigkeiten westlicher Prägung. Viele leisteten Widerstand dagegen, und innerhalb weniger Monate wurden allein in Kabul 12000 Menschen getötet, die als Antikommunisten galten und von denen viele der westlich gebildeten Elite des Landes angehörten, und auf dem Land wurden Tausende weiterer Menschen ermordet.

Der Rest dieser entsetzlichen Geschichte der Zerstörung Afghanistans ist besser bekannt. Der nachfolgende Gegenschlag radikaler Islamisten wurde von den Vereinigten Staaten unterstützt und verwandelte sich mit Hilfe des islamistischen pakistanischen Diktators Zia-ul-Haq und Saudi-Arabiens in den ersten globalen Dschihad in der langen Geschichte des Islam. Wo auch immer Muslime lebten, unterstützten die Saudis wahhabitische Moscheen, Madrasas und Geistliche. Der Sieg über den Sowjetkommunismus – eine gottlose Ideologie des amoralischen Westens – ermutigte radikale Islamisten und erweiterte deren antiwestlichen Ziele.

In Pakistan, Ägypten, Algerien, Tunesien und vielen anderen Ländern hatten Islamisten schon häufig den im Volk verbreiteten Widerstand gegen die westlichen Imperialisten zum Ausdruck gebracht und dadurch größere Unterstützung gefunden als postkoloniale Eliten, die vorgaben, Nationalisten und Sozialisten zu sein, sich aber letztlich als korrupt und despotisch erwiesen. Die Islamisten lenkten die Aufmerksamkeit auch auf die Not der palästinensischen Flüchtlinge und die ständige Beleidigung, die Israels Anwesenheit im Nahen Osten für den Stolz der Muslime darstellt. Doch erst die Erfahrung der militärischen Ausbildung und des gemeinsamen Kampfes in dem mehr als ein Jahrzehnt währenden antisowjetischen Dschihad in Afghanistan schmiedete die Islamisten zu einer internationalen Gemeinschaft zusammen. Dieser Dschihad bezeichnete ihren Feind deutlicher als zuvor – die materialistische und imperialistische Zivilisation des Westens – und stärkte ihren Traum von einem globalen Kalifat. In den 1990er Jahren riefen solche in Afghanistan ausgebildeten Islamisten den Dschihad gegen verwestlichte und verwestlichende Eliten in ihren jeweiligen Heimatländern aus, aber ihre Bewegung wurde brutal zerschlagen.

Viele Strömungen und Tendenzen verschmolzen miteinander in dieser vereinten Revolte gegen lokale Tyrannen und deren westliche Verbündete. Abu Musab al-Zarqawi, der später durch seine Brutalität als Führer der al-Qaida im Irak berüchtigt wurde, verbrachte wegen Verschwörung zum Sturz der Monarchie und deren Ersetzung durch ein Kalifat fünf Jahre in einem jordanischen Gefängnis. Osama bin Laden war empört über die saudische Unterstützung des von den Amerikanern angeführten Kriegs gegen den Irak 1991. Der extreme Wahhabismus, den bin Laden verkörperte, verband sich mit Sayyid Qutbs ägyptischem Islam in Gestalt Ayman al-Zawahiris, der vor einer langjährigen, vom Westen unterstützten säkularen Diktatur in Ägypten geflohen war und bin Ladens Stellvertreter wurde. Das waren Qutbs ideologische Erben, und sie beanspruchten ihn als Inspirationsquelle hinsichtlich des Dschihad (wie Mawdudi in Bezug auf Qutbs Idee einer revolutionären »Avantgarde«-Bewegung). Qutb hatte tatsächlich einen weltweiten Kampf zwischen dem Islam und dem Westen vorausgesagt und die Muslime aufgefordert, ihre Passivität abzustreifen und zu eigenmotivierten Individuen zu werden, die Gottes Willen erfüllten. Doch seine eifernden Anhänger gingen sehr viel weiter, als ihr Mentor jemals verlangt hatte, wenn sie Zivilisten und sogar Muslime zum Ziel ihrer Anschläge machten. Ihre Misserfolge bei dem Versuch, die Regime in ihren eigenen Heimatländern zu stürzen, und Nachrichten von Grausamkeiten, die von prowestlichen Ländern wie Israel, Indien und Russland an Gläubigen in Palästina, Kaschmir und Tschetschenien begangen wurden, brachten sie schließlich zu dem Entschluss, den scheinbaren Strippenzieher, die Vereinigten Staaten, anzugreifen und einen weltweiten Zusammenstoß zwischen den Muslimen und dem Westen herbeizuführen. Nach einer Reihe fehlgeschlagener Versuche gelang ihnen das schließlich am 11. September 2001.

Heute erscheint es auf groteske Weise passend, dass dieser Anschlag von einem radikalen jungen Mann aus Kairo angeführt wurde. Mohammed Atta vereinigte in sich geradezu beispielhaft alle größeren Entwicklungstrends, die in den letzten Jahrzehnten in muslimischen Ländern zu verzeichnen waren: die Bevölkerungsexplosion, die Urbanisierung und den Aufstieg eines ebenso radikalen wie privaten und politischen Do-it-yourself-Islam. In vielen Ländern vor allem des Nahen und Mittleren Ostens und Südasiens, in denen die Modernisierung gescheitert oder gar nicht erst ernsthaft versucht worden war, leben Hunderte Millionen von Muslimen in einem Traumland religiös-politischer Rache. Nach den gescheiterten Versuchen, Zutritt zu der vom Westen definierten modernen Welt zu erlangen, waren sie schließlich nicht nur entwurzelt, sondern versanken auch im Hass auf den Westen – die Quelle so vieler Umbrüche und Traumata in ihrem Leben. So kann es nicht überraschen, dass die brutalen Urheber des Massenmords vom 11. September Millionen stillschweigender Unterstützer fanden. Im Rückblick auf den Zusammensturz der beiden Türme des World Trade Center verweist der muslimische Erzähler in Mohsin Hamids Roman »Der Fundamentalist, der keiner sein wollte«, auf ein weitverbreitetes Gefühl, wenn er sagt: »Und dann lächelte ich. Ja, so abscheulich es auch klingen mag, meine erste Reaktion war eine bemerkenswerte Freude.«

Ein ähnliches Gefühl der Befriedigung bei Türken in Istanbul beschrieb Orhan Pamuk: »Die westliche Welt ist sich kaum dieses überwältigenden Gefühls der Demütigung bewusst, das die meisten Menschen auf der Welt empfinden (...) Der Westen steht vor dem Problem, dass er nicht nur herauszufinden hat, welcher Terrorist in welchem Zelt, in welcher Höhle, auf welcher Straße welcher Stadt gerade eine Bombe vorbereitet, sondern auch die arme, verachtete und ›ungerechte‹ Mehrheit verstehen muss, die nicht zur westlichen Welt gehört.«[33]

Der katastrophal fehlgeleitete »Krieg gegen den Terror« schürte einen noch größeren Weltenbrand, denn er verstärkte, wie Pamuk fürchtete,

»die Feindseligkeit, die Millionen von Menschen in den muslimischen Ländern und den von Armut geplagten Regionen der Welt gegen den Westen empfinden – Menschen, deren Lebensbedingungen Gefühle der Demütigung und Minderwertigkeit auslösen«.[34] Unbeabsichtigt zahlreiche frühere westliche Interventionen in Asien parodierend, versprach die Bush-Administration 2002, »Demokratie, Entwicklung, freie Märkte und freien Handel in jeden Winkel der Erde« zu bringen. Diese Mission – weder von Geschichtskenntnissen geprägt noch ironisch gemeint – stieß schon bald auf heftigen lokalen Widerstand und auf weltweite entschiedene Ablehnung. Vor allem die angloamerikanische Invasion des Irak 2003, die Hunderttausende Menschenleben kostete, radikalisierte Muslime in weiten Teilen der Erde. Der weltweite »Krieg gegen den Terror«, der neue Konfliktherde in Afrika, Europa und Ostasien schuf, schien einen ausgewachsenen »Zusammenstoß der Kulturen« einzuläuten. Nach einer Studie des Pew Research Center brachten 2006 viele Menschen »vor allem in muslimischen Ländern feindselige Gefühle gegenüber den Vereinigten Staaten und anderen westlichen Ländern zum Ausdruck und schrieben ihnen vielfach Merkmale wie ›gewalttätig‹ und ›egoistisch‹ zu«.

Diese Wut auf den Westen hat sich inzwischen wieder verringert, einhergehend mit der ideologischen Intensität westlicher Interventionen im Irak und in Afghanistan, bei denen es heute eher um die Wahrung des Gesichts als um die Verbreitung von Freiheit und Demokratie geht. Dafür herrscht bei vielen Muslimen heute die Überzeugung, dass der Westen mit seinen zahlreichen Angriffskriegen gegen den Islam gescheitert ist und Bankrott anmelden muss. Dadurch erhielten jene Prediger des globalen Islam neuen Auftrieb, deren über Fernsehen, YouTube-Videos, Websites und Audioaufzeichnungen verbreitete Ideologie ebenso viele Abnehmer unter muslimischen Einwanderern in Europa zu finden scheint wie in ihren Heimatländern. Tatsächlich übt der millenaristische Islam einen besonderen Reiz auf im Westen lebende Muslime aus, die der Überzeugung sind, dass ihre Gastländer moralisch und politisch gescheitert seien, und die nun in ihrer säkularisierten Umgebung im Islam nach neuen Quellen moralischer und religiöser Autorität suchen.

Obwohl die ökonomische Globalisierung nur wenigen Muslimen Vorteile gebracht hat, verleiht sie doch alten islamischen Integrationsidealen Auftrieb, weil sie Zeit und Raum schrumpfen lässt. Das Scheitern des

Nationalismus hat außerdem dazu geführt, dass transnationale Netzwerke für viele Menschen in muslimischen Ländern heute größere Bedeutung besitzen als nationale Loyalitäten. Der wahhabitische Islam dringt weiter in so ferne Regionen wie Malaysia und Indonesien vor. Dank der neuen elektronischen Medien gewinnen strenge Formen des arabischen Islam in den Mittelschichten Pakistans weiter an Boden. Der revolutionäre Iran – wie der politische Islam ganz allgemein – spielt eine wichtige Rolle in der Innenpolitik des Irak und des Libanon. Mit ihrer überwältigend jungen Bevölkerung versuchen arabische Länder wie Ägypten und Tunesien zur Zeit, eine repräsentative Demokratie aufzubauen. Ein durchaus vorstellbares Scheitern dieser Bemühungen wird einen weiteren Generationswechsel hin zu kompromisslosen islamistischen Ideen und Organisationen bewirken. Der Islam bleibt ein gewaltiges Pulverfass, das jederzeit explodieren kann.

Triumphe des Nationalstaats: Die Türkei, der »Kranke Mann«, erwacht zu neuem Leben

Die Türkei, die sich zu einer starken modernen Nation entwickelt hat, scheint eine Ausnahme von den üblichen Tendenzen zu Extremismus und Chaos in der muslimischen Welt zu bilden. Tatsächlich ist es ihr offenbar gelungen, Entwicklungen dieser Art weitgehend zu verhindern. Mit westlichen Übergriffen auf ihr Territorium und ihre Souveränität konfrontiert, nahm sie die schmerzhafte Modernisierung mit den Tanzimat-Reformen im 19. Jahrhundert schon früh auf sich. Danach verlor sie scheinbar zufällig die schwere Bürde eines multinationalen Reiches, entwickelte sich zu einem schlanken Nationalstaat und sicherte ihr Überleben und ihre Würde in einer vom Westen bestimmten Weltordnung.

Diese Selbsterneuerung war eher das Werk einer neuen, kraftvollen herrschenden Klasse aus gebildeten und weltlich gesinnten Türken als der stärker traditionsverhafteten Sultane und Wesire. Die zentrale Gestalt war ein Offizier, Mustafa Kemal »Atatürk«, der Held des türkischen Widerstands gegen die europäischen Mächte im und nach dem Ersten Weltkrieg. In einer europäischen Provinz des Osmanischen Reiches geboren und beeinflusst von simplifizierenden Vorstellungen von Nationalismus und Wissenschaft, wie sie bei gebildeten Türken seiner Generation verbreitet waren, wollte er, wie er 1918 schrieb, »die soziale Revolution in unserem sozialen Leben in Gestalt eines plötzlichen Schlages realisieren«.[1] Dabei half ihm, dass er bis in seine späten dreißiger Jahre kaum in Anatolien gewesen war – dem Kernland des konservativen türkischen Islam – und nach seiner Machtergreifung 1922 rasch und brutal vorging. 1924 löste er das Kalifat auf, den symbolischen Sitz der islamischen Autorität; im folgenden Jahr schloss er religiöse Organisationen und Schulen; 1926 ersetzte er die Scharia durch Gesetzbücher westlichen Zuschnitts; und 1928 nahm er dem Islam durch eine Verfassungsänderung seine Stellung als Staatsreligion. Diesem heftigen Angriff auf die traditionelle

Praxis folgten die Ersetzung des arabischen durch das lateinische Alphabet und der arabischen Sprache durch die türkische bei den Gebetsrufen sowie das Verbot des Fez, des Schleiers und anderer Ikonen der islamischen Kultur.

Das Ende des Kalifats, des heiligen Amtes, das die osmanischen Sultane in den letzten Jahrzehnten ihrer Herrschaft wiederbelebt hatten, schockierte und empörte Muslime in aller Welt. Sie hatten auf einen türkischen Herrscher gehofft, der sie zum Sieg über die ausländischen Ungläubigen führen und sie vor ihnen beschützen würde. Doch Atatürk, der sich nicht gescheut hatte, den Panislamismus zur Festigung des fragilen Nationalstaats Türkei gegenüber dem Westen zu nutzen, war nicht bereit, diesen Erwartungen zu entsprechen. In seinen Augen ließ sich eine spirituelle Führung der muslimischen Gemeinschaft durch die Türkei nicht verwirklichen. Wie konnte die Türkei mit ihren wenigen Millionen Muslimen hoffen, die inneren Angelegenheiten Indiens oder der Malaiischen Halbinsel zu bestimmen, die beide noch unter westlicher Herrschaft standen? Seine drastischen Maßnahmen gründeten teilweise auch in einer wachsenden jungtürkischen Ungeduld gegenüber dem Klerus, der sich den Reformen der osmanischen Herrscher widersetzt hatte, und in Sultan Abdulhamids erfolglosem Flirt mit dem Panislamismus. »Der Islam, diese absurde Theologie eines unmoralischen Beduinen«, hatte Atatürk geschimpft, »ist ein verwesender Leichnam, der unser Leben vergiftet.«

Für Atatürk war Modernisierung gleichbedeutend mit einer vollständigen Säkularisierung und Verwestlichung, und er gab sich eine fast schon absurde Mühe, westliche Kleidung zu propagieren und die türkische Musik zu »reformieren«. Eine seiner Adoptivtöchter, die, in Uniform gekleidet, kurdische Rebellen bombardierte, wurde zum Vorbild einer »republikanischen« Frau stilisiert. Er hegte die naive Hoffnung, die Wissenschaft werde die Religion am Ende überwinden, und der Nationalismus könne den türkischen Muslimen eine neue Identität verleihen. Dennoch konnte der Kontrast zu solchen Arabern nicht größer sein, die untätig von der vergangenen Größe des Islam träumten, zu Gott beteten, er möge ihnen wieder ihre Gunst schenken, und selbstgefällig dem Westen die Schuld an ihren Missständen gaben. So kann es denn nicht erstaunen, dass Atatürk, der von Neotraditionalisten wie Muhammad Iqbal kritisiert wurde, unter den Modernisierern in der muslimischen Welt viele glühende Bewunderer hatte. Nasser, der Schah von Persien, Jinnah und Sukarno gehörten zu denen, die ihn nachahmen wollten.

Noch einflussreichere Bewunderer fand er im Westen unter den Anhängern eines teleologischen oder zweckgerichteten Geschichtsverständnisses, die glaubten, außerhalb des Westens habe man keine andere Wahl, als sich unter Verwendung patentierter westlicher Techniken wie Säkularisierung und konstitutionelle Demokratie dem Westen anzunähern (oder dorthin gedrängt zu werden). Der Historiker Bernard Lewis, der sich als Kenner der Türkei einen Namen machte, war ein willkommener Besucher in Bushs Weißem Haus mit seiner Phantasievorstellung, der Irak könne wie die Türkei zu einer modernen Demokratie aufgerüstet werden.

Doch diese konventionelle westliche Sicht, wonach die Türkei rasch in die Moderne eintrat, nachdem sie den Gordischen Knoten des Islam durchschlagen hatte, blendet zahlreiche unbequeme Tatsachen aus. Atatürk und die übrigen türkischen Revolutionäre gehörten zu einer winzigen, meist im Ausland aufgewachsenen bürgerlichen Elite, und ihre militärisch gestützte Modernisierung und Säkularisierung der türkischen Gesellschaft schuf eine neue säkular-militärische und bürgerliche Elite. Die große Masse der türkischen Bevölkerung, zumeist Bauern und in Anatolien konzentriert, wandte sich nicht vom Islam ab (ebenso wenig wie die Masse der Menschen in Tunesien, Algerien oder auch im Iran, und das trotz aggressiver, vom Staat getragener Säkularisierungsprogramme). Und im Rückblick scheint es, als hätten selbst die Modernisierer den Islam nicht aufgegeben, sondern eher eine neue Phase in dessen spezifisch türkischer Geschichte eingeläutet.

Sie eliminierten viele der alten eingewachsenen und schwerfälligen Aspekte des Islam, etwa die *ulema*, die selbst für die Tanzimat-Reformer zu einem mächtigen Hindernis geworden war. Die religiösen Gefühle wurden nicht schwächer. Als beugte sie sich dieser Tatsache, führte die türkische Regierung Ende der 1940er Jahre den Religionsunterricht wieder ein und erlaubte den Türken wieder, nach Mekka zu pilgern und die Schreine der Sultane und Heiligen zu besuchen. Die Militärregime, die das Land nach 1961 immer wieder regierten, machten dem im Kern islamischen Charakter der türkischen Bevölkerung weitere Zugeständnisse, vor allem nach dem Militärputsch von 1980. Jede weitere Demokratisierung war darauf ausgerichtet, die Macht der traditionsverhafteten Massen in Anatolien zu vergrößern und die alte diktatorische, wenn auch weltliche herrschende Klasse an den Rand zu drängen – und das geschieht denn auch seit Mitte der 1990er Jahre mit dem Aufstieg der islamischen Partei für Gerechtigkeit und Aufschwung (AKP).

Im Westen wird diese Entwicklung oft als »Re-Islamisierung« der Türkei gefürchtet und verächtlich gemacht. Eine weniger pessimistische Interpretation würde darauf verweisen, dass der Teil der türkischen Bevölkerung, der lange nur eine passive Rolle in der von oben verfügten Veränderung des Landes spielte, nun seine eigene Stimme gefunden hat. Dieser Teil ist eher fromm und möchte islamische Symbole verwenden, die von Atatürk verboten wurden (etwa das Kopftuch), bleibt aber Teilnehmer der Weltwirtschaft, in der die Türkei eine größere Rolle spielt.

Der indische Dichter Iqbal meinte zwar: »Die Morgenbrise sucht noch nach einem Garten; in Atatürk schlecht aufgehoben, ist die Seele des Ostens immer noch auf der Suche nach einem Körper.«[2] Dennoch zeigte er sich recht optimistisch, als er Anfang der 1930er Jahre über die Türkei schrieb:

> »Sie allein hat ihr Recht auf geistige Freiheit beansprucht; sie allein ist vom Ideal zur Wirklichkeit übergegangen – ein Übergang, der einen entschlossenen intellektuellen und moralischen Kampf erfordert. Die wachsende Komplexität eines veränderlichen und sich erweiternden Lebens wird sie sicher in neue Situationen bringen, die neue Sichtweisen nahelegen und eine neue Interpretation der Prinzipien erfordern.«[3]

Einige dieser Hoffnungen haben sich erfüllt. Die Türkei hat als erstes muslimisches Land ein eigenes Modell der Moderne entwickelt, das nicht nur unabhängig vom ursprünglichen westlichen Modell ist, sondern sogar damit rivalisiert. Außerdem basiert dieser islamische Modernismus auf gelebter Erfahrung statt – wie bisher sonst überall – auf reiner Phantasie. Westliche Ideen bleiben weiterhin bedeutsam, aber man prüft nun ihre Wirksamkeit, statt sie insgesamt zu übernehmen. Und an die Stelle einer gewissen Unterwürfigkeit gegenüber dem Westen ist ein erneuerter Stolz auf das Türkischsein getreten. Necmettin Erbakan, der erste offen muslimische Ministerpräsident der Türkei und frühe Mentor der Führer der AKP, spottete 1970 über die seit Jahrzehnten geübte Nachahmung des Westens durch den türkischen Staat:

> »So fingen uns die Europäer, die dafür sorgten, dass wir sie blind und ohne jeden Verstand kopierten, in diesem Affenkäfig und zwangen uns, unsere Persönlichkeit und unseren Adel aufzugeben. Das heißt, Europa hatte Erfolg damit, weil es Agenten einsetzte, die es im Lande selbst rekrutierte, Leute, die sich minderwertig fühlten und vor sich selbst ekelten, und so zwang es den Türken in die Knie, der jahrhundertelang weder durch Kreuzzüge noch durch äußere Schläge besiegt werden konnte.«[4]

Für Muslime andernorts zeigt der Erfolg der Türkei, dass es eine funktionierende »islamische« Lösung für das Problem der Anpassung an die westliche Moderne gibt, und diese einzigartige Leistung hat gewaltige geopolitische Konsequenzen. Nach eigener Einschätzung hat die Türkei eine überzeugende Antwort auf die Frage gegeben, die einst die Tanzimat-Reformer bewegte: Kann ein muslimisches Land sich selbst so weit modernisieren, dass es als Mitglied der westlichen Zivilisation gilt? In Atatürks isolationistischem Nationalismus kam die Entschlossenheit zum Ausdruck, in den einzigen Club aufgenommen zu werden, der zählte. So schottete sich die Türkei von ihren muslimischen Nachbarn ab und bot sich als zuverlässiger Natopartner an. Sie trat anderen antikommunistischen Bündnissen bei und freundete sich mit Israel an, dem Paria-Staat für Muslime in aller Welt.

Aber am Ende scheint die Türkei wie einst Meiji-Japan vor ihr auf eine explizit rassisch motivierte Abneigung des Westens gestoßen zu sein, die ihr die volle Mitgliedschaft im Club verweigert. Seit ihre Bemühungen um einen Beitritt zur Europäischen Union zurückgewiesen werden und die gegen muslimische Einwanderer gerichteten Gefühle in Europa zunehmen, beginnen die Türken sich zu fragen, ob der Westen sich noch immer sträubt, den Islam in seine Selbstwahrnehmung einzuschließen, obwohl ein modernisierter Islam sich durchaus an den Westen angepasst zu haben scheint.

Zu dieser Enttäuschung der ältesten geopolitischen Bestrebungen der Türkei kommt ein weiterer Punkt, die lange hinausgeschobene Auseinandersetzung mit der geopolitischen Bestimmung der Türkei sowie mit ihrer langen Geschichte als Herrscherin über den Nahen und Mittleren

Osten. Wachsende Wirtschaftsbeziehungen sorgen für eine engere Verbindung mit den arabischen Staaten des Nahen und Mittleren Ostens und dem Iran. Der Auftrieb propalästinensischer Einstellungen innerhalb der türkischen Bevölkerung hat zu diplomatischen Konflikten mit Israel geführt. Trotz eines lukrativen Angebots weigerte sich die Türkei, den amerikanischen Truppen im Irakkrieg 2003 die Nutzung türkischen Staatsgebiets zu erlauben. Sie wehrt sich außerdem gegen die vom Westen über den Iran verhängten Sanktionen. Das hat unter anderem zur Folge, dass die Menschen der arabischen »Straße«, geleitet von ihren antiwestlichen Gefühlen, ihre Hoffnungen nach Nasser, Saddam Hussein und dem Hisbollah-Führer Hassan Nasrallah nun – respektabler – auf den AKP-Führer und Ministerpräsidenten Recep Tayyip Erdoğan konzentrieren. Nach nahezu einem Jahrhundert Modernisierung im westlichen Stil schwingt die Türkei unter einem islamischen Führer wieder die Fahne des Panislamismus, und das ist noch nicht alles.

Die allenthalben in der arabischen Welt stattfindenden Wahlen, bei denen Millionen von Menschen zum ersten Mal zur Wahl gehen können, bringen Parteien mit explizit islamischer Ausrichtung an die Macht. Schon vor dem Arabischen Frühling unternahmen viele muslimische Länder einen ideologischen und politischen Neuanfang mit politischen Führern, die weder aus säkularisierten Schichten noch aus der Elite stammen. In Indonesien, dem größten muslimischen Land der Erde, half Abdurrahman Wahid, Führer einer der größten islamischen Organisationen der Welt, beim Übergang seines Landes von der Diktatur zur Demokratie. Für Araber, die ihr durch Jahrzehnte despotischer Herrschaft zerstörtes politisches System wiederaufbauen wollen, gibt es kein besseres Vorbild als die Türkei, in der die AKP vielen zuvor unzureichend repräsentierten Menschen eine Teilhabe an der politischen Macht ermöglicht hat.

Vor nahezu einem Jahrhundert erschien Atatürk als der größte Visionär der muslimischen Welt, als er sein Land hektisch nach dem Vorbild des Westens umgestaltete. Seine Bemühungen um eine weitgehende Säkularisierung – die letztlich eine kleine autoritäre Elite hervorbrachte – sollten von vielen Herrschern muslimischer Länder bewundert und nachgeahmt werden, in jüngster Zeit von Pakistans abgesetztem Diktator Pervez Musharraf. Aber die Türkei selbst zeigt, dass Atatürks politisches und kulturelles Experiment nur teilweise erfolgreich war und dass einige selektive Anleihen bei der westlichen Moderne den Islam nicht auf die Privatsphäre zu beschränken und erst recht nicht soziale und ökonomische Gerechtigkeit für die Mehrheit der Bevölkerung zu sichern vermögen. Vielmehr beschlossen viele Muslime, die unter weltlichen und kleptomanischen Despoten zu leiden hatten, mit einer stärker islamischen Politik zu experimentieren. In der Zukunft werden weitaus mehr politisierte Muslime sich rechenschaftspflichtige Regierungen wünschen, die Bürgerrechte und ein gewisses Maß an Gleichheit garantieren – und sie werden ihre Ziele weniger über säkulare westliche Ideologien zum Ausdruck bringen als über das alte Ideal einer moralischen Gemeinschaft der Gläubigen.

»Das chinesische Volk ist aufgestanden«

Chinas Entwicklung zu einem starken, zentralisierten Nationalstaat verlief weitaus chaotischer und blutiger und bedeutete für mehrere Zehnmillionen Menschen den vorzeitigen Tod und für noch sehr viel mehr Verfolgung und Vertreibung. Doch diese Entwicklung war erfolgreich und bildet daher den Kern der heutigen Stärke des Landes. China war im frühen 20. Jahrhundert sogar noch stärkerem Druck ausgesetzt als das wankende Osmanische Reich. Der Zusammenbruch der Qing-Dynastie, die japanischen Invasionen und der lange Bürgerkrieg zwischen Sun Yatsens Kuomintang und der Kommunistischen Partei Chinas machten es – selbst aus einer anderen Perspektive als der des Sozialdarwinismus – unabdingbar, dass China einen starken Nationalstaat aufbaute, wenn es nicht untergehen wollte. Das gelang dem Land in einem Maße, das selbst die kühnsten Träume seiner Gründer überstieg, und wie in der Türkei kam dabei einem teilweisen Bruch mit der Vergangenheit und der Übernahme westlicher Ideologien wie des säkularen Nationalismus und des Kommunismus besondere Bedeutung zu.

Geprägt wurde der chinesische Nationalismus von der Serie der dem Land zugefügten Demütigungen. Noch heute erfahren Schulkinder in allen Einzelheiten vom Vandalismus des Westens während des Boxeraufstands, und die Indoktrinierung begann schon lange, bevor die Kommunisten die Macht ergriffen. »Der Opiumkrieg« heißt es in einem Geschichtslehrbuch aus den späten 1920er Jahren, »prägte den Körpern unseres Volkes das Brandmal des Imperialismus auf.«[1] Der Autor eines 1931 veröffentlichten Buches über diesen Konflikt bekannte offen, er wolle bei den chinesischen Lesern »bitteren Hass auf den gemeinsamen Feind« schüren. Es blieb Mao vorbehalten, den Konflikt als »nationalen Krieg gegen den Imperialismus« zu charakterisieren.[2] Und mit dem Hinweis auf den Opiumkrieg begründete er auch, warum weder die Revolution noch der Aufbau einer Nation ein Spaziergang sein könnten. »Angesichts solch eines Feindes«, erklärte er 1951, »kann die chinesische Revolution nur lang und rücksichtslos sein.«[3]

1990, ein Jahr nachdem chinesische Soldaten auf dem Tiananmen-Platz unbewaffnete Demonstranten getötet hatten, konzentrierte man sich auf einem von den kommunistischen Behörden zum Gedenken an den Opiumkrieg veranstalteten Symposium ganz auf böse Ausländer und beschrieb den Opiumkrieg als eine Verschwörung, deren Ziel es gewesen sei, »unser Volk zu versklaven, unseren Reichtum zu stehlen und eine große, seit Jahrtausenden unabhängige Nation in eine halbfeudale Semi-Kolonie zu verwandeln«. Viele Chinesen warteten sehnsüchtig auf das Jahr 1997 – in dem der Pachtvertrag für Hongkong ablaufen sollte, den die Briten dem wehrlosen Kaiser nach dem Opiumkrieg abgepresst hatten – und erblickten darin das Ende eines »Jahrhunderts der Demütigung«. Und jeder, der dem (wie etwa die britische Premierministerin Margaret Thatcher oder der letzte britische Vizekönig Hongkongs Chris Patten) im Wege zu stehen oder die alte britische Haltung der Herablassung oder Überlegenheit an den Tag zu legen schien, war vielfach bösartigen Anfeindungen ausgesetzt. Nichts zeigte die britische Schwäche in den Augen (und erfreuten Herzen) der Chinesen deutlicher als ein weitverbreitetes Foto, das Margaret Thatcher zeigt, wie sie nach einer unverblümten Schelte seitens Deng Xiaopings auf den Stufen der Großen Halle des Volkes in Beijing stolperte und in die Knie ging.

Die Übergabe Hongkongs kam und ging vorüber. Die Briten zogen ab, und Hongkong kam wieder unter chinesische Kontrolle. Aber der chinesische Nationalismus, der durch die versehentliche Bombardierung der chinesischen Botschaft in Belgrad 1999 und durch andere reale oder vermeintliche Beleidigungen durch den Westen weiter angeheizt wurde, bleibt eine starke Kraft. An einem der Eingänge zu den Gärten des Sommerpalasts findet sich bis heute ein Schild mit der Aufschrift: »Vergesst nicht die nationale Schande, baut die chinesische Nation wieder auf!«

Für die frühen Generationen chinesischer Führer war das natürlich leichter gesagt als getan. Der Wunsch, Chinas alte Größe wiederherzustellen, bewegte die Massen ebenso wie deren Elite, und der beste Weg dahin, so glaubte ein breites Spektrum chinesischer Denker von Yan Fu und Liang

Qichao bis Mao Zedong, sei es, den alten dynastischen Staat mit seinen passiven Untertanen durch einen zentralisierten Nationalstaat zu ersetzen. Aber um aktive, tatkräftige Bürger für einen Nationalstaat China mobilisieren zu können, benötigte man neue Gemeinschaftsinstitutionen wie Schulen, ein Rechtssystem und den Militärdienst. Nach mehreren gescheiterten Experimenten war es schließlich die kommunistische Ideologie, mit deren Hilfe die für den Aufbau eines modernen Nationalstaats notwendige politische Gemeinschaft geschaffen wurde.

In vielerlei Hinsicht ist es der Pariser Friedenskonferenz und der nachfolgenden Bewegung des vierten Mai mit ihrer Verehrung westlichen Denkens und ihrer entschiedenen Ablehnung der konfuzianischen Tradition zuzuschreiben, dass der Marxismus-Leninismus zur wichtigsten Ideologie chinesischer Denker und Revolutionäre wurde. Die Russische Revolution, Lenins freiwilliger Verzicht auf russische Territorien und auf Privilegien in China und eine wiedererstarkende kommunistische Bewegung in Europa – all das trug dazu bei, chinesische Aktivisten von der Richtigkeit und vom endgültigen Sieg des Kommunismus zu überzeugen.

Lenins einflussreiche Imperialismustheorie rief zur Bildung von Befreiungsbewegungen in jenen Ländern auf, die von imperialistischen Kräften unterdrückt wurden, so dass der Marxismus-Leninismus als Ergänzung zum leidenschaftlichen Nationalismus der Vierte-Mai-Generation erscheinen konnte. Lenins Idee einer Avantgarde aus engagierten Revolutionären sprach nicht nur Männer wie Chen Duxiu oder Mao an, sondern auch Sun Yat-sen. Dieser gestaltete seine nationalistische Partei, die Kuomintang, nach leninistischem Vorbild um und baute mit sowjetischer Hilfe die berühmte Militärakademie Whampoa auf, in der zahlreiche chinesische Führer ihre Ausbildung erhielten. Kurz vor seinem Tod 1924 hob Sun die Notwendigkeit eines revolutionären Bindemittels in China hervor:

> »Warum sind die Chinesen wie eine Schicht loser Sand? Was macht sie zu einer Schicht losen Sandes? Es gibt zu viel individuelle Freiheit. Die Chinesen haben zu viel Freiheit, deshalb braucht China eine Revolution (...) Weil wir wie eine Schicht losen Sandes sind, ist der ausländische Imperialismus eingedrungen, wurden wir vom Handelskrieg der Großmächte unterdrückt, waren wir unfähig, Widerstand zu leisten. Wenn

> wir der ausländischen Unterdrückung in Zukunft widerstehen wollen, müssen wir die individuelle Freiheit überwinden und uns zu einer festen Einheit zusammenschließen, wie man lockerem Kies Wasser und Zement beigibt, damit er so fest wie Fels wird.«[4]

Das Problem in China bestand darin, so erkannte Sun, die chinesischen Massen für eine revolutionäre Bewegung zu mobilisieren. Zu diesem Zweck verbündete er sich sogar mit den Kommunisten. Um 1924 hatte Sun auch erkannt, dass sein politisches Programm den ökonomischen Anforderungen Chinas gerecht werden musste – insbesondere der Agrarkrise. Aber er starb zu früh, und sein Nachfolger Chiang Kai-shek, obwohl ein selbsternannter Militärtaktiker, hatte wenig Interesse an einer Bodenreform. Mit den Grundherren, den städtischen Finanzmännern und Geschäftsleuten verbündet, verlor er Suns radikale Initiative, die nun an Mao und die Kommunisten überging.

»Wer die Unterstützung der Bauern gewinnt«, sagte Mao, »der wird China gewinnen; wer die Bodenfrage löst, wird die Bauern gewinnen.«[5] Mit seiner Betonung der ländlichen Mobilisierung stieß Mao anfangs bei dogmatischen Marxisten innerhalb seiner eigenen Partei auf Widerstand. Durch eine Reihe von Agrarrevolutionen – Neuverteilung des Bodens, lokale Bauernregierungen – gelang es jedoch den Kommunisten unter Mao, chinesische Bauern zu einer Revolutionsarmee zusammenzuschmieden, die den Sieg 1949 ermöglichte.

Auf analytischer Ebene lässt sich festhalten, dass eine auf Annahmen aus der westlichen Geschichte gründende Theorie verheerende Folgen für China hatte. Hier erwies sich Liang Qichaos Kritik an den frühesten sozialistischen Vorstellungen eines Klassenkampfs in China als vorausschauend. In China, so hatte er argumentiert, fehlten die spezifischen sozialen und ökonomischen Konflikte, die den Sozialismus im Westen zu einer Notwendigkeit machten. Die Kommunisten klebten jedoch an den Lehrbüchern des Marxismus und charakterisierten die chinesische Vergangenheit fälschlich als »feudal«. Das der Theorie immanente Vorurteil zugunsten städtischen industriellen Wachstums und gegen das bäuerliche Leben führte zu einer herablassenden Haltung gegenüber der Masse der chinesischen Bauern – »arm und unwissend«, wie Mao sie nannte.

Und die Suche nach Klassenfeinden rief in den 1930er und 1940er Jahren Massentötungskampagnen in jenen entlegenen ländlichen Regionen hervor, in die sich die Kommunisten unter dem Druck ihrer Rivalen, der Nationalsten und der Japaner, zurückziehen mussten.

In organisatorischer Hinsicht funktionierte der Kommunismus jedoch weitaus besser als der aufgewärmte Konfuzianismus der Nationalisten. Am Ende half er Mao beim Aufbau einer Massenbasis für die KPCh auf dem Lande. Anders als seine Rivalen bot Mao den chinesischen Massen eine überzeugende Beschreibung Chinas. So schrieb er 1940 in seinem Aufsatz »Über die Neue Demokratie«:

> »Seit dem Beginn der Aggression des ausländischen Kapitalismus gegen China und mit dem allmählichen Anwachsen von Elementen des Kapitalismus in der chinesischen Gesellschaft verwandelte sich China nach und nach in eine koloniale, halbkoloniale, halbfeudale Gesellschaft. Das heutige China ist in den von Japan besetzten Gebieten kolonial, in den von der Kuomintang beherrschten Gebieten im wesentlichen halbkolonial und in den einen wie den anderen vorwiegend feudal oder halbfeudal (...) Gegen diese herrschenden Formen der Politik, Wirtschaft und Kultur ist eben unsere Revolution gerichtet.«[6]

Die japanische Invasion half Maos Sache ebenso wie die Korruptheit und Brutalität der Nationalisten. Die Kommunisten knüpften unmittelbar an den Antiimperialismus der chinesischen Massen an und erschienen als die natürlichen Führer des chinesischen Widerstands, auch wenn ihr tatsächlicher Beitrag zum Sieg über Japan nur gering war. Der Klassenkampf war ein weiterer Katalysator, den sie für den Umbau der chinesischen Gesellschaft einsetzten. Die Kommunisten bemühten sich – oft mit brutalen Mitteln – um eine Bodenreform und andere klassenbezogene Maßnahmen der Gesellschafts- und Wirtschaftspolitik, und das selbst während ihres Bürgerkriegs mit den Nationalisten nach 1945. Dieselben organisatorischen Fähigkeiten halfen der KPCh, nach ihrem Sieg 1949 (der die Nationalisten zum Rückzug nach Taiwan zwang) mit bemerkenswerter Geschwindigkeit ein politisches und administratives System aufzubauen und ihren jungen Nationalstaat in Korea 1951 in einen größeren Krieg mit den Vereinigten Staaten zu führen.

Gemeinsam mit sowjetischen und koreanischen Kommunisten brachte China die Vereinigten Staaten 1953 in Korea in eine Pattsituation, wobei eine halbe Million Chinesen den Tod fanden. Für die junge Volksrepublik China war dies ein blutiger Eintritt in den Kalten Krieg, und ihr jahrhundertealtes Misstrauen gegenüber den Westmächten bestätigte sich, als die Vereinigten Staaten China erfolgreich isolierten, das nationalistische Taiwan aufrüsteten und der kleinen Insel den Sitz Chinas in den Vereinten Nationen verschafften.

Dennoch bewies der Marxismus-Leninismus auch weiterhin sein intellektuelles Unvermögen, den chinesischen Realitäten gerecht zu werden. Die (von den Radikalen des vierten Mai übernommene) Ansicht, wonach die Chinesen unwiderruflich unter dem Bann ihrer rückständigen Vergangenheit standen und dringend der Führung durch eine Avantgarde bedurften, sollte stets ein Hindernis für die Demokratisierung des Landes bleiben. Wie problematisch die exzessive Konzentration der Macht in den Händen einer »Avantgarde« war, zeigte sich immer deutlicher, als China sich auf den Weg zu einem raschen Wirtschaftswachstum machte.

Mao Zedong wollte, dass China den Westen möglichst schnell einholte, und setzte daher phantastische Ziele. So forderte er seine Landsleute Mitte der 1950er Jahre auf, innerhalb von 15 Jahren die britische Industrieproduktion zu erreichen. Fehler führten zu einer Reihe von Katastrophen, die China in die Knie zwangen. Durch Nahrungsmittelknappheit und Hungersnöte kamen von 1959 bis 1961 mehr als 30 Millionen Menschen ums Leben. Maos Kulturrevolution, die zumindest ursprünglich der chinesischen Revolution in den 1960er Jahren neuen Schwung verleihen sollte, artete schließlich in einen Bürgerkrieg aus.

Erst Maos Tod 1976 ermöglichte einen Neubeginn auf der Grundlage von Prinzipien, die zwar als rein pragmatisch dargestellt wurden, aber in Wirklichkeit dem orthodoxen Kommunismus weniger zu verdanken schienen als den von Menzius formulierten Idealen eines Gemeineigentums, kombiniert mit freiem Handel. Im Rückblick entsteht mehr und mehr der Eindruck, dass der Kommunismus eine wirkungsvolle Ideologie zur Mobilisierung und Einigung der chinesischen Massen war. Im frühen 20. Jahrhundert unternahmen chinesische Aktivisten den letztlich gescheiterten Versuch, einen einheitlichen Nationalstaat zu schaffen, der China auf der Suche nach Wohlstand und Macht in die moderne Welt führen konnte. Erst den Kommunisten gelang es, einen auf breiter Beteiligung basierenden Nationalismus hervorzubringen, dem sich auch Bauern und städtische Arbeiter anschlossen. Außerdem schufen sie eine neue Armee, gaben den demoralisierten Bauern einen neuen Lebenssinn und neue Kraft und bauten eine mächtige Staatsbürokratie auf, die es Funktionären der Partei und der Verwaltung erlaubt, ihren Einfluss bis in jedes Stadtviertel und jedes Dorf hinein geltend zu machen.

Das ist zum Teil der Grund, weshalb die Kommunistische Partei Chinas kaum in Gefahr scheint, das Schicksal ihrer osteuropäischen und russischen Schwesterparteien zu erleiden, obwohl der Kommunismus zu verhängnisvollen Fehleinschätzungen chinesischer Realitäten führte und seinen intellektuellen Reiz eingebüßt hat. Die Partei besteht nicht länger auf dogmatischer Orthodoxie, sondern versucht sogar, den Kommunismus durch konfuzianische Vorstellungen einer »harmonischen Gesellschaft« zu ersetzen, aber in seiner Rolle als alleiniger Garant für Stabilität, Sicherheit und wachsenden Wohlstand in China ist er weiterhin unangefochten.

Zum Teil aus edlen Motiven, zum Teil aus Eitelkeit, Bosheit und Unfähigkeit brachte Mao eine Katastrophe nach der anderen über sein Volk. Doch seine Erben herrschen immer noch über das Land, und Millionen von Menschen glauben trotz der vielen Tragödien und Katastrophen weiterhin an die guten Absichten und die Weisheit ihrer fernen Herrscher in Beijing.

Bei der Gründung der Volksrepublik China 1949 sagte Mao Zedong: »Die Chinesen sind von jeher eine große, mutige und arbeitsame Nation; erst in der neueren Zeit sind sie zurückgeblieben. Diese Rückständigkeit ist einzig und allein auf die Unterdrückung und Ausbeutung durch den ausländischen Imperialismus und durch die einheimischen reaktionären Regime zurückzuführen.« Und weiter erklärte er: »Das chinesische Volk, das ein Viertel der Menschheit bildet, ist nunmehr aufgestanden.«

Heute, da Yan Fus und Liang Qichaos alter Traum von Wohlstand und Macht Wirklichkeit geworden ist, klingen Maos Worte prophetisch: »Wir werden nicht nur ein starkes Heer, sondern auch eine starke Luftwaffe und eine starke Marine haben.« Und er warnte: »Unsere Nation wird niemals mehr eine Nation sein, die sich beleidigen und demütigen läßt.«[7]

Innerhalb von nicht einmal sechs Jahrzehnten scheint die Geschichte Maos Hoffnungen erfüllt zu haben.

Auf dem Lande gibt es immer noch eine große und unruhige chinesische Masse, die auf grausame Weise von dem neuen städtischen Wohlstand ausgeschlossen ist, zu dem ihre Arbeit und ihre Steuern so viel beigetragen haben. Soziale Unruhen, Umweltverschmutzung, Korruption und andere Übel nähren sich weiterhin von Chinas neuem Überfluss. Aber China, das Land mit den größten Exporten und Devisenreserven der Welt, ist zunehmend zum Motor der Weltwirtschaft geworden und treibt durch seinen Hunger nach Rohstoffen und Märkten in aller Welt das Bruttosozialprodukt in die Höhe. Westeuropa und die Vereinigten Staaten haben keine andere Wahl, als das Land zu hofieren. Die kleinen warenproduzierenden Länder Afrikas und Lateinamerikas bilden die neue Peripherie der Metropole China, und seine einst feindseligen Nachbarn – Japan, Südkorea, Vietnam, die Mongolei – stehen nun in seinem Schatten und bemühen sich um günstige Handelsabschlüsse.

Der Zugriff der KPCh auf die staatliche Macht ist weiterhin unangefochten; sie behält Schlüsselindustrien unter ihrer Kontrolle, bedient sich weiterhin der Rhetorik des Egalitarismus und bewahrt eine bemerkenswerte Kohärenz in der Außenpolitik, die sicherstellt, dass China gegenüber der Welt ein einheitliches Gesicht zeigt. China dürfte sich in naher Zukunft kaum der liberalen Demokratie zuwenden, zumal sein Einparteiensystem jene politische Stabilität zu sichern scheint, die nach Ansicht Samuel Huntingtons für Länder der Dritten Welt in der Modernisierungsphase unerlässlich ist.

Wie oben deutlich wurde, war die Idee der individuellen Rechte in China niemals tief verwurzelt, nicht einmal in den liberalsten Strömungen des modernen chinesischen Denkens, die stets eine kollektivistische Orientierung besaßen. Die Demokratie galt zwar als wesentliches Element des modernen Nationalstaats, der China werden musste, um überleben zu können. »Die Stärke einer Nation«, hatte Liang Qichao geschrieben, »basiert letztlich auf der Demokratie.« Aber unter Demokratie verstand Liang lediglich »Gemeinschaftsgeist« im Unterschied zum Egoismus der Monarchie.[8]

Nach diesem Demokratieverständnis waren die von den liberalen Ideologien des Westens vertretenen Rechte des Individuums stets den Imperativen der nationalen Solidarität und eines starken Staates untergeordnet, vor allem vor dem Hintergrund der ständigen äußeren Bedrohungen, mit denen China in der ersten Hälfte des 20. Jahrhunderts konfrontiert war. Der Kult des Staates und des loyalen Bürgers, der in Liang Qichaos Schriften zum Ausdruck kam, sollte von den Kommunisten bis ins Einzelne ausgearbeitet werden, trotz der marxistischen Voraussage eines »Absterbens des Staates«.

In den Debatten mit seinen radikalen Rivalen behauptete Liang Qichao, der Liberalismus westlicher Prägung könne den Staat schwächen, weil er die Interessen von Einzelnen und Gruppen fördere. China brauche dagegen einen Staatssozialismus, der Wirtschaft und Arbeit kontrolliere, um die Ungleichheit zu verringern und das Land zugleich zu einem ernsthaften Kombattanten im Dschungel des internationalen Wettbewerbs zu machen. »Die Wirtschaftspolitik, für die ich mich einsetze«, schrieb er, »soll vor allem Kapitalisten ermuntern und schützen, damit sie sich möglichst gut am äußeren Wettbewerb beteiligen können. Dieser Politik sind alle sonstigen Erwägungen unterzuordnen.« Liangs ungewollte Prophezeiung findet ihre Bestätigung im heutigen China, dem der Westen zunehmend vorwirft, eine merkantilistische Wirtschaftspolitik zu betreiben, und in dem ein übermächtiger Staat nur allzu rasch bereit ist, Meinungsfreiheit und andere Bürgerrechte zu unterdrücken, falls sie die alles überragenden nationalen Aufgaben eines hohen Wirtschaftswachstums und politischer Stabilität zu gefährden scheinen.

Der Aufstieg des »Rests«

Tocqueville pries 1855 die europäische Kraft und Initiative mit den Worten: »Die europäischen Völker sind oft die größten Schurken, aber wenigstens sind sie Schurken, die Gott mit Willen und Kraft begabt und denen er die Bestimmung zugewiesen hat, für einige Zeit an der Spitze der Menschheit zu stehen. Nichts auf dem gesamten Erdball vermag ihrem Einfluss zu widerstehen.«[1] Das sollte sich in vielfältigerer Hinsicht bewahrheiten, als Tocqueville dies jemals hätte voraussehen können.

Im Wissen um seine »Bürde« veränderte der »Weiße Mann« die Welt für immer, unterwarf ihre gewaltige Vielfalt seiner besonderen Sicht und verwandelte dadurch potentiell reiche Begegnungen mit anderen Völkern in Monologe über die unerreichbare Überlegenheit moderner westlicher Politik, Wirtschaft und Kultur. Indem der Westen seine Vorstellung erfolgreich in die entlegensten Winkel der Erde exportierte, zerstörte er das einheimische Selbstvertrauen und sorgte für eine politische, ökonomische und soziale Verödung, die sich durch die westliche Moderne allein vielleicht niemals ersetzen lässt.

Am Ende weckten westliche Bemühungen um die Modernisierung angeblich rückständiger Asiaten, so aufrichtig und altruistisch sie gemeint sein mochten, doch eher Ressentiments als Bewunderung oder Dankbarkeit. Aus ihrer alten sozialen und politischen Ordnung vertrieben, strebten die gedemütigten Einheimischen, denen die vom Westen beherrschte Welt ihre Würde verwehrte, stets danach, den Westen auf seinem eigenen Gebiet zu schlagen. Das meint der chinesische Intellektuelle in André Malraux' prophetischem Roman »Die Lockung des Westens«, wenn er sagt: »Europa glaubt, alle diese jungen Leute, die seine Kleidung angenommen haben, für sich gewinnen zu können. Sie hassen es. Sie erwarten von ihm nur das, was die Leute aus dem Volk seine

›Geheimnisse‹ nennen.«[2] Viele dieser Geheimnisse befinden sich nun in den Händen von Asiaten.

Fernsehen und Internet und insbesondere das Wachstum virtueller Gemeinschaften haben dazu beigetragen, dass die politischen Emotionen in aller Welt eine beispiellose Intensität erlangt haben. Es ist durchaus nicht übertrieben, wenn man behauptet, dass Millionen von Menschen, wahrscheinlich sogar Hunderte Millionen von Menschen, die mit einer Geschichte der Unterjochung durch Europa und Amerika aufgewachsen sind – der chinesische Softwareentwickler und der türkische Tycoon ebenso wie der arbeitslose ägyptische Hochschulabsolvent –, tiefe Befriedigung aus der Aussicht beziehen, ihre früheren Lehrer und Herren demütigen zu können, die kompromisslos an ihrem Recht festhalten möchten, das Geschehen auf dem ganzen Erdball zu bestimmen. Die Bilder aus Guantanamo und Abu Ghraib, die tiefe Finanzkrise des Westens und die brutalen, aber unsinnigen Militäraktionen in Afghanistan und Pakistan – all das nährt ein überaus starkes Gefühl von westlicher Scheinheiligkeit und Erfolglosigkeit und den Eindruck, dass der Westen sich auf dem Rückzug befindet.

Es mag so scheinen, als seien der Verlust des moralischen Ansehens des Westens und das Selbstbewusstsein des Ostens neuere Phänomene. Doch wie dieses Buch gezeigt hat, wurde die weniger ungleiche Weltordnung, die inzwischen entstanden ist, schon im 19. Jahrhundert von asiatischen Intellektuellen beschrieben, die sich gegen die rassischen und imperialen Hierarchien des Westens und dessen Anspruch wandten, die Regeln der internationalen Politik zu bestimmen. Die historischen Ressentiments und Frustrationen außerwestlicher Gesellschaftsschichten, deren periodische Ausbrüche so viele Europäer und Amerikaner schockieren, nehmen seit langem schon eine zentrale Stellung im politischen Leben Asiens ein. Die Erinnerung an vergangene, von europäischen Imperialisten zerstörte religiöse wie auch politische Größe ist bis heute nicht verblasst.

Diese Vielfalt der nationalen Subjekte und Perspektiven hat die moderne Welt verändert; man kann sie unmöglich ignorieren. Vorstellungen von der Überlegenheit des Westens sind selbst bei intelligenten Menschen immer noch tief verwurzelt und prägen vielfach sowohl Leitartikel als auch die Außen- und Wirtschaftspolitik der Vereinigten Staaten und Europas. Aber für zahlreiche andere haben die westlichen Nationen –

schon im Ersten Weltkrieg – viel von ihrer moralischen Autorität eingebüßt, auch wenn sie immer noch die Macht haben, den Lauf der Geschichte zu bestimmen. Aber selbst diese – selten bewunderte und oft gefürchtete – Macht nahm in den vielen zynischen »heißen« Kriegen des Kalten Kriegs stetig ab. Auch der Untergang des kommunistischen Rivalen verlieh der Macht des Westens keinen neuen Auftrieb. Unter dem zerstörerischen Einfluss des verhängnisvollen »Kriegs gegen den Terror« wurde sie zutiefst diskreditiert durch den Zusammenbruch des »Washington Consensus«, des hochgelobten westlichen Modells eines deregulierten Finanzkapitalismus.

Die Globalisierung führt trotz des Wunschdenkens mancher Kommentatoren durchaus nicht zu einer flachen, von zunehmender Integration, Standardisierung und kosmopolitischer Offenheit geprägten Welt. Vielmehr verstärkt sie tribalistische Zusammenschlüsse, verschärft alte Antipathien und lässt neue entstehen, während sie eine Kakophonie konkurrierender Ansprüche auslöst. Am deutlichsten zeigt sich das heute in Europa und den Vereinigten Staaten, den Initiatoren der Globalisierung. Ungleichheit und Arbeitslosigkeit nehmen zu, während hochmobile Unternehmen auf der Suche nach billigen Arbeitskräften und hohen Profiten durch die ganze Welt ziehen, die Zahlung von Steuern umgehen und dadurch die nötigen Investitionen in Sozialsysteme für eine alternde Bevölkerung unmöglich machen. Ökonomische Rückschläge, die Aussicht auf einen langfristigen Niedergang und ein Gefühl politischer Ohnmacht schüren in der westlichen Bevölkerung großen Zorn und paranoide Gefühle, die sich weitgehend gegen nichtweiße Einwanderer und vor allem Muslime richten.

Während der Westen sich in eine provinzielle Neurose zurückzieht, scheinen in den asiatischen Ländern größere Zuversicht und größerer Optimismus zu herrschen. Die Türkei und Japan versuchen, den westlichen Sicherheitsschirm hinter sich zu lassen, unter dem sie jahrzehntelang Schutz gesucht haben. Uralte Territorialstreitigkeiten zwischen alten Rivalen im pazifischen Raum – etwa zwischen China und seinen Nachbarn – bleiben ungelöst, was den Vereinigten Staaten zahlreiche militärische und diplomatische Optionen in dieser Region eröffnet. Aber die wirtschaftlichen Entwicklungstrends erzählen eine andere Geschichte. Der Handel mit China stellt die Ökonomien Brasiliens, Indonesiens und

Australiens auf eine solide Grundlage, unter Umgehung der Vereinigten Staaten und Europas. Neue Handelsabkommen und regionale Blöcke – wie das Freihandelsabkommen zwischen den ASEAN-Staaten (Association of Southeast Asian Nations) und China, durch das die größte Freihandelszone der Welt entstand –, informelle Gruppen wie BRICS (Brasilien, Russland, Indien, China und Südafrika) und die G20, Revolten gegen despotische Marionetten der Vereinigten Staaten und Europas im Nahen und Mittleren Osten und in Nordafrika – all diese Entwicklungen zeugen von einem weitverbreiteten Wunsch, die nach dem Kalten Krieg übrig gebliebenen Teilungen aufzutauen und eine Weltordnung zu schaffen, die nicht mehr so stark von den Vereinigten Staaten und Westeuropa abhängt.

Vor allem das auf Modernisierung drängende China stellt eine gewaltige Herausforderung für den Westen dar – weitaus größer als die radikalen Islamisten, die eher den Zorn permanenter Verlierer innerhalb des Weltwirtschaftssystems verkörpern. Mit Blick auf ein gedemütigtes Land hatte Kipling sich 1889 gefragt: »Was wird geschehen, wenn China wirklich erwacht, eine Bahn von Schanghai bis nach Lhasa baut und über eigene Waffenfabriken und Arsenale verfügt?« Diese alte Angst findet heute eine starke Grundlage, denn während ein aggressiv nationalistisches China einen raschen Aufstieg erlebt und die Türkei, Indien, Ägypten und der Iran ihre eigenen Wege gehen, scheint die lange Revolte gegen den Westen, die im späten 19. Jahrhundert begann, sich einem historischen Wendepunkt zu nähern. Und zweifellos erscheint die Vorherrschaft des Westens bereits jetzt nur als eine weitere, überraschend kurzlebige Phase in der langen Geschichte der Imperien und Zivilisationen.

Epilog:
Eine zweideutige Rache

Es ist vollkommen klar, wer in der heutigen Welt die Starken und wer die Schwachen, wer die Tauglichen und wer die Untauglichen sind (…) Die Zukunft wird wahrscheinlich von Wohlstand ohne Gleichheit und von Reichtum ohne Frieden geprägt sein.

Zhang Junmai, 1923

Wir werden dem Westen in seinem Wettbewerb, seinem Egoismus und seiner Brutalität nicht folgen.

Rabindranath Tagore, 1924 in Beijing

Das wachsende historische und internationalistische Bewusstsein während des späten 19. und frühen 20. Jahrhunderts erscheint heute wahrhaft erstaunlich. Nur wenige Jahre nachdem al-Afghani die britische Behauptung, Indien zivilisiert zu haben, zurückgewiesen hatte, debattierte Tagore mit den Japanern über die Übel des Nationalismus, und Liang Qichao reflektierte über die Verderbtheit der Demokratie und des Kapitalismus in Amerika. Die Einsichten, die asiatische Denker damals in Bezug auf ihre eigene Lage und die der gesamten Menschheit gewannen, verändern in vielerlei Hinsicht heute noch die intellektuelle und politische Landschaft der Welt und prägen das individuelle wie das kollektive Bewusstsein.

Es war eine kleine Gruppe von Denkern, die in allen asiatischen Ländern dank ihrer Bildung und Erfahrung zu einer erweiterten Sicht auf ihre Gesellschaften und die Welt gelangten. Als Menschen, die dank dieser Bildung und Erfahrung an den Rändern standen, waren sie besonders sensibel für den Wandel. Und obwohl sie von der Mehrheit ihrer Landsleute isoliert waren, brachten sie doch als Erste deren tiefste Probleme, Bedürfnisse und Wünsche zum Ausdruck.

Es bedurfte beträchtlicher privater und öffentlicher Wirren und zahlreicher physischer und geistiger Reisen, um diese Denker an den Punkt zu bringen, an dem sie sich selbst und ihre Umwelt zu verstehen vermochten, und selbst dann war das Wissen, das sie so mühsam erwarben, oft schmerzhaft und bot keine Hoffnung. Sie schienen häufig ihre Meinung zu ändern und sich selbst zu widersprechen. Als einige der Ersten, die mit Traditionen brachen, standen sie vor der Aufgabe, ihre Orientierung in der modernen Welt zu finden und ihr Denken auf neue Fragen persönlicher und kollektiver Identität zu richten. Sie waren sich der Tatsache bewusst, dass sie ehemals großen und in sich ruhenden Zivilisationen angehörten, die nun gegenüber einem kraftvollen und erfolgreichen Westen ins Hintertreffen gerieten. So verstrickten sie sich angesichts einer neuen und vielfach schmerzlichen geschichtlichen Lage in offenkundige Widersprüche. Liang Qichao etwa hielt zunächst an der chinesischen Tradition fest, verwarf sie dann gänzlich und wandte sich ihr schließlich wieder zu. Al-Afghani durchlebte Phasen bitterster Vorwürfe gegen den Islam und verteidigte ihn dann wieder leidenschaftlich. Sayyid Qutb war ein entschieden weltlicher Nationalist, bevor er sich in einen kompromisslosen Islamisten verwandelte. Selbst die konservativsten asiatischen Intellektuellen und Aktivisten – Gandhi, Kang Youwei, Mohammed Abduh – waren zu radikalen Interpretationen ihrer – hinduistischen, konfuzianischen und islamischen – Traditionen gezwungen.

Persönlich ohne jede Macht, schwankten sie zwischen Hoffnung und Verzweiflung, kraftvollem Engagement und dem Gefühl der Vergeblichkeit. Dennoch lässt sich in ihrer Wahrnehmung eine erstaunliche Übereinstimmung erkennen, und zwar weil diese Denker und Aktivisten, ob nun Traditionalisten oder bilderstürmerische Radikale, eine befriedigende Antwort auf ein und dieselbe Frage suchten: wie sie selbst und andere mit dem Dahinschwinden ihrer eigenen Zivilisation durch inneren Zerfall und Verwestlichung zurechtkommen und wieder Gleichberechtigung und Würde in den Augen der weißen Herren der Welt gewinnen konnten.

Das war die fundamentale Herausforderung für die erste Generation moderner asiatischer Intellektueller und für viele der Ideologien, die moderne asiatische Völker als Antwort auf ebendiese hartnäckige Herausforderung durch den Westen entwickelten – säkularer Nationalismus, Staatssozialismus, arabischer Nationalismus, Panislamismus. Diese Problemlage verbindet nicht nur den Muslim Jamal al-Din al-Afghani mit dem Chinesen Liang Qichao, sondern auch al-Afghani mit Osama bin Laden, Liang mit Mao Zedong, das Osmanische Reich mit der heutigen Türkei und das vorkommunistische China mit dem kapitalistischen China unserer Zeit.

Viele dieser Denker hielten Politik und Wirtschaft westlicher Prägung für zutiefst gewalttätige und zerstörerische Kräfte. Sie wussten, dass es nicht ausreichte, durch ein modernes Bildungssystem technische Fertigkeiten aus Europa zu übernehmen, denn solche Übernahmen brachten auch eine vollkommen neue Lebensweise mit sich. Sie erforderten eine organisierte Massengesellschaft mit dem selbständigen Individuum als Grundeinheit, das seine eigenen ökonomischen Interessen verfolgt und sich zu diesem Zweck zunehmend von Zunftregeln, religiösen Verpflichtungen und anderen Formen gemeinschaftsbezogener Solidarität befreit – eine Voraussetzung, die die alte moralische Ordnung zu zerstören drohte. Diese Denker spürten, dass die moderne Industriegesellschaft, deren Vorreiter Europa war, zwar unwiderstehlich und oft notwendig war, aber wie schon in Europa viele hochgeschätzte Kulturen und Traditionen zerstören und an deren Stelle nur Chaos hinterlassen würde. In den 1920er Jahren fasste Zhang Junmai, Schüler Liang Qichaos und Gastgeber Tagores in China, einige der weithin geteilten Befürchtungen hinsichtlich der drohenden Konfrontation zwischen zwei gegensätzlichen Lebensweisen zusammen:

> »Die Grundprinzipien, in denen unsere Nation gründet, sind Quietismus im Unterschied zum [westlichen] Aktivismus, spirituelle Zufriedenheit im Unterschied zum Streben nach materiellen Vorteilen, agrarische Selbstversorgung im Unterschied zum merkantilistischen Profitstreben und ein moralisch veränderndes Gefühl für Brüderlichkeit statt Rassentrennung (...) Einer auf Landwirtschaft basierenden Nation fehlt es an Wissen im Bereich der industriellen Künste, aber die materiellen Ansprüche sind vergleichsweise gering. Obwohl sie über einen langen Zeitraum Bestand hat, vermag sie doch trotz Armut ein gewisses Maß an Gleichheit zu gewährleisten und trotz Knappheit den Frieden zu sichern. Aber was wird nun aus ihr werden?«

Liang und Zhang fürchteten, die Modernisierung werde drastische Auswirkungen haben. Sie werde die alte, auf Landwirtschaft und Handwerk, Tausch und Handel basierende Wirtschaft zerstören und junge Menschen in das Elend der neuen städtischen Zentren treiben, wo sich die Glaubens- und Gemeinschaftsbindungen, die ihrem Leben einen Sinn verliehen, auflösen oder zumindest lockern würden, so dass sie anfällig für eine extremistische Politik würden. Und all das für einen Prozess, der nicht einmal im Westen direkt und eindeutig zu Glück und Stabilität führe und der zwar Bildung für die Massen, billigere Konsumgüter, Massenmedien und Massenunterhaltung geschaffen, aber nur in begrenztem

Maße Entlastung von einem tiefempfundenen Gefühl der Entwurzelung, Verwirrung und Anomie gebracht habe.

In der Befürchtung oder dem Verdacht, dieses Schicksal könne auch ihre Gesellschaften ereilen, wurden einige asiatische Intellektuelle zu den wortgewandtesten – und frühesten – Kritikern der Moderne. Sie nutzten ihre eigenen traditionalistischen Vorstellungen vom Sinn und Ziel menschlichen Lebens, um sich gegen die Annahme zu wenden, Wirtschaftsliberalismus, individueller Eigennutz und Industrialisierung könnten ein Allheilmittel gegen die vielfältigen Probleme der Menschheit darstellen. Oft gestützt auf philosophische und spirituelle Traditionen des Islam, Hinduismus und Konfuzianismus, entwickelten sie ein detailliert begründetes Misstrauen gegenüber der »schönen neuen Welt« der Wissenschaft und der Vernunft und bestanden auf den nichtrationalen und nichtutilitaristischen Aspekten des menschlichen Daseins. Mit ihrem antimodernen Gespür, das über herkömmliche politische Kategorien und Unterteilungen hinausging, nahmen sie europäische Denker vorweg, die nach dem Gemetzel des Ersten Weltkriegs den aus dem 19. Jahrhundert stammenden Glauben an eine immer rationalere Welt überdenken mussten.

Gesellschaften, die mit der Krise der Moderne konfrontiert sind, können auch heute noch aus dem Reichtum der Ideen und Phantasie dieser Männer schöpfen. Dennoch muss man einräumen, dass der Lauf der Geschichte viele der Hoffnungen, die ihnen am meisten am Herzen lagen, einfach hinter sich gelassen hat. Tatsächlich übernahmen nahezu alle einheimischen Eliten europäische Prinzipien des Nationalismus und bürgerlichen Patriotismus, um den Westen in einem scheinbar darwinistischen Kampf um die Zukunft zu schlagen (oder zumindest mit ihm gleichzuziehen). Selbst ein so spirituell gesinnter, antipolitischer und gegenüber dem Aufbau eines modernen Staates kritischer Mann wie Gandhi konnte es nicht vermeiden, ein nationalistischer Führer zu werden. In einer frühen Phase seiner politischen Karriere liebäugelte er sogar mit dem Panislamismus. Und in ihrem ungeduldigen Bestreben, die traditionsverhafteten chinesischen Massen für den Nationalismus zu gewinnen, fühlten chinesische Intellektuelle sich gezwungen, mehr als zwei Jahrtausende konfuzianischer Tradition zu diffamieren. Die osmanischen Türken gingen sogar so weit, das islamische Kalifat gänzlich abzuschaffen, auf ihre Führungsrolle in der muslimischen *umma* zu verzichten und dann den Islam insgesamt zu bekämpfen, um die Türkei in einen modernen Nationalstaat umzuwandeln.

Auch andere westliche Ideen schienen von entscheidender Bedeutung zu sein, wenn es darum ging, dem Westen etwas von seinem Reichtum und seiner Macht zu stehlen. Die liberale Demokratie – gewählte Parlamente, unabhängige Gerichte und eine freie Presse – galt anfangs als ebenso wichtig wie Wissenschaft und Technologie für die Schaffung einer modernen Ökonomie nach rationalen und utilitaristischen Grundsätzen. Tatsächlich musste in Japan, der Türkei, China und Indien ein einheimischer Modernisierer nach dem anderen einräumen, dass der Widerstand gegen den Westen eine schnelle Übernahme westlicher Vorstellungen hinsichtlich der Organisation von Staat und Gesellschaft erforderte. Zumindest verlange sie den raschen Sturz der offenkundig todgeweihten Reiche und Dynastien des Ostens.

Vor allem eine westliche Idee erwies sich für muslimische wie auch kommunistische Antiimperialisten als unwiderstehlich. Angesichts ihres Erfolgs in Europa wurde sie fast in ganz Asien von postkolonialen Eliten übernommen. Dieses revolutionäre Rezept, das Selbstermächtigung, Stolz und Emanzipation versprach, beinhaltete die Institutionen und Praktiken des Nationalstaats – klare Grenzen, eine geordnete Regierung, eine loyale Bürokratie, einen rechtlichen Kodex zum Schutz der Bürger, rasches Wirtschaftswachstum durch industriellen Kapitalismus oder Sozialismus, allgemeine Schulbildung, technisches Wissen und die Entwicklung eines Gefühls für die gemeinsamen Ursprünge innerhalb einer nationalen Gemeinschaft.

Eine Reihe neuer Nationalstaaten, die einigen dieser Anforderungen oder wenigstens einem Minimum davon entsprachen, füllte das immense Vakuum, das die Auflösung der europäischen Reiche hinterließ. Nach dem Zweiten Weltkrieg erlangten viele asiatische Staaten die Unabhängigkeit von ihren Kolonialherren, und nach 1945 entstanden innerhalb von lediglich zwei Jahrzehnten mehr als 50 neue Staaten mit neuen Namen, Grenzen und Währungen.

Die formale Dekolonisierung allein vermochte den asiatischen Staaten jedoch kaum ihre Souveränität und Würde zu sichern. In den 1950er

Jahren betonte Nehru häufig die Dringlichkeit der Aufgabe, vor der postkoloniale Führer wie er selbst standen: »Was Europa in hundert oder hundertfünfzig Jahren schaffte, müssen wir in zehn oder fünfzehn Jahren erreichen.« Rasch mit der wirtschaftlichen und politischen Macht des Westens gleichzuziehen war für Abdel Gamal Nasser in Ägypten, der in den 1950er Jahren verzweifelt ausländische Unterstützung beim Bau des Assuan-Staudamms suchte, ebenso unerlässlich wie für Mao Zedong, der die Chinesen aufforderte, während des »Großen Sprungs nach vorn« innerhalb von 15 Jahren die britische Industrieproduktion zu erreichen, wodurch er eine verheerende Hungersnot Anfang der 1960er Jahre auslöste.

Ideologien wie Kommunismus und Sozialismus wurden für den Aufbau neuer Nationen mobilisiert. Führer mit so klangvollen Namen wie Nehru, Mao, Ho Chi Minh, Nasser oder Sukarno lenkten nicht nur diese politischen Veränderungen und legten die Ziele des materiellen Fortschritts für ihre Länder fest, sondern verliehen ihnen auch die Symbolik eines radikalen Nationalismus und der Solidarität gegen den westlichen Imperialismus.

Aber der Übergang von der Kritik an der Fremdherrschaft und dem Aufbau von Massenbewegungen hin zur Schaffung einer stabilen Basis für die Selbstbestimmung erwies sich als sehr schwierig. Die idealistischen Impulse hinter der Revolte und der nationalen Unabhängigkeit verblassten schon bald angesichts der schieren Größe nationaler Aufgaben wie eines nachhaltigen Wirtschaftswachstums und der territorialen Konsolidierung. Aus langen Jahrzehnten kolonialer Ausbeutung in eine vom Kalten Krieg zutiefst gespaltene Welt katapultiert, mussten die neuen Staaten dringend Hilfe und Kapital für ihre oft schwachen, vorindustriellen Volkswirtschaften auftreiben, ein Steuersystem einrichten, Bodenreformen durchführen, politische Institutionen wie Parlamente, Wahlkommissionen und Parteien schaffen, die Zugehörigkeit zur Nation attraktiver machen als lokale Loyalitäten gegenüber ethnischen, religiösen, sprachlichen und regionalen Gruppierungen, eine Rechtsordnung aufbauen, Primarschulbildung und Gesundheitsversorgung zugänglich machen, Armut und Kriminalität bekämpfen sowie Straßen und Eisenbahnen unterhalten. Und als wäre das nicht schon genug, mussten sie ihre Länder auch mit einer professionellen Armee und Bürokratie ausstatten, das Bevölkerungswachstum im Zaum halten und eine Außenpolitik entwickeln, die sowohl die Beziehungen zur alten Kolonialmacht regelte als auch möglichst großen Gewinn aus den Beziehungen zu den Hauptprotagonisten des Kalten Krieges zog.

Vielfältige und mühevolle Aufgaben dieser Art und (wie zu erwarten) grausame Enttäuschungen, gemischte Erfolge, tragische Rückschläge und fürchterliche Konflikte markierten in fast allen asiatischen Ländern die ersten drei Jahrzahnte nach 1945. Ryszard Kapuściński beschrieb das tragische »Drama« der aufrechten und patriotischen postkolonialen Führer einmal mit dem Hinweis auf den

> »unseligen *Widerstand der Materie*[1], dem jeder Politiker begegnet, wenn er den ersten, zweiten oder auch dritten Schritt zum Gipfel der Macht unternimmt. Jeder hat die besten Absichten; er beginnt auch damit, sie zu verwirklichen, doch nach einem Monat, einem Jahr, drei Jahren muß er erkennen, daß er nicht weiterkommt, daß sich alles auflöst, daß alles auf Sand gebaut war. Auf allen Seiten stellen sich ihm Hindernisse entgegen: die jahrhundertealte Rückständigkeit, die primitive Wirtschaft, der Analphabetismus, der religiöse Fanatismus, der Aberglaube der Stämme, die chronische Hungersnot, die koloniale Vergangenheit mit ihrer Politik der Erniedrigung und Verdummung der Unterjochten, die Erpressung der Imperialisten, die Habgier der Korrumpierten, die Arbeitslosigkeit, die negativen Wirtschaftsbilanzen. Es ist nicht leicht, auf einem solchen Weg zum Fortschritt zu gelangen. Der Politiker beginnt zu lavieren und sucht schließlich einen Ausweg in der Diktatur. Die Diktatur bringt Opposition hervor. Die Opposition organisiert einen Putsch.
> Und der Kreislauf beginnt von vorn.«[1]

Die importierten ideologischen Leidenschaften des Kalten Kriegs verschärften in vielen Ländern wie etwa in Pakistan und Indonesien noch die politischen Spannungen. In Kaschmir, Aceh, Ostpakistan, Tibet und Sri Lanka entstanden separatistische Bewegungen. Herrscher, die mit eiserner Hand regierten, kamen an die Macht (Suharto in Indonesien, Ayub Khan in Pakistan, Indira Gandhi in Indien), oft begleitet von viel Gewalt und Unordnung. Zumindest eine Zeitlang schien die »Dritte Welt«, wie ein großer Teil der postkolonialen Welt fälschlich genannt wurde, aus westlicher Sicht verloren – Schauplatz finsterer Bürgerkriege und Quelle hilfsbedürftiger Einwanderer.

Nach mehr als einem halben Jahrhundert des Wandels ist das Bild heute sehr viel klarer und facettenreicher, zumal viele Scheuklappen des Kalten Kriegs inzwischen nicht mehr existieren. Breite transnationale Gruppierungen wie die Bewegung der Blockfreien Staaten, der sich fast alle postkolonialen Staaten anschlossen, um eine Alternative zur kruden Polarisierung des Kalten Kriegs zu schaffen, waren eher von moralischem Idealismus geprägt als von praktischen und effizienzbezogenen Erwägungen. Wir können feststellen, dass die vollständige Übernahme westlicher Ideologien (chinesischer Kommunismus, japanischer Imperialismus) nicht funktionierte. Versuche zu einer Synthese (die parlamentarische Demokratie Indiens, der säkulare Staat der muslimischen Türkei, Chinas Staatskapitalismus) waren erfolgreicher, und die entschiedene Ablehnung des Westens, die sich in der Islamischen Revolution im Iran und den islamistischen Bewegungen ausdrückt, lebt immer noch nach.

Viele neue Nationen wie Pakistan erholten sich nie von ihrem Geburtstrauma. Ihre auf Befreiung zielenden Energien zerstreuten sich in politisch-religiöse Bewegungen immer militanteren Charakters. Anderen – wie den bevölkerungsreichen Ländern China, Indien und Indonesien – gelang es trotz schwerer Rückschläge, ihre Wirtschaft auf den Wachstumspfad zu führen und sich ihre Souveränität zu bewahren, und dies bis zu einem Punkt, an dem das kumulierte Gewicht eine gefährliche Herausforderung für den Westen darzustellen scheint.

Die jüngste Geschichte sagt uns, dass aus großen Teilen Asiens noch weitere – politische, diplomatische und ökonomische – Herausforderungen dieser Art kommen werden. Mehr als ein halbes Jahrhundert nach dem Beginn der Dekolonisierung leben wir immer noch in einem »revolutionären Zeitalter«, wie der amerikanische Schriftsteller Irving Howe es nannte:

> »Der revolutionäre Impuls ist kontaminiert, korrumpiert, entwertet, demoralisiert worden (…), aber die Energie hinter diesem revolutionären Impuls ist immer noch da. Bald entlädt er sich in einem Teil der Welt, bald in einem anderen. Er lässt sich nicht vollständig unterdrücken. Mit Ausnahme der Vereinigten Staaten hoffen Millionen von Menschen – und sicher die Mehrheit derer, die über ein gewisses Maß an politischer Ausdrucksfähigkeit verfügen – auf eine gesellschaftliche Veränderung

> dieser oder jener Art (...) Das sind die vorherrschenden Energien unserer Zeit, und wer die Kontrolle darüber gewinnt, ob in legitimer oder verfälschter Form, wird siegen.«[2]

Amerika, das die Macht von Europa übernommen hat, sei, so schreibt Howe, »der aufrichtigen Überzeugung, nur wenn es der Welt seinen Willen aufzwinge, könne sie gerettet werden. Aber die Welt widersetzt sich diesem Willen. Sie kann ihre eigene Verantwortung nicht aufgeben, selbst wenn sie es wollte.« Diese Worte wurden 1954 geschrieben und klingen doch ein Jahr nach dem Arabischen Frühling und dem Zusammenbruch mehrerer prowestlicher Diktaturen nicht weniger überzeugend als damals. In weiten Teilen der arabischen Welt mögen für die nächsten Jahre Chaos und Unsicherheit herrschen. Aber der Bann der westlichen Politik ist endlich gebrochen. Während entwurzelte Muslime den Westen verächtlich zurückweisen, haben andere wie die Chinesen dessen »Geheimnisse« übernommen. Das Gefühl der Demütigung, das auf mehreren Generationen von Asiaten lastete, ist erheblich schwächer geworden. Der Aufstieg Asiens und das Selbstbewusstsein asiatischer Völker vollenden deren Revolte, die vor mehr als einem Jahrhundert begann. In vielerlei Hinsicht ist dies die Rache des Ostens.

Doch dieser Erfolg verdeckt einen gewaltigen intellektuellen Fehlschlag, der tiefgreifende Auswirkungen auf die heutige Welt und auf die nahe Zukunft hat.

Denn bis heute gibt es keine überzeugende universalistische Antwort auf westliche Vorstellungen von Politik und Ökonomie, obwohl beides immer fiebriger wirkt und gefährlich ungeeignet für weite Teile der Welt erscheint. Gandhi, ihr schärfster Kritiker, ist heute selbst in Indien vergessen. Der Marxismus-Leninismus ist diskreditiert, und obwohl Chinas Herrscher immer häufiger auf konfuzianische Harmonievorstellungen anspielen, bleibt Chinas Vermächtnis auf dem Gebiet der politischen Ethik und der sozio-ökonomischen Theorie bislang weitgehend unerforscht. Und selbst wenn die islamische Moderne der Türkei sich auf andere muslimische Länder übertragen ließe, verweist sie doch auf keine alternative soziale und ökonomische Ordnung.

Der »Washington Consensus« mag in Trümmern liegen, und das kommunistische Regime in Beijing lässt – allein schon durch seinen Fortbestand – westliche Ansprüche auf den Sieg im Kalten Krieg und auf die Unausweichlichkeit liberaler Demokratie lächerlich erscheinen. Aber der »Beijing Consensus« findet eine noch weniger universelle Anwendung als sein Washingtoner Gegenstück und klingt verdächtig nach einer zynischen ökonomischen Rechtfertigung für den Mangel an politischer Freiheit.

Die frühesten modernen Intellektuellen Asiens fühlten sich europäischen Ideen verbunden. Sie arbeiteten in einer von europäischem Handel geprägten oder »vom Sandsturm der modernen Geschichte geblendeten« Welt, wie Tagore dies ausdrückte, und hielten den Nationalstaat ganz selbstverständlich für eine Grundvoraussetzung der Moderne. Und auch wenn diese »abgeleiteten« und synthetischen Abwandlungen des Nationalismus in einer geopolitischen Situation, die für neue souveräne Staaten einige Gefahren bereithielt, durchaus einen gewissen Nutzen hatte, sind deren Grenzen und Probleme heute doch deutlicher erkennbar.

Es war immer schon klar, dass es für in ihrem Innern so vielgestaltige Länder wie Indien und Indonesien nicht leicht sein würde, ohne Gewalt und Unordnung eine soziale, politische und kulturelle Identität zu finden. Europa selbst brauchte Hunderte von Jahren, um das Konzept eines unabhängigen Nationalstaats zu entwickeln und zu verwirklichen und sich dann dennoch in zwei Weltkriege zu stürzen, die von ethnischen und religiösen Minderheiten einen schrecklichen Blutzoll forderten. Das europäische Modell des ethnisch homogenen Nationalstaats passte selbst auf Europa nur schlecht. Dass dies erst recht für multiethnische asiatische Gesellschaften gilt, hat die schwierige Lage der Muslime in Kaschmir, der Tibetaner, der Uiguren, der Chinesen in Malaysia, der sunnitischen Muslime im Irak, der Kurden in der Türkei und der Tamilen in Sri Lanka zur Genüge bewiesen.

Es mag scheinen, dass auch Länder mit unruhigen Minderheiten nicht auseinanderfallen. Aber das geschieht nur unter erheblichen menschlichen Kosten, die zukünftige Generationen möglicherweise als zu hoch empfinden werden. Außerdem ist der Nationalstaat vollkommen unfähig, sich allein mit Problemen wie dem Klimawandel, der Umweltverschmutzung und der Wasserknappheit auseinanderzusetzen, die über nationale Grenzen hinausreichen. Chinas Staudammprojekte und die geplante Ableitung von Flüssen, die auf der tibetischen Hochebene entspringen, bergen katastrophale Gefahren für Süd- und Südostasien.

Weite Teile der »aufstrebenden« Welt sind dabei, die qualvolle und oft tragische Erfahrung des Westens auf ihrem Weg in die Moderne zu wiederholen. In Indien und China hat das um jeden Preis vorangetriebene Wirtschaftswachstum eine protzerhafte Elite hervorgebracht, aber auch bereits zu alarmierenden sozialen und ökonomischen Ungleichheiten geführt. Es ist deutlich geworden, dass Entwicklung, ob nun von Kolonialherren oder von souveränen Nationalstaaten vorangetrieben, den Menschen innerhalb eines Staatsgebiets nicht gleichmäßig zugutekommt, und das gilt erst recht für größere Regionen.

Gewiss stehen die neuen Mittelschichten Chinas und Indiens nach zwei Jahrzehnten Kapitalismus sehr gut da, und ihre herrschenden Eliten können sich so stolz wie nie zuvor auf der internationalen Bühne zeigen. Aber diese scheinbar unbändig erfolgreiche Krönung der antikolonialen Revolution fällt mit einer echten Konterrevolution unter Führung der politischen und wirtschaftlichen Eliten in aller Welt zusammen. Die Merkmale dieser Konterrevolution sind die Privatisierung und Beschneidung öffentlicher Dienstleistungen, die Schwächung der Gewerkschaften, die Fragmentierung der städtischen Arbeiterklasse und deren Absinken ins Lumpenproletariat sowie die rücksichtslose Unterdrückung der armen ländlichen Schichten. Maos Sohn mag in Nordkorea durchaus in Frieden ruhen, wie der chinesische Ministerpräsident es formulierte, denn der große Traum seines Vaters von nationaler Erneuerung ist erfüllt. Aber ohne jeden Zweifel hätten Mao und alle übrigen Führer der Chinesischen Revolution diesen seltsamen Ausgang ihres großen Unternehmens zurückgewiesen, bei dem einige Chinesen aufsteigen, während die meisten anderen zum Abstieg gezwungen sind und die privilegierte Minderheit der Chinesen keine höheren Ziele kennt als die Annehmlichkeiten und Konsumgüter des gehobenen westlichen Lebensstils.

Sechzig Jahre nach der Unabhängigkeit scheint Indien mit seinen stabilen und ehemals demokratischen Institutionen und Verfahren der Erfüllung des nationalen Projekts der ersten postkolonialen Eliten nähergekommen zu sein. Der indische Nationalstaat ist stärker geworden, und seine Stimme hat Gewicht auf dem internationalen Parkett. Auch die Attraktivität für Unternehmen und spekulatives Kapital aus dem Westen nimmt ständig zu. Die indischen Eliten begnügen sich wie die japanischen mit der Stellung eines Juniorpartners der Vereinigten Staaten und bestätigen damit gleichsam, dass die internationale Nachkriegsordnung weiterhin Bestand haben wird.

Diese asiatischen Nutznießer der Globalisierung bieten das Bild eines zuversichtlichen und selbstbewussten Volkes, das geeint in Richtung materiellen Wohlstands und internationaler Bedeutung marschiert. Doch in Indien zeigen sich noch greller als in China die sonderbaren Brüche, die sich aus der wirtschaftlichen Globalisierung ergeben. Das rasche Wachstum in einigen Wirtschaftsbereichen weckt überall Erwartungen, aber die Verteilung der Vorteile beschränkt sich auf einen schmalen Bereich und erhöht so die Zahl der Enttäuschten und Frustrierten, die anfällig für populistische und ethnokratische Politiker werden. Zugleich greifen einige der größten Nutznießer der Globalisierung zu so aggressiven Ideologien wie dem Hindu-Nationalismus.

Die Hoffnungslosigkeit und Verzweiflung vor allem unter landlosen Bauern hat militante kommunistische Bewegungen von beispielloser Stärke und Größe entstehen lassen – der indische Premierminister bezeichnet sie als die größte Bedrohung der inneren Sicherheit Indiens seit der Unabhängigkeit. Diese von Mao inspirierten Kommunisten, die ein eigenes Steuer- und Rechtssystem aufgebaut haben, beherrschen inzwischen weite Teile Mittel- und Nordindiens, vor allem in den Bundesstaaten Andhra Pradesh, Jharkhand, Bihar, Chhattisgarh und Orissa. Ihr informeller Sezessionismus findet sein Gegenstück bei den reichen Indern. In indischen Städten und Vorstädten entstehen immer mehr *Gated Communities*, umzäunte und bewachte Wohnbezirke. Die Elite scheint sich selbst zu verstümmeln, ihre Mitglieder ziehen sich in exklusive Enklaven zurück, in denen sie sich von den sozialen und politischen Problemen ihres Landes abschotten. Das ist zutiefst beunruhigend, da bis zu einem Drittel der Inder in extremer Armut und Deprivation leben. Mehr als die Hälfte der unter fünfjährigen Kinder in Indien sind unterernährt. Im letzten Jahrzehnt haben Missernten und Schuldenspiralen mehr als hunderttausend Bauern in den Selbstmord getrieben.

Die gelegentlich in westlichen Medien dargestellten Katastrophen – die Gewalt in Kaschmir, die in den letzten anderthalb Jahrzehnten mehr als 80 000 Menschenleben gefordert hat; die Umweltzerstörung und die Entwurzelung von nahezu 200 Millionen Menschen in den ländlichen Regionen Chinas – lassen sich nicht länger mit dem Hinweis auf die in der europäischen Geschichte bereits sichtbar gewordene Entwicklungslogik erklären. Inzwischen beginnt auch der Westen zu spüren, wie schmerzhaft der Übergang der aufstrebenden Welt in die Moderne ist, denn der Hunger Chinas nach Energie und Rohstoffen lässt deren Preise steigen, und die billigen chinesischen Exporte untergraben die einstmals starken Volkswirtschaften Europas und erhöhen die Arbeitslosigkeit in Amerika.

Natürlich war auch Europas Übergang zur heutigen Stabilität und zu seinem heutigen Wohlstand, wie manche asiatischen Intellektuellen anmerken, mehr als schmerzhaft. Dabei kam es zu imperialen Eroberungen, ethnischen Säuberungen und vielen kleineren und größeren Kriegen, in denen viele Millionen Menschen ermordet oder vertrieben wurden. Wenn Indien und China nun mit ihren konsumorientierten Mittelschichten in einer Welt mit begrenzten Energiereserven ihr Wachstum vorantreiben, kann man sich leicht vorstellen, dass diese Länder von denselben wirtschaftlichen Rivalitäten und militärischen Konflikten heimgesucht werden, die das letzte Jahrhundert so gewalttätig machten.

Das erste Jahrzehnt ist bereits durch den Krieg gegen den Terrorismus verunstaltet worden. Im Rückblick jedoch könnte er sich als bloßes Vorspiel zu größeren und blutigeren Konflikten um wertvolle Rohstoffe und Erzeugnisse erweisen, auf die in Modernisierung begriffene wie auch bereits moderne Volkswirtschaften angewiesen sind. Die hinter dem Streben nach endlosem Wirtschaftswachstum stehende Hoffnung – dass Milliarden von Konsumenten in Indien und China eines Tages denselben Lebensstandard haben werden wie Europäer und Amerikaner – ist eine ebenso absurde und gefährliche Phantasie wie die Träume von al-Qaida. Sie verdammt die globale Umwelt dazu, bald zerstört zu werden, und schafft ein gewaltiges Reservoir an nihilistischer Wut und Enttäuschung bei vielen Hundertmillionen Habenichtsen – das bittere Ergebnis des weltweiten Triumphs der westlichen Moderne, das die Rache des Ostens bedrohlich zweideutig erscheinen lässt und all seine Siege in wahrhafte Pyrrhussiege verwandelt.

Nachwort: Neues Zeitalter, neue Weltbilder

Von Detlev Claussen

Der Amerikaner, der den Kolumbus zuerst entdeckte, machte eine böse Entdeckung.

Georg Christoph Lichtenberg, Sudelbücher, G 183, 1779–1783

»Oft kann man ein Lächeln nicht unterdrücken, wenn sie zu diskutieren beginnen. Wie können sie es wagen, über die ›Hauptwesenszüge Chinas‹ zu reden? Manchmal handeln sie falsch, weil ihnen unsere Sitten nicht vertraut sind, oder manchmal werden sie von unwissenden chinesischen Freunden beraten …«

Der Kangxi-Kaiser Shengzu (reg. 1661–1722) 1717

»Europa glaubt, alle diese jungen Leute, die seine Kleidung angenommen haben, für sich gewinnen zu können. Sie hassen es. Sie erwarten von ihm nur das, was die Leute aus dem Volk seine ›Geheimnisse‹ nennen.«

André Malraux, Die Lockung des Westens (1926)

Die Welt wird neu entdeckt – daher muss die Geschichte der Entdeckungen neu erzählt werden. Im langen 19. Jahrhundert sind die großen Erzählungen entstanden, im *short century* wurden sie fortgeschrieben – aber heute klingen die eurozentrischen Misstöne und westlichen Überlegenheitsansprüche schrill in den Ohren. Im *long century,* das man von 1776 bis 1914 datieren könnte, entwickelten sich die modernen Sozialwissenschaften, in die konstitutiv eine eurozentrische und im *short century* die Perspektive westlicher Suprematie eingegangen ist. Dieses Weltbild ist mit dem Fall der Berliner Mauer 1989 und dem 11. September 2001 buchstäblich ins Wanken geraten. Die Floskel von den USA als der einzig verbliebenen Supermacht zerschellt an den ausweglosen Kriegen in Asien nach 1990 und wird handfest durch den rasanten Aufstieg Chinas zur Weltmacht dementiert. Asien sei das neue Gravitationszentrum, könnte man meinen – die aufsteigende Macht, das östliche Pendant zum Westen, der im Abstieg begriffen ist. Die sichtliche Abwendung der USA vom Atlantik und ihre Hinwendung zum Pazifik läutete schon das Ende des *short century* ein. Mit dem Fall der Mauer stand Europa zum letzten Mal im Zentrum der Weltgeschichte.[1]

Aber wer ist Asien? Schon am Ende des *long century,* auf dem Höhepunkt des imperialistischen Zeitalters, begleitete im Westen Überheblichkeit die Furcht. Das Stichwort von der »Gelben Gefahr« war in aller Munde – und das östliche Selbstbewusstsein wuchs. Mishra weist den westlichen Leser auf die Schlacht von Tsushima hin, die in Russland die Revolution von 1905 auslöste – Anfang vom Ende des *long century.* Der Aufstieg des östlichen Selbstbewusstseins schien aus diesem militärischen Erfolg über eine westliche Seemacht zu folgen, die sogar die Vorherrschaft Englands auf den Weltmeeren in Frage zu stellen wagte. Aber wie westlich war das zaristische Russland eigentlich, mit dessen Sturz

1917 die Welt der Dynastien zusammenbrach und das *short century* seinen Anfang nahm? Die Sowjetunion, die von 1917 bis 1990 die westlichen Vorstellungen beherrschte, galt im Westen von nun an als Inbegriff des Ostens, als die »Rote Gefahr«, deren klägliche Implosion 1989 die antikommunistischen Bedrohungsphantasien ihrer Grundlagen beraubte. Der antikommunistische Wahn der *Red Scare* hatte am Ende des Ersten Weltkriegs die Siegermächte dazu veranlasst, Japan an der Beute zu beteiligen. Allerdings hatte man die Rechnung ohne den asiatischen Wirt gemacht – das japanische Inselreich versuchte sich zwischen den Kriegen in Asien als riesige Territorialmacht zu etablieren und schuf damit die Voraussetzung für eine noch größere Furcht, nämlich die vor dem Kommunismus in Asien: in Korea, Vietnam und vor allem China. In der zweiten Hälfte des *short century*, nach 1945, wurde das militärisch besiegte Japan einfach zum Westen gerechnet.

So muss man sich fragen, wer ist der Westen überhaupt? Den Westen gibt es noch gar nicht lange, auch wenn man gemeinhin denkt, er sei schon ewig da. Es ist eine komplementäre westliche Vorstellung des langen 19. Jahrhunderts, dass auch der Osten schon ewig da wäre. Aber der Osten entstand erst im langen 19. Jahrhundert, als er Objekt kolonialistischer Aneignung wurde. Zwar gab es schon länger Kolonien, aber die großen Reiche des Ostens, Indien und China, hatten sich als schwer durchdringlich erwiesen. Japan gar hatte sich in einem atemberaubenden Tempo von nur 50 Jahren selbst zu einer imperialistischen Macht entwickelt. Am Bosporus regierte der osmanische Herrscher, der von Jungosmanen und später Jungtürken unter enormen Reformdruck gesetzt wurde. Der Orient musste erst erfunden werden, und der Orientalismus lieferte das bunte Gewand zu dieser Vorstellung vom Osten. Den Westen gab es um 1900 so gut wie nicht; es gab nur konkurrierende imperialistische Mächte, die versuchten, China unter sich aufzuteilen. Beherrschend im asiatischen Raum während des *long century* war das Empire, an dem sich die anderen Mächte orientierten. Diese Stellung rechtfertigt Mishras Titel »Aus den Ruinen des Empires«. Aus diesen Ruinen nämlich entstand im *short century* das moderne Indien. Für das traditionelle China war Indien der Westen, nicht die bärtigen, seefahrenden Barbaren, die das alte Kaiserreich seit den Opiumkriegen zu einer Konzession nach der anderen zwangen. Erst unter diesem Druck entstand China als Nationalstaat in einem blutigen Prozess nationaler Erneuerung, die das Kaiserreich nicht überlebte; denn China war im 19. Jahrhundert keine Nation, sondern ein Reich, das seit 1644 von einer herrschenden Mandschu-Elite regiert wurde. Ihr wäre es nie eingefallen, sich mit dem Sieg Japans bei Tsushima zu identifizieren, anders als die Handvoll chinesischer Flüchtlinge, die damals in Japan lebten und studierten. Sie bildeten den Kern chinesischer Republikaner, die 1911 die Mandschu-Dynastie zu Fall brachten und die zu Inspiratoren der »Bewegung des 4. Mai« von 1919 wurden, ohne die das chinesische *short century* nicht denkbar ist.

Wenn man genauer hinschaut, ist auch China erst aus der Konfrontation mit dem Westen und Japan hervorgegangen. Man kann vorher von einer chinesischen Zivilisation sprechen, die auch Japan und Korea berührte – aber es war die Zivilisation eines Reiches mit wechselvoller Geschichte. In einer selbstgenügsamen Agrarwirtschaft ruhte die Stabilität dieses Systems, die westliche Beobachter des 19. Jahrhunderts mit Stagnation verwechselten, während sie Aufklärer des 18. Jahrhunderts von Leibniz bis Voltaire noch in tiefes Erstaunen versetzt hatte. Im Gesellschaftsvergleich mit dem vorbürgerlichen Europa schnitt die chinesische Zivilisation überraschend gut ab – auch unter den kosmopolitischen Aufklärern. Diese Sichtweise änderte sich im *long century* radikal. 1792 bis 1794, bei der Mission des englischen Gesandten Earl Macartney an den Pekinger Hof, trafen beide Welten und Zeiten aufeinander. Macartney sollte den chinesischen Markt vor allem für neue englische Industriewaren öffnen, über die der chinesische Kaiser, der an filigranes Handwerk gewöhnt war, nur den Kopf schütteln konnte. Dem Enkel des Kangxi-Kaisers Qianlong begegnete auch im englischen Gesandten nicht der Westen, sondern der Abgesandte eines am Merkantilismus orientierten Königreichs, das dem Kaiser wenig zu bieten hatte. Seine ablehnende Botschaft an den englischen König wurde im Westen lange Zeit als ein Musterbeispiel sinozentrischer Überlegenheitsgefühle und xenophober Arroganz interpretiert. Aber wenn man die vorliegenden Texte liest, ohne einen eurozentrischen Blickwinkel einzunehmen, ergibt sich ein anderes Bild, wie Jürgen Osterhammel überzeugend gezeigt hat: »China war in der Tat, wie Qianlong zu verstehen gab, wirtschaftlich autark. Wiewohl die chinesische Wirtschaft mehr als zwei Jahrhunderte lang vom Silber aus der Neuen Welt wohltuend angeregt war, bedurfte sie –

anders als die des ›Handelsstaats England‹ – zu ihrer Reproduktion keineswegs der Einbindung in die internationale Arbeitsteilung.«[2]

Erst die Opiumkriege nach 1840 änderten nicht nur die *terms of trade*, sondern auch die Sicht auf China und den Orient. China war Teil einer riesigen Landmasse hinter Indien geworden, die neben raffinierten Produkten für den Alltagsgebrauch auch ungeheure Potentiale an Rohstoffen und ausbeutbaren Arbeitskräften bot, die als Kulis um die Welt wanderten oder als Polizei-Sikhs an allen Ecken und Enden des Empires auftauchten. Über das Opium, nicht nur über die verkehrsregulierenden Sikhs in Shanghai, war China mit Indien verbunden. Die Alten Reiche wurden von ungeheurer Unruhe ergriffen: Die berühmte *Indian Mutiny* 1857 fällt zeitlich in die Mitte des fast 20 Jahre andauernden Taiping-Aufstandes, der noch im »Kapital« von Karl Marx widerhallt. Im berühmten Kapitel »Der Fetischcharakter der Ware und sein Geheimnis« heißt es in Fußnote 25: »Man erinnert sich, dass China und die Tische zu tanzen anfingen, als alle übrige Welt still zu stehen schien – pour encourager les autres.«[3] Die gängige Floskel vom chinesischen Stillstand dreht Marx um; die europäische Ruhe nach den Revolutionen von 1848 und 1849 bedeutet für ihn Stillstand, ermutigt wird der ungeduldige Revolutionär durch außereuropäische Ereignisse, auf die er einen genauen Blick hat. Die geopolitische Verschiebung von Orient und Okzident hatten Marx und Engels schon im Kommunistischen Manifest 1848 beobachtet: »Die wohlfeilen Preise ihrer Waren sind die schwere Artillerie, mit der sie alle chinesischen Mauern in den Grund schießt, mit der sie den hartnäckigsten Fremdenhaß der Barbaren zur Kapitulation zwingt. Sie zwingt alle Nationen, die Produktionsweise der Bourgeoisie sich anzueignen, wenn sie nicht zugrunde gehen wollen; sie zwingt sie, die sogenannte Zivilisation bei sich selbst einzuführen, d. h. Bourgeois zu werden. Mit einem Wort, sie schafft sich eine Welt nach ihrem eigenen Bilde … Wie sie das Land von der Stadt, hat sie die barbarischen und halbbarbarischen Länder von den zivilisierten, die Bauernvölker von den Bourgeoisvölkern, den Orient vom Okzident abhängig gemacht.«[4] Man muss gegen Ironie unempfindlich sein, um die Autoren dem im 19. Jahrhundert konformen Orientalismus zuzuschlagen.[5]

Diese unter dem Gesichtspunkt der Aktualität der Revolution in Europa geschriebenen Zeilen projizieren die englische Gegenwart auf die ganze Welt; die differierende gesellschaftliche Realität vorkapitalistischer Gesellschaften wird verkannt; erkannt aber wird die Unausweichlichkeit weltgesellschaftlicher Veränderung, die das *long century* bestimmen wird. Das Empire wird zum Erkenntnismodell für die sich verändernden Ost-West-Beziehungen. Die reale Machtverschiebung zwischen Europa und dem Rest der Welt ist der rationale Kern der eurozentrischen Ideologie, die selbst über die Kritiker der sogenannten europäischen Zivilisation Gewalt hat. Mishra hat vollkommen recht, wenn er in der Schlacht von Tsushima 1905 das Signal erblickt, das diese Ideologie zutiefst erschüttert hat. Sie kann als Totenglocke nicht nur des Zarenreichs, sondern auch des Empires vernommen werden. Aber ein Perspektivenwechsel macht deutlich, dass die alten Reiche des Orients, die Marx Mitte des 19. Jahrhunderts noch vor Augen hatte, ebenfalls zugrunde gingen: Der »Kranke Mann vom Bosporus«, das Osmanische Reich, lag im Sterben, das *Raj*, das indische Empire, als dessen *Empress* die englische Königin Viktoria herrschte, war auf den Ruinen der alten Mogulreiche und Fürstentümer errichtet worden, und das chinesische Kaiserreich durchlebte die tiefsten Demütigungen – erst durch die »Ungleichen Verträge«, dann durch die Zerstörung der chinesischen Flotte im Krieg mit Japan 1895 und später durch die auf den Boxeraufstand folgende unsägliche Befriedungsaktion durch vereinigte westliche Truppen 1901, unter dem Oberkommando des Grafen von Waldersee. Der deutsche Kaiser Wilhelm II. berief sich zur Rechtfertigung rücksichtsloser Kolonialgewalt keineswegs auf westliche Werte, sondern auf König Etzel und seine Hunnen. Das zu spät gekommene Deutschland war auch ideologisch hinter der westlichen Ideologie einer zivilisatorischen Mission im Orient zurückgeblieben. Dafür aber blühte in der deutschen Wissenschaft der Orientalismus umso heftiger auf.

Die Erfahrung der niederschmetternden Kolonialgewalt in der zweiten Hälfte des *long century* bewegt die drei intellektuellen Helden von Mishras Erzählung: al-Afghani, Tagore und Liang Qichao. Mishra entgeht der Versuchung, der eurozentrischen Sicht eine authentisch asiatische entgegenzusetzen; denn diese wäre selber noch vom Orientalismus geprägt. Weiter als Edward Said ihn fasst, ist der Orientalismus eine Begleiterscheinung der Aufklärung; anders als die meisten Geisteswissenschaftler und *intellectual historians* es wahrhaben wollen, sollte unter Aufklärung mehr verstanden werden als eine kosmopolitische intellektuelle Bewegung aus dem 18. Jahrhundert. Aufklärung, auf deren innere Widersprüchlichkeit

Horkheimer und Adorno 1944 in ihrem epochalen Werk »Dialektik der Aufklärung« aufmerksam gemacht haben, ist ein materialer gesellschaftsgeschichtlicher Prozess, der unabgeschlossen ist. Alle drei Protagonisten Mishras sind von diesem Aufklärungsprozess erfasst worden; sie selbst, auch wenn sie religiöse oder spirituelle Ambitionen haben, sind Agenten eines Säkularisierungsprozesses; denn die traditionelle Religion genügt ihnen nicht mehr. Man könnte angesichts der Schilderung Mishras von unbewusster Säkularisierung sprechen.

Al-Afghani, eine wahrhaft schillernde Figur, entwickelte ein instrumentelles Verhältnis zum Islam, um ihn für die antiimperialistische Massenmobilisierung nutzen zu können. Allein seine sunnitische Verkleidung, um nicht auf einen schiitischen Partikularismus beschränkt zu werden, deutet auf ein verändertes Verhältnis zum Glauben hin. Dan Diner hat auf das Paradox der *salafiya* aufmerksam gemacht, die »als moderne geistige islamische Bewegung versucht, auf die Moderne durch eine Rückkehr zu den Ursprüngen zu reagieren«.[6] Die intellektuellen Bewegungen im Islam lassen sich nur verstehen als eine Reaktion auf die Säkularisierung der islamischen Gesellschaften – oft wider den Willen ihrer gläubigen Herrscher, deren Autorität bei den noch gläubigeren Untertanen durch die kolonialistische Penetration im 19. Jahrhundert zutiefst erschüttert worden war.

Dieser Säkularisierungsprozess ist im *short century* unaufhaltsam weitergegangen und hat mit der Dekolonisierung und verstärkten internationalen Migration neue Konstellationen begründet. Religion, deren Tradition schon längst gebrochen ist, wird zur Ressource – ein Versprechen in der Moderne gegen die Schrecken der Moderne. Aber was heißt schon Religion? Ein bis in die Gegenwart fortgeschleppter Eurozentrismus behauptet, in islamischen Gesellschaften habe es keine Säkularisierung gegeben, weil es auch keine Aufklärung gegeben habe. »Faktische Säkularisierung muslimischer Gesellschaften hat in einem großen Umfang stattgefunden – nicht wie eine eurozentrische Sicht sie hätte erwarten können, nämlich parallel zu der Europas, sondern seit dem 19. Jahrhundert als Folge des Zusammenstoßes mit Europa«, schreibt Alexander Flores mit großer Berechtigung.[7] Bei genauerem Hinsehen erweist sich die Gegenüberstellung von christlichem Westen und islamischem Osten als abstrakter Gegensatz, der sich nicht halten lässt. Man muss sich schon in die Nebelregionen der Geistes- und Kulturgeschichte flüchten, um diesen Gegensatz mit Abstraktionen wie westlichem Materialismus und östlichem Spiritualismus auffüllen zu können. Allgemeinheiten dieser Art haben auch Tagore zu seinen großen Erfolgen im Westen verhelfen können, inklusive eines Nobelpreises, den er 1913 als erster Asiat erhielt. Aber man täte, wie Mishra zeigt, dem Kritiker von Unterwerfung unter kolonialistische Machtstrukturen, dem Bildungsreformer, dem Erneuerer indischer Intellektualität und Kritiker des japanischen Irrwegs von Nationalismus und Imperialismus unrecht, würde man ihn nur als bärtigen Weisen aus dem Morgenland abtun.[8]

Max Weber hat der akademischen Welt eine religionssoziologische Perspektive aufgezwungen, die Religionen unter dem Gesichtspunkt der Wirtschaftsethik verglichen hat. Aus diesem Vergleich ging die »Protestantische Ethik« als einzigartige Wegbereiterin abendländischer Rationalität und Naturbeherrschung hervor. Der Eurozentrismus dieses Weberschen Ansatzes besteht nicht in der konstruierten Überlegenheit der westlichen Weltauffassung, sondern in der Konstruktion unterschiedlicher gesellschaftlicher Lebensformen als durch religiöse Weltauffassungen bedingt. Der von östlichen Zivilisationskritikern beklagte westliche Materialismus erweist sich – wie bei Mishra nachzulesen – bei genauerem Hinsehen selbst als ein travestierter Idealismus, der aus den religiösen Formen die Welt zu erklären versucht. Mishras Bezugnahme auf Foucault, der den Islam für eine Lebensweise hält, trifft auf alle Religionen zu – auch das Christentum erschließt sich in aller Differenziertheit erst als eine bestimmte gesellschaftliche Lebensweise und Herrschaftsform, aus der Reformation, Aufklärung und Säkularismus hervorgegangen sind. Hundert Jahre nach Max Weber haben asiatische und westliche Ideologen gegen Ende des *short century* aus dem Konfuzianismus zunächst den Erfolg der südostasiatischen Tigerstaaten erklären wollen, um die westliche Welt auf den Tigersprung des großen China vorzubereiten.[9]

Dieser geisteswissenschaftliche Reduktionismus verkennt ein komplexes gesellschaftsgeschichtliches Bedingungsgefüge zugunsten einer klischeehaften Formel: Der Eurozentrismus Webers findet im politisch motivierten Konfuzianismus sein Spiegelbild. Der Konfuzianismus Liang Qichaos lässt sich nur als ein Reformationsversuch einer herrschenden Ideologie des Kaiserreichs in eine rationale Herrschaftsform eines modernen Nationalstaats begreifen, der China gegen Ende des *long century* noch nicht war und zu dem es erst unter der kommunistischen Parteidiktatur nach 1949 wurde. In der über 60-jährigen Geschichte der Volksrepublik hat es mehrere heftige Auseinandersetzungen um Konfuzius und den Konfuzianismus gegeben. Die in jüngster Zeit vom Außenministerium geförderte Gründung von Konfuzius-Instituten in aller Welt deutet auf den legitimatorischen Charakter einer neokonfuzianischen Ideologie hin, nicht auf freie Religionsausübung.[10] Die chinesische KP tut religiöse Phänomene als kolonialistische Erbschaft christlicher Missionsbemühungen oder als imperialistische Unterwanderungsversuche durch »neue Religionen« ab. Mit Buddhismus, Daoismus und Konfuzianismus, die im noch orientalistisch orientierten Westen als »chinesische Religionen«[11] gelten, können die chinesischen Kommunisten gut leben. Tibet ist eine Ausnahme, weil dort buddhistische Religionsausübung die Integrität des Nationalstaats bedroht.

Die systematische Vergleichbarkeit menschlicher Lebensbedingungen verdankt die Welt nicht »der« Aufklärung, sondern der Universalisierungstendenz der bürgerlichen Gesellschaft, als deren intellektueller Vorbote die Aufklärungsbewegung fungierte. Mit ihr universalisierten sich im 19. Jahrhundert auch die wissenschaftlche Sprache und die Kategorien, in denen die Verwandlung der Welt[12] erfasst wurde. Die Kategorien besitzen einen eurozentrischen *byas,* der den *furor* zu rechtfertigen scheint, mit denen in antiwestlichen Sozialbewegungen agiert wird. Es gibt aber keine andere universale Sprache, in der moderne Gesellschaften verstanden werden können. Eine eurozentrische Weltsicht sieht in den außereuropäischen Gesellschaften nur zurückgebliebene Länder, die noch im »Mittelalter« leben. So wird verkannt, dass die Rückbesinnung auf autochthone Traditionen eine Reaktion auf die stattfindende Modernisierung der ganzen Welt ist. Nur Selbstreflexion kann die Verzerrung der Perspektiven aufheben; denn auch der nichteurozentrische Blick wird verzerrt, wenn er nicht anerkennt, dass ein bruchloses Anknüpfen an die Tradition gar nicht möglich ist, weil der Bruch schon längst stattgefunden hat. Die Helden in Mishras Erzählung kämpfen damit, eben diesen Bruch zu begreifen. Sie können ihn nicht verstehen, wenn sie nur auf die sich auflösende Tradition blicken, sondern sie müssen im Vergleich die »Geheimnisse« des Westens zu ergründen suchen.

Auch im Westen ist aus den Ruinen des englischen Empires eine Neue Welt entstanden, die – wie der 11. September 2001 gezeigt hat – weltweit als Inbegriff eines neuen Imperiums wahrgenommen wird.[13] Mit dem Kriegseintritt der USA in den *Great War* 1917 hatte der amerikanische Präsident Woodrow Wilson in seinem »Selbstbestimmungsrecht der Völker«[14] eine Legitimation für eine gewaltsame Veränderung der Welt verkündet, die nicht nur das Empire, sondern die gesamte Welt der alten multinationalen Dynastien in Frage stellte. Der östliche Antipode Lenin lehnte nicht das Selbstbestimmungsrecht ab, sondern stellte nur die Ernsthaftigkeit der USA in Frage. Schon im langen 19. Jahrhundert hatten sich die USA an der Seite Englands als aggressive Freihandelsimperialisten etabliert; sie hatten Japan gewaltsam für die Schiffe des Westens geöffnet und gegenüber China eine *Open-Door*-Politik praktiziert, die China zum wehrlosen Objekt kapitalistischer Ambitionen machte.[15] Wilsons Verkündung des Selbstbestimmungsrechts 1918 griff die Dynamik nationaler Befreiung auf; aber die amerikanische Praxis der Pariser Friedensschlüsse zeigte allen – zuvorderst den sich betrogen fühlenden chinesischen Republikanern der »Bewegung des vierten Mai« – die imperialistische Interessengebundenheit dieses angeblichen Prinzips. Mishra zeigt genau, wie gleich am Beginn des *American century* die USA ihren moralischen Kredit in Asien verspielen und Lenin und der Oktoberrevolution eine antiimperialistische Glaubwürdigkeit verschaffen, die erst im Laufe des Jahrhunderts verlorengegangen ist. Die USA wurden in den Augen des Ostens – egal ob es sich um Nationalisten, Kommunisten, Atheisten oder Islamisten handelte – zum Inbegriff eines feindlichen Westens. Sie wurden in der Epoche der Dekolonisierung als selbstsüchtige Erben des englischen Empires wahrgenommen, das im *long century*, dem klassischen Zeitalter des Kolonialismus, dominiert hatte.

Mishra beruft sich nicht auf ein geheimnisvolles asiatisches Wissen; seine lesenswerte kommentierte Bibliographie zeigt ihn als exzellenten Kenner der westlichen Akademie, die in den letzten zwei Jahrzehnten ein neues Wissen produziert hat, das vieles aus dem gelehrten 19. Jahrhundert in den Schatten stellt – und sachlich eben diesen *byas* freilegt, den die moderne wissenschaftliche Literatur seit dem *long century* mitschleppt. Dadurch wird das Dilemma deutlich, in dem alle stecken, die über das veränderte Verhältnis von Ost und West nachdenken – neue

Begriffe wären nötig, doch sie fehlen; deswegen muss man die alten Kategorien reflektieren, wenn man sich nicht auf neue Wortschöpfungen verlassen will, die medial zur Hand und schnell in aller Munde sind. Es ist bemerkenswert, wie selten Mishra das Schlagwort »Identität« benutzt, das seit ungefähr 30 Jahren inflationär verwendet wird – weltweit übrigens. Es geht vielmehr darum, die Entstehung kollektiver Subjektivität zu erforschen. Mishra spricht an einer Stelle von »national subjectivities«. Für diese kollektiven Bewusstseinsformen fehlt der Begriff; an dieser Leerstelle finden nominalistische Neuschöpfungen wie »Identität« ihr Einfallstor. Sie erklären nichts, sie labeln nur. Auch das ist nicht ganz neu.[16]

Mit »Religion« lässt sich das weltweite Aufbegehren gegen westliche Suprematie nicht fassen ... und der radikale Islamismus, der eher »den Zorn permanenter Verlierer innerhalb des Weltwirtschaftssystems« (Mishra, S. 362) verkörpert, trifft nicht die gesellschaftlichen Kräftekonstellationen, die alte Machtverhältnisse unhaltbar gemacht haben. Es gibt auch keine Ideologie[17] wie die Marxismen-Leninismen der Vergangenheit oder den Islamismus der Gegenwart,[18] die den Westen realiter in Frage stellen. Machtvolle Nationalstaaten wie die Türkei, Brasilien, Indien und China, wie auch das neue Russland, das die Sowjetunion von innen aufgesprengt hat, schaffen ein neues Aktionsfeld, in dem nicht nur Europa, sondern auch die USA alt aussehen. Panasiatismus hat ebenso wenig eine Zukunft wie Panslawismus und Panarabismus. Die globalisierte Welt nach dem Ende des *short century* ist partikularer geworden als zur Zeit des Kalten Krieges – als es neben Ost und West noch die Welt der Bandung-Konferenz gab, an die Mishra dankenswerterweise erinnert. Sein Buch macht den Leser in Ost und West darauf aufmerksam, dass die »Geheimnisse« des Westens inzwischen weltweit bekannt sind; der Westen ist längst entzaubert. Der Glaube von 1989, die Vereinigung von Neoliberalismus und Demokratie sei das letzte Wort der Weltgeschichte, teilt 20 Jahre später fast niemand mehr. Eine neue universalistische Weltsicht zu finden, die von jedem Chauvinismus frei ist, ist nicht mehr als eine Möglichkeit. Die Lektüre dieses Buches von Pankaj Mishra ermöglicht es, die überlieferten Perspektiven zu verändern – die vielfältigen Möglichkeiten einer neu entstehenden Welt sind noch gar nicht entdeckt.

Anmerkungen

1 Siehe Detlev Claussen, Globale Gleichzeitigkeit, gesellschaftliche Differenz, in: ders., Oskar Negt, Michael Werz (Hg.), Veränderte Weltbilder. Hannoversche Schriften Bd. 6, Frankfurt a. M. 2005, S. 9–29.

2 Jürgen Osterhammel, China und die Weltgesellschaft. Vom 18. Jahrhundert bis in unsere Zeit, München 1989, S. 123.

3 Karl Marx, Das Kapital. Kritik der politischen Ökonomie, MEW, Bd. 23, Berlin 1965, S. 85.

4 Karl Marx, Friedrich Engels, Manifest der Kommunistischen Partei, in: MEW, Bd. 4, Berlin 1964, S. 466.

5 Siehe Edward Said, Orientalismus, Frankfurt a. M. 2009, S. 180–184.

6 Dan Diner, Versiegelte Zeit. Über den Stillstand in der islamischen Welt, Berlin 2005, S. 90.

7 Alexander Flores, Zivilisation oder Barbarei? Der Islam im historischen Kontext, Berlin 2011.

8 Siehe Rabindranath Tagore, Das goldene Boot. Lyrik, Prosa, Dramen, Düsseldorf und Zürich 2005.

9 Siehe Heiner Roetz, Die chinesische Ethik der Achsenzeit, Frankfurt a. M. 1992, S. 11 ff. Siehe auch Wolfgang Bauer, Das Antlitz Chinas. Die autobiographische Selbstdarstellung in der chinesischen Literatur von ihren Anfängen bis heute, München, Wien 1990, S. 198, und Eun-Jeung Lee, Konfuzianismus und Kapitalismus. Markt und Herrschaft in Ostasien, Münster 1997.

10 Exemplarisch Liao Yiwu, God is Red: The Secret Story of How Christianity Survived and Flourished in Communist China, New York 2012.

11 Einen bahnbrechenden, einen anderen als eurozentrischen Blick auf chinesisches Denken gewährt immer noch Wolfgang Bauer, China und die Hoffnung auf Glück. Paradiese, Utopien, Idealvorstellungen in der Geistesgeschichte Chinas, München 1989.

12 Vorbildlich nacherzählt von Jürgen Osterhammel, Die Verwandlung der Welt. Eine Geschichte des 19. Jahrhunderts, München 2009.

13 Als Begleiterscheinung lässt sich ein globaler Antiamerikanismus beobachten: siehe Tony Judt, Denis Lacorne, With Us or against Us. Studies in Global Anti-Americanism, New York 2005.

14 Siehe Jörg Fisch, Das Selbstbestimmungsrecht der Völker. Die Domestizierung einer Illusion, München 2010.

15 Peter Wende, Das Britische Empire. Geschichte eines Weltreichs, München 2008, S. 132.

16 »Schon gut! Nur muß man sich nicht allzu ängstlich quälen; Denn eben wo Begriffe fehlen, Da stellt ein Wort zur rechten Zeit sich ein.«, erklärt der skrupellose Mephistopheles dem ahnungslosen Schüler. Johann Wolfgang von Goethe, Faust I, Studierzimmer, Vers 1994–1996.

17 Am Stichwort Ideologie kann man die Schicksale der Begriffe studieren. In

der Aufklärung sollte mit ihm das Verhältnis von Körper und Geist erforscht werden; in der Marx'schen Theorie bezeichnet Ideologie ein apologetisches »notwendig falsches Bewußtsein«, das der rationalen Kritik zugänglich ist. In den Marxismen verschiedener Couleur schlägt der kritische Ideologiebegriff in eine positive Kategorie um. Falsch ist nur das Bewusstsein der anderen. Im Westen des *short century* verwandelte sich Ideologie im Gefolge der Wissenssoziologie in ein System von Ideen, mit dem sich Massen mobilisieren oder Verhältnisse legitimieren ließen. Am Ende schien es sogar adäquat, aus pragmatischer Sicht, das Ende aller Ideologien zu propagieren. Siehe Institut für Sozialforschung, Soziologische Exkurse. Nach Vorträgen und Diskussionen, Frankfurt a. M. 1956 S. 162–181, und Daniel Bell, The End of Ideology, Boston 1962.

18 Es lässt sich bei Mishra gut nachlesen, dass die angeblich transnationale »islamische Revolution« im Iran Anleihen bei der internationalen Dritte-Welt-Diskussion der sechziger Jahre machte, um eine politisierte Shia wieder in eine national iranische Befreiungsrhetorik einzubauen. Der antiwestliche Gestus dient einer nationalreligiösen Wiedergeburtsphantasie. Auch die palästinensische Hamas lässt sich weniger aus einer islamistischen Ideologie als aus den »Missgeschicken nationalen Bewusstseins« (Frantz Fanon) begreifen.

Anhang

Bibliographische Hinweise

Die Idee zu diesem Buch kam mir 2005, als ich ein Werk von William Pfaff und Edward Stillman mit dem Titel »The Politics of Hysteria« las. In dem Buch, das 1962 geschrieben wurde – also zu einer Zeit, als die Vereinigten Staaten sich entschlossen bemühten, die Ideologien der »Freien Welt« zu exportieren und den Kommunismus zurückzuschlagen –, verwiesen Pfaff und Stillman auf die qualvolle Geschichte des europäischen Imperialismus in Asien und warnten: »Die radikale und zerstörerische Umgestaltung des Lebens und der Gesellschaft [in Asien] – die Herausforderung des asiatischen Verständnisses menschlichen Daseins, die der vier Jahrhunderte währende Einfall des Westens darstellte – wird von westlichen Politikern und Beobachtern ignoriert oder einfach nicht verstanden.« Diese Ignoranz, so hätten Pfaff und Stillman hinzufügen können, war auch bei den Asiaten weitverbreitet, insbesondere bei jenen, die wie ich selbst mit Geschichten vom Aufbau der Nation aufgewachsen waren – einem Triumphalismus in der jeweils lokalen Tonart. Ich bin mit der aufrüttelnden Geschichte von der Entwicklung Indiens zu einem von westlicher Herrschaft freien Nationalstaat groß geworden, aber ich wusste so gut wie nichts über das Geschehen in anderen asiatischen Ländern, über die Schriftsteller und Führer und Aktivisten, die ähnliche Ideen und Ziele formuliert hatten.

Dieses Buch ist das Ergebnis einer eher zufälligen Lektüre. Ich ging von einem Buch zum nächsten, erschrocken über meine eigene Unwissenheit, die mit jedem Buch deutlicher wurde, und entschlossen, diese Unwissenheit durch weitere Lektüre zu verringern. Auf dem Wege gab es glückliche Entdeckungen, die weite Ausblicke eröffneten. Darunter befanden sich zwei außergewöhnliche Bücher: »The Politics of Anti-Westernism. Visions of World Order in Pan-Islamic and Pan-Asian Thought« von Cemil Aydin und »The Wilsonian Moment. Self-Determination and the International Origins of Anticolonial Nationalism« von Erez Manela.

Die Bausteine dieses Buchs sind nicht nur solche autoritativen Überblicksdarstellungen und zahlreiche Nationalgeschichten, sondern auch sehr viel enger fokussierte fachwissenschaftliche Bücher. Sie alle zu nennen würde allzu viel Platz in Anspruch nehmen, und der Leser stünde am Ende ebenso ratlos vor der Frage, wo er seine Reise in diese immer noch dunklen Bereiche der modernen Geschichte beginnen sollte. Statt alle zu Rate gezogenen Bücher aufzulisten, möchte ich daher diejenigen nennen, die Leser mit breiten Interessen als nützlich empfinden könnten.

Vorwort

Bedenkt man die weltgeschichtliche Bedeutung des Russisch-Japanischen Kriegs, finden sich nur relativ wenige Bücher, die sich in englischer Sprache damit befassen. Die diplomatischen Streitigkeiten, die zu diesem Konflikt führten, beschreibt Ian Hill Nishs »The Origins of the Russo-Japanese War« (London 1986). Eine kurze Darstellung der größeren Schlachten findet sich in Geoffrey Jukes' »The Russo-Japanese War 1904–1905« (Oxford 2002). Constantine Pleshakov bietet eine ergreifende Schilderung der zum Scheitern verurteilten russischen Bemühungen während der Seeschlacht von Tsushima in »The Tsar's Last Armada. The Epic Voyage to the Battle of Tsushima« (New York 2003). Über die Wirkungen des Kriegs spricht Vladimir Nabokov zu Beginn seiner Memoiren »Speak, Memory« (New York 1966; dt.: »Sprich, Erinnerung, sprich«, Reinbek bei Hamburg 1984). Auch in den Biographien und Memoiren von Gandhi, Nehru, Atatürk, Sun Yat-sen und Mao Zedong fehlen nur selten Hinweise darauf. Zu den internationalen Auswirkungen der Schlacht siehe Rotem Kowners »The Impact of the Russo-Japanese War« (London 2009) und Cemil Aydins »The Politics of Anti-Westernism« (New York 2007).

1. Die Unterjochung Asiens

Juan Coles »Napoleon's Egypt. Invading the Middle East« (New York 2007) ist die beste neuere Darstellung des gescheiterten megalomanen Abenteuers der Franzosen in Ägypten. Der von Irene Bierman herausgegebene Sammelband »Napoleon in Egypt« (Reading 2003) enthält fachwissenschaftliche Aufsätze über spezifische Aspekte der französischen Invasion und Besetzung, während »Napoleon in Egypt. Al-Jabarti's Chronicle of the French Occupation 1798« (Princeton 1993) unschlagbar ist als Bericht über die muslimische Reaktion auf den Einfall der Franzosen.

Nach den Anschlägen vom 11. September kam eine Fülle von Literatur über die Geschichte des Islam und des Islamismus auf den Markt. Hier kann man aus einem reichhaltigen Reservoir schöpfen, aber einen besonders anregenden Überblick bieten immer noch die drei Bände von Marshall Hodgsons »The Venture of Islam« (Chicago 1974). Sein »Rethinking World History. Essays on Europe, Islam and World History« (Cambridge 1993) bietet eine ebenso erfrischende Sicht auf eine weniger auf den Westen zentrierte Geschichte. Ein Reisebericht aus dem 14. Jahrhundert, »Die Reise des Arabers Ibn-Baṭūṭa durch Indien und China« (Frankfurt am Main 1994), vermittelt den klarsten Eindruck von der geographischen Ausdehnung und dem kulturellen Einfluss der muslimischen Welt. Eine interessante Ergänzung bietet hier »Westward Bound. Travels of Mirza Abu Taleb« (Delhi 2005), die Reiseberichte eines Muslims, der um die Wende zum 19. Jahrhundert den Überlegenheitsanspruch der Europäer dokumentierte. K. M. Panikkars »Asia and Western Dominance. A Survey of the Vasco da Gama Epoch of Asian History, 1498–1945« (London 1953; dt.: »Asien und die Herrschaft des Westens«, Hamburg 1955) ist eine etwas veraltete, aber immer noch unterhaltsame, breit angelegte Geschichte der Durchdringung Asiens durch den Westen. Einige bemerkenswerte, wenn auch zu wenig beachtete Beiträge auf diesem Gebiet stammen von Sanjay Subrahmanyan, dessen »The Portuguese Empire in Asia, 1500–1700. A Political and Economic History« (Oxford 2012) und »Three Ways to Be Alien. Travails and Encounters in the Early Modern World« (Brandeis 2011) zur Pflichtlektüre gehören.

Julia Lovells »The Opium War« (London 2011) ist ein guter Ersatz für die klassischen Studien von Maurice Collis und Arthur Waley zu diesem Thema, und besonders aufschlussreich ist ihr Buch hinsichtlich des Gebrauchs, den chinesische Nationalisten über die Jahrzehnte von diesen Kriegen machten. Jonathan Spence bietet neben vielem anderen eine gewohnt elegante Darstellung der Opiumwirren in seinem Meisterwerk

»The Search for Modern China« (New York 1999; dt.: »Chinas Weg in die Moderne«, München 2008), während John K. Fairbanks früher Beitrag zur Sinologie – »Trade and Diplomacy on the China Coast« (Palo Alto, Calif., 1953) – immer noch zu überraschen vermag. Mit der aufkeimenden Wahrnehmung der Außenwelt durch die Chinesen befassen sich Rebecca Karls »Staging the World. Chinese Nationalism at the Turn of the Twentieth Century« (Durham, N. C., 2002) und Theodore Huters' »Bringing the World Home. Appropriating the West in Late Qing and Early Republican China« (Hawaii 2005).

Die militärischen Aspekte des Indischen Aufstands beschreiben Saul Davids »The Indian Mutiny« (London 2003) und Christopher Hibberts »The Great Mutiny. India 1857« (London 1982). Zu dessen ideologischen, sozialen und politischen Ursachen siehe Eric Stokes »English Utilitarians and India« (London 1959) und dessen »The Peasant Armed. The Indian Rebellion of 1857« (New York 1986) sowie Rudrangshu Mukherjees »Awadh in Revolt, 1857–1858. A Study of Popular Resistance« (Delhi 1984). Eine breitere Darstellung ländlicher Revolten gegen die britische Herrschaft ist Ranajit Guhas bahnbrechende Arbeit »Elementary Aspects of Peasant Insurgency in Colonial India« (Durham, N. C., 1999). Ayesha Jalals »Partisans of Allah. Jihad in South Asia« (Cambridge, Mass., 2008) bietet einen wichtigen ideologischen Hintergrund für den Aufstand und ein Gegenmittel gegen krude Missverständnisse hinsichtlich des Dschihad, vor allem im Kapitel »The Martyrs of Balakot«. Zur indischen Sicht des Aufstands siehe Amaresh Misras »Lucknow. Fire Of Grace – The Story of its Renaissance, Revolution and the Aftermath« (Delhi 1998) und den von Mahmood Farooqui herausgegebenen Band »Besieged. Voices from Delhi 1857« (Delhi 2010). Abdul Halim Sharars »Lucknow. The Last Phase of an Oriental Culture« (Delhi 2010) ist eine ausgezeichnete Darstellung einer im Niedergang begriffenen Stadt. Satyajit Rays Drehbuch und Film »The Chess Players«, nach Premchands Erzählung »Die Schachspieler«, gibt einen lebendigen Eindruck von der Kultur Awadhs in den 1850er Jahren. Zu Delhi im 19. Jahrhundert siehe Mushirul Hasans »A Moral Reckoning. Muslim Intellectuals in Nineteenth-Century Delhi« (Delhi 2007), William Dalrymples »The Last Mughal« (New York 2007), Pavan K. Varmas Biographie des größten Dichters der Stadt »Ghalib. The Man, The Times« (Delhi 1989) sowie den von Ralph Russell und Khurshidul Islam herausgegebenen Band »Ghalib 1797–1869. Life and Letters« (Delhi 1997). Die schwierige Lage der indischen Muslime wird einfühlsam dargestellt in M. Mujeebs »Indian Muslims« (Delhi 1962) und Rajmohan Gandhis »Understanding the Muslim Mind« (Delhi 1988).

Die Literatur, die den triumphalistischen Überlegenheitsanspruch des Westens zurückweist, nimmt ständig zu. Christopher Baylys »The Birth of the Modern World 1780–1914. Global Connections and Comparisons« (Oxford 2003; dt.: »Die Geburt der modernen Welt. Eine Globalgeschichte 1780–1914«, Frankfurt am Main 2006) ist eine meisterhafte Darstellung der neueren Forschung auf diesem Gebiet. André Gunder Franks »Reorient. Global Economy in the Asian Age« (Berkeley 1998), Janet L. Abu-Lughods »Before European Hegenomy. The World System A. D. 1250–1350« (New York 1989) und Kenneth Pomeranz' »The Great Divergence. China, Europe, and the Making of the Modern World Economy« (Princeton 2001) gelten inzwischen als Klassiker auf diesem Gebiet. Durch Prasannan Parthasarathis »Why Europe Grew Rich and Asia Did Not. Global Economic Divergence, 1600–1850« (Cambridge 2011) wird die Geschichte noch komplexer. Hamashita Takeshis »China, East Asia and the Global Economy. Regional and Historical Perspectives« (New York 2008) stellt China ins Zentrum eines riesigen Netzwerks aus Handels- und Tributbeziehungen. Weniger fachlich interessierten Lesern mögen folgende Bücher lesbarer erscheinen: Stewart Gordons »When Asia Was the World. Traveling Merchants, Scholars, Warriors, and Monks Who Created the ›Riches of the West‹« (Philadelphia 2009), Jerry Brottons »The Renaissance Bazaar. From the Silk Road to Michelangelo« (New York 2003) und Jack Goodys »The East in the West« (Cambridge 1996). John Darwins »After Tamerlane. The Global History of Empire« (London 2007; dt.: »Der imperiale Traum. Die Globalgeschichte großer Reiche 1400–2000«, Frankfurt am Main 2010) geht auf elegante Weise die notwendige Aufgabe einer Neuausrichtung der Weltgeschichte an. Victor G. Kiernans »The Lords of Human Kind. European Attitudes Towards the Outside World in the Imperial Age« (London 1969) ist eine informativere Darstellung des Gegenstands als Edward Saids komplexe Polemik »Orientalism« (New York 1978; dt.: »Orientalismus«, Frankfurt am Main 2009). Zu der Frage, wie »Weißsein« zu einer Ideologie und einer Form politischer Solidarität gegen den »Rest« wurde, siehe Marilyn Lakes und Henry Reynolds Buch »Drawing the Global Colour Line. White Men's Countries and the International Challenge of Racial Equality« (Cambridge 2008) und »The White Man's World« von Bill Schwarz (New York 2012), den ersten Band einer vielversprechenden Trilogie.

2. Die seltsame Odyssee des Jamal al-Din al-Afghani

Nikki Keddies »Sayyid Jamal Ad-Din 'Al-Afghani'. A Political Biography« (Berkeley 1972) bleibt die autoritativste Informationsquelle zu al-Afghanis Leben und Denken. Elie Kedouries »Afghani and 'Abduh. An Essay on Religious Unbelief and Political Activism in Modern Islam« (London 1966) neigt zwar gelegentlich zu Verschwörungstheorien, ist aber dennoch nützlich. Ibrahim Abu-Lughods »The Arab Discovery of Europe. A Study in Cultural Encounters« (Princeton 1963) beschreibt die erste Generation der in die Geheimnisse westlicher Macht eingeweihten Muslime. Albert Houranis »Arabic Thought in the Liberal Age 1798–1939« (Oxford 1962) deckt einen größeren Bereich ab und enthält ein ausgezeichnetes Kapitel über al-Afghani.

Caroline Finkels »Osman's Dream. The History of the Ottoman Empire« (New York 2007) und Carter Vaughn Findleys »The Turks in World History« (New York 2004) sind hilfreiche Einführungen in ein umfangreiches Themengebiet. Şükrü Hanioğlus »A Brief History of the Late Ottoman Empire« (Princeton 2008) ist eine sehr gut lesbare Darstellung der Türkei im 19. Jahrhundert, deren intellektuelle Strömungen in Şerif Mardins »The Genesis of Young Ottoman Thought. A Study in the Modernization of Turkish Political Ideas« (Princeton 2000) dargestellt werden, während Philip Mansels »Constantinople. City of the World's Desire, 1453–1924« (London 1995) und »Sultans in Splendour« (London 2002) eine reichhaltige Schilderung der von den osmanischen Sultanen geschaffenen Welt bieten.

Juan Coles »Colonialism and Revolution in the Middle East. Social and Cultural Origins of Egypt's Urabi Movement« (Kairo 1999) ist das beste Buch über das ruhelose Land, das al-Afghani in den 1870er Jahren erlebte. Zur breiteren Geschichte Ägyptens im 19. Jahrhundert siehe Khaled Fahmy, »All the Pasha's Men. Mehmed Ali, His Army and the Making of

Modern Egypt« (Kairo 2002). David Landes' »Bankers and Pashas. International Finance and Economic Imperialism in Egypt« (Cambridge, Mass., 1980) beschreibt die Eskapaden der Eliten, während Michael Ezekiel Gaspers »The Power of Representation. Publics, Peasants, and Islam in Egypt« (Stanford 2009) einen Blick auf die Straße bietet. Sehr schön geschildert wird das Kairo dieser Zeit in Max Rodenbecks »Cairo. The City Victorious« (London 2000) und in Trevor Mostyns »Egypt's Belle Epoque. Cairo and the Age of Hedonists« (London 2006).

David Lelyvelds »Aligarh's First Generation. Muslim Solidarity in British India« (Delhi 2003) ist eine nützliche Studie, und zu einem interessanten Blick auf Sayyid Ahmed siehe den Aufsatz von Faisal Devji, »Apologetic Modernity«, in dem von Shruti Kapila herausgegebenen Band »An Intellectual History for India« (Cambridge 2010). Jacob M. Landaus »The Politics of Pan-Islam. Ideology and Organization« (Oxford 1990) ist eine autoritative Darstellung, während Cemil Aydin in »The Politics of Anti-Westernism in Asia« eine faszinierende Diskussion der ursprünglichen Motive des Panislamismus bietet.

3. Liang Qichaos China und das Schicksal Asiens

Zur Faszination der osmanischen Türken und Araber für Japan siehe Renée Worringer (Hg.), »The Islamic Middle East and Japan. Perceptions, Aspirations, and the Birth of Intra-Asian Modernity« (Princeton 2007). Die beste lange bzw. kurze Einführung in die Geschichte des modernen Japan bieten Marius B. Jansens »The Making of Modern Japan« (Cambridge, Mass., 2000) und Ian Burumas »Inventing Japan« (New York 2003). Den amerikanischen Blick auf Japan und den pazifischen Raum beschreibt Bruce Cumings »Dominion from Sea to Sea. Pacific Ascendancy and American Power« (New Haven, Conn., 2010).

Liang Qichaos Denken findet eine gute Darstellung in drei größeren Monographien: Joseph R. Levenson, »Liang Ch'i-ch'ao and the Mind of Modern China« (Cambridge, Mass., 1959), Hao Chang, »Liang Ch'i-ch'ao and Intellectual Transition in China, 1890–1907« (Cambridge, Mass., 1971) und Xiaobing Tang, »Global Space and the Nationalist Discourse of Modernity. The Historical Thinking of Liang Qichao« (Stanford 1996). Jonathan Spence beschreibt Liangs und Kang Youweis Leben bewegend in »The Gate of Heavenly Peace. The Chinese and Their Revolution, 1895–1980« (New York 1982; dt.: »Das Tor des Himmlischen Friedens. Die Chinesen und ihre Revolution 1895–1980«, München 1985). Zu Yan Fu siehe Benjamin Schwartz, »In Search of Wealth and Power. Yen Fu and the West« (Cambridge, Mass., 1964).

Eine breitere Darstellung der intellektuellen Szene Chinas findet sich in Hao Chang, »Chinese Intellectuals in Crisis. Search for Order and Meaning (1890–1911)« (Berkeley 1987), und in Merle Goldman und Leo Ou-fan Lee (Hg.), »An Intellectual History of Modern China« (Cambridge 2002). Rana Mitters »A Bitter Revolution. China's Struggle with the Modern World« (Oxford 2005) ist eine ausgezeichnet geschriebene Darstellung der Debatten und Kontroversen, die zur Vierter-Mai-Revolution und darüber hinaus führten. Der Zusammenstoß zwischen den Generationen in den 1910er und 1920er Jahren ist auch gut dargestellt in Vera Schwarcz, »The Chinese Enlightenment. Intellectuals and the Legacy of the May Fourth Movement« (Berkeley 1986). Gute allgemeine Studien zum Thema sind Y.C. Wangs »Chinese Intellectuals and the West 1872–1949« (Chapel Hill 1966), Paul Cohens »Discovering History in China« (New York 1984) – insbesondere die subtilen Einsichten im Kapitel »China's Response to the West« – und Jerome B. Grieders »Intellectuals and the State in Modern China. A Narrative History« (New York 1981). Zwei ausgezeichnete Aufsätze über Liang Shuming und Zhang Taiyan finden sich in Charlotte Furth (Hg.), »The Limits of Change« (Cambridge, Mass., 1976). Wang Huis demnächst erscheinendes Buch »The Rise of Modern Chinese Thought« wird Essays über alle bedeutenderen chinesischen Schriftsteller und Philosophen enthalten. Joseph W. Eshericks »The Origins of the Boxer Uprising« (Berkeley 1988) ist eine unübertroffene Darstellung der Motive der Boxer.

Eri Hottas »Pan-Asianism and Japan's War 1931–1945« (New York 2007) erhellt ein breites Spektrum panasiatischer Traditionen in Japan. Siehe auch Prasenjit Duaras provokanten und anregenden Aufsatz »The Discourse of Civilization and Pan-Asianism« im *Journal of World History*, 12, 1 (Frühjahr 2001). Marius B. Jansens »The Japanese and Sun Yat-sen« (Princeton 1970) beschreibt die prekäre Lage chinesischer Exilanten in Japan. Die beste zusammenfassende Darstellung der politischen und intellektuellen Krise in Europa, auf die sich Liang bezieht, ist Mark Mazowers »Dark Continent. Europe's Twentieth Century« (London 2000; dt.: »Der dunkle Kontinent. Europa im 20. Jahrhundert«, Berlin 2000).

4. 1919: »Den Lauf der Weltgeschichte ändern«

Die Pariser Friedenskonferenz ist von zahlreichen Wissenschaftlern und Schriftstellern behandelt worden. David Fromkins »A Peace to End All Peace. The Fall of the Ottoman Empire and the Creation of the Modern Middle East« (New York 1989) ist eine ausgewogene Darstellung der Zerschlagung des Osmanischen Reiches und der Entstehung des Nahen und Mittleren Ostens. Margaret MacMillans »Paris 1919. Six Months That Changed the World« (New York 2002) befasst sich mit den auf der Konferenz geführten Verhandlungen. Doch es ist Erez Manelas »The Wilsonian Moment. Self-Determination and the International Origins of Anticolonial Nationalism« (New York 2009), das 1919 als das entscheidende Jahr für alle größeren, nach Unabhängigkeit strebenden asiatischen Länder rekonstruiert. Die neuere, bei Haus Publishing in London erscheinende Serie »Makers of the Modern World« umfasst aufschlussreiche Monographien über führende Teilnehmer der Konferenz. Als kurze und erhellende Geschichte der amerikanischen Außenpolitik ist Walter A. McDougalls »Promised Land, Crusader State. The American Encounter with the World since 1776« (New York 1997) unübertroffen. Die Geschichte der Komintern wird auf unterhaltsame Weise erzählt in Peter Hopkirks »Setting the East Ablaze. Lenin's Dream of an Empire in Asia« (New York 1985), und die offiziellen Geschichten der einzelnen kommunistischen Parteien in China, Indien und Vietnam sind weitgehend zugänglich. Doch eine tiefgründige Geschichte der Verbindung zwischen Nationalismus und Kommunismus muss erst noch geschrieben werden. Bisher gibt es nur verstreute Teile in diversen Spezialmonographien. Michael Williams' Aufsatz »Sneevliet and the Birth of Asian Communism«, *New Left Review* I, 123 (September-Oktober 1980), bietet dazu einige nützliche Informationen. Suchetana Chattopadhyays »Early Communist. Muzaffar Ahmad in Calcutta 1913–1929« (Delhi 2011) ist eine aufschlussreiche Darstellung der Welt eines frühen indischen Kommunisten. Dasselbe gilt für Kris Manjapras »M. N. Roy. Marxism and Colonial Cosmopolitanism« (Delhi 2010).

5. Rabindranath Tagore, der Mann aus dem verlorenen Land, in Ostasien

Tagores Weltbild lernt man am besten durch seine eigenen luziden Proschriften kennen, die zum größten Teil in englischer Sprache über diverse Quellen zugänglich sind. Die beste englischsprachige Biographie ist Krishna Duttas und Andrew Robinsons »Rabindranath Tagore. The Myriad-Minded Man« (London 1995). Nur wenige haben so gut über Tagores Ästhetik geschrieben wie Amit Chaudhuri; siehe seine Einleitung zu »The Essential Tagore« (Cambridge, Mass., 2011) und die in »On Tagore« (Delhi 2012) gesammelten Aufsätze. Mit ausgesuchter Pietät schreibt Nirad C. Chaudhuri über Tagore in »Autobiography of an Unknown Indian« (London 1951). Amartya Sens Essay über Tagore in »The Argumentative Indian. Writings on Indian History, Culture and Identity« (Delhi 2005) machten mich erstmals auf dessen politisches Denken aufmerksam – obwohl ich in der Schule schon pflichtgemäß darüber gelesen hatte. Sabyasachi Bhattacharyas »Rabindranath Tagore. An Interpretation« (Delhi 2011) ist eine sensible intellektuelle Biographie.

Die beste akademische Studie zu Tagores politischem Denken ist Michael Collins' »Empire, Nationalism and the Postcolonial World. Rabindranath Tagore's Writings on History, Politics and Society« (New York 2011). Zu Tagores Differenzen mit Gandhi siehe Sabyasachi Bhattacharya (Hg.), »The Mahatma and the Poet. Letters and Debates Between Gandhi and Tagore, 1915–1941« (Delhi 1997). Siehe auch Sugata Bose, »A Hundred Horizons. The Indian Ocean in the Age of Global Empire« (Delhi 2006), und Ramachandra Guhas Einleitung zu »Tagores Nationalism« (Delhi 2010). Tagores intellektuellen Hintergrund beschreibt David Kopf, »British Orientalism and the Bengal Renaissance. The Dynamics of Indian Modernization, 1773–1835« (Berkeley 1969). Siehe auch die Aufsätze von Tapan Raychaudhuri in »Europe Reconsidered. Perceptions of the West in Nineteenth-century Bengal« (Delhi 2002) und »Perceptions, Emotions, Sensibilities. Essays on India's Colonial and Post-colonial Experiences« (Delhi 1999) sowie Sudipta Kaviraj, »The Unhappy Consciousness. Bankimchandra Chattopadhyay and the Formation of Nationalist Discourse in India« (Delhi 1995).

Zu Indiens Verbindungen mit China siehe Madhavi Thampi (Hg.),

»Indians in China, 1800–1949« (Delhi 2010), und Kalidas Nag, »Discovery of Asia« (Calcutta 1993). Tagores Besuche in Ostasien wurden erstmals ausführlich beschrieben in Stephen N. Hay, »Asian Ideas of East and West. Tagore and his Critics in Japan, China, and India« (Cambridge, Mass., 1970). Ein kürzlich erschienener, von Amiya Dev und Tan Chung herausgegebener Band, »Tagore and China« (Delhi 2011), bringt sowohl indische als auch chinesische Sichtweisen. Die wichtige Figur Aurobindo Ghose ist von indischen Nationalisten heftig verleumdet worden, und seine Prosaschriften fanden kaum wissenschaftliche Aufmerksamkeit, mit Ausnahme von Peter Heehs' Arbeiten, insbesondere seiner Biographie »The Lives of Sri Aurobindo« (New York 2008). Ashis Nandy schreibt über Aurobindo mit der gewohnten Sensibilität in »The Intimate Enemy. Loss and Recovery of Self Under Colonialism« (Delhi 1988). Siehe auch das von Sugata Bose stammende Kapitel »The Spirit and Form of an Ethical Policy: A Meditation on Aurobindo's Thought« in Shruti Kapila (Hg.), »An Intellectual History for India« (Delhi 2010). Auf der Website des Aurobindo-Ashram finden sich alle seine Prosaschriften im leicht herunterzuladenden Pdf-Format. B. Parekhs »Colonialism, Tradition and Reform« (London 1989) und Dennis Daltons »Mahatma Gandhi. Non-Violent Power in Action« (New York 2000) ragen immer noch aus der Masse der Bücher zu diesem Thema heraus.

6. Die Erneuerung Asiens

John D. Piersons »Tokutomi Sohō, 1863–1957. A Journalist for Modern Japan« (Princeton 1980) ist eine ausgezeichnete Einführung in den geopolitischen Weg, den Japan im späten 19. und frühen 20. Jahrhundert einschlug. Shogo Suzukis »Civilization and Empire. China and Japan's Encounter with European International Society« (New York 2009) untersucht, warum Japans Sozialisierung in das europäische Staatensystem unvermeidlich von Gewalt geprägt war. John Keays »Last Post. The End of Empire in the Far East« (London 1997) ist wie die meisten Arbeiten dieses unterschätzten Autors eine überaus fesselnde Studie über die letzten Tage der europäischen Kolonialreiche in Asien. Die Besetzung Asiens durch die Japaner ist sehr gut beschrieben in Nicholas Tarlings »A Sudden Rampage. The Japanese Occupation of Southeast Asia, 1941–1945« (Hawaii 2001), in dem von William Newell herausgegebenen Sammelband »Japan in Asia, 1942–45« (Singapur 1981) und in Shigeru Satōs »War, Nationalism, and Peasants. Java under the Japanese Occupation, 1942–1945« (Armonk 1994). Die beiden Bände von Christopher Bayly und Tim Harper, »Forgotten Armies. The Fall of British Asia, 1941–1945« (London 2007) und »Forgotten Wars. Freedom and Revolution in Southeast Asia« (London 2007) setzen neue Maßstäbe für die Geschichtsschreibung.

Vijay Prashads »The Darker Nations. A People's History of the Third World« (New York 2007) ist das einzige Buch seiner Art. Wer sich für die Bandung-Konferenz interessiert, findet nichts Besseres als den von Christopher Lee herausgegebenen Aufsatzband »Making a World After Empire. The Bandung Moment and Its Political Afterlives« (Athens, Ohio, 2010), insbesondere das Kapitel von Dipesh Chakrabarty, »The Legacies of Bandung«. Siehe auch Prasenjit Duara (Hg.), »Decolonization. Perspectives from Now and Then« (New York 2004).

Iqbal ist nur unzureichend ins Englische übersetzt worden; die einzige Ausnahme bildet hier V. G. Kiernans »Poems from Iqbal« (Karatschi 2005). Die beste englischsprachige Darstellung des Dichters ist immer noch Iqbal Singhs »The Ardent Pilgrim. An Introduction to the Life and Work of Iqbal« (Delhi 1997). Ayesha Jalal spricht in »Self and Sovereignty. Individual and Community in South Asian Islam since 1850« (New York 2000) sehr erfrischend über den Dichter und Denker. Mawdudis Werk und Einfluss werden auführlich untersucht in Vali Nasrs »Mawdudi and the Making of Islamic Revivalism« (New York 1996). Ali Shariatis Ansehen im englischen Sprachraum hat sehr profitiert von dem fähigen Biographen Ali Rahnema und dessen Buch »An Islamic Utopian. A Political Biography of Ali Shariati« (London 1998). Hamid Algar hat zwei Bände mit Aufsätzen von Ali Shariati ins Englische übersetzt und mit Einleitungen versehen: »On the Sociology of Islam« (Berkeley 1979) und »Marxism and Other Western Fallacies. An Islamic Critique« (Berkeley 1980; dt. vgl. »Menschenbild im Marxismus und im Islam«, Bremen 2011). Siehe auch Nikki Keddie (Hg.), »Iran. Roots of Revolution« (New Haven, Conn., 1981), insbesondere Yann Richards Beitrag über Shariati.

John Calverts »Sayyid Qutb and the Origins of Radical Islamism« (London 2010) zerstört alle nach dem 11. September häufig vorgetragenen Vorurteile zum Thema. Roy Mottahedehs »The Mantle of the Prophet. Religion and Politics in Iran« (London 1985; dt.: »Der Mantel des Propheten oder Das Leben eines persischen Mullah zwischen Religion und Politik«, München 1987) ist die am leichtesten zugängliche allgemeine Einführung zur Stellung der Religion in der iranischen Gesellschaft vor 1979. Ervand Abrahamians »Iran Between Two Revolutions« (Princeton 1982) ist ebenso unverzichtbar für jeden, der die iranische Politik bis 1979 verstehen möchte. Und der Khomeinismus wird am ehesten verständlich durch das Buch desselben Autors, »Khomeinism. Essays on the Islamic Republic« (Berkeley 1993). Hamid Dabashis »Theology of Discontent. The Ideological Foundation of the Islamic Revolution in Iran« (New Brunswick, N. J., 2006) ist so frisch und aufschlussreich wie eh und je. Siehe auch dessen »Shi'ism. A Religion of Protest« (Cambridge, Mass., 2011). Jalal Al-e Ahmads »Occidentosis. A Plague from the West« (Berkeley 1984) nimmt viel von der heutigen Kritik am modernen Kapitalismus vorweg.

Einige erfrischend vorurteilsfreie und anregende Ansichten zur islamischen Modernisierung finden sich in Mansoor Moaddels »Islamic Modernism, Nationalism, and Fundamentalism. Episode and Discourse« (Chicago 2005) und in Roxanne Eubens »Enemy in the Mirror. Islamic Fundamentalism and the Limits of Modern Rationalism. A Work of Comparative Political Theory« (Princeton 1999). Atatürks streng säkulares Weltbild wird ausführlich erklärt in M. Şükrü Hanioğlu, »Atatürk. An Intellectual Biography« (Princeton 2011). Bernard Lewis' spätere politische Absurditäten tun seiner frühen Leistung in »The Emergence of Modern Turkey« (Oxford 1968) keinen Abbruch, aber einen interessanteren Blick auf diesen Gegenstand bietet Carter Vaughn Findleys »Turkey, Islam, Nationalism, and Modernity. A History« (New Haven, Conn., 2011).

Mao Zedongs eigene Schriften, in deutscher Übersetzung in »Ausgewählte Werke«, 5 Bde. (Beijing 1966–1978), bieten den besten Zugang zu seiner intellektuellen und politischen Entwicklung – wie auch zu seinen Katastrophen. Die wissenschaftlichen Beiträge in Timothy Cheek (Hg.), »A Critical Introduction to Mao« (Cambridge 2010), tun einiges, um ihn vor sensationsgierigen Biographen zu schützen. Thomas A. Metzgers »Escape from Predicament. Neo-Confucianism and China's Evolving Political Culture« (New York 1986) bietet einen provozierenden Blick auf die konfuzianischen Grundlagen des kommunistischen China. Zur Wiederbelebung des Konfuzianismus siehe Daniel Bell, »China's New Confucianism. Politics and Everyday Life in a Changing Society« (Princeton 2008).

Anmerkungen

Vorwort

1 Zit. in Rotem Kowner (Hg.), The Impact of the Russo-Japanese War, London 2006, S. 20.
2 Gandhi, The Collected Works of Mahatma Gandhi, Bd. 4, *http://www.-gandhiserve.org/cwmg/VOL004.PDF*, S. 470.
3 Jawaharlal Nehru, Autobiography, Neu-Delhi 1939; dt.: Indiens Weg zur Freiheit, Berlin 1957, S. 25.
4 Ebd.
5 Marius B. Jansen, The Japanese and Sun Yat-sen, Princeton 1970, S. 117.
6 John D. Pierson, Tokutomi Sohō 1863–1957. A Journalist for Modern Japan, Princeton 1980, S. 143.
7 Ebd., S. 279.
8 Benoy Kumar Sarkar, »The futurism of young Asia«, *International Journal of Ethics* 28, 4 (Juli 1918), S. 536.
9 Zit. in: Cemil Aydin, The Politics of Anti-Westernism in Asia. Visions of World Order in Pan-Islamic and Pan-Asian Thought, New York 2007, S. 76.
10 Zit. in: Kowner, Impact of the Russo-Japanese War, a. a. O., S. 242.
11 Philip Short, Mao. A Life, London 2004, S. 37.
12 Ebd., S. 38.
13 Kowner, Impact of the Russo-Japanese War, a. a. O., S. 230.
14 Sun Yat-sen, »Pan-Asianism«, in ders. u. a., China and Japan. Natural Friends – Unnatural Enemies, Shanghai 1941, S. 143.
15 Gandhi, Collected Works, a. a. O., Bd. 4, S. 471.

Ägypten: »Der Beginn einer Reihe großer Schicksalsschläge«

1 Zit. in E. Krettly, Souvenirs historiques, 2. Ausg., Paris 2003, S. 42.
2 Zit. in Juan Cole, Napoleon's Egypt, New York 2007; dt.: Die Schlacht bei den Pyramiden. Napoleon erobert den Orient, Stuttgart 2011, S. 20.
3 Ebd., S. 156.
4 Ebd., S. 157.

5 Trevor Mostyn, Egypt's Belle Epoque. Cairo and the Age of the Hedonists, London 2006, S. 18.
6 Ebd., S. 14.
7 Bernard Lewis, A Middle East Mosaic. Fragments of Life, Letters and History, New York 2000, S. 41.
8 Shmuel Moreh, Napoleon in Egypt. Al-Jabarti's Chronicle Of The French Occupation, 1798, Princeton 1993, S. 71.
9 Ebd., S. 28.
10 Ebd., S. 28.
11 Ebd., S. 31.
12 Ebd., S. 109 f.

Der langsame Zerfall Indiens und Chinas

1 Lewis, A Middle East Mosaic, a. a. O., S. 42.
2 Zit. in: Bernard S. Cohn, Colonialism and its Forms of Knowledge. The British in India, Princeton 1996, S. 112.
3 K. M. Panikkar, Asia and Western Dominance, London 1953; dt.: Asien und die Herrschaft des Westens, übers. von R. Frank, Zürich 1955, S. 80.
4 Tapan Raychaudhuri, Europe Reconsidered. Perceptions of the West in Nineteenth-century Bengal, Delhi 2002, S. 292.
5 Edmund Burke, Selected Writings and Speeches, New Brunswick 2009, S. 453.
6 Nicholas B. Dirks, The Scandal of Empire. India and the Creation of Imperial Britain, Cambridge, Mass., 2006, S. 292.
7 Nirad C. Chaudhuri, Autobiography of an Unknown Indian, London 1951, S. 408.
8 Christopher Hibbert, The Dragon Wakes. China and the West, 1793–1911, London 1984, S. 32.
9 Ebd., S. 53.
10 Julia Lovell, The Opium War, London 2011, S. 89.
11 Jonathan Spence, The Search for Modern China, London 1990; dt.: Chinas Weg in die Moderne, München 1995, S. 157.
12 Ebd., S. 165.
13 Lovell, The Opium War, a. a. O., S. 52.
14 William Theodore de Bary und Richard Lufrano (Hg.), Sources of Chinese Tradition. From 1600 Through the Twentieth Century, Bd. 2, New York 2000, S. 203.
15 Ebd., S. 204.
16 John K. Fairbank, Trade and Diplomacy on the China Coast. The Opening of the Treaty Ports, 1842–1854, Palo Alto, Calif., 1953, S. 173.
17 Madhavi Thampi (Hg.), Indians in China, 1800–1949, Delhi 2010, S. 89.
18 Lovell, The Opium War, a. a. O., S. 227.

19 Patricia Buckley Ebrey, The Cambridge Illustrated History of China, Cambridge 1996; dt.: China. Eine illustrierte Geschichte, Frankfurt am Main 1996, S. 240.
20 Hibbert, The Dragon Wakes, a. a. O., S. 264.
21 Ebd., S. 226.
22 Ebd., S. 265.
23 Rebecca E. Karl, Staging the World. Chinese Nationalism at the Turn of the Twentieth Century, Durham, N. C., 2002, S. 12.
24 Ebd., S. 14.
25 Theodore Huters, Bringing the World Home. Appropriating the West in Late Qing and Early Republican China, Hawaii 2005, S. 65.
26 Krishna Dutta und Andrew Robinson, Rabindranath Tagore. The Myriad-Minded Man, London 1995, S. 81.
27 Raychaudhuri, Europe Reconsidered, a. a. O., S. 73.
28 Rudrangshu Mukherjee, Awadh in Revolt, 1857–1858. A Study of Popular Resistance, Delhi 1984, S. 32.
29 William Dalrymple, The Last Mughal. The Fall of Delhi 1857, London 2009, S. 96.
30 Emily Eden, Up the Country. Letters Written to Her Sister from the Upper Provinces of India, Cambridge 1866, S. 139.
31 Dalrymple, The Last Mughal, a. a. O., S. 104.
32 Raychaudhuri, Europe Reconsidered, a. a. O., S. 38.
33 Karl Marx, Zur Kritik der Hegelschen Rechtsphilosophie. Einleitung, MEW, Bd. 1, Berlin 1976, S. 378.
34 Mahmood Farooqui (Hg. und Übers.), Besieged. Voices from Delhi 1857, Delhi 2010, S. 352.
35 Ebd., S. 382 f.
36 Mukherjee, Awadh in Revolt, a. a. O., S. 81.
37 Ebd., S. 148.
38 Narayani Gupta, Delhi Between Two Empires, 1803–1930. Society, Government and Urban Growth, Delhi 1981, S. 21.
39 Lovell, The Opium War, a. a. O., S. 260.

Die neue globale Hierarchie

1 Abdul Halim Sharar, Lucknow. The Last Phase of an Oriental Culture, übers. von E. S. Harcourt und Fakhir Husain, Delhi 1975, S. 66.
2 Ebd., S. 62.
3 Benoy Kumar Sarkar, »The futurism of young Asia«, International Journal of Ethics, 28, 4 (Juli 1918), S. 532.
4 John D. Pierson, Tokutomi Sohō, 1863–1956. A Journalist for Modern Japan, Princeton 1980, S. 130.

5 Alan Macfarlane, The Making of the Modern World. Visions from the West and East, London 2002, S. 35.
6 Alexis de Tocqueville, »The European Revolution« and Correspondence with Gobineau, New York 1959, S. 268.
7 Raychaudhuri, Europe Reconsidered, a. a. O., S. 90.
8 Macfarlane, The Making of the Modern World, a. a. O., S. 36.
9 Stephen N. Hay, Asian Ideas of East and West. Tagore and his Critics in Japan, China, and India, Cambridge, Mass., 1970, S. 82.
10 Amiya Dev und Tan Chung, Tagore and China, Delhi 2011, S. 170.
11 Joseph R. Levenson, Liang Ch'i-ch'ao and the Mind of Modern China, Cambridge, Mass., 1959, S. 155.

Ein unbedeutender Mann in bäurischer Kleidung

1 Ali Rahnema, An Islamic Utopian. A Political Biography of Ali Shari'ati, London 1998, S. 98.
2 Nikki R. Keddie, »The Pan-Islamic appeal: Afghani and Abdülhamid«, *Middle Eastern Studies*, 3, 1 (Okt. 1966), S. 66.
3 Ali Shariati und Sayyid Ali Khamenei, Iqbal. Manifestations of the Islamic Spirit, übers. von Laleh Bakhtiar, Ontario 1991, S. 38.
4 Michel Foucault, »Das mythische Oberhaupt der Revolte im Iran«, in ders., Dits et Ecrits. Schriften, übers. von M. Bischoff, H.-D. Gondek, H. Kocyba und J. Schröder, 4 Bde., Frankfurt am Main 2001–2005, Bd. 3, S. 897.
5 Shariati und Khamenei, Iqbal, a. a. O., S. 38.
6 Nikki R. Keddie, Sayyid Jamal Ad-Din 'Al-Afghani'. A Political Biography, Berkeley 1972, S. 138.
7 Ibrahim Abu-Lughod, The Arab Discovery of Europe. A Study in Cultural Encounters, Princeton 1963, S. 102.
8 Ebd., S. 120.
9 Bernard Lewis, The Emergence of Modern Turkey, Oxford 1968, S. 146.

Das Erwachen in Indien und Afghanistan

1 Keddie, Sayyid Jamal Ad-Din 'Al-Afghani', a. a. O., S. 45.
2 Ebd., S. 104.
3 Ebd., S. 46.
4 Ebd., S. 54.
5 Azid Ahmad, »Sayyid Ahmad Khān, Jamāl al-dīn al-Afghānī and Muslim India«, *Studia Islamica*, 13 (1960), S. 66.
6 Narayani Gupta, Delhi Between Two Empires, 1803–1930. Society, Government und Urban Growth, Delhi 1981, S. 22.
7 William Dalrymple, The Last Mughal. The Fall of Delhi 1857, London 2009, S. 9.

8 Ebd., S. 24.
9 Ralph Russell und Khurshidul Islam, »The satirical Verse of Akbar Ilāhābādī (1846–1921)«, *Modern Asian Studies*, 8, 1 (1974), S. 8.
10 Ebd., S. 9.
11 Christopher Shackle und Javed Majeed (Übers.), Hali's Musaddas. The Flow and Ebb of Islam, Delhi 1997, S. 103.
12 Gail Minault, »Urdu political poetry during the Khilafat Movement«, *Modern Asian Studies*, 8, 4 (1984), S. 459–471.
13 Keddie, Sayyid Jamal Ad-Din 'Al-Afghani', a. a. O., S. 250.
14 Rajmohan Gandhi, Understanding the Muslim Mind, Delhi 1988, S. 23.
15 Ebd., S. 25.
16 Ralph Russell (Hg.), Hidden in the Lute. An Anthology of Two Centuries of Urdu Literature, Delhi 1995, S. 185 f.
17 Keddie, Sayyid Jamal Ad-Din 'Al-Afghani', a. a. O., S. 107.
18 Russell, Hidden in the Lute, a. a. O., S. 202.
19 Keddie, Sayyid Jamal Ad-Din 'Al-Afghani', a. a. O., S. 103.
20 Ebd., S. 105.
21 Jawaharlal Nehru, Autobiography, Neu-Delhi 1939; dt.: Indiens Weg zur Freiheit, Berlin 1957, S. 483 f.

Der »Kranke Mann« Europas und seine gefährliche Selbsttherapie

1 Philip Mansel, Constantinople. City of the World's Desire, 1453–1924, London 1995, S. 291.
2 Ebd., S. 288.
3 Ebd., S. 277.
4 M. Şükrü Hanioğlu, A Brief History of the Late Ottoman Empire, Princeton 2008, S. 6.
5 Mansel, Constantinople. City of the World's Desire, a. a. O., S. 248.
6 Ebd., S. 265.
7 Feroz Ahmad, From Empire to Republic. Essays on the Late Ottoman Empire and Modern Turkey, Istanbul 2008, S. 43.
8 Şerif Mardin, The Genesis of Young Ottoman Thought. A Study in the Modernization of Turkish Political Ideas, Princeton 2000, S. 79.
9 Ebd., S. 115.
10 Lewis, The Emergence of Modern Turkey, a. a. O., S. 139.
11 Mardin, The Genesis of Young Ottoman Thought, a. a. O., S. 167.
12 Cemil Aydin, The Politics of Anti-Westernism. Visions of World Order in the Pan-Islamic and Pan-Asian Thought, New York 2007, S. 36.
13 Mansel, Constantinople. City of the World's Desire, a. a. O., S. 11.
14 Keddie, Sayyid Jamal Ad-Din 'Al-Afghani', a. a. O., S. 64.
15 Ebd., S. 69.

16 Juan R. I. Cole, Colonialism and Revolution in the Middle East. Social and Cultural Origins of Egypt's Urabi Movement, Kairo 1999, S. 195.

Ägypten: Der Aufstieg des Polemikers

1 Gustave Flaubert, Flaubert in Egypt. A Sensibility on Tour, hg. und übers. von F. Steegmuller, Harmondsworth 1966, S. 28.
2 Stanley Lane-Poole, The Story of Cairo, London 1902, S. 27.
3 Trevor Mostyn, Egypt's Belle Epoque. Cairo and the Age of the Hedonists, London 2006, S. 126.
4 Dt. zit. nach Robert-Tarek Fischer, Österreich im Nahen Osten. Die Großmachtpolitik der Habsburgermonarchie im Arabischen Orient 1633–1918, Wien 2006, S. 211.
5 Mansel, Constantinople. City of the World's Desire, a. a. O., S. 73.
6 Karl Baedeker, Aegypten. Handbuch für Reisende, Erster Theil: Unter-Aegypten, Leipzig 1877, S. 15.
7 Lady Duff-Gordon, Letters from Egypt. To Which Are Added Letters from the Cape, London 1865, S. 59.
8 Ebd., S. 309.
9 Mostyn, Egypt's Belle Epoque, a. a. O., S. 46.
10 Cole, Colonialism and Revolution in the Middle East, a. a. O., S. 193.
11 Lucie Duff-Gordon, Last Letters from Egypt. To Which Are Added Letters from the Cape, Cambridge 2010, S. 108.
12 Cole, Colonialism and Revolution in the Middle East, a. a. O., S. 46.
13 Elie Kedourie, Afghani and 'Abduh. An Essay on Religious Unbelief and Political Activism in Modern Islam, London 1966, S. 25.
14 Flaubert in Egypt, a. a. O., S. 79.
15 Keddie, Sayyid Jamal Ad-Din 'Al-Afghani', a. a. O., S. 90.
16 Ebd., S. 116 f.
17 Ebd., S. 94.
18 Michael Gasper, The Power of Representation. Publics, Peasants, and Islam in Egypt, Stanford 2009, S. 101.
19 Keddie, Sayyid Jamal Ad-Din 'Al-Afghani', a. a. O., S. 94.
20 Ebd., S. 95.
21 Cole, Colonialism and Revolution in the Middle East, a. a. O., S. 146.
22 Duff-Gordon, Letters from Egypt, a. a. O., S. 105.
23 Keddie, Sayyid Jamal Ad-Din 'Al-Afghani', a. a. O., S. 104.
24 Ebd., S. 106. Zitat siehe auch S. 75 in diesem Buch.
25 Ebd., S. 110.
26 Ebd., S. 111.
27 Kedourie, Afghani and 'Abduh, a. a. O., S. 29.
28 Keddie, Sayyid Jamal Ad-Din 'Al-Afghani', a. a. O., S. 121 f.
29 Ebd., S. 118.

30 Ebd., S. 125.
31 Flaubert in Egypt, a. a. O., S. 81.

Jenseits der Selbstermächtigung: Die Ursprünge des Panislamismus und des Nationalismus

1 Keddie, Sayyid Jamal Ad-Din 'Al-Afghani', a. a. O., S. 133.
2 Rajmohan Gandhi, Understanding the Muslim Mind, Delhi 1988, S. 26.
3 Mardin, The Genesis of Young Ottoman Thought, a. a. O., S. 60.
4 Ebd.
5 Kedourie, Afghani and 'Abduh, a. a. O., S. 50 f.
6 Ahmad, »Sayyid Ahmad Khān, Jamāl al-dīn al-Afghānī and Muslim India«, a. a. O., S. 59.
7 Keddie, Sayyid Jamal Ad-Din 'Al-Afghani', a. a. O., S. 164 f.
8 Ahmad, »Sayyid Ahmad Khān, Jamāl al-dīn al-Afghānī and Muslim India«, a. a. O., S. 66.
9 Nehru, Indiens Weg zur Freiheit, a. a. O., S. 514.
10 Ahmad, »Sayyid Ahmad Khān, Jamāl al-dīn al-Afghānī and Muslim India«, a. a. O., S. 65.
11 Russell, Hidden in the Lute, a. a. O., S. 205.
12 Ebd., S. 203.
13 Russell und Islam, »The satirical Verse of Akbar Ilāhābādī«, a. a. O., S. 11.
14 Russell, Hidden in the Lute, a. a. O., S. 205.
15 Keddie, Sayyid Jamal Ad-Din 'Al-Afghani', a. a. O., S. 167.
16 Ebd., S. 135.
17 Russell und Islam, »The satirical Verse of Akbar Ilāhābādī«, a. a. O., S. 56.
18 Keddie, Sayyid Jamal Ad-Din 'Al-Afghani', a. a. O., S. 160.
19 Russell, Hidden in the Lute, a. a. O., S. 207.

Europäisches Zwischenspiel

1 Keddie, Sayyid Jamal Ad-Din 'Al-Afghani', a. a. O., S. 183.
2 Mark Sedgwick, Muhammad Abduh. A Biography, Kairo 2009, S. 51.
3 Stéphane A. Dudoignon, Hisao Komatsu und Yasushi Kosugi (Hg.), Intellectuals in the Modern Islamic World. Transmission, Transformation, Communication, New York 2006, S. 9.
4 Keddie, Sayyid Jamal Ad-Din 'Al-Afghani', a. a. O., S. 202 f.
5 Ebd., S. 202.
6 W. S. Blunt, Gordon at Khartoum, Being a Personal Narrative of Events in Continuation of ›A Secret History of the English Occupation of Egypt‹, London 1911, S. 208 f.
7 Keddie, Sayyid Jamal Ad-Din 'Al-Afghani', a. a. O., S. 208.

8 Ernest Renan, L'Islamisme et la science, Paris 1883; dt.: Der Islam und die Wissenschaft. Vortrag, gehalten in der Sorbonne am 29. März 1883 – Kritik dieses Vortrags vom Afghanen Scheik Djemmal Eddin, Basel 1883, S. 21.
9 Ebd., S. 35 f.
10 Ebd., S. 43–45.
11 Ebd., S. 42.
12 Keddie, Sayyid Jamal Ad-Din 'Al-Afghani', a. a. O., S. 250.
13 Ebd.
14 Ebd., S. 263.
15 Ebd., S. 285.
16 Ebd., S. 286.
17 Ebd., S. 304.
18 Ebd.

Apotheose in Persien

1 Ebd., S. 317.
2 Renée Worringer (Hg.), The Islamic Middle East and Japan. Perceptions, Aspirations, and the Birth of Intra-Asian Modernity, Princeton 2007, S. 16.
3 George Nathaniel Curzon, Persia and the Persian Question, Bd. 1, London 1966, S. 480.
4 Keddie, Sayyid Jamal Ad-Din 'Al-Afghani', a. a. O., S. 324.
5 Ebd.
6 Ebd., S. 339.
7 Ebd., S. 343.
8 Ebd., S. 363.
9 Ebd., S. 362.

Im Goldenen Käfig: Al-Afghanis letzte Tage in Istanbul

1 Ebd., S. 400.
2 Ebd., S. 382.
3 Ebd., S. 391.
4 Sayid Jamāl al-Dīn al-Afghānī und Abdul-Hādī Hā'irī, »Afghānī on the decline of Islam«, *Die Welt des Islam*, Neue Folge, 13 1/2 (1971), S. 124 f.
5 Christopher De Bellaigue, Patriot of Persia. Muhammad Mossadegh and a Very British Coup, London 2012, S. 17.
6 Keddie, Sayyid Jamal Ad-Din 'Al-Afghani', a. a. O., S. 411.
7 Ebd., S. 420.

Das lange Nachspiel

1 Charles Crane, »Unpublished Memoirs«, Institute of Current World Affairs, S. 288 f.
2 *http://www.martinkramer.org/sandbox/tag/jamal-al-din-al-afghani/* (zuletzt besucht 02. 04. 2013).
3 Charles Kurzman (Hg.), Modernist Islam, 1840–1940. A Sourcebook, New York 2002, S. 78.
4 Ruhollah Khomeini, Islamic Government, Washington, D. C., 1979, S. 35.
5 Wilfred Cantwell Smith, Islam in Modern History, Princeton 1977; dt.: Der Islam in der Gegenwart, Frankfurt am Main 1963, S. 54.
6 Keddie, Sayyid Jamal Ad-Din 'Al-Afghani', a. a. O., S. 419.
7 Ebd.

Der beneidenswerte, aber unnachahmliche Aufstieg Japans

1 Renée Worringer (Hg.), The Islamic Middle East and Japan. Perceptions, Aspirations, and the Birth of Intra-Asian Modernity, Princeton 2007, S. 34.
2 William Theodore De Bary (Hg.), Sources of East Asian Tradition. The Modern Period, New York 2008, S. 545.
3 Ebd., S. 46.
4 Ebd., S. 47.
5 Renée Worringer, »›Sick Man of Europe‹ or ›Japan of the near East‹? Constructing Ottoman modernity in the Hamidian and Young Turk eras«, *International Journal of Middle East Studies*, 36, 2 (Mai 2004), S. 207.
6 Ebd.
7 Marius B. Jansen, The Making of Modern Japan, Cambridge, Mass., 2000, S. 274.
8 Bruce Cumings, Dominion from Sea to Sea. Pacific Ascendancy and American Power, New Haven, Conn., 2010, S. 85.
9 John D. Pierson, Tokutomi Sohō, 1863–1956. A Journalist for Modern Japan, Princeton 1980, S. 233.
10 Ian Buruma, Inventing Japan, New York 2004, S. 50.
11 Pierson, Tokutomi Sohō, a. a. O., S. 235.
12 William Theodore De Bary, Carol Gluck und Arthur E. Tiedemann (Hg.), Sources of Japanese Tradition, 1600–2000, Bd. 2, New York 2006, S. 133.
13 Pierson, Tokutomi Sohō, a. a. O., S. 237.
14 Ebd., S. 239.
15 Ebd., S. 241.
16 Joseph R. Levenson, Liang Ch'i-ch'ao and the Mind of Modern China, Cambridge, Mass., 1959, S. 112.
17 Ebd., S. 117.

18 William Theodore De Bary, Richard John Lufrano, Wing-tsit Chan und Joseph Adler (Hg.), Sources of Chinese Tradition. From 1600 Through the Twentieth Century, Bd. 2, New York 2000, S. 133.
19 Levenson, Liang Ch'i-ch'ao and the Mind of Modern China, a. a. O., S. 49.
20 Rudyard Kipling, From Sea to Sea. Letters of Travel, New York 1920, S. 274.

Erste Reformimpulse

1 Levenson, Liang Ch'i-ch'ao and the Mind of Modern China, a. a. O., S. 297.
2 Hao Chang, Liang Ch'i-ch'ao and Intellectual Transition in China, 1890–1907, Cambridge, Mass., 1971, S. 60.
3 Levenson, Liang Ch'i-ch'ao and the Mind of Modern China, a. a. O., S. 49.
4 Ebd., S. 45.
5 Ebd., S. 44.
6 Theodore Huters, Bringing the World Home. Appropriating the West in Late Qing and Early Republican China, Hawaii 2005, S. 50.
7 Levenson, Liang Ch'i-ch'ao and the Mind of Modern China, a. a. O., S. 37.
8 Julia Lovell, The Opium War, London 2011, S. 298.
9 Benjamin Schwartz, In Search of Wealth and Power. Yen Fu and the West, Cambridge, Mass., 1964, S. 55.
10 Lovell, The Opium War, a. a. O., S. 298.
11 Levenson, Liang Ch'i-ch'ao and the Mind of Modern China, a. a. O., S. 30.

Japan und die Gefahren des Exils

1 Ebd., S. 33.
2 Ebd., S. 116.
3 Ebd., S. 83.
4 Ebd., S. 117.
5 Pierson, Tokutomi Sohō, a. a. O., S. 241.
6 Sven Saaler und Christopher W. A. Szpilman (Hg.), Pan Asianism. A Documentary History, Bd. 1: 1850-1920, Lanham, Md., 2011, S. 166.
7 Pierson, Tokutomi Sohō, a. a. O., S. 241.
8 Prasenjit Duara, »Asia Redux: Conceptualizing a region for our times«, *Journal of Asian Studies*, 69, 4 (November 2010), S. 971.
9 Rebecca E. Karl, »Creating Asia: China in the world at the beginning of the twentieth century«, *American Historical Review*, 103, 4 (Oktober 1998), S. 1115 f.
10 Ebd., S. 1107.
11 Ebd., S. 1108.
12 Rebecca E. Karl, Staging the World. Chinese Nationalism at the Turn of the Twentieth Century, Durham, N. C., 2002, S. 141.
13 Ebd., S. 89.

14 Hao Chang, Liang Ch'i-ch'ao and Intellectual Transition in China, a. a. O., S. 164.
15 Levenson, Liang Ch'i-ch'ao and the Mind of Modern China, a. a. O., S. 117.

Der Boxeraufstand: Weitere Lehren aus der Niederlage

1 Madhavi Thampi (Hg.), Indians in China, 1800–1949, Delhi 2010, S. 160.
2 Robert Bickers und R. G. Tiedemann (Hg.), The Boxers. China and the World, Lanham, Md., 2007, S. 57.
3 Die ›Hunnenrede‹ Wilhelms II. in: Manfred Görtemaker, Deutschland im 19. Jahrhundert. Entwicklungslinien, Opladen 1996, S. 357; Pierre Loti, Les derniers jours de Pékin, Paris 1902; dt.: Die letzten Tage von Peking, Dresden o. J., Kapitel 6: In der französischen Gesandtschaft.
4 Aurobindo Ghose, Bande Mataram. Early Political Writings, Bd. 1, Pondicherry 1972, S. 312.
5 Edgar Snow, Red Star Over China, Harmondsworth 1972; dt.: Roter Stern über China, Frankfurt am Main 1974, S. 139.
6 Tsou Jung, The Revolutionary Army. A Chinese Nationalist Tract of 1903, übers. von John Lust, Paris 1968, S. 58 f.
7 De Bary, Lufrano, Wing-tsit und Adler, Sources of Chinese Tradition, Bd. 2, a. a. O., S. 313.
8 Hao Chang, Chinese Intellectuals in Crisis. Search for Order and Meaning (1890–1911), Berkeley 1987, S. 113.
9 De Bary, Lufrano, Wing-tsit und Adler, Sources of Chinese Tradition, Bd. 2, a. a. O., S. 313.
10 Zhang Yongle, »The Future of the past: On Wang Hui's Rise of Modern Chinese Thought«, *New Left Review*, 62 (2008), S. 81.
11 Jonathan Spence, The Gate of the Heavenly Peace. The Chinese and their Revolution, 1895–1980, New York 1982; dt.: Das Tor des Himmlischen Friedens. Die Chinesen und ihre Revolution 1895–1980, München 1985, S. 53.
12 Levenson, Liang Ch'i-ch'ao and the Mind of Modern China, a. a. O., S. 121.
13 Ebd., S. 116.

Panasianismus: Kosmopolitische Freuden

1 David G. Marr, Vietnamese Anticolonialism, 1885–1925, Berkeley 1971, S. 121.
2 Lu Xun, »Vorwort«, in ders., Die große Mauer, Nördlingen 1987, S. 9.
3 Stéphane A. Dudoignon, Hisao Komatsu und Yasushi Kosugi (Hg.), Intellectuals in the Modern Islamic World. Transmission, Transformation, Communication, New York 2006, S. 278.
4 Ebd., S. 277.

5 Marr, Vietnamese Anticolonialism, a. a. O., S. 137.
6 Ebd., S. 114.

Liang und die Demokratie in Amerika

1 William Appleman Williams, The Tragedy of American Diplomacy, New York 1972; dt.: Die Tragödie der amerikanischen Diplomatie, Frankfurt am Main 1973, S. 79.
2 R. David Arkush und Leo O. Lee (Hg.), Land Without Ghosts. Chinese Impressions of America from the Mid-Nineteenth Century to the Present, Berkeley 1989, S. 87.
3 Ebd., S. 89.
4 Ebd., S. 90.
5 Hao Chang, Liang Ch'i-ch'ao and Intellectual Transition in China, a. a. O., S. 245.
6 Arkush und Lee, Land Without Ghosts, a. a. O., S. 91.
7 Ebd.
8 Benoy Kumar Sarkar, »Americanization from the viewpoint of young Asia«, *The Journal of International Relations*, 10, 1 (Juli 1919), S. 42.
9 Arkush und Lee, Land Without Ghosts, a. a. O., S. 61 f., 65.
10 Ebd., S. 92.
11 Ebd., S. 83.
12 Ebd., S. 93.
13 Jerome B. Grieder, Intellectuals and the State in Modern China. A Narrative History, New York 1981, S. 167.
14 Pierson, Tokutomi Sohō, a. a. O., S. 267.

Die Verlockungen der Autokratie und der Revolution

1 Hao Chang, Liang Ch'i-ch'ao and Intellectual Transition in China, a. a. O., S. 269.
2 Ebd., S. 270.
3 Huters, Bringing the World Home, a. a. O., S. 20.
4 Philip Short, Mao. A Life, London 2004, S. 79.
5 Spence, Das Tor des Himmlischen Friedens, a. a. O., S. 121.
6 Peter Zarrow, China in War and Revolution, 1895–1949, New York 2005, S. 135.
7 Spence, Das Tor des Himmlischen Friedens, a. a. O., S. 120.

Die Vereinigten Staaten und die versprochene Selbstbestimmung

1 *http://firstworldwar.com/source/wilson1917inauguration.htm*
2 Erez Manela, The Wilsonian Moment. Self-Determination and the International Origins of Anticolonial Nationalism, New York 2009, S. 21.
3 Walter McDougall, Promised Land, Crusader State. The American Encounter with the World since 1776, New York 1997, S. 136.
4 Manela, The Wilsonian Moment, a. a. O., S. 45.
5 Ebd., S. 71.
6 Stéphane A. Dudoignon, Hisao Komatsu und Yasushi Kosugi (Hg.), Intellectuals in the Modern Islamic World. Transmission, Transformation, Communication, New York 2006, S. 190.
7 Iqbal Husain, »Akbar Allahabadi and national politics«, *Social Scientist*, 16, 5 (Mai 1988), S. 38.
8 Iqbal Singh, The Ardent Pilgrim. An Introduction to the Life and Work of Mohammed Iqbal, Karatchi 1997, S. 39.
9 Amiya Dev und Tan Chung u. a. (Hg.), Tagore and China, Delhi 1919, S. 190.
10 Manela, The Wilsonian Moment, a. a. O., S. 91 f.

Liberaler Internationalismus oder liberaler Imperialismus?

1 Jean Lacouture, Ho Chi Minh, Harmondsworth 1967, S. 35.
2 Sven Saaler und Christopher W. A. Szpilman (Hg.), Pan Asianism. A Documentary History, Bd. 1, 1850–1920, Lanham, Md., 2011, S. 136.
3 Benoy Kumar Sarkar, »The international Fetters of Young China«, *The Journal of International Relations*, 11, 3 (Januar 1921), S. 355.
4 Geoffrey Barraclough, An Introduction to Contemporary History, Harmondsworth 1967, S. 215.
5 Ebd., S. 176.
6 Sarkar, »The international fetters of young China«, a. a. O., S. 355.
7 William Appleman Williams, The Tragedy of American Diplomacy, New York 1972; dt.: Die Tragödie der amerikanischen Diplomatie, Frankfurt am Main 1973, S. 79.
8 Benoy Kumar Sarkar, »Americanization from the viewpoint of young Asia«, *The Journal of International Relations*, 10, 1 (Juli 1919), S. 47.
9 Ebd.
10 Manela, The Wilsonian Moment, a. a. O., S. 29.
11 McDougall, Promised Land, Crusader State, a. a. O., S. 127.
12 Ebd.
13 David Fromkin, In the Time of the Americans. FDR, Truman, Eisenhower,

Marshall, MacArthur – The Generation That Changed America's Role in the World, New York 1996, S. 143.

Wie die Welt unsicher für die Demokratie wurde

1 Manela, The Wilsonian Moment, a. a. O., S. 29.
2 Jonathan Clements, Prince Saionji, London 2008, S. 120.
3 Ebd., S. 32.
4 Manela, The Wilsonian Moment, a. a. O., S. 75.
5 Hugh Purcell, The Maharajah of Bikaner, London 2010, S. 27.
6 Manela, The Wilsonian Moment, a. a. O., S. 194.
7 Ebd., S. 149.
8 Christopher De Bellaigue, Patriot of Persia. Muhammad Mossadegh and a Very British Coup, London 2012, S. 53.
9 Lacouture, Ho Chi Minh, a. a. O., S. 32.
10 Krishna Dutta und Andrew Robinson, Rabindranath Tagore. The Myriad-Minded Man, London 1995, S. 216.
11 Kedar Nath Mukherjee, Political Philosophy of Rabindranath Tagore, Delhi 1982, S. 43.
12 Manela, The Wilsonian Moment, a. a. O., S. 217.
13 Dudoignon, Komatsu und Kosugi, Intellectuals in the Modern Islamic World, a. a. O., S. 62.
14 M. Şükrü Hanioğlu, Atatürk. An Intellectual Biography, Princeton 2011, S. 91.
15 Cemil Aydin, The Politics of Anti-Westernism. Visions of World Order in Pan-Islamic and Pan-Asian Thought, New York 2007, S. 134.
16 Hanioğlu, Atatürk, a. a. O., S. 57.
17 Charles Kurzman (Hg.), Modernist Islam, 1840–1940. A Sourcebook, New York 2002, S. 8.
18 Jonathan Spence, The Gate of the Heavenly Peace. The Chinese and their Revolution, 1895–1980, New York 1982; dt.: Das Tor des Himmlischen Friedens. Die Chinesen und ihre Revolution 1895–1980, München 1985, S. 147.
19 Jonathan Clements, Wellington Koo, London 2008, S. 95.
20 Guoqi Xu, China and the Great War. China's Pursuit of a New National Identity and Internationalization, Cambridge 2005, S. 271.
21 Ebd., S. 273.
22 Tse-tsung Chow, The May Fourth Movement. Intellectual Revolution in Modern China, Cambridge, Mass., 1967, S. 127.
23 Deng Maomao, Deng Xiaoping. My Father, New York 1995, S. 81.
24 Ebd., S. 61.
25 John Fitzgerald, Awakening China. Politics, Culture, and Class in the Nationalist Revolution, Stanford 1996, S. 93.
26 Manela, The Wilsonian Moment, a. a. O., S. 190.
27 Ebd.

28 Clements, Wellington Koo, a. a. O., S. 96.
29 Stuart R. Schram (Hg.), Mao's Road to Power. Revolutionary Writings 1912–1949, Bd. 1, The Pre-Marxist Period, 1912–1920, New York 1992, S. 389.
30 Paul Valéry, »De l'histoire«, in: ders., Œuvres, Bd. II, Paris 1984; dt.: »Über Geschichte«, in: ders., Werke, Bd. 7: Zur Zeitgeschichte und Politik, Frankfurt am Main 1995, S. 173.

Niedergang des Westens?

1 Xiaobing Tang, Global Space and the Nationalist Discourse of Modernity. The Historical Thinking of Liang Qichao, Stanford 1996, S. 177.
2 Spence, Das Tor des Himmlischen Friedens, a. a. O., S. 128.
3 Jerome B. Grieder, Intellectuals and the State in Modern China. A Narrative History, New York 1981, S. 252.
4 Dev und Chung, Tagore and China, a. a. O., S. 79.
5 Aurobindo Ghose, Bande Mataram, Early Political Writings, Bd. 1, Pondicherry 1972, S. 561.
6 Ebd., S. 422.
7 Muhammad Iqbal, A Message From the East [Payam-e-Mashriq], übers. von M. Hadi Hussain (zuerst erschienen 1924), Lahore 1977, S. 90 f.
8 Joseph R. Levenson, Liang Ch'i-ch'ao and the Mind of Modern China, Cambridge, Mass., 1959, S. 203.
9 Ebd., S. 200.
10 Wolfgang Franke, China und das Abendland, Göttingen 1962, S. 104.
11 Levenson, Liang Ch'i-ch'ao and the Mind of Modern China, a. a. O., S. 207.
12 Ebd., S. 201.
13 Grieder, Intellectuals and the State in Modern China, a. a. O., S. 254.
14 Levenson, Liang Ch'i-ch'ao and the Mind of Modern China, a. a. O., S. 203.
15 Kakuzo Okakura, Das Buch vom Tee, übers. von H. Hammitzsch, Frankfurt am Main 2012, S. 14 f.
16 Grieder, Intellectuals and the State in Modern China, a. a. O., S. 23.
17 Bertrand Russell, The Problem of China, London 1922; dt.: China und das Problem des Fernen Ostens, übers. von M. Hethey, München 1925, S. 168.
18 Grieder, Intellectuals and the State in Modern China, a. a. O., S. 263.
19 William Theodore de Bary und Richard Lufrano (Hg.), Sources of Chinese Tradition. From 1600 Through the Twentieth Century, Bd. 2, New York 2000, S. 322.
20 Sven Saaler und Christopher W. A. Szpilman (Hg.), Pan Asianism. A Documentary History, Bd. 2: 1920-Present, Lanham, Md., 2011, S. 81.
21 Ebd., S. 188–190.

Rabindranath Tagore, der Mann aus dem verlorenen Land, in Ostasien

1 Rebecca E. Karl, »China in the world at the beginning of the twentieth century«, *American Historical Review*, 103, 4 (Oktober 1998), S. 1110.
2 Rabindranath Tagore, Letters to a Friend, Delhi 2002, S. 110.
3 Aurobindo Ghose, Bande Mataram, Early Political Writings, Bd. 1, Pondicherry 1972, S. 820.
4 Ebd., S. 931.
5 Tapan Raychaudhuri, Europe Reconsidered. Perceptions of the West in Nineteenth-century Bengal, Delhi 2002, S. 275.
6 Ders., Perceptions, Emotions, Sensibilities. Essays on India's Colonial and Post-colonial Experiences, Delhi 1999, S. 36.
7 Ders., Europe Reconsidered, a. a. O., S. 77.
8 Ghose, Bande Mataram, a. a. O., S. 362.
9 Ebd., S. 550.
10 Amiya Dev und Tan Chung (Hg.), Tagore and China, Delhi 2011, S. 242.
11 Robert Bickers und R. G. Tiedemann (Hg.), The Boxers, China and the World, Lanham, Md., 2007, S. 148.
12 Dev und Chung, Tagore and China, a. a. O., S. 170.
13 Stephen N. Hay, Asian Ideas of East and West. Tagore and his Critics in Japan, China, and India, Cambridge, Mass., 1970, S. 32.
14 Mohit Kumar Ray (Hg.), The English Writings of Rabindranath Tagore, Bd. 4, Delhi 2007, S. 443.
15 Ebd., S. 631.
16 Ebd., S. 496.
17 Gandhi, Hind Swaraj and Other Writings, hg. von Anthony Parel, Cambridge 1997, S. XXII.
18 Aurobindo Ghose, Early Cultural Writings, Bd. 1, Pondicherry 2003, S. 545.
19 Dev und Chung, Tagore and China, a. a. O., S. 35.
20 Krishna Dutta und Andrew Robinson, Rabindranath Tagore. The Myriad-Minded Man, London 1995, S. 202.
21 Hay, Asian Ideas of East and West, a. a. O., S. 43.
22 Kakuzo Okakura, Die Ideale des Ostens, S. 17 f.
23 Sven Saaler und Christopher W. A. Szpilman (Hg.), Pan Asianism: A Documentary History, Bd. 1, 1850–1920, Lanham, Md., 2011, S. 98.
24 Dev und Chung (Hg.), Tagore and China, a. a. O., S. 349.
25 Ebd., S. 343.
26 David Wolff, John W. Steinberg u. a. (Hg.), The Russo-Japanese War in Global Perspective. World War Zero, Leiden 2007, S. 478.
27 Dutta und Robinson, The Myriad-Minded Man, a. a. O., S. 200.
28 Hay, Asian Ideas of East and West, a. a. O., S. 61.

29 Sugata Bose und Kris Manjapra (Hg.), Cosmopolitan Thought Zones. South Asia and the Global Circulation of Ideas, New York 2010, S. 103.
30 Kakuzo Okakura, Das Buch vom Tee, übers. von H. Hammitzsch, Frankfurt am Main 2012, S. 12.
31 Hay, Asian Ideas of East and West, a. a. O., S. 73.
32 Ebd., S. 78 f.
33 Ebd., S. 136.
34 Ebd., S. 200.
35 Dev und Chung (Hg.), Tagore and China, a. a. O., S. 30.
36 Hay, Asian Ideas of East and West, a. a. O., S. 227.
37 Ebd., S. 168.
38 Ebd., S. 170.
39 Rama Datta und Clinton Seely (Hg.), Celebrating Tagore, Mumbay 2009, S. 131.
40 Tagore, Letters to a Friend, a. a. O., S. 110.
41 Dev und Chung, Tagore and China, a. a. O., S. 79.
42 Tagore, Letters to a Friend, a. a. O., S. 118.
43 Krishna Dutta und Andrew Robinson (Hg.), Rabindranath Tagore. An Anthology, New York 1997, S. 127.
44 Dev und Chung, Tagore and China, a. a. O., S. 37.
45 Hay, Asian Ideas of East and West, a. a. O., S. 172.
46 Ebd., S. 316.
47 Dutta und Robinson, An Anthology, a. a. O., S. 252.
48 Ebd.
49 Ebd., S. 347.
50 Hay, Asian Ideas of East and West, a. a. O., S. 320.
51 Dev und Chung, Tagore and China, a. a. O., S. 76.
52 Rabrindanath Tagore, Crisis in Civilization, Delhi 2002, S. 260.
53 Dutta und Robinson, An Anthology, a. a. O., S. 300 f.

Ein unerwartetes Nachspiel: Panasianismus und militärische Dekolonisierung

1 Krishna Dutta und Andrew Robinson, Rabindranath Tagore. The Myriad-Minded Man, London 1995, S. 301.
2 Kakuzo Okakura, Das Buch vom Tee, übers. von H. Hammitzsch, Frankfurt am Main 2012, S. 11.
3 John D. Pierson, Tokutomi Sohō, 1863–1956. A Journalist for Modern Japan, Princeton 1980, S. 371.
4 Ebd., S. 375.
5 William Theodore de Bary, Carol Gluck und Arthur E. Tiedemann (Hg.), Sources of Japanese Tradition, 1600–2000, Bd. 2, New York 2006, S. 136.

6 Donald Keene (Hg.), So Lovely a Country Will Never Perish. Wartime Diaries of Japanese Writers, New York 2010, S. 14.
7 De Bary, Gluck und Tiedemann (Hg.), Sources of Japanese Tradition, Bd. 2, a. a. O., S. 137.
8 Christopher Bayly und Tim Harper, Forgotten Armies. The Fall of British Asia, 1941–1945, London 2007, S. 7.
9 Keene (Hg.), So Lovely a Country, a. a. O., S. 30.
10 Rotem Kowner (Hg.), The Impact of the Russo-Japanese War, London 2006, S. 230.
11 Keene, So Lovely a Country, a. a. O., S. 41.
12 Jawaharlal Nehru, Autobiography, Neu-Delhi 1939; dt.: Indiens Weg zur Freiheit, Berlin 1957, S. 526.
13 Ebd., S. 690.
14 Keene, So Lovely a Country, a. a. O., S. 40.
15 Ebd., S. 43.
16 Bayly und Harper, Forgotten Armies, a. a. O., S. 356.
17 Keene, So Lovely a Country, a. a. O., S. 41.
18 Eri Hotta, Pan-Asianism and Japan's War 1931–1945, New York 2007, S. 217.
19 Stephen N. Hay, Asian Ideas of East and West. Tagore and his Critics in Japan, China, and India, Cambridge, Mass., 1970, S. 70.
20 Christopher Bayly und Tim Harper, Forgotten Wars. Freedom and Revolution in Southeast Asia, London 2007, S. 149.
21 Hotta, Pan-Asianism and Japan's War, a. a. O., S. 218.
22 Christopher De Bellaigue, Patriot of Persia. Muhammad Mossadegh and a Very British Coup, London 2012, S. 179.
23 Bayly und Harper, Forgotten Armies, a. a. O., S. 18.

Geistige Dekolonisierung: Der Aufstieg der Neotraditionalisten

1 De Bary, Gluck und Tiedemann, Sources of Japanese Tradition, Bd. 2, a. a. O., S. 138.
2 Mohit Kumar Ray (Hg.), The English Writings of Rabindranath Tagore, Bd. 7, Delhi 2007, S. 970.
3 Sven Saaler und Christopher W. A. Szpilman (Hg.), Pan Asianism. A Documentary History, Bd. 1: 1850–1920, Lanham, Md., 2011, S. 98.
4 Charlotte Furth und Guy Alitto, The Limits of Change. Essays on Conservative Alternatives in Republican China, Cambridge, Mass., 1976, S. 229.
5 Michael Collins, Empire, Nationalism and the Postcolonial World. Rabindranath Tagore's Writings on History, Politics and Society, New York 2011, S. 67.

6 Herrlee G. Creel, Chinese Thought. From Confucius to Mao Tse Tung, Chicago 1971, S. 237.
7 Furth und Alitto, The Limits of Change, a. a. O., S. 197.

Antimoderne Strömungen in der islamischen Welt

1 Ayesha Jalal, Self and Sovereignty. Individual and Community in South Asian Islam since 1850, New York 2000, S. 170.
2 Muhammad Iqbal, The Call of the Caravan Bell, übers. von Umrao Singh Sher Gil, http://disna.us/files/The_Call_of_The_Caravan_Bell.pdf.
3 Ali Shariati und Sayyid Ali Khamenei, Iqbal. Manifestations of the Islamic Spirit, übers. von Laleh Bakhtiar, Ontario 1991, S. 31.
4 Ebd., S. 75.
5 Javed Majeed, Muhammad Iqbal. Islam, Aesthetics and Postcolonialism, Delhi 2009, S. XXIII.
6 Wilfred Cantwell Smith, Modern Islam in India, Lahore 1943, S. 111.
7 Reza Aslan, No God but God. The Origins, Evolution and Future of Islam, New York 2005, S. 232.
8 Taha Hussein, The Future Culture in Egypt, Washington, D. C., 1955, S. 17.
9 Muhammad Iqbal, The Reconstruction of Religious Thought in Islam, Lahore 1944, S. 159.
10 Roxanne Euben, Enemy in the Mirror. Islamic Fundamentalism and the Limits of Modern Rationalism: A Work of Comparative Political Theory, Princeton 1999, S. 49.
11 Nehru, Indiens Weg zur Freiheit, a. a. O., S. 562
12 Ebd., S. 563.
13 John Calvert, Sayyid Qutb and the Origins of Radical Islamism, London 2010, S. 117.
14 Ebd., S. 154.
15 Ebd., S. 149.
16 Euben, Enemy in the Mirror, a. a. O., S. 68.
17 Calvert, Sayyid Qutb, a. a. O., S. 105.
18 Ebd., S. 161.
19 Sayyid Qutb, Zeichen auf dem Weg, übers. von M. Shukri, Köln 2005.
20 Said Amir Arjomand, »Iran's Islamic Revolution in comparative perspective«, World Politics, 38, 3 (April 1986), S. 407.
21 Michel Foucault, »Das mythische Oberhaupt der Revolte im Iran«, in ders., Dits et Ecrits. Schriften, übers. von M. Bischoff, H.-D. Gondek, H. Kocyba und J. Schröder, 4 Bde., Frankfurt am Main 2001–2005, Bd. 3, S. 897; und ders., »Pulverfass Islam«, ebd., S. 952.
22 Shariati und Khamenei, Iqbal. Manifestations of the Islamic Spirit, a. a. O., S. 38.

23 Jalal Al-e Ahmad, Occidentosis. A Plague from the West, hg. von Hamid Algar, Berkeley 1984, S. 34.
24 Ali Mirsepassi, Intellectual Discourse and the Politics of Modernization. Negotiating Modernity in Iran, Cambridge 2000, S. 113.
25 Hamid Dabashi, Theology of Discontent. The Ideological Foundation of the Islamic Revolution in Iran, New Brunswick, N. J., 2006, S. 355.
26 Ali Shariati, Reflections of a Concerned Muslim. On the Plight of Oppressed People, übers. von Ali A. Behzadnia und Najap Denny, Houston, Tex., 1979, S. 9 f.
27 Ali Shariati, Marxism and Other Western Fallacies. An Islamic Critique, übers. von R. Campbell, Berkeley 1980, S. 49.
28 Ali Gheissari, Iranian Intellectuals in the Twentieth Century, Austin, Tex., 1998, S. 101.
29 Hamid Algar (Übers.), Islam and Revolution. Writings and Declarations of Imam Khomeini, Berkeley 1981, S. 28.
30 Ali Shariati, On the Sociology of Islam, übers. von Hamid Algar, Berkeley 2000, S. 23.
31 Aus dem Urdu ins Englische übersetzt von Ali Mir (unveröffentlicht).
32 Daniel Brumberg, Reinventing Khomeini. The Struggle for Reform in Iran, Chicago 2001, S. 198.
33 Orhan Pamuk, »The anger of the damned«, *New York Review of Books*, 15. November 2001.
34 Ebd.

Triumphe des Nationalstaats: Die Türkei, der »Kranke Mann«, erwacht zu neuem Leben

1 M. Şükrü Hanioğlu, Atatürk. An Intellectual Biography, Princeton 2011, S. 205.
2 Rajmohan Gandhi, Understanding the Muslim Mind, Delhi 1988, S. 62.
3 Muhammad Iqbal, The Reconstruction of Religious Thought in Islam, Lahore 1944, S. 162.
4 Feroz Ahmad, From Empire to Republic. Essays on the Late Ottoman Empire and Modern Turkey, Istanbul 2008, S. 323.

»Das chinesische Volk ist aufgestanden«

1 Julia Lovell, The Opium War, London 2011, S. 321.
2 Ebd., S. 330.
3 Ebd., S. 331.
4 Timothy Cheek, A Critical Introduction to Mao, Cambridge 2010, S. 31.
5 Shao Chuan Leng und Norman D. Palmer, Sun Yat-sen and Communism, New York 1961, S. 157.

6 Mao Tse-tung, Ausgewählte Werke, Beijing 1968, Bd. II, S. 397 f.
7 Ders., »Das chinesische Volk ist aufgestanden«, ebd., Bd. IV, S. 11–15.
8 Peter Zarrow, China in War and Revolution, 1895–1949, New York 2005, S. 15.

Der Aufstieg des »Rests«

1 A. de Tocqueville, »The European Revolution« and Correspondence with Gobineau, New York 1959, S. 268.
2 André Malraux, La Tentation de l'Occident, Paris 1926; dt.: Die Lockung des Westens, Zürich 1950, S. 402.

Epilog: Eine zweideutige Rache

1 Ryszard Kapuściński, Der Fußballkrieg, übers. von M. Pollack, Frankfurt am Main 1991.
2 Nicolaus Mills und Michael Walzer (Hg.), 50 Years of Dissent, New York 2004, S. 35.

Dank

Dieses Buch steht auf den Schultern vieler Spezialstudien und allgemeiner Darstellungen der Weltgeschichte. Aber es basiert noch in einem weiteren Sinne auf Zusammenarbeit. Beim Übergang von den Osmanen bis zum späten Qing-China war mir mehr als bewusst, dass ich damit die Grenzen zwischen diversen Fachgebieten überschritt und gegen akademische Bräuche verstieß. Meine gelegentlich dreisten Vorstöße waren nur möglich dank der Hilfe großzügiger Freunde innerhalb und außerhalb der Universität. Sie machten mir Lektürevorschläge, lasen mein Manuskript, wiesen mich auf Tatsachen- oder Interpretationsfehler hin. Die noch verbleibenden Fehler sollte man indessen keinesfalls Tabish Khair, Jonathan Shainin, Ananya Vajpeyi, Manan Ahmad, Hussein Omar, Masoud Golsarkhi, Wang Hui, Suzy Hansen, Siddharta Deb, Alex Travelli, Adam Shatz, Nader Hashemi, Jeff Kingston, Jason Epstein, Shashank Kela oder Jeffrey Wasserstrom anlasten, die verschiedene Teile des in Entstehung begriffenen Buchs lasen und ihre Meinung offen zum Ausdruck brachten. Ich hatte außerdem das Glück, so skeptische, anregende und wohlinformierte Lektoren wie Simon Winder und Paul Elie zu haben. Mein Dank gilt auch der Belegschaft des Hotels Bleibtreu in Berlin, wo ich die Arbeit an diesem Buch begann, der London Library, die viel von dem erforderlichen Material bereitstellte, und den Sharmas in Maṣhobra, die mir nun seit zwei Jahrzehnten jene lebenswichtige Zufluchtsstätte zur Verfügung stellen, in der ich schreiben und – wichtiger noch – meinen Tagträumen nachhängen kann.

Register

David Abulafia
Das Mittelmeer
Eine Biographie
Aus dem Englischen von Michael Bischoff
960 Seiten. Gebunden

Über seine Wasser fuhren Kaufleute, Pilger, Krieger und Seeräuber. An seinen Küsten siedelten sich die unterschiedlichsten Kulturen an. Seit über 3 000 Jahren ist das Mittelmeer eines der großen Zentren unserer Zivilisation. Der große britische Historiker David Abulafia erzählt brillant die Geschichte des »Mare Nostrum«, unseres Meeres, wie die Römer es nannten: von der Errichtung der ersten, geheimnisvollen Tempel auf Malta bis zum heutigen Massentourismus an seinen Stränden. Farbig lässt er die großen Hafenstädte – Alexandria, Saloniki, Triest, Konstantinopel, Marseille – wiederauferstehen.

Wir erfahren von der Entstehung und Zerstörung ganzer Reiche, von Irrfahrten, Schrecken, Kriegen und Tragödien – und wir lernen die kulturelle, religiöse und sprachliche Vielfalt entlang der Küsten dieses faszinierenden Meeres kennen. Ein beeindruckendes, fulminantes Werk.

»Diese bemerkenswerte Studie – Gelehrsamkeit verbunden mit Humor und einem besonderen Sinn für ungewöhnliche Details – feiert die einzigartige Beziehung zwischen Mensch und Natur entlang der mediterranen Küsten.«
The Sunday Telegraph

Albert Hourani
Die Geschichte der arabischen Völker
Weitererzählt bis zum Arabischen Frühling
von Malise Ruthven
Aus dem Englischen von Manfred Ohl,
Hans Sartorius und Michael Bischoff
704 Seiten. Gebunden

Der große Orientalist Albert Hourani präsentiert in seinem elegant erzählten Klassiker die Geschichte und Kultur der arabischen Völker seit dem 7. Jahrhundert. Brillant beschreibt er die rasante Verbreitung des Islam und erzählt von den Gelehrten, Völkern und Ereignissen, welche die arabische Welt prägten, bis hin zu den Konflikten des 20. Jahrhunderts, der Intifada und den Golfkriegen.
Wie es danach bis zum Arabischen Frühling weiterging, erzählt der bekannte Publizist und Islamwissenschaftler Malise Ruthven in seinen aktuellen Ergänzungen. Fulminante historische Erzählung und kluge Analyse zugleich, ein unentbehrlicher Beitrag zum Verständnis der heutigen arabischen Welt.

»Es ist das Standardwerk zum Thema […].
Der Band besticht durch Houranis eleganten Erzählstil,
aus dem seine ganze Gelehrsamkeit spricht.«
Jan Kuhlmann, Deutschlandfunk

fi 1-031836 / 1